VBA-Kochbuch für Excel-Anwender

Dieter Klein, Inge Baumeister

Verlag:
BILDNER Verlag GmbH
Bahnhofstraße 8
94032 Passau

http://www.bildner-verlag.de
info@bildner-verlag.de

ISBN: 978-3-8328-0391-9
Bestellnummer: RP-418

Autoren: Dieter Klein, Inge Baumeister
Herausgeber: Christian Bildner

Druck: CPI Clausen & Bosse GmbH, Birkstr. 10, 25917 Leck

Bildquellen:
Cover: © contrastwerkstatt - stock.adobe.com
Kapitelbild: © mehaniq41 - stock.adobe.com
S. 155, Kaffeetasse: © Inge Baumeister
S. 333, Hundefotos: © Dieter Klein

Auf einen Blick

Über dieses Buch

Ein Kochbuch für VBA? Was zunächst abwegig erscheinen mag, trifft bei näherer Betrachtung genau das Ziel unseres Buches, nämlich ein Nachschlagewerk für VBA-Einsteiger mit Grundkenntnissen und für Gelegenheitsprogrammierer bereitzustellen.

Wenn man nicht täglich Programmzeilen schreibt und nur gelegentlich Aufgaben per VBA zu lösen hat, fehlen oft nur kleine Bausteine und Tipps zur Herangehensweise, z. B. „Wie stelle ich den Umfang meiner Tabelle fest?" oder „Wie sortiere ich Tabellenblätter?" Wir bieten daher statt fertiger Programme eine Sammlung von Grundrezepten für den Alltag an, aus denen Sie nach Belieben eigene Lösungen kreieren können. Zusätzlich für Einsteiger sind die Kapitel drei und vier gedacht. Diese stellen in verkürzter Form auch die Grundzutaten, sprich die grundlegenden Sprachelemente von VBA vor, beispielsweise den Aufbau von Abfragen und Schleifen.

Die Grundrezepte werden ergänzt um Spezialitäten für fortgeschrittenere Anwender, etwa das Erstellen eigener Dialoge, Tricks im Umgang mit Diagrammen und den Datenaustausch mit anderen Office-Anwendungen. Mit etwas Know-How ist auch das Einfügen einer Adresse in einem Word-Brief, die Übergabe eines Diagramms an PowerPoint oder das Versenden einer Arbeitsmappe mit Outlook schnell realisiert.

Da Fertiggerichte die manchmal umständliche Suche nach einem passenden Rezept erheblich beschleunigen, beispielsweise beim Formatieren von Zellen, haben wir auch den Makrorecorder berücksichtigt. Mit etwas Grundwissen lässt sich anschließend die eigene Lösung schnell um die aufgezeichneten Anweisungen ergänzen.

Download der Beispieldateien
Sämtliche Rezepte stehen zum sofortigen Nachkochen bereit. Sie erhalten die verwendeten Beispiele nach Kapiteln geordnet, kostenlos zum Download. Außerdem finden Sie zu jedem Kapitel noch einen Ordner Module mit den Makros als Textdateien (.rtf), diese können jederzeit mit Microsoft Word oder mit WordPad geöffnet und in eigene Module eingebaut werden.

Die Dateien zum Download finden Sie unter folgender Adresse:

www.bildnerverlag.de/00418

Viel Spaß und Erfolg mit dem Buch wünschen Ihnen
BILDNER Verlag und die Autoren

Inhalt

1 Grundeinstellungen

Die VBA Programmierung in Excel (und allen übrigen Microsoft-Office Anwendungen) findet in der Entwicklungsumgebung statt. Diese muss verfügbar gemacht und entsprechend Ihren Vorstellungen konfiguriert werden.

1.1 Entwicklertools im Menüband einbinden

Menüband anpassen – Entwicklertools aktivieren

In Excel wird im Menüband die Registerkarte *Entwicklertools* benötigt: Zum Einblenden klicken Sie auf *Datei* ▶ *Optionen* ▶ *Menüband anpassen* oder Rechtsklick auf einen Registerkartenreiter im Menüband und den Befehl *Menüband anpassen*. Aktivieren Sie in den Excel-Optionen unter Hauptregisterkarten die *Entwicklertools* (Häkchen) und verlassen Sie die Optionen mit *OK*.

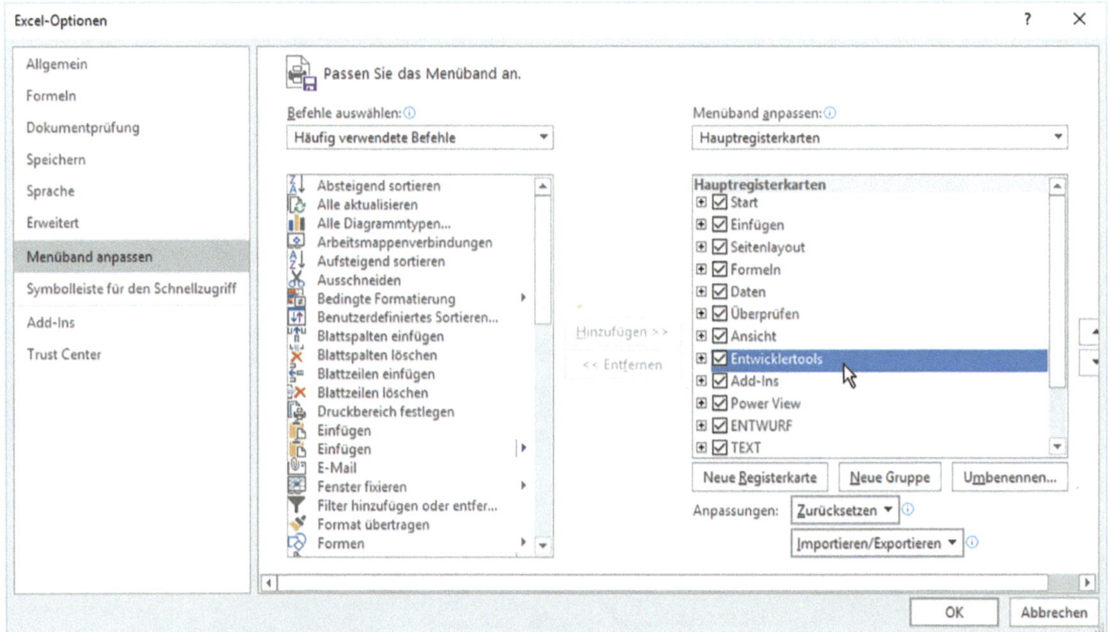

Register Entwicklertools im Menüband

Nach dem Schließen der Excel-Optionen erscheint im Menüband das Register *Entwicklertools* mit den Entwicklerwerkzeugen. Dieses Register bleibt ab jetzt dauerhaft sichtbar, muss also nicht bei jedem Start neu eingeblendet werden

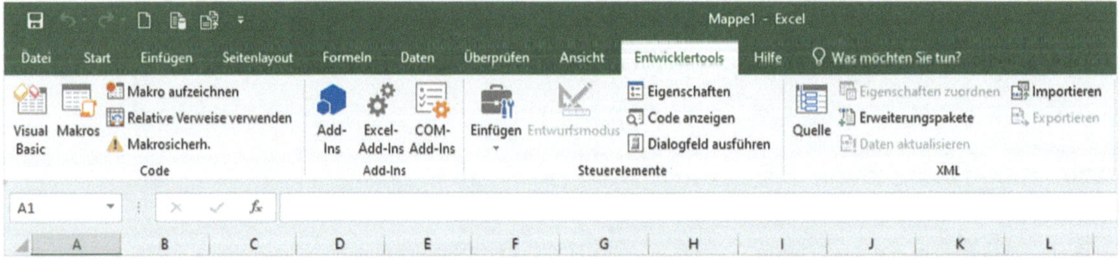

1.2 Einstellungen im Excel-Sicherheitscenter (Trust Center)

In puncto Excel-Sicherheitseinstellungen müssen eigentlich keine Änderungen vorgenommen werden, die Standardeinstellung ist durchaus ausreichend. Sicherheitshalber sollten Sie diese aber dennoch kontrollieren: Sie gelangen dorthin entweder über die gerade eingerichtete Registerkarte *Entwicklertools* und die Schaltfläche *Makrosicherh.* oder über das Register *Datei* ▶ *Optionen* ▶ *Trust Center* ▶ *Einstellungen für das Trust Center…* (früher: *Sicherheitscenter*). Klicken Sie links auf *Makroeinstellungen*.

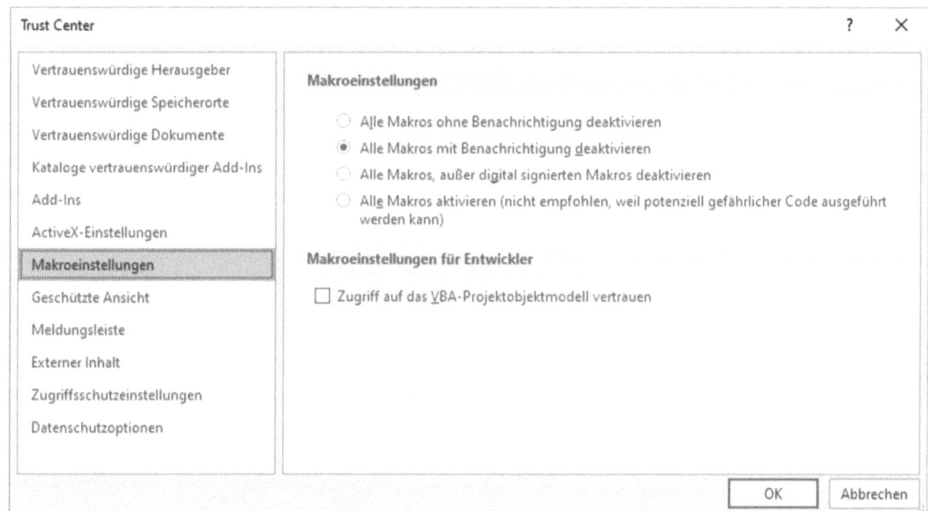

Die Einstellungen im Sicherheitscenter können unverändert bleiben

Empfehlung: Unter *Makroeinstellungen* sollte *Alle Makros mit Benachrichtigung deaktivieren* ausgewählt sein. Dies ist gleichzeitig auch die Standardeinstellung.

- Ein Heruntersetzen der Sicherheitsstufe (*Alle Makros aktivieren*) will gut überlegt sein! Zwar beschleunigt die Unterdrückung der Sicherheitsabfrage das Starten von .xlsm-Dateien, birgt aber bei Fremddateien ein erhöhtes Risiko für unliebsame Makros, die beim Öffnen der Datei automatisch gestartet werden und durchaus auch Schaden verursachen können.
- Den Haken bei *Zugriff auf das VBA-Projektobjektmodell vertrauen* können Sie weglassen.
- Über *OK* verlassen Sie das Trust Center, um in die normale Excel-Umgebung zurückzukehren.

1.3 Speichern der Arbeitsmappe mit Makros

Speichern Sie Ihre Arbeitsmappe möglichst zu Beginn eines neuen VBA-Projektes und zwar unbedingt als *Excel-Arbeitsmappe mit Makros (*.xlsm)*! In der Entwicklungsumgebung besteht keine Möglichkeit, *Speichern unter* zu wählen. Dort können Sie zwar jederzeit über Strg+S oder das Symbol in der Menüleiste die aktuelle Situation speichern, nicht jedoch den Dateityp wählen.

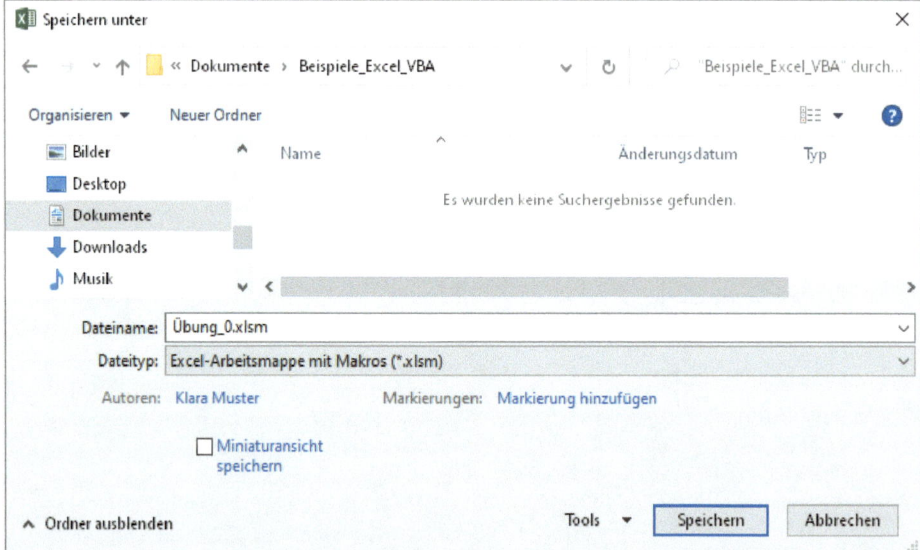

Speichern der Arbeitsmappe mit Makros (xlsm)

Wenn Sie eine Excel-Arbeitsmappe mit Makros zum ersten Mal öffnen, erfolgen Sicherheitsabfragen, entsprechend den Einstellungen im Trust Center. Sie können bei vertrauenswürdigen Quellen – meist sind es ja die eigenen Dateien – auf *Inhalt aktivieren* klicken. Nach dem ersten Öffnen und Speichern wird diese Datei künftig als vertrauenswürdig eingestuft, wenn sich Speicherort oder Dateiname nicht geändert haben.

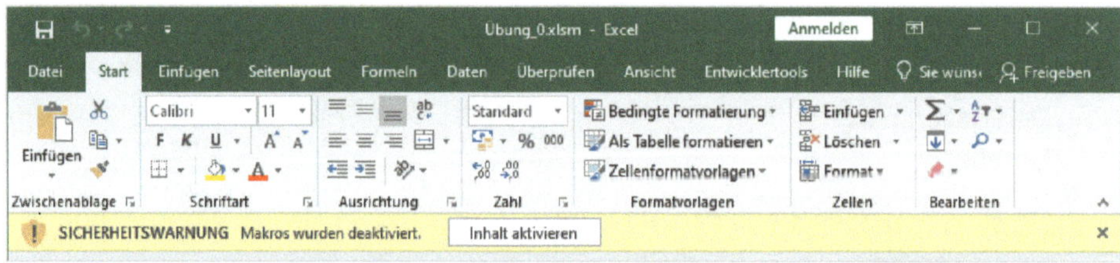

Sicherheitsabfrage beim Öffnen von Mappen mit Makros

Stammt die Arbeitsmappe aus einer anderen Quelle, z. B. Netzwerk oder E-Mail Anhang, wird sie zunächst in der geschützten Ansicht geöffnet und kann nur gelesen werden. In diesem Fall müssen Sie zuvor noch auf *Bearbeitung aktivieren* klicken.

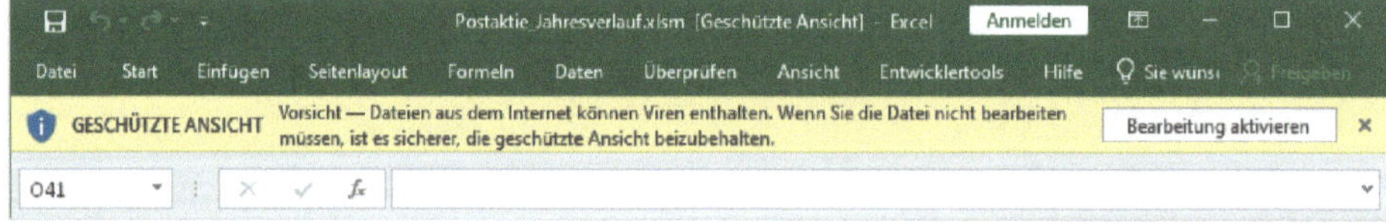

Geschützte Ansicht

1.4 Die Entwicklungsumgebung (VBA-Editor)

Es gibt zwei Wege, um in die Excel-Entwicklungsumgebung zu gelangen:

- Über die Registerkarte *Entwicklertools* ▶ *Visual Basic* ❶ oder
- Mit der Tastenkombination **Alt** + **F11**.
  Hinweis: Auf manchen Rechnern kann diese Tastenkombination durch andere Anwendungen überlagert bzw. deaktiviert sein. Dann verwenden Sie die Tasten **Windows** + **Alt** + **F11**.

Entwicklungsumgebung öffnen

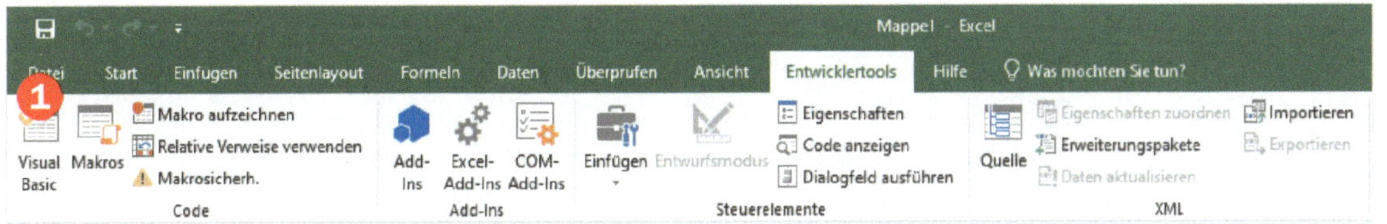

Da die VBA-Entwicklungsumgebung für gewöhnlich hinter der Excel-Oberfläche verborgen ist, nennen wir sie gerne auch Backstage-Bereich.

Fensteranzeige

Die Entwicklungsumgebung mit Projektfenster, Eigenschaftenfenster und Codefenster

Beim Öffnen des VBA-Editors präsentiert sich die Entwicklungsumgebung mit mehreren Fenstern, wie im Bild unten.

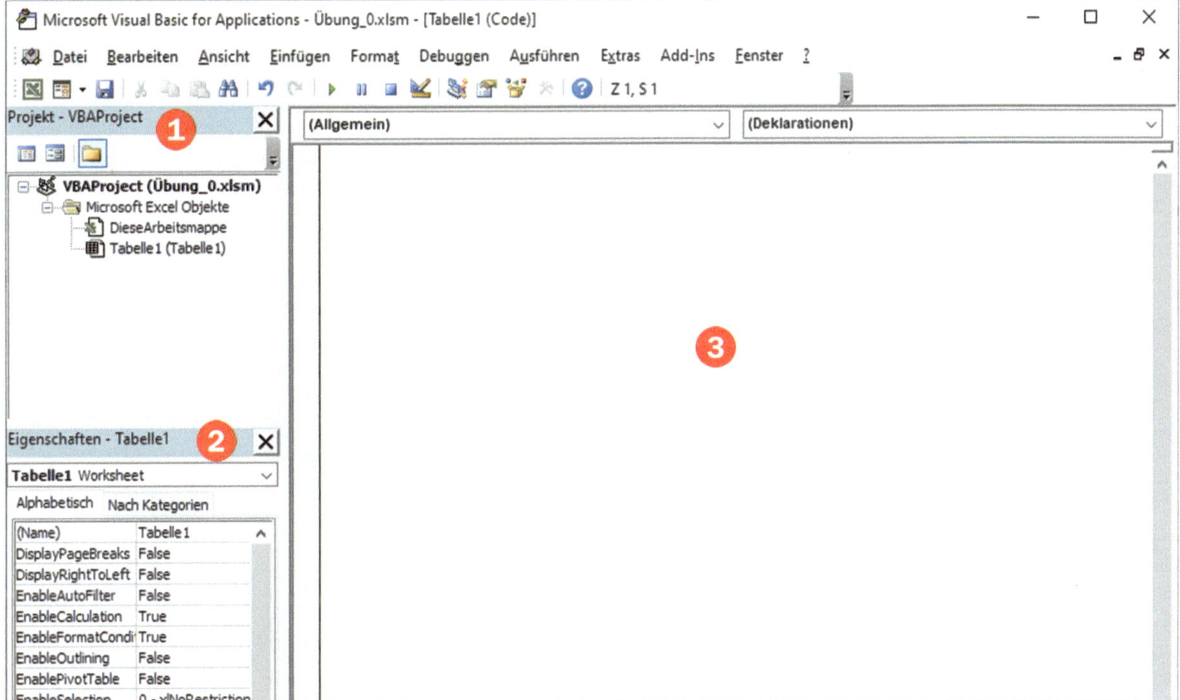

- Das **Projektfenster** ❶ zeigt alle zurzeit geöffneten Arbeitsmappen als Projekte an.
- Im **Eigenschaftenfenster** ❷ werden die (veränderlichen) Eigenschaften bzw. Besonderheiten der verwendeten Objekte dargestellt.
- Der Programmcode wird im **Codefenster** ❸ eingetragen, dem größten Fenster, das sich öffnet, sobald ein Modul oder ein Objekt (z. B. Tabelle, Formular) aktiviert (angeklickt) wird.
- Der **Direktbereich** – auch Direktfenster genannt und hier nicht abgebildet – dient als temporäres Ausgabefenster für Zwischenergebnisse oder kann zur Eingabe von Berechnungen, für Tests einzelner Programmzeilen oder Anweisungen verwendet werden.

Die einzelnen Fenster lassen sich nach Bedarf über die Menüleiste (*Ansicht*) ein- oder ausblenden. Sollten am linken Fensterrand die beiden Fenster *Projekt* und *Eigenschaften* nicht angezeigt werden, kommen Sie über die Einstellungen des Menüs *Ansicht* weiter, siehe Bild unten, oder die Tasten Strg+R bzw. F4. Die Fensteranordnung wie im Bild auf Seite 21 sollte als Standard eingestellt sein. Breite und/oder Höhe der Fenster lassen sich mit der Maus durch Verschieben der Begrenzungsleisten verändern.

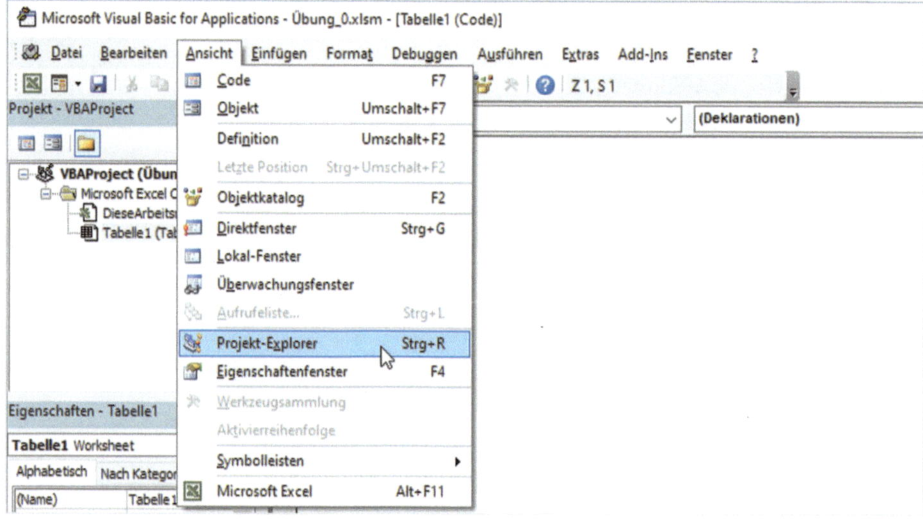

Im Menü Ansicht lassen sich die Fenster ein- und ausblenden

Hinweis: Vom Loslösen der am linken Fensterrand verankerten Fenster ist abzuraten, da das erneute Fixieren an angestammter Position umständlich und zeitraubend ist.

Das Codefenster

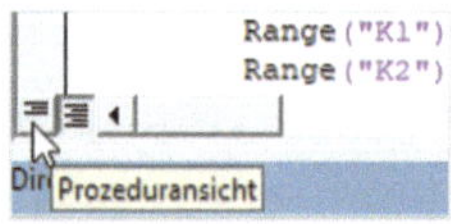

Das Codefenster des aktiven Moduls kann quasi nie zu groß sein, denn dort werden wir uns am meisten aufhalten. Hier werden standardmäßig alle, im Modul enthaltenen, Prozeduren bzw. Makros untereinander angezeigt. Falls Sie gezielt in einer bestimmten Prozedur arbeiten und die übrigen Prozeduren ausblenden wollen, dann klicken

Sie in den Prozedurcode und anschließend auf das linke Symbol (*Prozeduransicht*) ❶ am unteren Rand des Codefensters. Ein Klick auf das Symbol rechts daneben ❷ zeigt wieder alle Prozeduren an.

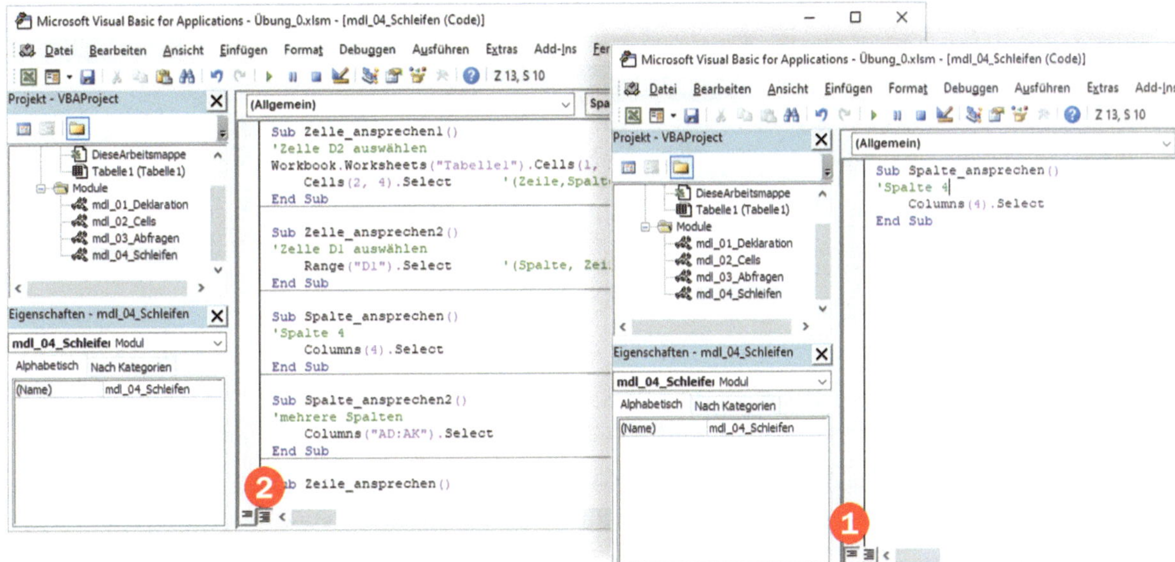

Alle Prozeduren (Standard)

Einzelansicht eines Makros

Prinzipiell lassen sich die Module auch in Fenstern nebeneinander oder überlappend anzeigen. Dazu klicken Sie auf das Symbol *Fenster wiederherstellen*. In der Praxis dürfte allerdings diese Darstellungsform kaum von Bedeutung sein. Um die Standardansicht wiederherzustellen, brauchen Sie nur eines der Fenster maximieren.

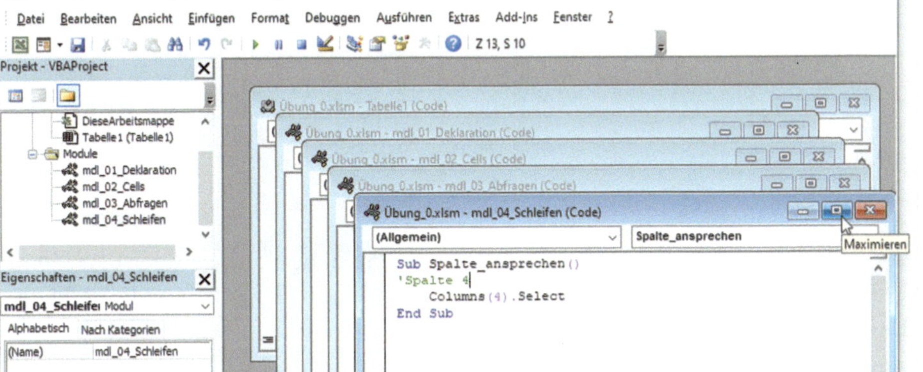

Überlappende Modulfenster im Codefenster

Module verwalten

Module sind Container für mehrere, meist sinngemäß zusammengehörige Prozeduren. Zum Erzeugen eines neuen Moduls klicken Sie auf das Menü *Einfügen* ▶ *Modul*. Oder klicken Sie in der Symbolleiste auf den Dropdown-Pfeil des Symbols *Einfügen* und wählen Sie hier *Modul*.

Modul einfügen

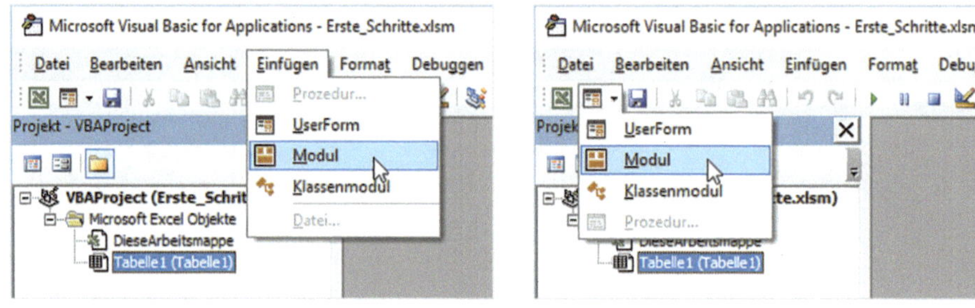

Das Modul wird mit dem Namen *Modul1* in den Ordner *Module* eingefügt. Falls noch kein Modul existiert, wird der Ordner *Module* automatisch erzeugt.

Anschließend sollten Sie jedes Modul mit einem aussagefähigen Namen versehen. Dazu klicken Sie im Projektfenster auf das Modul und geben im Eigenschaftenfenster unter *Name* einen Namen ein, im Bild unten *Beispiele* statt *Modul1*. Sollte rechts das dazugehörige Codefenster nicht sichtbar sein, so genügt zum Anzeigen ein Doppelklick auf das Modul im Projektfenster.

Modul umbenennen

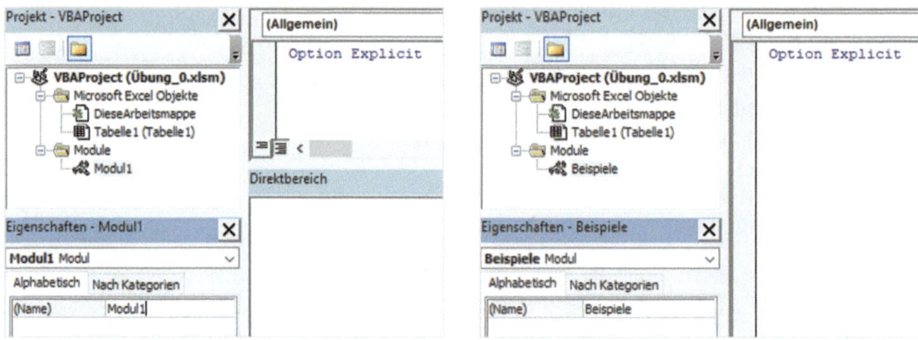

Direktbereich

Anzeigen mit Strg+G

Das Fenster Direktbereich wird mit der Tastenkombination Strg+G oder den Menübefehl *Ansicht* ▶ *Direktfenster* eingeblendet und erscheint am unteren Rand der VBA-Entwicklungsumgebung unterhalb Codefensters.

Eine Ausgabe in diesem Fenster wird im Prozedurcode durch folgende Anweisung veranlasst:

```
Debug.Print
```

Im Direktbereich selbst kann ein Fragezeichen die Anweisung einleiten und anschließendes Betätigen der Enter-Taste bewirkt die Ausgabe; beispielsweise die Ausgabe der aktuellen Uhrzeit.

```
Debug.Print "Willkommen"
? Time
```

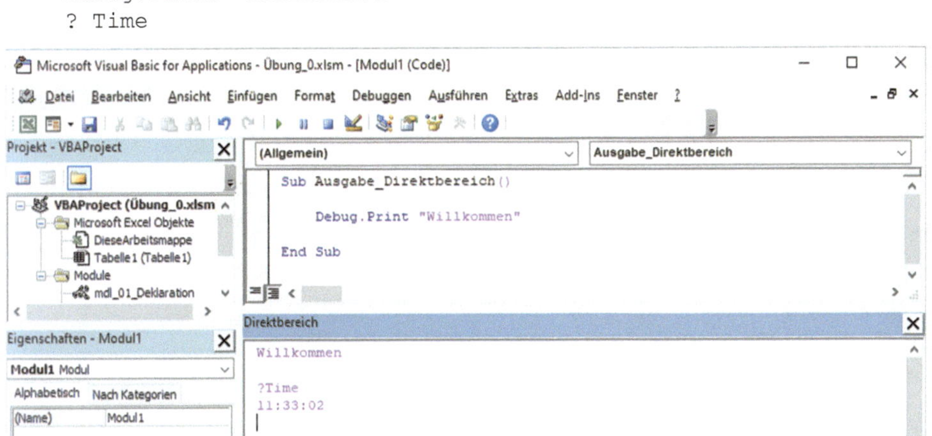

Ausgabe im Direktbereich

Ausgabewerte trennen

Werden in einer Debug.Print-Zeile mehrere Ausgabewerte durch Semikolon (;) getrennt, erhalten Sie im Direktbereich eine Ausgabe mit Leerzeichen getrennt. Die Trennung durch Komma in der Codezeile bewirkt die Ausgabe mit Tab-Abständen.

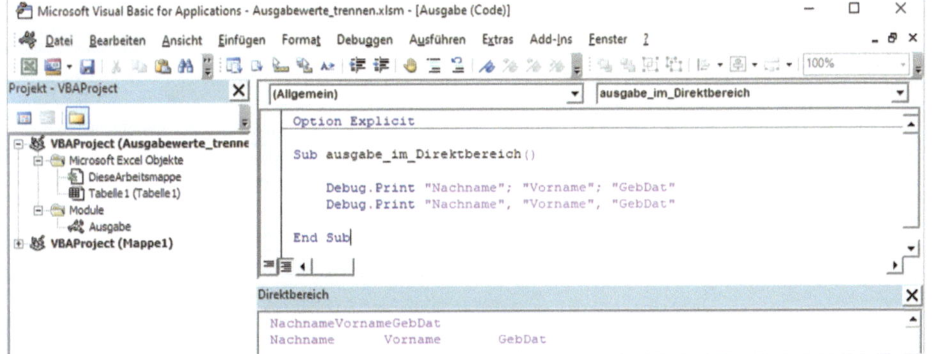

Getrennte Ausgabewerte

Das Überwachungsfenster

Wenn Sie während des Ablaufs einer Prozedur Variablen überprüfen wollen, um beispielsweise bei bestimmten Bedingungen den Programmlauf zu unterbrechen, steht Ihnen das Überwachungsfenster ❶ mit seinen Möglichkeiten zur Verfügung. Um eine Variable zu überwachen, markieren Sie die Variable im Programmcode und über einen Rechtsklick erhalten Sie den Befehl *Überwachung hinzufügen…* (oder über das Menü *Debuggen* ❷).

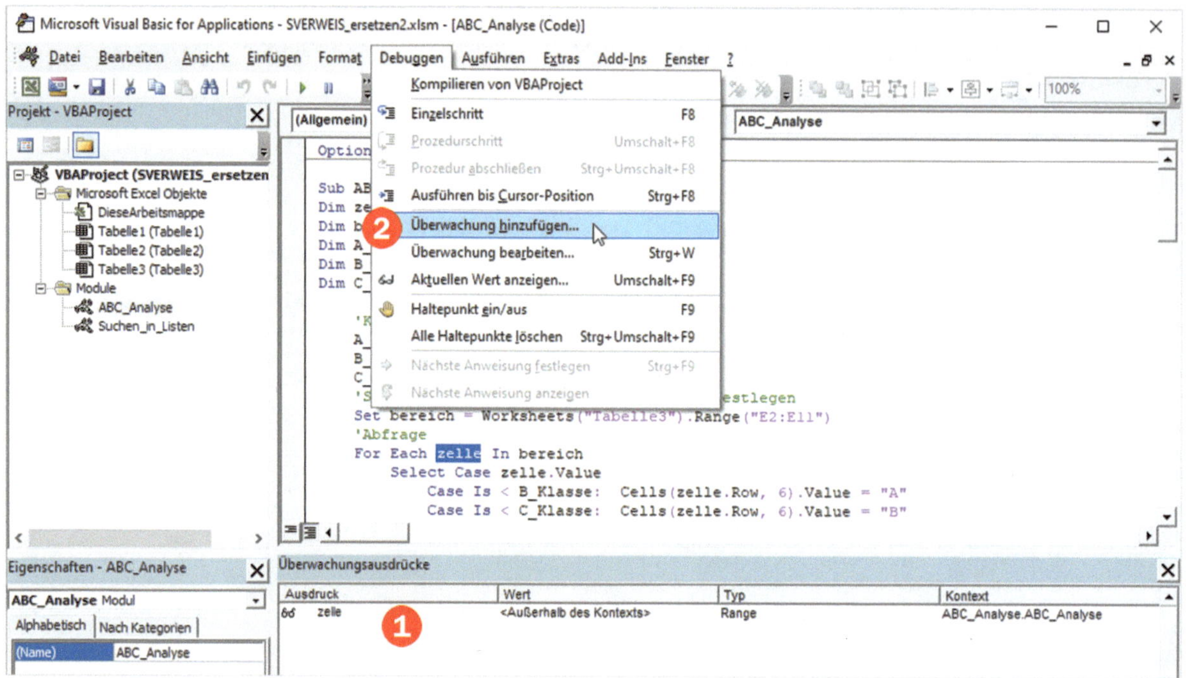

Überwachung einer Variablen hinzufügen

1.5 Einstellungen im VBA-Editor

Symbolleisten einblenden

Zu den Grundeinstellungen zählt auch die Anzeige und Anordnung der Symbolleisten. Aktivieren Sie über das Menü *Ansicht* ▶ *Symbolleisten* diese drei Symbolleisten (Bild unten), falls ausreichend Platz auf Ihrem Bildschirm ist.

Hilfreiche Symbolleisten

- Die Symbolleiste *Bearbeiten* bietet hilfreiche Zusatzfunktionen wie beispielsweise zum Einrücken (Tab) und *Auskommentieren*.
- Beim Erstellen von Formularen (UserForms) kann die Symbolleiste *UserForm* beim Ausrichten und Aufteilen von Steuerelementen unterstützen.

Symbolleiste Bearbeiten

Symbolleiste UserForm

Editier-Optionen

Einige Einstellungen der Entwicklungsumgebung sollten Sie unbedingt anpassen. Das zuständige Fenster öffnen Sie über *Extras* ▶ *Optionen…*.

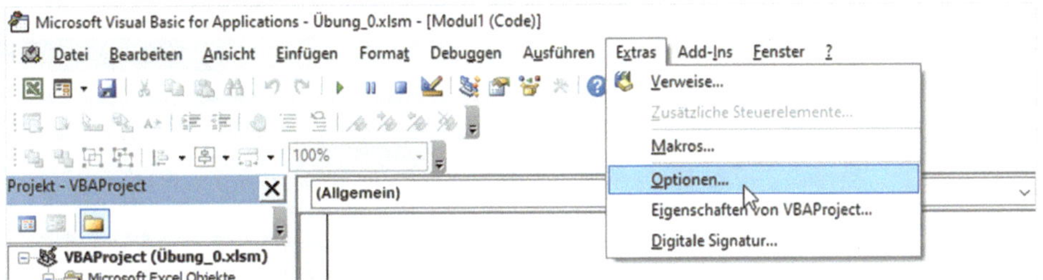

Extras Optionen

Variablendeklaration erzwingen

Diese Maßnahme zählt zu den wichtigen Grundeinstellungen und wird daher hier besonders hervorgehoben. In VBA müssen Variablen, die im Programm verwendet werden, nicht unbedingt vorab deklariert werden. Das Erzwingen der Variablendeklaration erhöht jedoch die Übersichtlichkeit im Makro, reduziert den Speicherplatz auf das Notwendigste durch Anpassung der von ihnen benötigten Byte-Tiefe und hilft, Tippfehler bei der Eingabe vermeiden. Die deklarierten Variablen werden Ihnen dadurch auch über die Tasten Strg+Leertaste angeboten (Auswahlliste *IntelliSense*).

Sie erzwingen die Deklaration von Variablen mit folgender Anweisung am Beginn eines Moduls:

```
Option Explicit
```

Damit diese Anweisung nicht jedes Mal erneut eingegeben werden muss, aktivieren Sie in den Optionen, Register *Editor*, das Kontrollkästchen *Variablendeklaration erforderlich*.

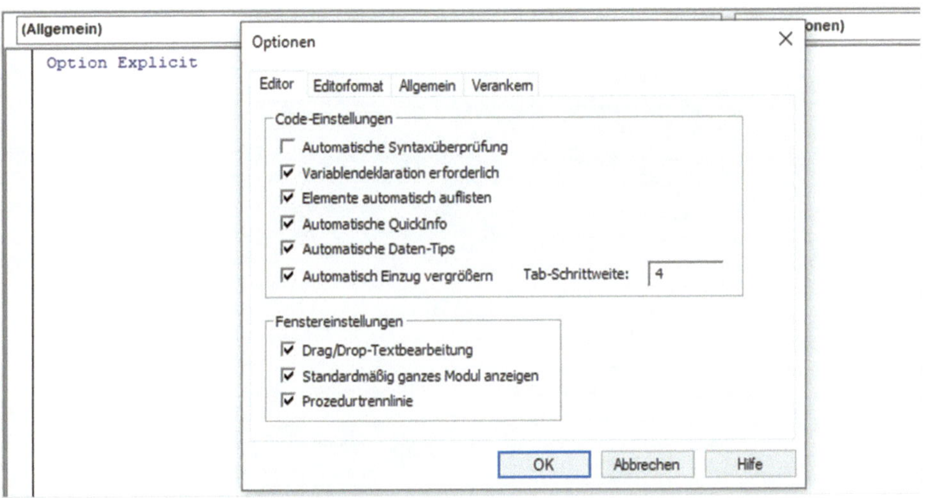

Variablendeklaration erforderlich als Standardeinstellung

Automatische Syntaxüberprüfung

Die *Automatische Syntaxüberprüfung* (siehe Bild unten können Sie problemlos deaktivieren. Syntaxfehler werden ohnehin auffällig angezeigt und können bei einer Fehlermeldung über *Debuggen* anschließend im Programmcode korrigiert werden.

Bei Fehlermeldung über Debuggen zum VBA-Code

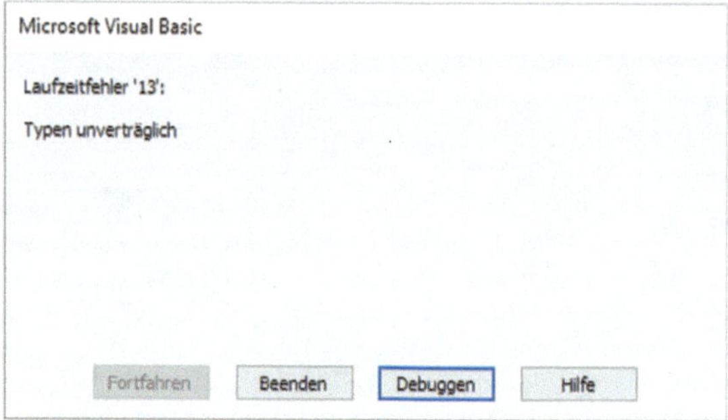

Alle weiteren Einstellungen des Registers *Editor* können unverändert bleiben.

Schrifteinstellungen

Im Register *Editorformat* der Optionen können Sie verschiedene Schrifteinstellungen vornehmen. Die Standardschrift Courier New ist gut lesbar und zeichnet sich durch konstante Buchstabenbreiten aus, was das strukturierte/versetzte Schreiben von Codezeilen übersichtlich macht. Sie sollte daher beibehalten werden, die Schriftgröße können Sie dagegen ggf. verändern.

Als Schriftfarbe ist für Kommentare, d. h. Anweisungen, die mit Hochkomma ' beginnen, Grün bereits voreingestellt.

Empfehlung: Ändern Sie die Farbe für *Normalen Text* im Feld *Vordergrund* in ein kräftiges Pink.

Auffällige Farbe für Normalen Text im Programmcode

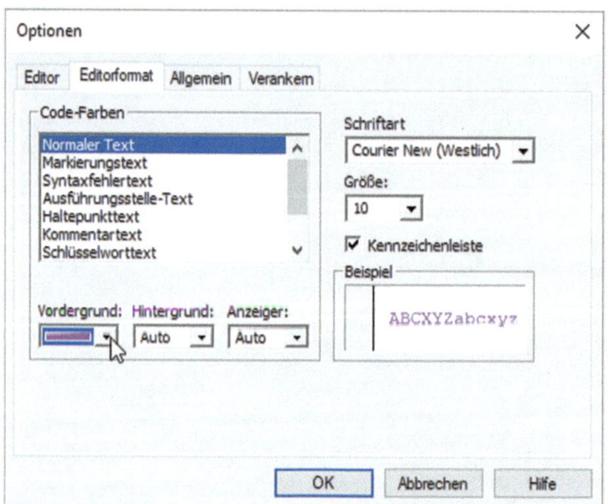

2 Prozeduren und Makros allgemein

2.1 Module und Prozeduren erzeugen

Prozeduren, auch als Makros bezeichnet, sind kleine, eigenständige Programmeinheiten mit einem eindeutigen Namen, unter dem sie später aufgerufen werden. Eine Prozedur beginnt immer mit der Anweisung *Sub*, gefolgt vom eigentlichen Namen und endet mit *End Sub*.

Prozedur erstellen

Modul einfügen

Module sind Container für mehrere, meist sinngemäß zusammengehörige Prozeduren. Zum Erzeugen eines neuen Moduls klicken Sie auf das Menü *Einfügen* ▶ *Modul*. Oder klicken Sie in der Symbolleiste auf den Dropdown-Pfeil des Symbols *Einfügen* und wählen Sie hier *Modul*.

Modul einfügen

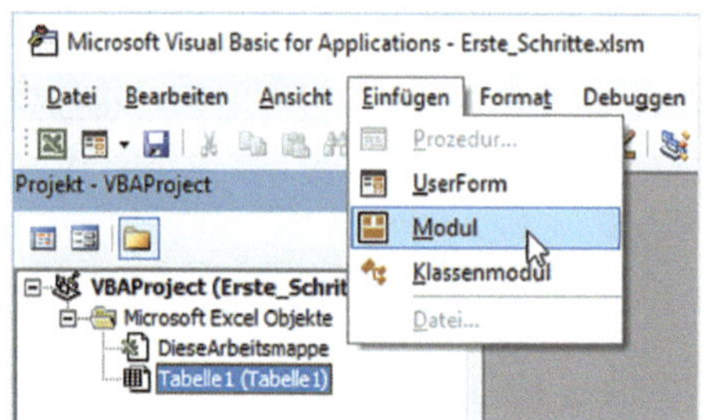

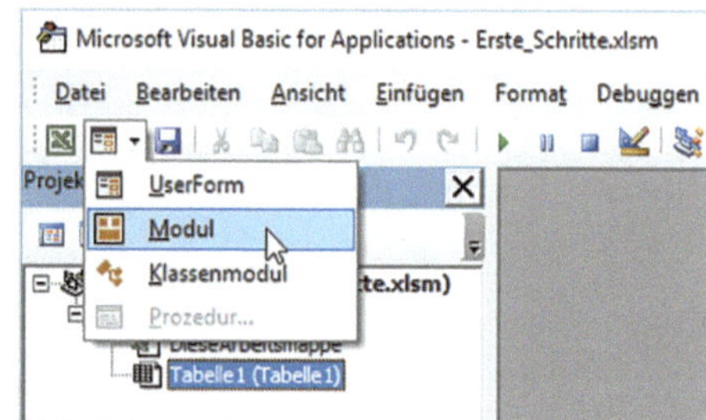

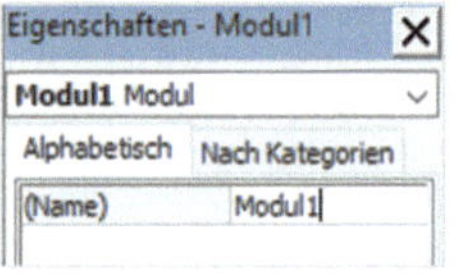

Das Modul wird mit dem Namen *Modul1* in den Ordner *Module* eingefügt. Falls noch kein Modul existiert, wird der Ordner *Module* automatisch erzeugt. Zur besseren Übersicht sollten Sie anschließend das Modul im Eigenschaften-Fenster umbenennen.

Prozedur erzeugen

Eine neue Prozedur erzeugen Sie, indem Sie im Codefenster an die gewünschte Stelle klicken, *Sub* und den Prozedurnamen über die Tastatur eingeben und mit der Eingabetaste abschließen. *End Sub* wird automatisch hinzugefügt und dadurch ein sogenannter Prozedurrumpf erzeugt, in den die weiteren Anweisungen eingefügt werden.

Prozedurrumpf

```
Option Explicit

Sub ErstesBeispiel()

End Sub
```

Beachten Sie: Prozedurnamen müssen eindeutig sein und dürfen keine Sonder- oder Leerzeichen enthalten. Die automatisch hinzugefügten Klammern sind zur Übernahme von Argumenten (Parameterwerten) vorgesehen und lassen sich nicht entfernen.

Oder klicken Sie auf *Einfügen* ▶ *Prozedur...* ❶ und geben anschließend einen Prozedurnamen ein ❷. Hier können Sie optional noch den Gültigkeitsbereich festlegen.

Prozedur einfügen

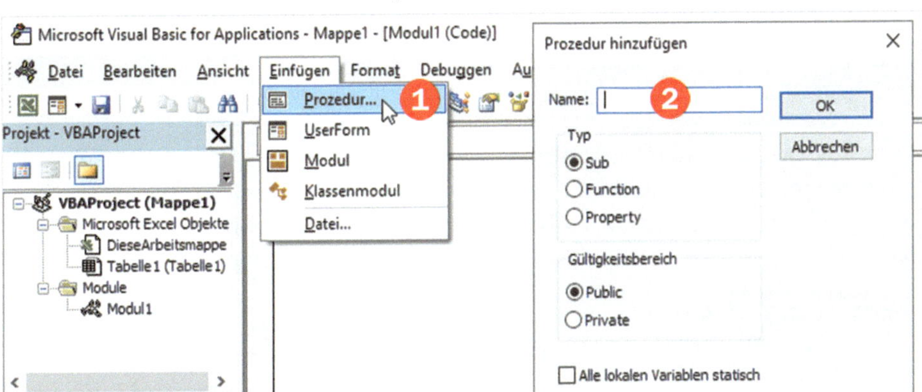

Gültigkeitsbereiche von Prozeduren

Wird beim Erzeugen einer neuen Prozedur einfach `sub` gefolgt vom Prozedurnamen eingegeben, ist die Prozedur automatisch *Public*, d. h. sie kann aus jeder anderen Prozedur innerhalb des Projekts heraus aufgerufen werden. Dies ist auch die Voreinstellung beim Erzeugen einer Prozedur über das Menü *Einfügen*. Optional können Sie auch der Prozedur das Schlüsselwort Public voranstellen.

```
Public sub Testbeispiel_1()

End Sub
```

Wenn Sie dagegen dem Prozedurkopf *Private* voranstellen, kann die Prozedur nur innerhalb des Moduls aufgerufen werden.

```
Private sub Testbeispiel_2()

End Sub
```

2.2 Der Makrorecorder als Programmierhilfe

VBA ist eine sehr umfangreiche Sprache und gerade Einsteiger oder Gelegenheitsprogrammierer haben nicht immer sofort die passende Anweisung parat. Hier kann der Makrorecorder eine gute Hilfe sein, ohne die Online-Hilfe bzw. F1 oder Internet-Foren in Anspruch nehmen zu müssen. Durch Aufzeichnen der benötigten Aktion erhalten Sie in vielen Fällen schnell die richtigen Anweisungen.

Nachteil: Der Makrorecorder generiert neben der benötigten Anweisung häufig auch eine Vielzahl überflüssiger Codezeilen, die zwecks besserer Übersichtlichkeit manuell gelöscht werden sollten.

Aufzeichnen mit dem Makrorecorder

Klicken Sie im Tabellenblatt, Register *Entwicklertools* auf *Makro aufzeichnen*. Geben Sie einen Namen ein ❶, unter dem das Makro später aufgerufen werden soll, optional auch eine Tastenkombination ❷ und legen Sie den Speicherort ❸ des Makros fest. Nachdem Sie auf *OK* geklickt haben, läuft die Aufzeichnung.

Makro aufzeichnen

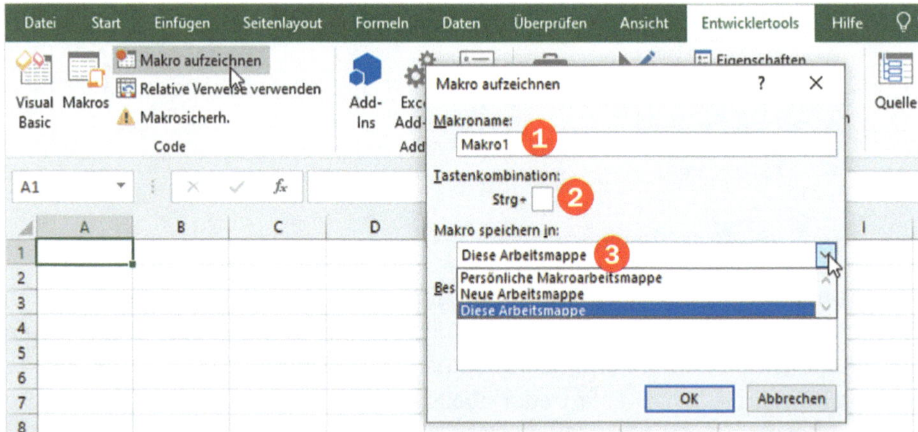

Achtung Speicherort: Standardvorgabe im Feld *Makro speichern in* ist *Diese Arbeitsmappe*. Dies ist in 99 % aller Fälle auch sinnvoll, da die meisten Makros auf spezielle Aufgaben der jeweiligen Arbeitsmappe zugeschnitten sind. Wenn Sie dagegen *Persönliche Makroarbeitsmappe* wählen, dann ist das Makro in jeder Excel-Arbeitsmappe verfügbar. Allerdings dürfen Sie beim Beenden von Excel in diesem Fall nicht vergessen, dass Ihre Änderungen in der persönlichen Makroarbeitsmappe extra gespeichert werden müssen. Klicken Sie also bei der entsprechenden Rückfrage auf *Ja*.

Umschalten auf relative Verweise

Wechsel zwischen festen und relativen Zellbezügen

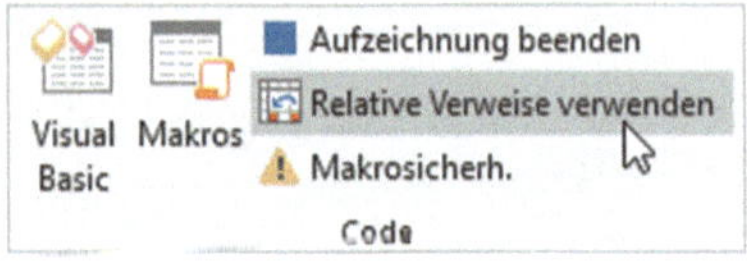

Der Makrorecorder bietet zwei Aufzeichnungsmöglichkeiten an, zwischen denen Sie jederzeit wechseln können. Standardeinstellung ist die Aufzeichnung mit festen Verweisen (Zellbezügen). Mit Klick auf *Relative Verweise verwenden* schalten Sie vor oder während der Aufzeichnung relative Verweise ein und wieder aus.

Aufzeichnung beenden

Aufzeichnung beenden

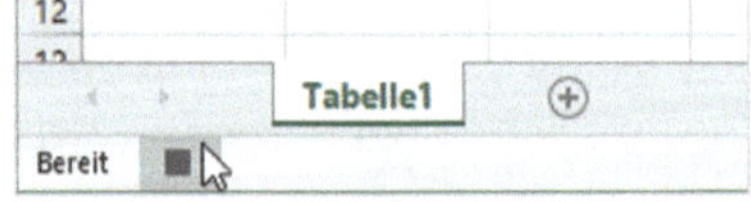

Zum Beenden der Aufzeichnung klicken Sie auf *Entwicklertools* ▶ *Aufzeichnung beenden* oder links unten in der Statusleiste auf *Beenden*.

Beispiel: Zeilen und Spalten vertauschen

Eine Adresse liegt in der unten abgebildeten Form vor und soll im selben Arbeitsblatt in eine Tabelle umgewandelt werden, in der Name und Adressangaben in Spalten nebeneinander angeordnet sind. Dazu müssen die zweite bis sechste Adresszeile horizontal neben dem Namen angeordnet werden. Manuell bieten sich spontan zwei Vorgehensweisen an:

- Zellen einzeln ausschneiden und in horizontaler Reihenfolge einfügen, danach die leeren Zellen in Spalte A löschen.
- Oder Zellen als Block kopieren und transponiert horizontal ab Spalte B einfügen und danach die ursprünglichen Zellen in Spalte A löschen.

Die Adressliste

	A	B	C	D
1	1			
2	Hein			
3	Buche			
4	Bahnhofstr. 1			
5	32023			
6	Hameln			
7	2			
8	Fritz			
9	Box			
10	Hauptstr. 34			
11	56834			
12	Mückendorf			
13	3			
14	Hans			
15	Dampf			
16	Schulstr. 3			
17	49702			
18	Hannover			
19				

Die Handarbeit beider Methoden kann mittels *Makrorekorder* aufgezeichnet werden. Liegen mehrere Adressen in dieser Form vor, lassen sich die Einzelschritte später mehrfach wiederholen. Voraussetzung ist eine Aufzeichnung mit Relativen Verweisen.

Variante 1: Zellen einzeln ausschneiden

Das Makro wird zunächst nur für die erste Adresse in A1:A6 aufgezeichnet.

Markieren Sie die Zelle A1, diese dient als Ausgangspunkt und aktivieren Sie *Relative Verweise verwenden*. Dem Makro kann auf diesem Weg sofort eine Tastenkombination zugewiesen werden; beispielsweise Strg+m, die noch nicht vergeben ist. Nach dem Klick auf *OK* werden alle Aktionen als VBA-Code aufgezeichnet.

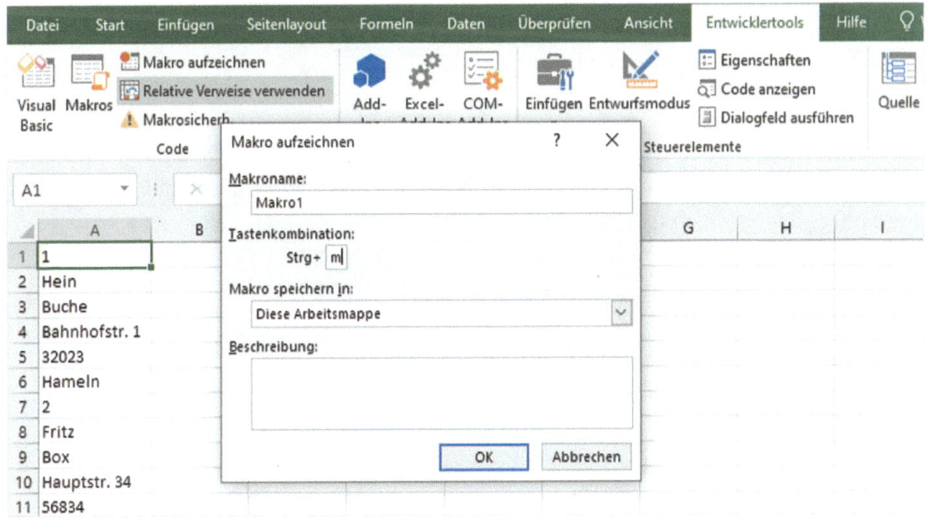

Markieren Sie A1 und starten Sie die Makroaufzeichnung

Adressen_Makro.xlsm

Führen Sie folgende Aktionen nacheinander aus:

1 Klick in *Zelle A2* und Inhalt ausschneiden, z. B. mit Strg+X.

2 Klick in *Zelle B1* und Inhalt einfügen, z. B. mit Strg+V.

3 Wiederholen Sie diese Schritte bis einschließlich A6.

4 Löschen Sie die Zellen A2:A6 mit der Option *Zellen nach oben verschieben*.

5 Klicken Sie auf A2, um die nächste Zelle auszuwählen.

6 Beenden Sie die Aufzeichnung.

Nach dem Wechsel in die Entwicklerumgebung mit Alt+F11 finden Sie im Projektfenster im Ordner *Modul1* das soeben aufgezeichnete Makro *Makro1*.

Das aufgezeichnete Makro

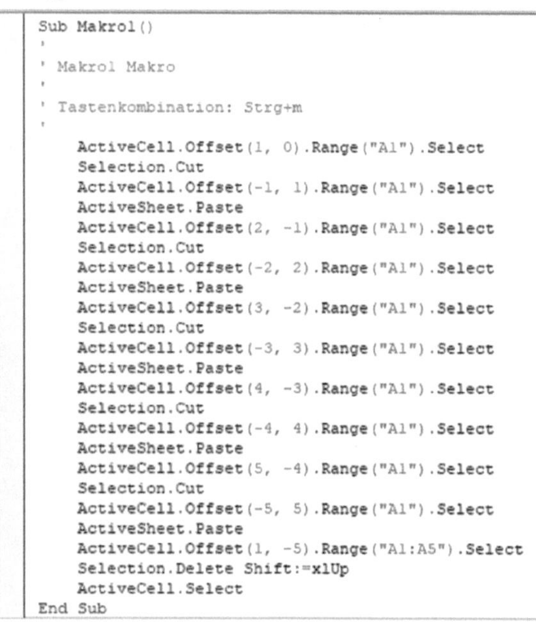

```
Sub Makro1()
'
' Makro1 Makro
'
' Tastenkombination: Strg+m
'
    ActiveCell.Offset(1, 0).Range("A1").Select
    Selection.Cut
    ActiveCell.Offset(-1, 1).Range("A1").Select
    ActiveSheet.Paste
    ActiveCell.Offset(2, -1).Range("A1").Select
    Selection.Cut
    ActiveCell.Offset(-2, 2).Range("A1").Select
    ActiveSheet.Paste
    ActiveCell.Offset(3, -2).Range("A1").Select
    Selection.Cut
    ActiveCell.Offset(-3, 3).Range("A1").Select
    ActiveSheet.Paste
    ActiveCell.Offset(4, -3).Range("A1").Select
    Selection.Cut
    ActiveCell.Offset(-4, 4).Range("A1").Select
    ActiveSheet.Paste
    ActiveCell.Offset(5, -4).Range("A1").Select
    Selection.Cut
    ActiveCell.Offset(-5, 5).Range("A1").Select
    ActiveSheet.Paste
    ActiveCell.Offset(1, -5).Range("A1:A5").Select
    Selection.Delete Shift:=xlUp
    ActiveCell.Select
End Sub
```

Zur Erklärung

A1	Bezugszelle
Offset(1,0): Cut	1 Zeile tiefer, gleiche Spalte: Ausschneiden
Offset(-1,1): Paste	1 Zeile höher, 1 Spalte nach rechts: Einfügen
Offset(2,-1): Cut	2 Zeilen tiefer, 1 Spalte nach links: Ausschneiden
Offset(-2,2): Paste	2 Zeilen höher, 2 Spalten nach rechts: Einfügen
...	
Offset(1,-5): Delete	1 Zeile tiefer, 5 Spalten nach links: 5 Zellen markieren und löschen
	Nächste Zelle markieren

Die nachfolgenden Adressen lassen sich nun einzeln nacheinander durch Aufruf des Makros mit der Tastenkombination Strg+m in Tabellenzeilen umwandeln. Allerdings muss dazu jeweils die erste Zelle der nächsten Adresse markiert sein!

Das Ergebnis im selben Tabellenblatt

	A	B	C	D	E	F	G	H
1	1	Hein	Buche	Bahnhofstr. 1	32023	Hameln		
2	2	Fritz	Box	Hauptstr. 34	56834	Mückendorf		
3	3	Hans	Dampf	Schulstr. 3	49702	Hannover		
4								
5								
6								

Unterschied relative und feste Verweise

Betrachten wir kurz den Unterschied zwischen festen und relativen Verweisen bei der Aufzeichnung, im beiden Fällen ist zu Beginn der Aufzeichnung A1 markiert und die aufgezeichnete Anweisungszeile markiert A2.

Feste Verweise: `Range("A2").Select`

Relative Verweise: `ActiveCell.Offset(1, 0).Range("A1").Select`

Variante 2: Zellbereich als Block umstellen

Ausgangspunkt ist wieder Zelle A1 im Arbeitsblatt *Adressliste*. Markieren Sie die Zelle A1, aktivieren Sie *Relative Verweise verwenden* und starten Sie die Aufzeichnung. Das Makro erhält die Tastenkombination Strg+j , auch diese ist noch nicht anderweitig belegt.

Führen Sie nacheinander folgende Schritte aus:

1 Markieren Sie den Zellbereich A2:A6 und kopieren Sie diesen in die Zwischenablage.

2 Klicken Sie auf B1 und fügen Sie den Inhalt transponiert ein.

3 Markieren Sie die Zellen A2:A6 und löschen Sie diese mit der Option *Zellen nach oben verschieben*.

4 Klicken Sie auf A2, die Zelle mit der die nächste Adresse beginnt und beenden Sie die Aufzeichnung.

Nach dem Wechsel in die *Entwicklerumgebung* mit Alt+F11 findet sich im *Projektfenster* im Ordner *Modul2* das aufgezeichnete Makro *Makro2*. Der Umfang der aufgezeichneten Anweisungen hat sich erheblich reduziert, das Ergebnis ist dasselbe wie oben.

Aufzeichnung zu Block transponieren

```
Sub Makro2()
'
' Makro2 Makro
'
' Tastenkombination: Strg + j
'
    ActiveCell.Offset(1, 0).Range("A1:A3").Select
    Selection.Copy
    ActiveCell.Offset(-1, 1).Range("A1").Select
    Selection.PasteSpecial Paste:=xlPasteAll, Operation:=xlNone, _
        SkipBlanks:= False, Transpose:=True
    ActiveCell.Offset(1, -1).Range("A1:A4").Select
    Application.CutCopyMode = False
    Selection.Delete Shift:=xlUp
    ActiveCell.Select

End Sub
```

Name und Tastenkombination sowie eine optionale Beschreibung des Karos werden als Kommentare hinzugefügt.

Kommentare beginnen Mit einem Hochkomma ' (Apostroph) und erhalten automatisch grüne Schrift.

Allerdings muss nach wie vor jede einzelne Adresse durch Aufruf des Makros konvertiert werden. Diese wiederkehrende Arbeit kann durch eine Programmschleife vereinfacht werden.

Programmschleifen hinzufügen

Um nicht jedes Mal das aufgezeichnete Makro aufrufen zu müssen, kann der Programmcode in einer Schleife abgearbeitet werden. Man unterscheidet zwischen Schleifen mit einer fest vorgegebenen Anzahl von Durchläufen (*Zählerschleifen*) und

Schleifen, die so oft durchlaufen werden, bis eine bestimmte Bedingung erfüllt ist (*Bedingungsschleife*); beispielsweise eine leere Zelle in Spalte A.

Da bereits zwei erprobte Makros vorliegen, kann jedes Makro aus einer Programmschleife heraus aufgerufen werden. Ausgehend von der ersten Namenszeile wird das Makro mit der Tastenkombination Strg+u gestartet.

Aufruf des Makros aus Zählerschleife heraus

... und aus bedingungsschleife

```
Sub zaehlerschleife()
Dim i As Integer

    For i = 1 To 20
       Makro1
    Next i

End Sub
```

```
Sub bedingungsschleife()
'
' Tastenkombination: Strg + u
'
    While Selection.Value <> ""
       Makro2
    Wend

End Sub
```

Neben der *For...Next-Schleife* und der *While...Wend-Schleife* stehen in VBA weitere Schleifenversionen zur Verfügung, siehe Kapitel ???.

Makrorecorder - Fazit

Wie das Beispiel zeigt, liefert der Makrorecorder einen hilfreichen VBA-Code. Durch das Mitschneiden einer Aktion kann er auch helfen, die richtigen Anweisungen zu formulieren, ohne die Online-Hilfe in Anspruch zu nehmen.

Was nicht aufgezeichnet wird, sind Schleifen für wiederholte Abläufe und Verzweigungen über Abfragen mit *If...Then* oder *Select...Case*. Dies lässt sich jedoch einfach ergänzen.

R = Row,

C = Column,

Z = Zeile,

S = Spalte

Auch werden die Zelladressen in der sogenannten R1C1-Bezugsart - in der deutschen Version Z1S1 genannt - festgehalten, mit der die meisten Excel-Nutzer nicht vertraut sein dürften, da die Standardbezugsart im A1-Stil voreingestellt ist. Beide Bezugsarten werden von Excel unterstützt und über das Register *Datei* ▶ *Optionen* ließe sich unter *Formeln* die *Z1S1-Bezugsar*t aktivieren. Sie müssen aber an Ihren Formeln keine Änderungen vornehmen, wenn anstelle der Buchstaben Zahlen als Spaltenbezeichnungen angezeigt werden. Excel speichert alle Zellbezüge der Formeln in der R1C1-Notation und übersetzt sie in den A1-Stil.

Hinweis zum Aufzeichnen von Funktionen

Der Makrorecorder zeichnet alle Ereignisse in englischer Notation auf. So werden auch deutsche Funktionsnamen konvertiert und aus =SUMME() wird beispielsweise automatisch =SUM().

2.3 Makros, Prozeduren und Formulare ausführen

Aus der Entwicklungsumgebung heraus starten Sie das aktuelle Makro bzw. das Makro, in dem sich der Cursor befindet, mit der Taste F5 oder mit Klick auf das grüne Pfeilsymbol in der Symbolleiste. Diese Methode eignet sich vor allem zum Testen.

Prozedur in der Entwicklerumgebung starten

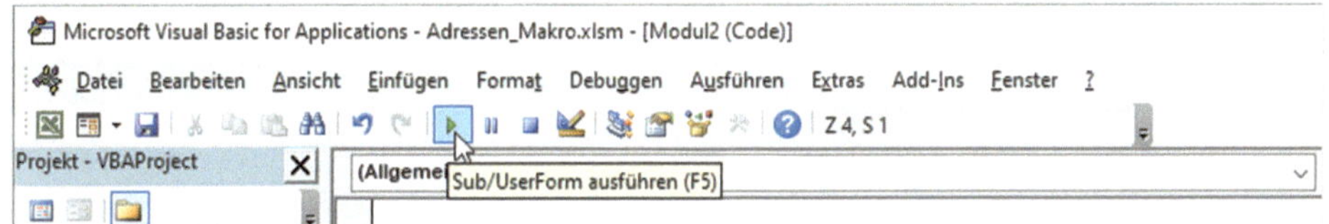

Im praktischen Einsatz werden Sie jedoch kaum dafür zuerst in den VBA-Editor wechseln, außerdem sollen Makros in vielen Fällen auch von Personen ausgeführt werden, die über keinerlei VBA-Kenntnisse verfügen. Fassen wir daher die Möglichkeiten zusammen, wie Makros aufgerufen werden können.

Im Dialogfenster Makros starten

In der einfachsten Form lassen sich im Arbeitsblatt Makros bzw. Prozeduren aus dem Dialogfenster *Makros* heraus starten. Dieses Fenster öffnen Sie entweder, indem Sie im Menüband, Register *Ansicht* ▶ *Makros* auf *Makros anzeigen* klicken oder im Register *Entwicklertools* (Achtung: Dieses Register muss zuvor eingeblendet werden) auf *Makros* klicken. Alternativ öffnen Sie das Fenster mit den Tasten Alt+F8.

Register Ansicht

Register Entwicklertools

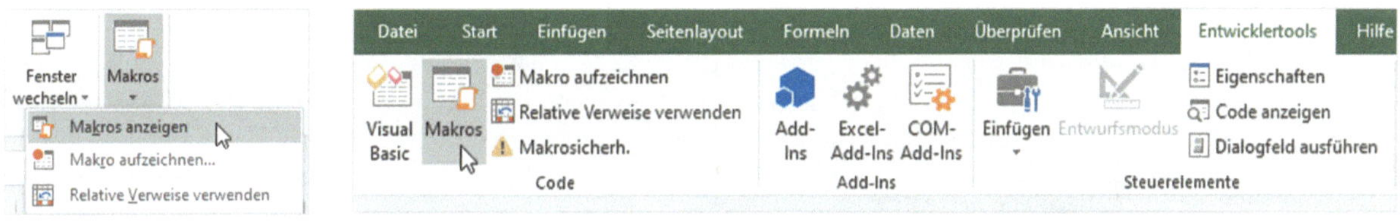

Das Dialogfenster *Makro* listet alle aktuell verfügbaren Makros auf; zum Starten brauchen Sie nur das gewünschte Makro anklicken bzw. markieren und auf die Schaltfläche *Ausführen* klicken.

Das Fenster Makro

Makroumfang einschränken

Falls mehrere Arbeitsmappen mit Makros gleichzeitig geöffnet sind, haben Sie im Fenster *Makro* Zugriff auf alle Makros der offenen Arbeitsmappen.

Wenn Sie den Umfang der angezeigten Makros einschränken möchten, dann verwenden Sie dazu das Auswahlfeld *Makros in*.

Tastenkombination zuweisen

Wenn Sie ein Makro per Tastenkombination starten möchten, dann können Sie die Tastenkombination gleich beim Aufzeichnen mit dem Makrorecorder zuweisen. Handelt es sich um eine Prozedur, die Sie im VBA-Editor geschrieben haben, dann öffnen Sie zur Vergabe einer Tastenkombination das Fenster *Makro*, markieren das betreffende Makro und klicken auf die Schaltfläche *Optionen....*

Klicken Sie in das Feld *Tastenkombination*, die Strg-Taste (Ctrl) ist bereits vorgegeben, und geben Sie einen Buchstaben ein. Empfehlenswert ist es auch, im Feld *Beschreibung* eine kurze Beschreibung des Makros einzugeben.

Einrichten einer Tastenkombination

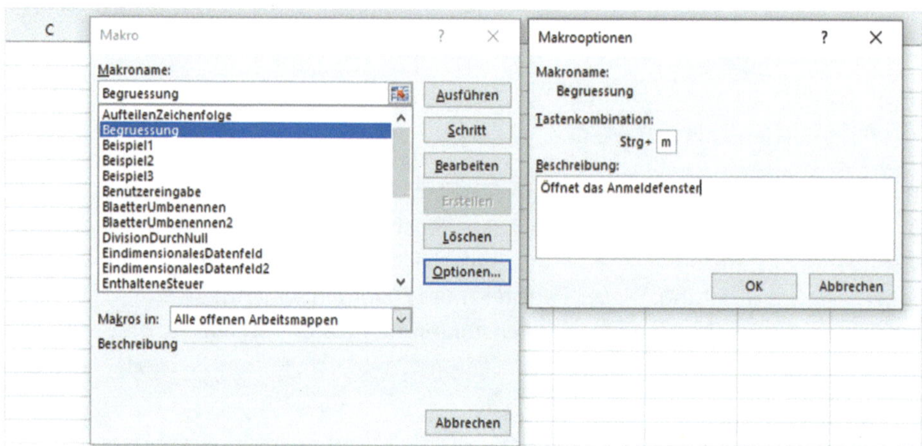

Nachteile von Tastenkombinationen

- Tastenkombinationen eignen sich in erster Linie für häufig benötigte Makros. Bei nur gelegentlich verwendeten Makros und insbesondere für ungeübte Benutzer dürfte es dagegen schwierig sein, sich die Tasten zu merken.
- Achten Sie bei der Wahl der Tasten unbedingt darauf, dass die Tastenkombination nicht bereits anderweitig belegt ist. Diese wird sonst überschrieben!

Der Schnellzugriffsleiste und/oder dem Menüband hinzufügen

Makros können auch über Symbole in der Symbolleiste für den Schnellzugriff oder im Menüband aufgerufen werden.

Symbolleiste für den Schnellzugriff

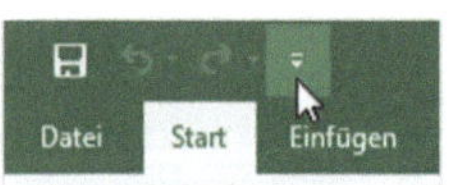

Um ein Makro als Symbol in die Symbolleiste für den Schnellzugriff einzufügen, klicken Sie am Ende der Leiste auf den Dropdown-Pfeil und hier auf *Weitere Befehle....*

Es öffnen sich die *Excel-Optionen* mit der Auswahl *Symbolleiste für den Schnellzugriff*. Um die Liste der verfügbaren Befehle einzuschränken, wählen Sie im Feld *Befehle auswählen* zuerst *Makros* aus ❶. Rechts daneben legen Sie fest, wann das Makro in der Symbolleiste für den Schnellzugriff erscheinen soll: entweder *Für alle Dokumente (Standard)* oder eingeschränkt *Für die aktive Arbeitsmappe.xlsm* ❷. Letzteres sollte gewählt werden, wenn das Makro arbeitsmappenspezifische Anweisungen enthält. So vermeiden Sie auch das Überfrachten der Schnellzugriffsleiste mit nicht benötigten Makros.

Prozeduraufrufe in die Schnellstartleiste einbinden

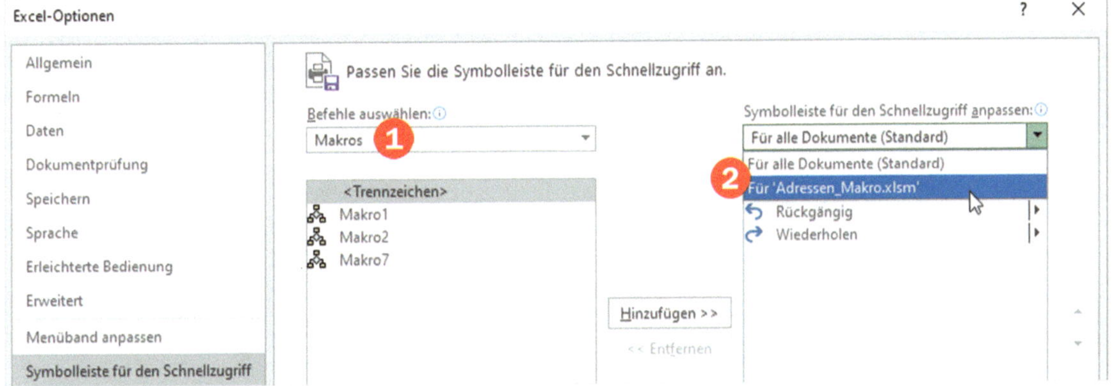

Fügen Sie dann das gewünschte Makro mit Doppelklick hinzu. Mit Markieren und der Schaltfläche *Ändern* können Sie ein anderes Symbol wählen und/oder im Feld *Anzeigename* eine passende Beschriftung eingeben.

Symbol und Infotext ändern

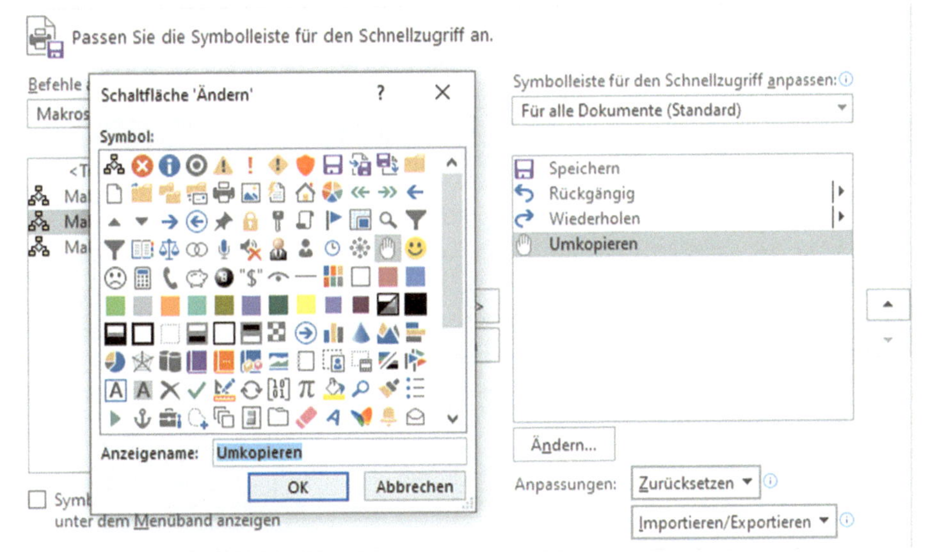

Um das Symbol in die Schnellzugriffsleiste zu übernehmen, schließen Sie die Optionen mit Klick auf *OK*.

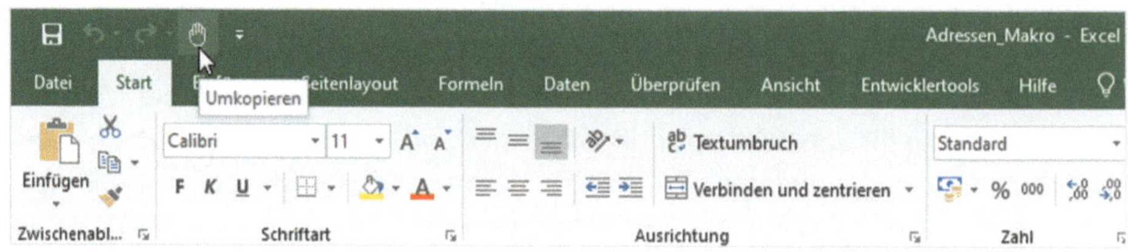

Das eingebundene Symbol in der Schnellstartleiste

Hinweis: Wenn Sie (möglicherweise unbeabsichtigt) die Symbolleiste für den Schnellstart *Für alle Dokumente* gewählt haben, muss sich die Datei mit dem aufzurufenden Makro stets im selben Ordner befinden und darf nicht verschoben oder gelöscht werden.

Menüband

Ähnlich gehen Sie vor, wenn das Makro über das Menüband aufgerufen werden soll. Klicken Sie mit der rechten Maustaste an eine beliebige Stelle im Menüband und auf *Menüband Anpassen....* Es ist empfehlenswert, für den Makroaufruf eine neue Registerkarte anzulegen, z. B. mit dem Namen *Meine Makros*. Klicken Sie daher zuerst auf *Neue Registerkarte....* Wählen Sie dann unter den Befehlen wieder *Makros* aus und fügen Sie die benötigten Makros der markierten neuen Registerkarte hinzu.

Achtung: Im Gegensatz zur Symbolleiste für den Schnellzugriff erfolgt das Anpassen des Menübands auf Excel-Ebene, d. h. die Registerkarte mit den Makros ist immer sichtbar. Sinnvollerweise sollten sich hier also nur Makros aus der persönlichen Arbeitsmappe befinden, die in allen Excel-Arbeitsmappen verfügbar sind.

Hinweis: Es gibt allerdings die Möglichkeit, arbeitsmappenbezogene Makros im Menüband über das Register *Add-Ins* aufzurufen, Näheres finden Sie auf Seite 48 ff.

Beim Öffnen der Arbeitsmappe ausführen

Soll ein Makro automatisch beim Öffnen der Arbeitsmappe gestartet werden, dann nutzen Sie dazu das Ereignis *Open*. Die Ereignisprozedur wird im Codefenster vom Objekt *DieseArbeitsmappe* angelegt und kann beispielsweise ein Makro zur Kennwortabfrage starten, eine separate Sicherungsdatei anlegen oder eine Eingabemaske (Formular) anzeigen lassen. Details zum Ereignis finden Sie in Kapitel 6.8, Ereignisse von Arbeitsmappen. Im Bild unten als Beispiel eine Prozedur die beim Öffnen der Arbeitsmappe eine Eingabemaske anzeigt.

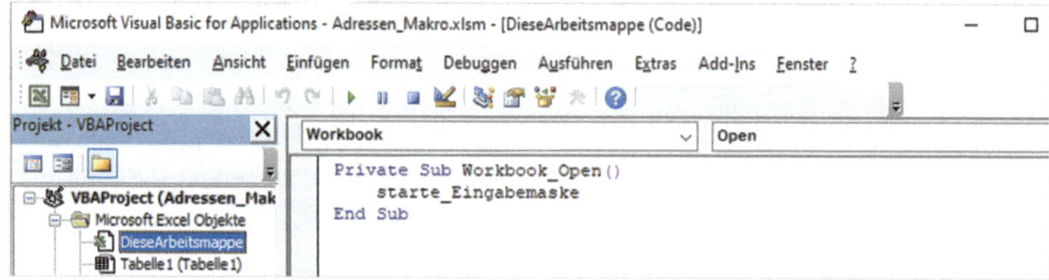

Das Formular Eingabemaske wird beim Öffnen der Mappe angezeigt

Prozedur aus anderen Prozeduren heraus aufrufen

Eine Prozedur kann auch aus anderen Prozeduren heraus über ihren Namen aufgerufen werden, z. B.

```
Sub Startprozedur()
    Anweisung 1
    Anweisung 2
    ...
    Prozedur2
    Anweisung 3
    ...
End Sub
```

Übergabe von Parametern

Zusammen mit dem Prozeduraufruf können, wenn nötig, Parameter übergeben werden. Mehrere Parameter müssen durch Komma getrennt aufgeführt werden.

```
Sub Startprozedur()
    Anweisung 1
    Anweisung 2
    ...
    Prozedur2 param1, param2
    Anweisung 3
    ...
End Sub
```

```
Sub Prozedur2(param1 as String, param2 as Variant)
    MsgBox param1
End Sub
```

Hinweis: Dem Prozeduraufruf kann auch das Schlüsselwort *Call* vorangestellt werden, dann müssen allerdings die Parameter in Klammern übergeben werden.

Aufruf einer zweiten Prozedur durch Schlüsselwort Call mit Übergabeargument

```
Sub Startprozedur()
    ...
    Call Prozedur2 (param1)
End Sub
```

```
Sub Startprozedur()
    Anweisung...
    Call prozedur2("Duten Tag")
    Anweisung...
End Sub

Sub prozedur2(text as string)
    'Hinweis mit übergebenem Text
    MsgBox text
End Sub
```

Über Befehlsschaltflächen starten

Besonders benutzerfreundlich ist das Starten von Makros über Schaltflächen und andere Steuerelemente im Tabellenblatt. Im Register *Entwicklertools* finden Sie beim Klick auf die Schaltfläche *Einfügen* zwei verschiedene Gruppen von Steuerelementen: *Formularsteuerelemente* und die *ActiveX-Steuerelemente*. Formularsteuerelemente sind etwas einfacher in der Handhabung, ActiveX-Steuerelemente verfügen dagegen über mehr Optionen (Eigenschaften). Zum Einfügen in ein Tabellenblatt können Sie Elemente aus beiden Gruppen verwenden, in Formularen (*UserForms*) stehen nur die ActiveX-Steuerelemente zur Verfügung.

Formularsteuerelemente und ActiveX-Steuerelemente

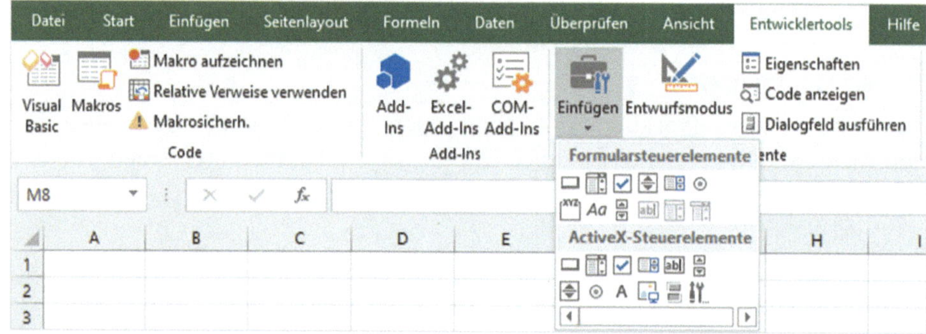

Schaltflächen im Tabellenblatt

Schaltflächen einfügen und ausrichten

Zum Starten von Prozeduren dürften sich Schaltflächen-Elemente an besten eignen. Im Bild unten wurden zum Vergleich links eine Formularschaltfläche eingefügt, diese erhält automatisch den Namen *Schaltfläche1*. Rechts daneben sehen Sie eine ActiveX-Schaltfläche, diese wurde automatisch mit *CommandButton1* benannt. Die Beschriftung beider Elemente kann beliebig geändert werden.

Schaltflächen im Vergleich

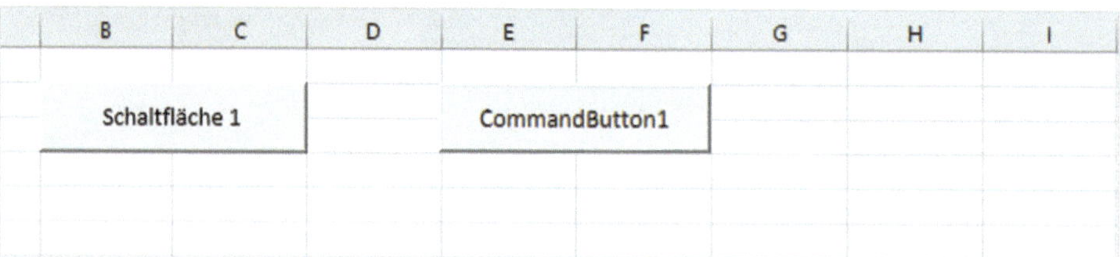

Tipps

- Wenn sich Größe und Ausrichtung genau an den Zellen orientieren sollen, müssen Sie beim Aufziehen die Alt-Taste gedrückt halten. Dies gilt natürlich auch für spätere Änderungen.
- Um zu verhindern, dass sie beim Verschieben des Tabellenausschnitts mit verschoben werden, könnten Sie die Schaltflächen am oberen Rand der Tabelle anordnen und anschließend das *Fenster fixieren* (*Ansicht* ▸ *Fenster*).

Formularschaltfläche

Beim Einfügen einer Formularschaltfläche öffnet sich automatisch das Fenster *Makro zuweisen* und Sie können ein vorhandenes Makro auswählen. Falls das Makro noch nicht existiert, können Sie dies später immer noch über Rechtsklick und den Befehl *Makro zuweisen...* nachholen.

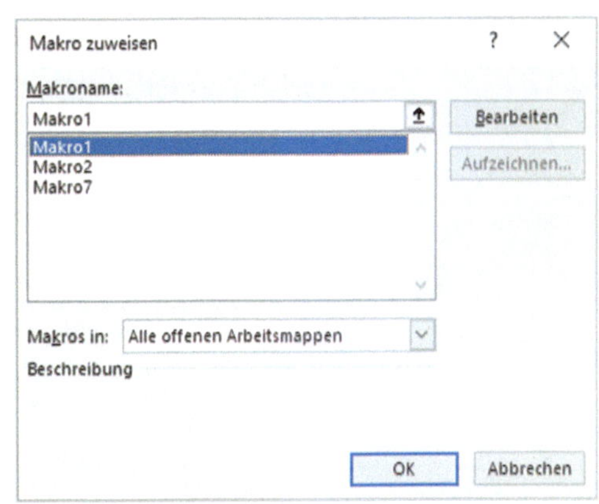

Makro zuweisen

ActiveX-Schaltfläche

Bei Einfügen einer ActiveX-Schaltfläche wechselt Excel automatisch in den Entwurfsmodus ❶. In diesem Modus können Sie die Eigenschaften und den Code anzeigen lassen, aber das Makro nicht ausführen. Dazu müssen Sie den Entwurfsmodus wieder ausschalten.

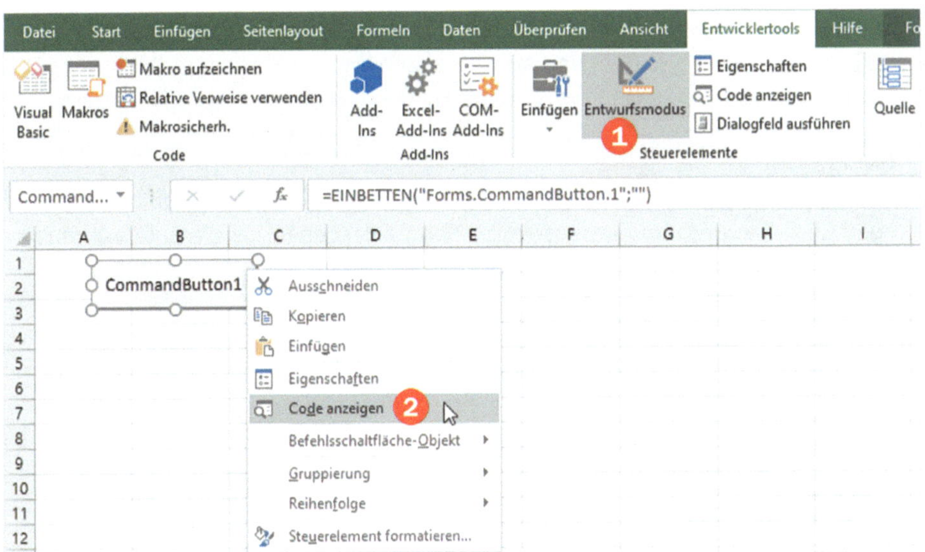

Eine ActiveX-Schaltfläche kann nur im Entwurfsmodus bearbeitet werden

Der Befehl *Code anzeigen* ❷ erzeugt eine Prozedur, die über das Click-Ereignis ein Makro aufruft, im Bild unten als Beispiel ein Makro mit dem Namen *Zellen_formatieren*.

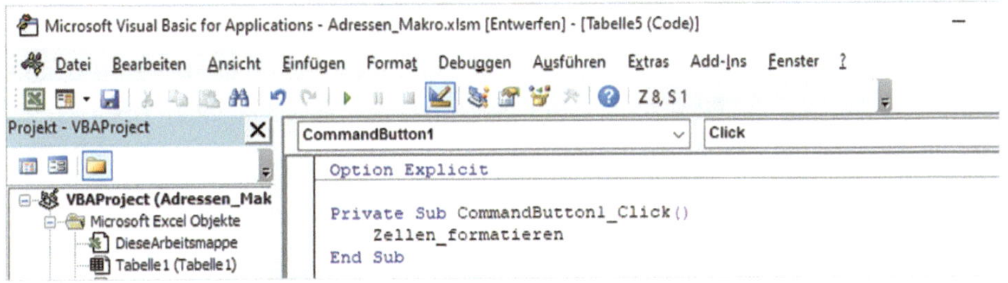

Makro bei Click-Ereignis ausführen

Achtung: Nach Beenden der Bearbeitung muss der Entwurfsmodus mit Klick auf die Schaltfläche ❶, siehe Bild oben, wieder ausgeschaltet werden.

AcviteX-Steuerelemente in Formularen (UserForms)

Für Formulare (UserForms) stehen nur ActiveX-Steuerelemente zur Verfügung, siehe Bild unten.

ActiveX-Schaltflächen im Formular

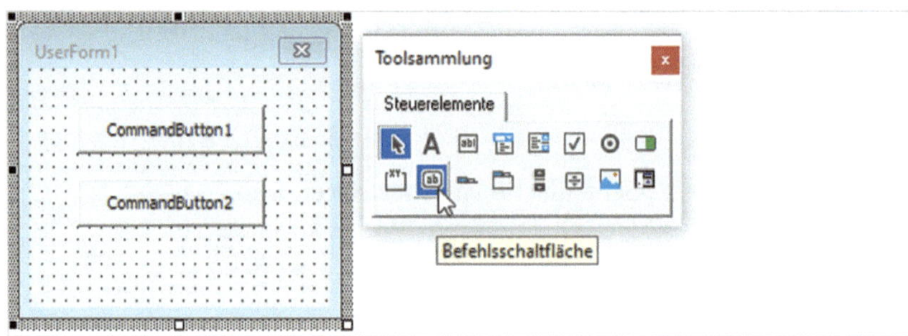

Beispiel: Im Bild links wurden in ein *Formular* (*UserForm1*) zwei Schaltflächen eingefügt, beschriftet (*Caption*) und farblich angepasst (*ForeColor* und *BackColor*). Die Namen, *CommandButton1* bzw. *CommandButton2,* bleiben dabei unverändert.

Code zuweisen

Mit Doppelklick nacheinander auf die Schaltflächen gelangen Sie direkt zum jeweiligen Click-Ereignis im Codefenster des Formulars. Legen Sie die auszuführenden Makros fest, siehe oben, Schaltflächen im Tabellenblatt.

Prozeduraufrufe über Click-Ereignisse

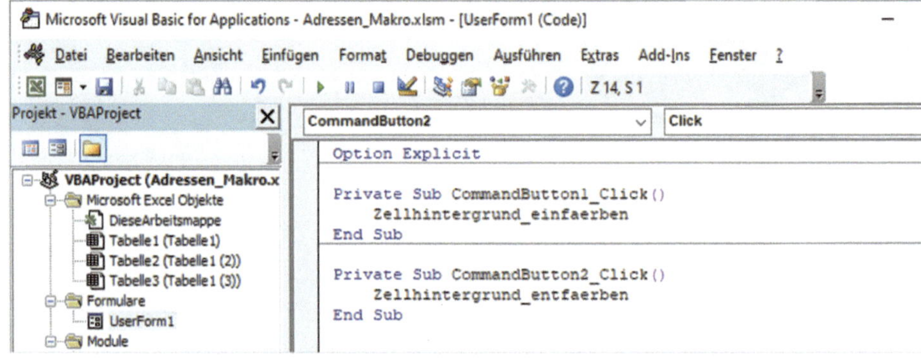

Das Formular *UserForm1* kann aus dem Tabellenblatt heraus über Strg+m gestartet werden, da dem Makro *Eingabemaske_starten* diese Tastenkombination zugewiesen wurde. Die Angabe der Eigenschaft *vbmodeless* bewirkt, dass sowohl im Formular als auch auf der Tabelle gearbeitet werden kann.

Eingabemaske starten

```
Sub Eingabemaske_starten()
Attribute Eingabemaske_starten.VB_Description = _
        "STRG + m startet die Eingabemaske"
Attribute Eingabemaske_starten.VB_ProcData.VB_Invoke_Func = "m\n14"

    UserForm1.Show vbModeless

End Sub
```

Makro per Rechtsklick bzw. Kontextmenü ausführen

Prozeduren, die sich auf einzelne Zellen oder Tabellenbereiche beziehen, z. B. Formatieren, Konvertieren oder Plausibilitätsprüfungen, lassen sich auch dem Kontextmenü der Zellen hinzufügen. Sie lassen sich gruppieren und erscheinen nach einem Rechtsklick auf eine Zelle, Zeile oder Spalte zusätzlich im jeweiligen Standard-Kontextmenü als Haupt- und Unterpunkte.

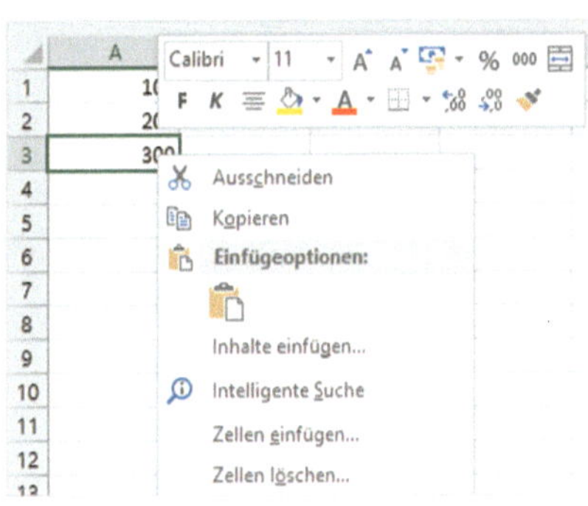

Das Standard-Kontextmenü der Zellen

Das Hinzufügen erfolgt sinnvollerweise beim Öffnen der Arbeitsmappe per VBA und beim Schließen der Mappe wird dann der Grundzustand wiederhergestellt (Reset).

Beispiel: Alle relevanten Makros an erster Stelle des Kontextmenüs als Popup-Schaltfläche anzeigen
An erster Stelle im Kontextmenü sollen die relevanten Makros angeboten werden. Da dies mehrere Prozeduren sind, wird der Haupteintrag in der Liste als Popup-Schaltfläche angelegt. Diese öffnet beim Zeigen die Liste der Makros und das angeklickte Makro wird anschließend gestartet, wie im Bild unten.

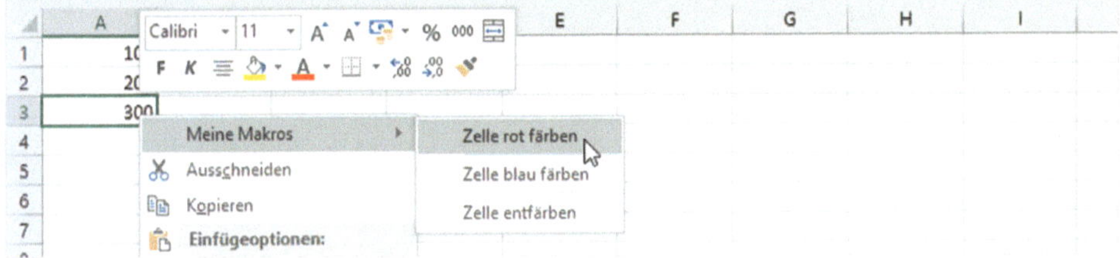

Das individuell ergänzte Kontextmenü

Die benötigten Steuerelemente sind Objekte in der *CommandBarControls*-Auflistung. Das Kontextmenü der Zellen wird über *CommandBars("Cell")* angesprochen und erweitert (*Add*). Der Haupteintrag wird als *Popup*-Typ an erster Stelle eingefügt.

```
Dim Hauptpunkt As CommandBarControl
    Set Hauptpunkt = Application.CommandBars("Cell").Controls.Add _
        (Type:=msoControlPopup, Before:=1, Temporary:=True)
    With Hauptpunkt
        .Caption = "Meine Makros"
        .BeginGroup = True
    End With
```

Die Unterpunkte nehmen Bezug auf den Haupteintrag und werden als Schaltfläche (*Button*) angelegt.

```
Dim Unterpunkt As CommandBarControl
    Set Unterpunkt = Hauptpunkt.Controls.Add _
        (Type:=msoControlButton, Temporary:=True)
    With Unterpunkt
        .Caption = "Makro 1"
        .OnAction = "ausführen"
        .BeginGroup = True
    End With
```

Das dazugehörige Makro, z. B. zelle_rot, wird über die Eigenschaft *OnAction* aufgerufen, *Caption* legt dagegen den angezeigten Text im Kontextmenü fest.

Das komplette Makro

Kontextmenü um drei Makros erweitern

```
Sub ZellenKontextmenue_erweitern_Beispiel()
'Das Kontextmenü der Zelle (re Maustaste) wird erweitert
Dim Hauptpunkt As CommandBarControl
Dim Unterpunkt As CommandBarControl

    'ggf. vorhandenen Eintrag "Meine Makros" löschen
    Call Eintrag_loeschen

    Set Hauptpunkt = Application.CommandBars("Cell").Controls.Add _
        (Type:=msoControlPopup, Before:=1, Temporary:=True)
    With Hauptpunkt
        .Caption = "Meine Makros"
        .BeginGroup = True
    End With

    Set Unterpunkt = Hauptpunkt.Controls.Add _
        (Type:=msoControlButton, Temporary:=True)
    With Unterpunkt
        .Caption = "Zelle rot färben"
        .OnAction = "zelle_rot"
        .BeginGroup = True
    End With

    Set Unterpunkt = Hauptpunkt.Controls.Add _
        (Type:=msoControlButton, Temporary:=True)
    With Unterpunkt
        .Caption = "Zelle blau färben"
        .OnAction = "zelle_blau"
        .BeginGroup = True
    End With

    Set Unterpunkt = Hauptpunkt.Controls.Add _
        (Type:=msoControlButton, Temporary:=True)
    With Unterpunkt
        .Caption = "Zelle entfärben"
        .OnAction = "zelle_entfaerben"
        .BeginGroup = True
    End With

    Set Hauptpunkt = Nothing
    Set Unterpunkt = Nothing
End Sub
```

Die drei aufgerufenen Makros

```
Sub zelle_rot()
    ActiveCell.Interior.ColorIndex = 3
End Sub
```

```
Sub zelle_blau()
    ActiveCell.Interior.ColorIndex = 5
End Sub
```

```
Sub zelle_entfaerben()
    ActiveCell.Interior.ColorIndex = 0
End Sub
```

Bevor die Erweiterung des Kontextmenüs erfolgt, wird sicherheitshalber ein möglicherweise bereits vorhandener Eintrag "Meine Makros" entfernt. Dieses Makro kommt auch beim Schließen der Arbeitsmappe zum Einsatz.

```
Sub Eintrag_loeschen()
    If Application.CommandBars("Cell").Controls(1).Caption _
       = "Meine Makros" Then
       Application.CommandBars("Cell").Controls(1).Delete
    End If
End Sub
```

Der Aufruf der Prozedur *ZellenKontextmenue_erweitern* erfolgt beim Öffnen der Arbeitsmappe und muss daher im Code der Arbeitsmappe (*Diese Arbeitsmappe*) hinterlegt werden. Gleiches gilt auch für das Löschen des Eintrags.

Aufruf beim Öffnen der Arbeitsmappe

```
Private Sub Workbook_Open()
    ZellenKontextmenue_erweitern_Beispiel
End Sub
```

Automatisches Entfernen beim Schließen

```
Private Sub Workbook_BeforeSave(ByVal SaveAsUI As Boolean, Cancel As Boolean)
    Eintrag_loeschen
End Sub
```

Hinweis: Sollte im Kontextmenü der Zellen versehentlich einer der Standardeinträge gelöscht worden sein, lässt sich die ursprüngliche Auflistung wiederherstellen durch die Anweisung

```
Sub Kontextmenue_reset()
    Application.CommandBars("Cell").reset
End Sub
```

Zellenkontextmenü_erweitern.xlsm

Die Beispieldatei enthält auch den VBA-Code für eine 3-Ebenen-Version.

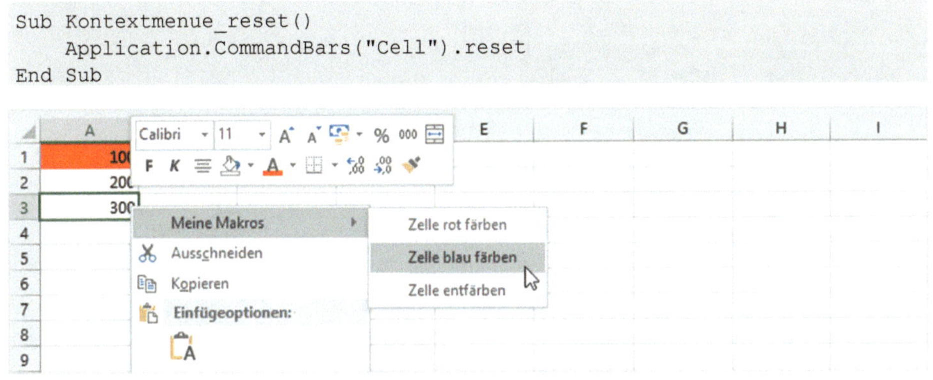

Kontextmenüs für Zeilen und Spalten

Das Kontextmenü für Zeilen wird über *CommandBars("Row")* und das Kontextmenü für Spalten über *CommandBars("Column")* angesprochen.

Makros im Menüband, Register Add-Ins integrieren

Die Anzeige arbeitsmappenspezifischer Makros im Menüband, die nur beim Öffnen dieser Arbeitsmappe angezeigt werden, lässt sich nur auf dem Umweg über XML realisieren. Einen Weg mit VBA gibt es aber doch: Sie können die Makros der Registerkarte *Add-Ins* hinzufügen, diese ist zwar standardmäßig eingeblendet, erscheint aber nur wenn sie auch Einträge enthält. Damit hier die Makros erscheinen, werden sie beim Öffnen der Datei diesem Register hinzugefügt und beim Verlassen wird das Menüband wieder in den Ursprungszustand versetzt.

Hier ein Beispiel bei dem drei Prozeduren zum Einfärben des aktuell markierten Zellbereichs (rot, blau und ohne Farbe), im Register Add-Ins als Unterpunkte bereit gestellt werden.

Das Register Add-Ins mit eigenen Prozeduren

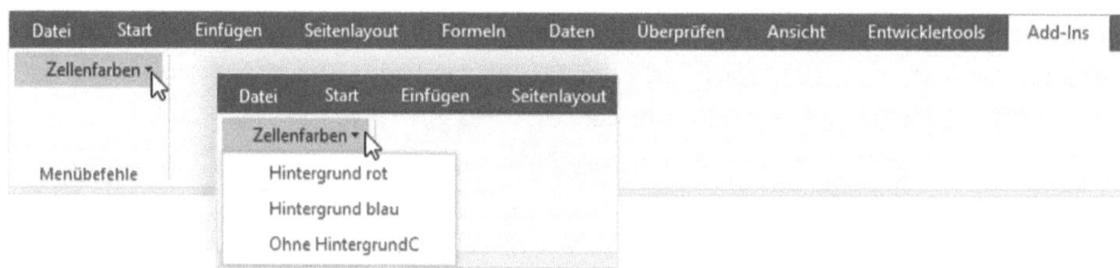

Hier die Prozedur *Eigenes_Menü_Einfügen_Unterpunkte* zum Eintragen der Makros, der Parameter *Temporary:=True* sorgt dafür, dass die Einträge nur temporär sind, d. h. beim Schließen der Mappe wieder entfernt werden.

Makros dem Register Add-Ins hinzufügen

```
Sub Eigenes_Menü_Einfügen_Unterpunkte()
Dim MenueNeu As CommandBarControl
Dim Unterpunkt As CommandBarButton

    'Fügt in Registerkarte "Add-Ins" im Menüband
    'ein neues PopUp-Feld "Eigene Prozeduren" ein
    'mit 3 Unterpunkten zum Starten von Makros
    'Temporary=True: nicht dauerhaft

    Set MenueNeu = Application.CommandBars(1). _
        Controls.Add(Type:=msoControlPopup, Temporary:=True)
    With MenueNeu
        .Caption = "&Zellenfarben"
        .BeginGroup = True
    End With

    Set Unterpunkt = MenueNeu.Controls.Add(msoControlButton, _
         Temporary:=True)
    With Unterpunkt
        .Caption = "Hintergrund rot"
        .Visible = True
        .OnAction = "zelle_rot"
    End With

    Set Unterpunkt = MenueNeu.Controls.Add(msoControlButton, _
         Temporary:=True)
```

```
    With Unterpunkt
        .Caption = "Hintergrund blau"
        .Visible = True
        .OnAction = "zelle_blau"
    End With

    Set Unterpunkt = MenueNeu.Controls.Add(msoControlButton, _
        Temporary:=True)
    With Unterpunkt
        .Caption = "Ohne Hintergrund"
        .Visible = True
        .OnAction = "zelle_ohneHintergrund"
    End With

End Sub
```

Die drei Prozeduren zum Färben werden über *OnAction* gestartet und befinden sich im selben Modul.

Die drei aufzurufenden Makros

```
Sub zelle_rot()
    Selection.Interior.ColorIndex = 3
End Sub
```

```
Sub zelle_blau()
    Selection.Interior.ColorIndex = 5
End Sub
```

Menueband_anpassen.xlsm

```
Sub zelle_ohneHintergrund()
    Selection.Interior.ColorIndex = 0
End Sub
```

Der Aufruf der Prozedur *Eigenes_Menü_Einfügen_Unterpunkte* erfolgt beim Öffnen der Arbeitsmappe und muss daher im Code der Arbeitsmappe (*Diese Arbeitsmappe*) hinterlegt werden.

```
Private Sub Workbook_Open()
    Eigenes_Menü_Einfügen_Unterpunkte
End Sub
```

Menüband zurücksetzen

Die Einträge in der Registerkarte sind zwar in diesem Beispiel nur temporär, trotzdem ist auch ein Reset des Menübands empfehlenswert, wenn man den Grundzustand sicher wiederherstellen möchte, beispielsweise in Verbindung mit dem *Workbook_BeforeClose*-Ereignis.

Menüband zurücksetzen

```
Sub Menueleiste_reset()
'Rücksetzen der Worksheet-Menüleiste
'z.B. mit Workbook_BeforeClose
    Application.CommandBars(1).Reset
End Sub
```

2.4 Programmausführung testen, Fehlerbehandlung

Einzelschritte testen

Eine Prozedur lässt sich bekanntlich aus der Entwicklungsumgebung heraus mit der Taste F5 oder mit Klick auf das grüne Dreieck in der Symbolleiste starten, dazu muss sich der Cursor innerhalb des Programmcodes befinden.

Hinweis: Speichern Sie den aktuellen Entwicklungsstand Ihrer Makros bevor Sie eine neu geschriebene Prozedur starten. Sollte etwas schiefgehen, haben Sie zumindest Ihren Programmieraufwand gesichert.

Prozedur ausführen

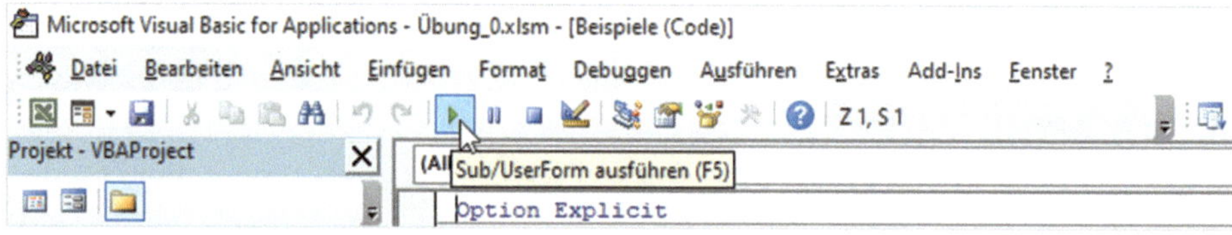

Mit den beiden folgenden Möglichkeiten können Sie einzelne Anweisungen testen:

- **Zeilenweise ausführen**
  Eine Prozedur kann auch zeilen- bzw. schrittweise abgearbeitet werden, dies geschieht durch wiederholtes Drücken der Taste **F8**. Bis zur aktuellen Cursor-Position gelangen Sie mit **Strg+F8**.
- **Haltepunkte verwenden**
  Ein Haltepunkt unterbricht den Programmablauf. Wenn Sie Haltepunkte einfügen, wird die Prozedur mit F5 bis zu diesem Punkt bzw. von Haltepunkt zu Haltepunkt abgearbeitet. Haltepunkte lassen sich an der Cursor-Position mit F9 setzen oder mit einem Mausklick in die linke Leiste auf Zeilenhöhe. Auf dieselbe Weise kann der Haltepunkt auch wieder entfernt werden.

Ein Haltepunkt unterbricht den Programmablauf

```
Sub ABC_Analyse()
Dim zelle As Range
Dim bereich As Range
Dim A_Klasse As Double
Dim B_Klasse As Double
Dim C_Klasse As Double

    'Klassen nach kumuliertem Anteil
    A_Klasse = Range("I2").Value
    B_Klasse = Range("I3").Value
    C_Klasse = Range("I4").Value
    'Spaltenbereich mit kumuliertem Umsatz festlegen
    Set bereich = Worksheets("Tabelle3").Range("E2:E11")
    'Abfrage
    For Each zelle In bereich
        Select Case zelle.Value
            Case Is < B_Klasse:  Cells(zelle.Row, 6).Value = "A"
            Case Is < C_Klasse:  Cells(zelle.Row, 6).Value = "B"
            Case Else:           Cells(zelle.Row, 6).Value = "C"
        End Select
    Next zelle
    Set bereich = Nothing

End Sub
```

Alternativ kann eine Unterbrechung kann auch mit der Anweisung *Stop* gesetzt werden, wie im Bild unten. Die gelbe Markierung im Programmcode zeigt, dass der Ablauf an dieser Stelle lediglich unterbrochen, nicht aber zurückgesetzt wurde.

```
    'Klassen nach kumuliertem Anteil
    A_Klasse = Range("I2").Value
    B_Klasse = Range("I3").Value
    C_Klasse = Range("I4").Value
    'Spaltenbereich mit kumuliertem Umsatz festlegen
    Set bereich = Worksheets("Tabelle3").Range("E2:E11")
    'Abfrage
Stop
    For Each zelle In bereich
        Select Case zelle.Value
            Case Is < B_Klasse:  Cells(zelle.Row, 6).Value = "A"
            Case Is < C_Klasse:  Cells(zelle.Row, 6).Value = "B"
            Case Else:           Cells(zelle.Row, 6).Value = "C"
        End Select
    Next zelle
    Set bereich = Nothing
```

Die Stop-Anweisung führt ebenfalls zur Unterbrechung

Werte von Variablen überprüfen

Wenn Sie zum Zeitpunkt der Unterbrechung mit dem Cursor über eine Variable wandern (ohne zu klicken), wird der aktuell zugewiesene Wert angezeigt. Diese Vorgehensweise erspart die Ausgabeanweisung für Zwischenergebnisse im Direktfenster und dürfte in vielen Fällen bei der Programmentwicklung ausreichend sein.

Abbruch per Taste

Sollte eine Prozedur in einer Endlosschleife laufen oder auf Übergabewerte warten, können Sie versuchen, mit **Esc** den Lauf zu unterbrechen oder mit der Tastenkombination **Strg+Pause** (Unterbrechung). Bei manchen Notebooks fehlt die Pause-Taste, dann lässt sich ein Abbruch eventuell durch **Strg+Fn+P** erreichen. Wenn auch das nicht hilft, bleibt wahrscheinlich nur der Neustart des Rechners.

Tipp: Die Alternative zur Pause-Taste können Sie auch über den Hersteller Ihres Notebooks erfahren.

Laufzeitfehler abfangen

Beim Abarbeiten einer Prozedur kann es zu Laufzeitfehlern kommen, wenn beispielsweise eine Datei, auf die Sie zugreifen wollen, nicht im angegeben Verzeichnis zu finden ist oder ein übergebener Wert nicht dem erwarteten Datentyp entspricht. Um auf der sicheren Seite zu programmieren, sollten Sie Routinen zur Reaktion auf Laufzeitfehler in Ihren Quellcode einbauen. Von den zur Verfügung stehenden Möglichkeiten zum Abfangen von Laufzeitfehlern wollen wir uns auf die beiden am häufigsten verwendeten Anweisungen beschränken. Damit haben Sie die Auswahl zwischen:

- Den Fehler **ignorieren** und mit der nächsten Anweisung weitermachen
  `On Error Resume Next`
- Den Fehler **nutzen**, um zu einer Fehlerbehandlungsroutine zu springen, die sich am Ende der Prozedur befindet und mit einer Sprungmarke versehen ist.
  `On Error GoTo` Sprungmarke

Neben der Absicherung des Programmablaufs durch geeignete Fehlerabfragen sind auch Hinweise auf die verursachenden Fehler sinnvoll - eine typische Verwendung der *MessageBox*.

Fehler ignorieren

Mit der Anweisung *On Error Resume Next* wird der Fehler ignoriert und mit der nachfolgenden Anweisung weitergearbeitet.

Beispiel: Ein nicht vorhandenes Tabellenblatt löschen

Achtung: Vergewissern Sie sich, dass eine Tabelle mit dem Namen *Tabelle5* in Ihrer Arbeitsmappe vorhanden ist, denn die nachfolgende Prozedur löscht das Blatt *Tabelle5*.

```
Sub Tabelle_loeschen
     Worksheets("Tabelle5").Delete
End Sub
```

Beim zweiten Aufruf des Makros erscheint eine Fehlermeldung, siehe unten, und die Anweisungszeile in der noch aktiven Prozedur wird gelb markiert.

Fehlermeldung beim zweiten Löschversuch

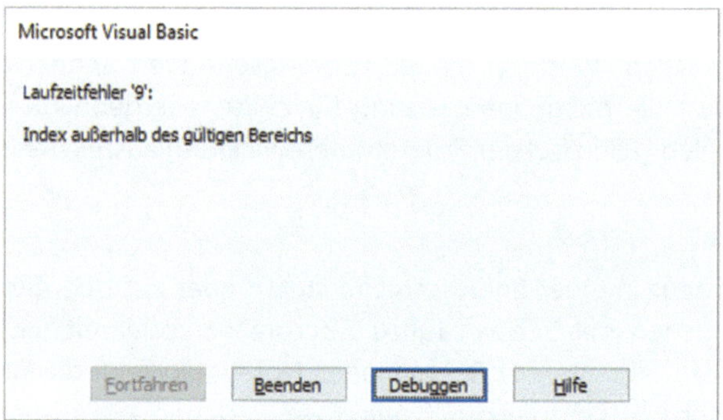

Um diese Fehlermeldung zu ignorieren, fügen Sie die `On Error Resume Next` Anweisung vor der Löschaktion ein. Da dann allerdings überhaupt nichts passiert, wenn das Tabellenblatt nicht vorhanden ist, wäre ein Hinweis per *MsgBox* hilfreich.

```
Sub Tabelle_loeschen
     On Error Resume Next
     Worksheets("Tabelle5").Delete
End Sub
```

Verweis auf Sprungmarke

Mit der Anweisung *On Error Goto Sprungmarke* wird der Programmlauf unterbrochen und zu einer Fehlerbehandlungsroutine am Ende der (gleichen) Prozedur gesprungen. Die Sprungmarke wird durch einen Namen oder eine Zahl definiert, der ein Doppelpunkt folgt. Sie wird automatisch linksbündig angeordnet, sobald der Doppelpunkt gesetzt wird.

Im folgenden Beispiel wird an der Sprungmarke wird eine Meldung angezeigt, die auf den konkreten Fehler hinweist.

Achtung: Die Meldung der Fehlerbehandlung erscheint auch, wenn *Tabelle5* vorhanden ist und gerade gelöscht wurde, was ja bekanntlich Ihre Absicht war und keinen Fehler darstellt. Um zu verhindern, dass die Anweisungen der Sprungmarke in jedem Fall abgearbeitet werden, müssen Sie vor der Sprungmarke die Anweisung *Exit Sub* zum Verlassen der Prozedur einfügen.

MsgBox für konkreten Hinweis

```
Sub Tabellen_loeschen2()
    On Error GoTo Fehlermeldung
    Worksheets("Tabelle5").Delete
    Exit Sub

Fehlermeldung:
    MsgBox "Tabelle11 ist nicht (mehr) vorhanden"
End Sub
```

Wenn Sie sicher programmieren wollen und den Programmfluss nicht von Fehlermeldungen unterbrechen lassen wollen, dann machen Sie an allen Schwachstellen im Programmablauf Gebrauch von den gezeigten Methoden zur Fehlerbehandlung.

2.5 Eigene Funktionen erstellen

Excel enthält weit über 400 vordefinierte Tabellenblattfunktionen, die Sie auch per VBA-Code einbinden und anwenden können. Dennoch kann es vorkommen, dass Sie ganz individuelle, auf Ihr Projekt zugeschnittene Berechnungen bzw. Formeln benötigen. Zu diesem Zweck können Sie eigene Funktionen erstellen. Der Aufwand ist gering und lohnt sich, wenn Sie von verschiedenen Prozeduren aus darauf zugreifen wollen.

Benutzerdefinierte Funktionen können nicht nur in Prozeduren verwendet werden sondern sind auch im Tabellenblatt über die Funktions-Auswahlliste verfügbar, Voraussetzung ist, dass Sie Ihre Funktion(en) in einem normalen Modul anlegen.

Aufbau von Funktionen

Funktionen werden, ähnlich wie Prozeduren in eine äußere Struktur eingebunden, liefern jedoch, anders als Prozeduren stets einen Rückgabewert. Sie beginnen mit *Function* gefolgt vom Funktionsnamen und dem Datentyp des Rückgabewerts. Innerhalb der Funktion muss dem Funktionsnamen der Rückgabewert zugewiesen werden. Der Aufruf von Funktionen erfolgt über ihren Namen.

```
Function definierteFunktion() As Datentyp
    definierteFunktion = ... >Wertzuweisung<
End Function
```

Wie bei Prozeduren kann auch bei Funktionen durch Voranstellen von *Public* oder *Private* ein Gültigkeitsbereich vereinbart werden. Wenn kein Gültigkeitsbereich angegeben wird, ist die Funktion automatisch *Public*, kann also innerhalb des Projekts aus jedem Modul heraus aufgerufen werden.

Tipp: Legen Sie für Ihre Funktionen am besten ein gesondertes Modul an. z. B. mit dem Namen Funktionen.

Einfache Funktionen ohne Parameter

Zur Abfrage einfacher Werte, beispielsweise die Anzahl der Tabellenblätter oder Formatierung einfacher Werte, z. B. Datum oder Uhrzeit, benötigt eine Funktion keine Übergabeparameter. Der Datentyp des Rückgabewerts der Funktion dagegen muss nach der runden Klammer deklariert werden, unten einige Beispiele:

Beispiele für Funktionen ohne Parameterübergabe

```
Function AnzTab() As Integer
'Anzahl der Tabellen in der aktuellen Datei
    AnzTab = ActiveWorkbook.Worksheets.Count
End Function
```

Diese und die nachfolgenden Funktionen finden Sie in der Datei:

mdl_14_Funktionen_bas.rtf

```
Function ZeitStempel() As String
'Zeitstempel aus Datum und Uhrzeit
    ZeitStempel = Format(Now, "YYYYMMDD_hhmmss ")
End Function
```

```
Sub test1()
'Funktionen aufrufen
    Debug.Print AnzTab
    Debug.Print ZeitStempel
End Sub
```

Parameterübergabe an Funktionen

In den meisten Fällen werden Funktionen benutzt, um aus den übergebenen Parameterwerten ein Ergebnis zu berechnen.

Funktionen mit einem einzigen Parameter

Im einfachsten Fall wird nur ein einziger Übergabewert weiterverarbeitet, z. B. Quersumme aus einer Zahl (Typ: *LongInteger*), das Alter zum aktuellen Zeitpunkt (*Date*) mit einer Nachkommastelle ausgeben und das Quartal einer Datumsangabe bestimmen.

Alter berechnen

Excel verfügt mit Ausnahme der undokumentierten Funktion DATEDIF über keine Funktion, mit der sich das Alter in Jahren an Anhieb berechnen lässt. Warum also nicht eine benutzerdefinierte Funktion erstellen? Hierzu gibt es verschiedene Möglichkeiten:

Alter berechnen - 1

```
Function Alter(datum As Date) As Double
'Berechnet das Alter in Jahren zum heutigen Datum
    Alter = Format((Date - datum) / 365.25, "#.0")
End Function
```

Möglichkeit 2:

Alter berechnen - 2

```
Function Alter2 (Geburtsdatum As Variant) As Integer
Dim varAlter As Variant
'Kein Geburtsdatum vorhanden
    If IsNull(Geburtsdatum) then Alter = 0: Exit Function

    varAlter = DateDiff("yyyy", Geburtsdatum, Now)
    If Date < DateSerial(Year(Now), Month(Geburtsdatum), _
        Day(Geburtsdatum)) Then
        varAlter = VarAlter - 1
    End If
    Alter2 = CInt(varAlter)
 End Function
```

Quersumme aus Zahl berechnen

Quersumme aus ganzer Zahl

```
Function Quersumme(Zahl As Long) As Double
Dim i As Integer
'über die Anzahl der Ziffern der zum String konvertierten Zahl
'fortlaufend jeweils eine Ziffer herausgreifen und aufaddieren

    For i = 1 To Len(CStr(Zahl))
        Quersumme = Quersumme + Mid(CStr(Zahl), i, 1)
    Next i
End Function
```

Quartal des aktuellen Datums berechnen

Quartal berechnen

```
Function Quartal(datum As Date) As Byte
'Berechnet das Quartal eines Datums
    Dim Monat As Byte
    Monat = Month(datum)
    Select Case Monat
        Case 1, 2, 3: Quartal = 1
        Case 4, 5, 6: Quartal = 2
        Case 7, 8, 9: Quartal = 3
        Case 10, 11, 12: Quartal = 4
        Case Else
            MsgBox "Kein gültiges Datum"
            Exit Function
    End Select
End Function
```

Funktionen aufrufen

Aufruf der oben genannten Funktionen und Ausgabe im Direktfenster

```
Sub test2()
'Funktionen aufrufen
    Debug.Print Quersumme(123456789)
    Debug.Print Alter("11.04.1983")
    Debug.Print Quartal(Date)
End Sub
```

Funktionen mit mehreren Parametern

Wenn mehrere Parameter notwendig sind, muss jeder innerhalb der Klammer durch Komma getrennt, mit Bezeichnung und Datentyp festgelegt werden.

BodyMassIndex (BMI)

Zur Berechnung des BodyMassIndex (BMI) werden Körpergewicht (kg) und Körpergröße (cm) benötigt. Die Berechnung übernimmt die Funktion BMI.

BMI berechnen

```
Function BMI(Gewicht As Double, Groesse As Double) As Double
'BodyMassIndex aus gewicht [kg] und Größe [cm] berechnen
    BMI = Gewicht / (Groesse * Groesse / 10000)   '[kg/m²]
End Function
```

Satz des Pythagoras

Aus dem Satz des Pythagoras lässt sich bekannter Maßen die Länge der Hypotenuse berechnen, wenn die Längen der beiden Katheten bekannt sind.

Hypotenusenquadrat

```
Function Hypotenuse(a As Double, b As Double) As Double
'Hypotenuse im rechtwinkligen Dreieck c² = a² + b²
    Hypotenuse = Sqr(a * a + b * b)
End Function
```

Funktionsaufruf

```
Sub test3()
'Funktionen aufrufen
    Debug.Print BMI(82.5, 184)
    Debug.Print Hypotenuse(25, 38)
End Sub
```

Gewichtete durchschnittliche Kapitalkosten

Im Bereich Controlling wird eine Formel für gewichtete durchschnittliche Kapitalkosten (Weighted Average Cost of Capital) verwendet. Hier übernimmt eine Funktion die Berechnung der Summe aus den Produkten:

- Kapitalkostensatz für Eigenkapital und Anteil des Eigenkapitals
- Kapitalkostensatz für Fremdkapital und Anteil des Fremdkapitals

Dazu müssen folgende vier Parameter (in Prozentwerten) übergeben werden, Der Rückgabewert der Funktion ist die Größe der gewichteten durchschnittlichen Kapitalkosten in Prozent.

Gewichtete durchschnittliche Kapitelkosten berechnen

```
Function WACC(KostenEigen As Double, AnteilEigen As Double, _
            KostenFremd As Double, AnteilFremd As Double) As Double
    'Gewichtete durchschn. Kapitalkosten
    WACC = KostenEigen * AnteilEigen + KostenFremd * AnteilFremd
End Function
```

```
Sub test4()
'Funktionen aufrufen %-Werte übergeben
    Debug.Print WACC(0.12, 0.8, 0.06, 0.2)
End Sub
```

Funktionen mit optionalen Parametern

Wie bei allen Funktionen gibt es auch bei benutzerdefinierten Funktionen die Möglichkeit, optionale Parameter zu verwenden, die für unterschiedliche Abläufe innerhalb der Funktion sorgen können. Optionale Übergabeparameter erhalten den Zusatz *Optional*.

Hier ein Beispiel, das bei Übergabe einer Zahl die dazugehörige Abteilung ausgibt. Beim Aufruf ohne Parameter liefert die Funktion das Ergebnis Abteilung "-" .

Optionaler Parameter vorhanden?

Die Abfrage, ob der (optionale) Parameter vorhanden ist, erledigt die Prüffunktion *IsMissing*. Diese setzt allerdings eine Variable vom Typ *Variant* voraus (AbtNr), der Typ Zahl bzw. Integer würde einen Laufzeitfehler liefern.

Funktion mit optionalem Parameter

```
Function abteilung(Optional AbtNr As Variant)
Dim abteilungen As Variant

    abteilungen = Array("-", "Geschäftsführung", "Personalabteilung", _
      "Buchhaltung", "Rechnungswesen", "Rechtsabteilung", _
      "Forschung/Entwicklung", "Fertigung", "Qualitätssicherung", _
      "Marketingabteilung", "IT", "Verkauf", "Vertrieb", "Logistik", _
      "Materialwirtschaft", "Poststelle", "Kundenbetreuung")

    If IsMissing(AbtNr) Then
        abteilung = abteilungen(0)
    Else
        abteilung = abteilungen(AbtNr)
    End If

End Function
```

```
Sub test5()
'Funktion aufrufen
    Debug.Print abteilung()
End Sub
```

2.6 Weitergeben von Makros und Funktionen

Über die Zwischenablage

Einzelne Makros oder ganze Module lassen sich per Copy & Paste (Strg+C und Strg+V) über die Zwischenablage in neue Arbeitsmappen einfügen.

Wenn beide Mappen geöffnet sind, kann auch durch Drag & Drop im Projekt-Fenster der Entwicklungsumgebung ein Modul oder ein Formular (*UserForm*) in eine andere Mappe kopiert bzw. verschoben werden. Sobald Sie im Projektfenster bei gedrückter linker Maustaste mit dem ersten markierten Modul das aktuelle VBAProject verlassen, erscheint am Mauszeiger in ein Plus-Zeichen ❶. Über dem neuen VBAProjekt können Sie die Maustaste loslassen und das Formular bzw. die Module ordnen sich entsprechend ein. Falls hier noch kein Ordner Module oder Formulare existiert, wird dieser beim Einfügen automatisch angelegt ❷.

Auf diese Weise lassen sich Schritt für Schritt einzelne Module und Formulare übertragen – nicht aber ganze Modulordner.

Kopieren durch Ziehen in die neue Mappe

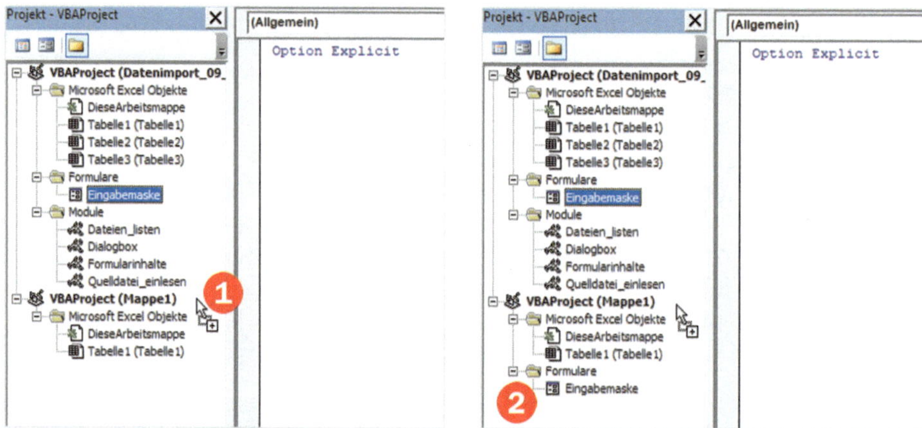

Hinweis: Sobald Sie die benötigten Module übernommen haben, sollten Sie außer der neuen Arbeitsmappe keine weiteren Arbeitsmappen geöffnet haben. Insbesondere dann, wenn Modulbezeichnungen in beiden Arbeitsmappen identisch sind, besteht die große Gefahr, dass man beim Weiterentwickeln des Programmcodes im falschen Modul-Fenster arbeitet.

Exportieren / Importieren

Exportiren von Modulen oder Formularen

Module werden in editierbarem Text-Format gespeichert

Ein anderer Weg, Module zu sichern oder für die Weitergabe vorzubereiten, ist der Export. Dazu klicken Sie mit der rechten Maustaste auf das gewünschte Modul und auf *Datei exportieren…*. Anschließend wählen Sie den Speicherort. Gleiches erreichen Sie mit der Tastenkombination **Strg+E.**

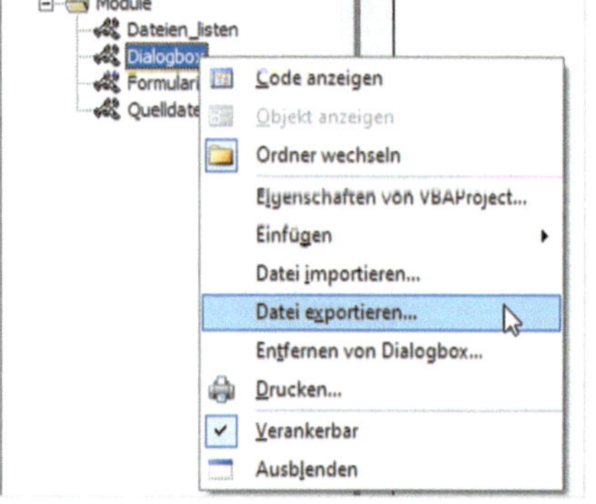

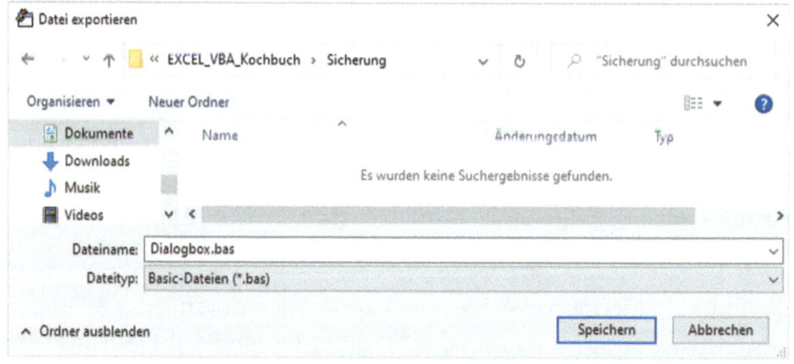

Die Speicherung der Module erfolgt als Basic-Datei (*.bas) im ausgewählten Verzeichnis. Diese Datei kann mit jedem Texteditor, z. B. dem *Editor* von Windows geöffnet oder bearbeitet werden. Das Einfügen in eine andere Arbeitsmappe erfolgt über Rechtsklick und den Befehl *Datei importieren…* (s. oben) oder **Strg+m**.

Hinweis: Formulare werden in Form von zwei Dateien gespeichert mit den Endungen .frm und .frx.

In der persönlichen Arbeitsmappe ablegen

Makros und/oder Funktionen die in allen Excel-Arbeitsmappen Ihres PCs verfügbar sein sollen, können Sie in der persönlichen Makroarbeitsmappe (*PERSONAL.XLSB)* speichern. Diese Mappe ist nicht standardmäßig vorhanden, wird aber bei der Aufzeichnung mit dem Makrorecorder und der Auswahl *Persönliche Makroarbeitsmappe* als Speicherort, siehe Seite 32, automatisch erstellt.

Zum Erzeugen genügt es also, wenn man ein beliebiges Makro mit dem Makrorecorder aufzeichnet und als Speicherort die *Persönliche Makroarbeitsmappe* festlegt. Danach wird das VBAProjekt (PERSONAL.XLSB) im Projektfenster angezeigt, siehe Bild.

Hinweis: Diese Einstellung bleibt als Voreinstellung des Makrorecorders erhalten, bis Sie wieder *DieseArbeitsmappe* als Speicherort auswählen.

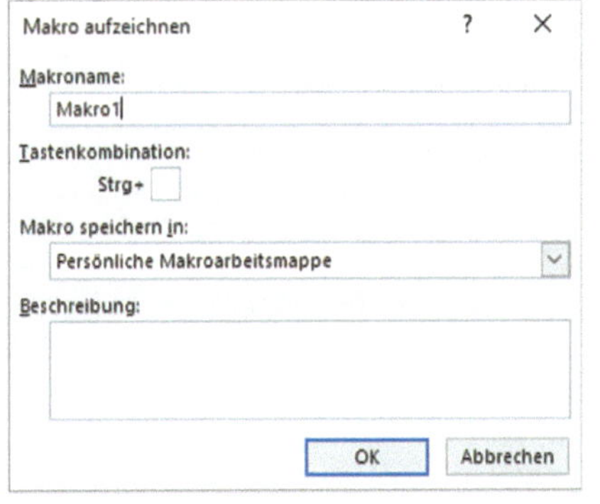

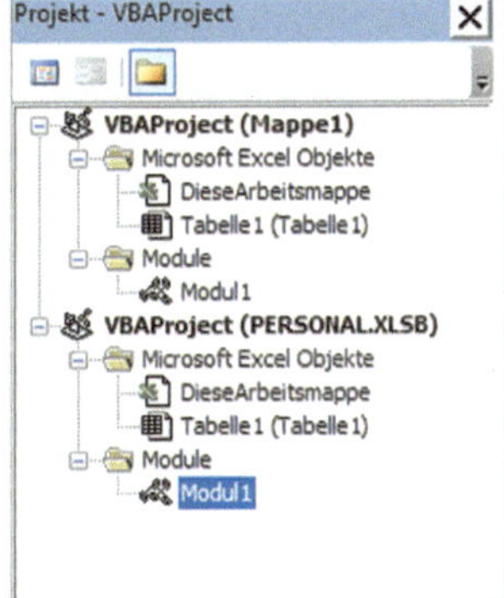

Speicherort Persönliche Arbeitsmappe

Anschließend können Sie ständig benötigte Makros in die persönliche Mappe verschieben, kopieren oder importieren. **Achtung**: Beim Schließen der aktuellen Arbeitsmappe bzw. beim Beenden von Excel müssen unbedingt auch Änderungen in der persönlichen Makroarbeitsmappe gespeichert werden und Sie erhalten die unten abgebildete Meldung. Klicken Sie auf *Speichern*.

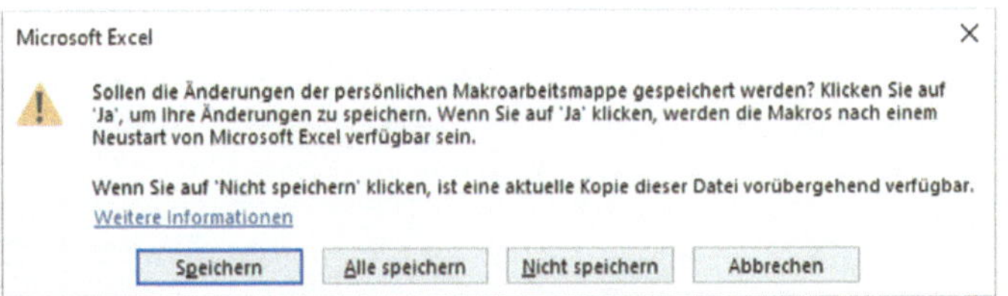

Rückfrage zum Speichern in der persönlichen Arbeitsmappe

Wissenswertes zur persönlichen Makroarbeitsmappe

Beim Starten von Excel wird, falls vorhanden, die persönliche Makroarbeitsmappe automatisch mit geöffnet.

Falls Sie die persönliche Arbeitsmappe samt aller Makros nicht mehr benötigen, löschen Sie die Mappe aus dem Ordner. Den genauen Pfad können Sie über die Eigenschaft *StartupPath* ermitteln:

```
Debug.Print Application.StartupPath
```

Der genaue Speicherort ist versionsabhängig, Beispiel:

```
C:\Users\username\AppData\Roaming\Microsoft\Excel\XLSTART
```

Sollen allen Benutzern eines PCs die Makros der PERSONAL.XLSB zugänglich gemacht werden, legen Sie diese Datei im Ordner *C:\Program Files\Microsoft Office\Office16\XLSTART* ab, Achtung, dazu müssen Sie am PC als Administrator angemeldet sein.

Arbeitsmappe weitergeben und VBA-Projekt schützen

Sie können natürlich auch eine Arbeitsmappe mit Makros einfach als Kopie weitergeben. Wenn in diesem Fall das Projekt samt Code nicht sichtbar sein soll bzw. Sie es vor Veränderungen schützen möchten, können Sie es ausblenden und mit Kennwortschutz versehen. Dies funktioniert auch bei der persönlichen Arbeitsmappe und Funktionen, die Sie als Add-In weitergeben.

Die Vorgehensweise

Klicken Sie im VBA-Editor auf das Menü *Extras* ▶ *Eigenschaften von VBAProjekt....* Klicken Sie anschließend in Fenster *VBAProjekt - Projekteigenschaften* auf das Register *Schutz* und aktivieren Sie das Kontrollkästchen *Projekt für die Anzeige sperren*. Unterhalb vereinbaren Sie ein Kennwort zum Anzeigen der Projekteigenschaften.

Projekteigenschaften öffnen

Projekt für die Anzeige sperren und Kennwort vereinbaren

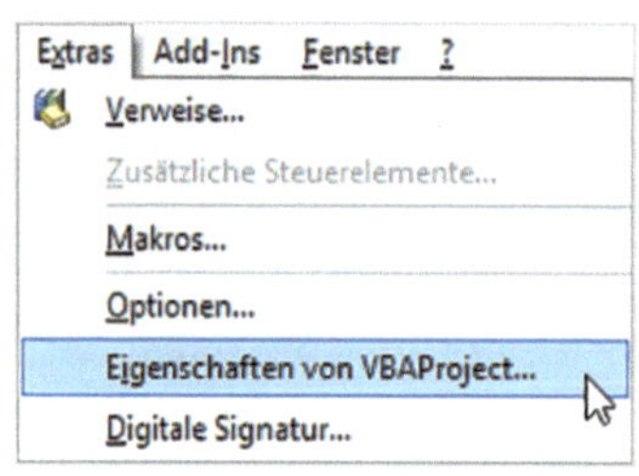

Hinweis: Falls nur die persönliche Arbeitsmappe geschützt werden soll, müssen Sie diese zuvor markieren.

Als Add-In speichern/laden

Eine weitere Möglichkeit besteht darin, die Arbeitsmappe mit Makros als Add-In zur Verfügung zu stellen. Der Vorteil gegenüber dem Speichern in der persönlichen Makroarbeitsmappe besteht darin, dass Sie die Add-In-Datei(en) an einem beliebigen Speicherort speichern können.

Zum Speichern der Arbeitsmappe als Add-In öffnen Sie aus dem Arbeitsblatt heraus über das Register *Datei* und *Speichern unter* das *Speichern*-Dialogfenster. Wählen Sie als Dateityp *Excel-Add-In (*.xlam)* und geben Sie einen Dateinamen ein. Standardmäßig wird das Add-In im Ordner *AddIns* gespeichert, der genaue Suchpfad hängt vom Betriebssystem ab, unter Windows 10 ist dies beispielsweise der Ordner *C:\Users\Benutzer\AppData\Roaming\Microsoft\AddIns*. Sie können jedoch auch einen anderen Ordner, z. B. auf einem Netzlaufwerk wählen.

Mit Klick auf die Schaltfläche *Speichern* wird eine Kopie der Arbeitsmappe als Add-In gespeichert, die ursprüngliche Arbeitsmappe bleibt geöffnet. Schließen Sie die Arbeitsmappe und speichern Sie alle Änderungen.

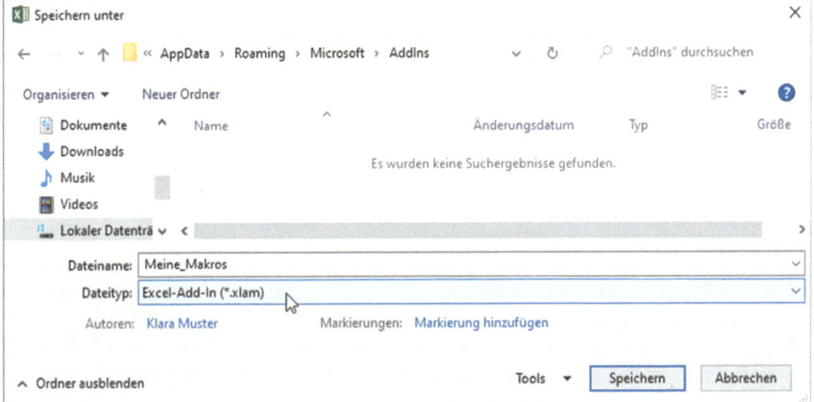

Arbeitsmappe als Add-In speichern

Achtung: Eine .xlam-Datei enthält nur Makros und Funktionen, aber keine Arbeitsblätter und kann auch nicht mit Excel geöffnet werden. Sichern Sie daher die Originaldatei, falls Sie später Änderungen vornehmen möchten. Wenn in der ursprünglichen Arbeitsmappe Beschreibungen von Funktionen oder Makros mit Optionen enthalten sind, müssen diese vor dem Speichern als Add-In zuerst ausgeführt werden.

Add-In laden

Zum Laden einer Add-In-Datei klicken Sie im Register *Entwicklertools* ▶ *Add-Ins* auf *Excel-Add-Ins*.

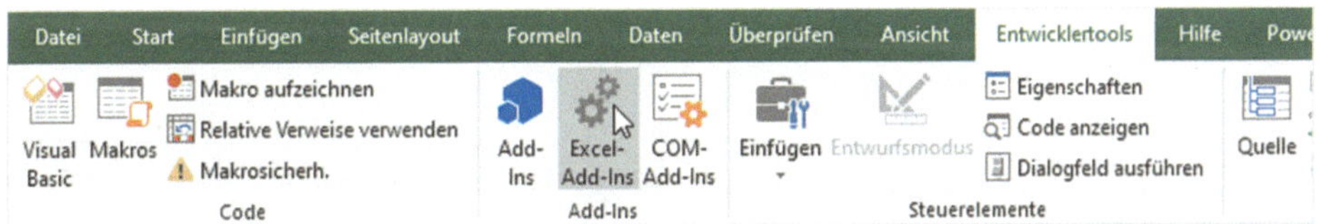

Im Fenster *Add-Ins* finden Sie zunächst alle, im Standardverzeichnis abgelegten Add-Ins. Klicken Sie auf die Schaltfläche *Durchsuchen*, um auch Add-Ins zu finden, die in einem anderen Ordner gespeichert wurden.

Verwaltungsfenster für Add-Ins

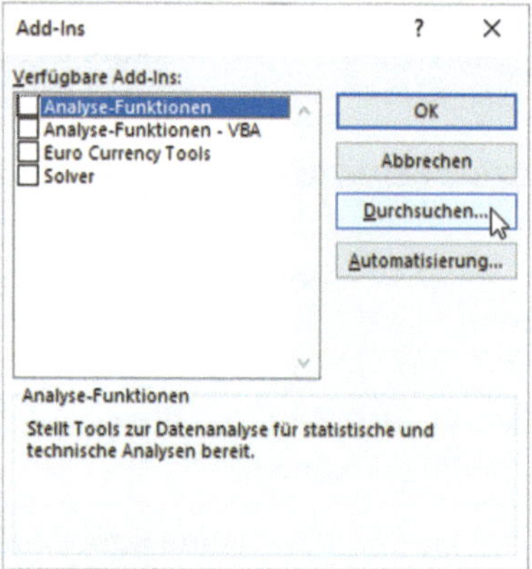

Der alternative Weg führt über *Datei* ▶ *Optionen* ▶ *Add-Ins* und das Feld *Add-Ins verwalten*. Mit Klick auf die Schaltfläche *Los* öffnet sich ebenfalls das Fenster *Add-Ins*.

Excel-Optionen: Add-Ins verwalten

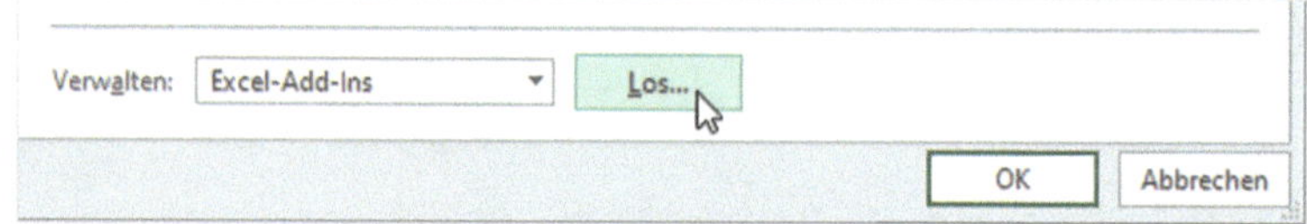

Add-In entfernen

Wenn Sie ein Add-In nicht mehr benötigen, öffnen Sie ebenfalls das Fenster *Add-Ins*, siehe oben, und deaktivieren Sie es in der Liste.

Um das Add-In auch aus der Liste zu entfernen, löschen Sie die Add-In-Datei aus dem Ordner, öffnen danach das Fenster *Add-Ins* und versuchen gelöschte Add-In zu aktivieren. Sie erhalten einen Hinweis, dass dieses Add-In nicht gefunden werden kann. Klicken Sie auf *Ja*, um es aus der Liste zu entfernen.

3 Deklarieren und dimensionieren

3.1 Variablen

Eine Variable ist wie in der Mathematik ein Platzhalter für veränderliche Inhalte, Werte oder Formulierungen. In Variablen können unterschiedliche Datentypen abgelegt werden. Verwenden Sie für Variablen sprechende Namen: Bezeichnungen oder Abkürzungen, die Ihnen den Verwendungszweck oder die Bedeutung klar zum Ausdruck bringen. Für Namen gibt es bestimmte Regeln, die wir noch näher besprechen werden.

Die Zuweisung eines Inhalts erfolgt mit dem Gleichheitszeichen (Zuweisungsoperator). Texte und Datumsangaben müssen in Anführungszeichen gesetzt werden, Dezimalzeichen ist Punkt (statt Komma).

```
Zeile = 2
Preis = 17.95
Nachname = "Bauer"
GebDat = "12.04.1994"
Woche = Array("Mo", "Di", "Mi", "Do", "Fr", "Sa", "So")
```

In den Rezepten unseres Kochbuchs werden Sie noch weitere Variablenzuweisungen kennenlernen. Für den Einstieg genügt es, zu wissen, dass Texteingaben mit Anführungszeichen oben zugewiesen werden müssen, Zahlen dagegen nicht.

Deklaration erzwingen

Variablen sind veränderliche Größen und benötigen bzw. reservieren Speicherplatz. In VBA müssen Variablen, die im Programm verwendet werden, nicht zwingend vorab deklariert werden. Es dennoch zu tun, ist äußerst empfehlenswert.

Die Anweisung *Option Explicit* am Beginn eines Moduls zwingt Sie, jede Variable vorab zu deklarieren.

Anweisung zur Variablendeklaration

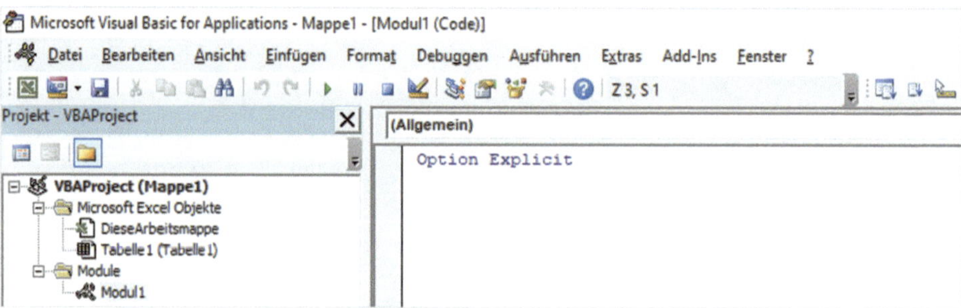

In den Optionen der VBA-Entwicklungsumgebung (*Extras* ▶ *Optionen*) können Sie dies durch Aktivieren des Kontrollkästchens *Variablendeklaration erforderlich* als Voreinstellung dauerhaft festlegen (siehe Kapitel 1.5 auf Seite 26).

Achtung: Das Erzwingen der Variablendeklaration zählt zu den wichtigen Grundeinstellungen in der VBA-Entwicklungsumgebung und sollte von Ihnen unbedingt verwendet werden. Bei Nichtgefallen können Sie jederzeit davon wieder Abstand nehmen, wir sind jedoch sicher, dass Sie die Vorteile nicht mehr missen möchten.

Die Vorteile

- Das Erzwingen der Variablendeklaration erhöht die Übersichtlichkeit im Makro und reduziert durch die Typisierung der Variablen den Speicherplatz auf die notwendige Byte-Tiefe.
- Verwenden Sie eine unbekannte Variable, werden Sie beim Prozedurstart darauf hingewiesen. Auch Schreibfehler bei Variablennamen werden als unbekannte Variablen erkannt. Nutzen Sie daher die Unterstützung von *IntelliSense*, die Ihnen namentlich bekannte Objekte über die Tastenkombination Strg + Leertaste anbietet und die Sie dann nur noch mit der Tab-Taste übernehmen müssen.

Datentypen

Mit der Anweisung *Option Explicit* haben Sie die Deklaration von Variablen zur Pflicht gemacht. Eine sinnvolle Vorgabe, wie oben beschrieben. Sehen wir uns die unterschiedlichen Datentypen an, die Ihnen bei der Deklaration zur Verfügung stehen.

Die wichtigsten Datentypen und ihre Besonderheiten

Typ	Beschreibung	Größe
Variant	Spezieller Datentyp, kann numerische Daten, Zeichenfolgen, Datumsdaten sowie die Werte Empty und Null enthalten.	16 Byte
Byte	Ganze Zahlen von 0 - 255	1 Byte
Integer	Ganze Zahlen von -32.768 bis 32.767, z. B. Aufzählungswerte, Schleifen.	2 Byte
Long	Long Integer, ganze Zahlen von -2.147.483.648 bis 2.147.483.647. Beispielsweise Laufvariable für Zeilen/Spalten ab Excel 2007	4 Byte
Single	Real-Zahl, Fließkommazahl mit einfacher Genauigkeit (8 Stellen hinter dem Komma)	4 Byte
Double	Real-Zahl, Fließkommazahl mit doppelter Genauigkeit (16 Stellen hinter dem Komma)	8 Byte
String	Zeichenfolgen (Texte) mit variabler Länge. Numerische Werte, Buchstaben, Zahlen, Leerzeichen, Satzzeichen und sonstige Sonderzeichen (0 - 63.000 Zeichen)	10 Byte
Boolean	Datentyp mit nur 2 möglichen Wahrheitswerten: True (-1) oder False (0)	2 Byte
Date	Datums- und Zeitangaben als reelle Zahlen. Wert links vom Dezimalzeichen = Datum, Wert rechts = Uhrzeit	8 Byte
Currency	Währungs-Datentyp, Fließkommazahl mit 15 Stellen vor und 4 Stellen hinter dem Komma	8 Byte

Hinweis: Wird kein Datentyp angegeben, ist eine Variable automatisch vom Datentyp *Variant* und benötigt daher auch den meisten Speicherplatz (16 Byte)!

Deklaration mit der Dim-Anweisung

Die Deklaration einer Variablen erfolgt über die *Dim*-Anweisung, die ihr über den Datentyp auch automatisch den benötigten Speicherplatz zuweist (Dimensionierung). Die Positionierung der Deklaration vor oder innerhalb der Prozedur bestimmt dem Gültigkeitsbereich der Variablen.

Beispiele:

```
Dim zeile As Integer
Dim spalte As Integer
```

Weisen Sie jeder Variablen getrennt einen Datentyp zu, es spielt keine Rolle, ob unter- oder nebeneinander in einer einzigen Zeile. Die folgende Deklaration in einer Zeile erfüllt diese Bedingung. Ob sie deshalb übersichtlicher ist, sei dahingestellt.

```
Dim zeile As Integer, spalte As Integer
```

Achtung: Eine Sammelzuweisung durch Aufzählung, wie unten, erfüllt dagegen nicht den gleichen Zweck. Hierbei ist die Variable *zeile* automatisch vom Typ *Variant*, da explizit kein Typ zugewiesen wird. Nur die Variable *spalte* ist vom Typ *Integer*.

```
Dim zeile, spalte As Integer
```

Weitere Beispiele sehen Sie unten, in der letzten Zeile der Deklaration wird eine dynamische Datenfeldvariable festgelegt. Die Größe dieses Feldes wird während des Programmlaufs festgelegt, Näheres hierzu auf Seite 71.

```
Dim GebDat As Date
Dim Nachname As String
Dim Messwert As Double
Dim Betrag As Currency
Dim Antwort As Boolean
Dim Blattnummer() As Integer
```

Objektvariablen

Neben den oben genannten Datentypen gibt es auch sogenannte Objektvariablen. Sie sind im Programmieralltag besonders wichtig, da sie den Quellcode verkürzen und übersichtlicher machen, aber auch zur Beschleunigung der Ausführung beitragen. Objektvariablen verweisen auf einen bestimmten Objekttyp (z. B. *Workbook*, *Worksheet*, *Range*). Sie können mit *Dim* oder *Public* deklariert werden, je nach Gültigkeitsbereich.

```
Dim bereich1 As Range
Dim Mappe As Workbook
Dim datenquelle As Worksheet
```

Um das Objekt eindeutig festzulegen, wird im Gegensatz zu normalen Variablen das Schlüsselwort *Set* verwendet:

```
Set bereich1 = Range("A1:D7")
```

Gültigkeitsbereiche

Bei der Deklaration einer Variablen entscheidet der Ort der Deklaration über den Gültigkeitsbereich, d. h. über den Bereich, in dem sie verwendet werden kann. Prinzipiell gibt es drei Möglichkeiten, Variablen zur Verfügung zu stellen.

Gültigkeitsbereiche von Variablen

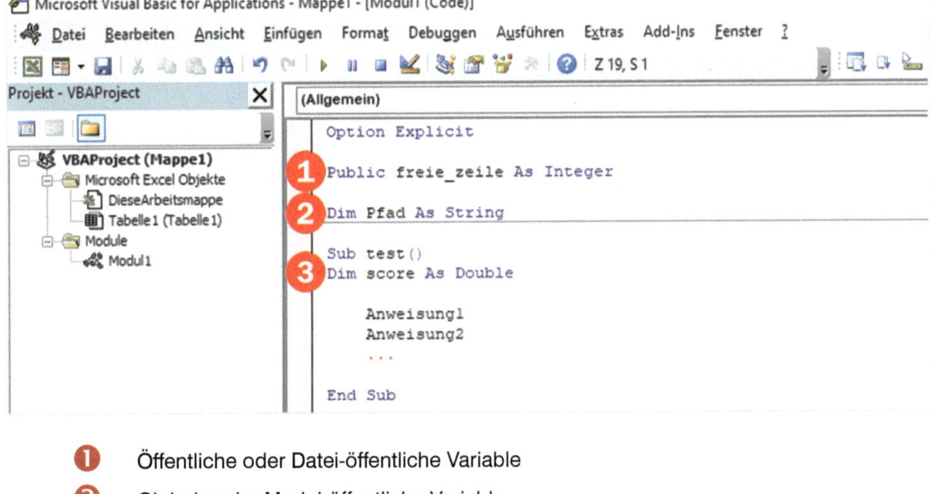

1. Öffentliche oder Datei-öffentliche Variable
2. Globale oder Modul-öffentliche Variable
3. Lokale Variable

Lokale Gültigkeit

Die häufigste und empfehlenswerteste Verwendung von Variablen ist die lokale Gültigkeit, d. h. nur innerhalb einer Prozedur. Die Deklaration erfolgt innerhalb der Prozedur, am besten direkt unterhalb der Sub-Zeile.

```
Sub demo_localeVariable()
Dim Laufvariable As Integer
    ...
End Sub
```

Sobald die Prozedur abgearbeitet ist, wird der Inhalt der Variablen verworfen und der Speicherplatz freigegeben. Eine gleichnamige Variable kann in einer anderen Prozedur neu vergeben werden.

Modul-öffentliche Gültigkeit

Erfolgt die Deklaration außerhalb einer Prozedur – vor der ersten Sub-Zeile – und am besten gleich zu Beginn des Moduls, ist eine solche Variable innerhalb des gesamten Moduls gültig und kann in mehreren Prozeduren verwendet werden. Man bezeichnet sie auch als modulweite oder globale Variablen. Letzteres kann eventuell missverständlich sein, da sie nicht für alle Module im gesamten Projekt gelten.

```
Dim Pfad As String
Sub demo_globaleVariable()
```

Modulweite oder globale Variablen behalten ihren aktuellen Wert auch nach Beenden einer Prozedur. Da solche Variablen wertvollen Speicherplatz belegen, sollten sie nur gezielt eingesetzt werden.

Datei-öffentliche Gültigkeit

Über Modulgrenzen hinaus gültig – daher auch als modulübergreifende Variablen bezeichnet – sind Variablen mit dem Zusatz *Public*. Auf solche öffentlichen Variablen kann von Prozeduren aller Module der Arbeitsmappe zugegriffen werden.

```
Public Anz_Messungen As Integer
Public NamenFeld(1 To 5) As String
```

Die *Public*-Deklaration sollte ganz oben in einem Modul – am besten im Hauptmodul – erfolgen. Werden mehrere solcher öffentlichen Variablen benötigt, kann dafür auch ein eigenes Modul angelegt werden, in dem dann auch noch Konstanten an zentraler Stelle übersichtlich aufgelistet und verwaltet werden können.

Zusammenfassende Übersicht

Typ	Beschreibung	Position
Lokale Variablen	Nur innerhalb der Prozedur gültig. Nach Beenden der Prozedur verliert sie ihren Wert bzw. wird der Inhalt gelöscht.	Deklaration innerhalb der Prozedur, **nach** der Sub-Zeile
Globale Variablen = Modulweit	Innerhalb eines Moduls gültig. Können in mehreren Makros verwendet werden, behalten ihren aktuellen Wert.	Deklaration am Beginn des Moduls bzw. außerhalb der Prozedur **vor** der Sub-Zeile
Öffentliche Variablen = Datei öffentlich	Modulübergreifende Gültigkeit (Abfrage, Änderung). Zugriff aus allen Prozeduren, Modulen , Anwendungen.	Am Beginn eines Moduls mit dem Zusatz Public, **Public** Anzahl As Integer

Beispiel: Verwendung von Variablen

Deklaration von Variablen

```
'**********************************************************
'   Gültigkeitsbereich von Variablen
'**********************************************************
'
'Lokale Variable innerhalb des Prozedurrumpfes
'Modulöffentliche/modulübergreifende Variable auch "globale Variable"
'Öffentliche Variablen mit Zusatz "public"

Sub Variablen_deklarieren()

    'keine Angabe => Typ: Variant
    Dim wert
    Dim x, y, z                   'alle 3 sind Variant!
    Dim i, j, k As Integer        'nur k ist Integer!

    'wenn mehrere in einer Zeile: - nicht zu empfehlen!
    Dim Tag As Date, zeit As Date, i As Integer
```

```
    'Typzuweisung
    Dim zeile As Long
    Dim spalte As Long
    Dim GebDat As Date
    Dim Antwort As Boolean

    'Objektvariablen
    Dim bereich As Range
    Dim element As Object
    Dim tabelle As Worksheet
    Dim Mappe As Workbook

End Sub
```

3.2 Namenskonventionen

Wie bereits erwähnt, müssen bei Namen von Objekten oder Prozeduren bestimmte Vorgaben eingehalten werden: Namen müssen mit einem Buchstaben beginnen und dürfen mit Ausnahme des Unterstrichs _ keine Sonderzeichen oder Leerzeichen enthalten. Um nicht allzu ausführlich zu werden, seien hier nur die wichtigsten Hinweise zusammengefasst. Verwenden Sie:

- **Verständliche Bezeichnungen bei Variablen und Konstanten:**
  i, n, Anzahl_Werte, ..., Nachname, Dat1, MWSt19, ...
- **Beschreibende Bezeichnungen bei Prozeduren bzw. Makros**
  mein_erstes_Makro, alle_Inhalte_in _Tabelle1_loeschen, Maximum_suchen, ...
- **Zur besseren Lesbarkeit Unterstrich oder die sogenannte Kamelschreibweise**
  AnzDokumente, letzteZeile, MeinErstesMakro, letzteZeileInTabelleSuchen, ...
- **Präfixe für Variablen und Konstanten**

*int*Zaehler	Integer-Variable (Ganzzahl)
*str*Nachname	String-Variable (Text)
*bln*Antwort	Boolean-Variable (Ja/Nein)
*con*MWST	Konstante (lokal) ...
*mod*DateiOeffnen	Modul ...

Hinweis: Die Verwendung von Präfixen für Objekte, Steuerelemente und Variablen ist ein Vorschlag zur Standardisierung im VBA-Code und nicht verbindlich. Sie wird auch als "Ungarische Notation" bezeichnet.

3.3 Operatoren

Den Zuweisungsoperator Gleichheitszeichen = haben wir schon erwähnt. Auch mathematische und logische und vergleichende Operatoren werden in Quellcodes benötigt.

Rechenoperatoren

Summe	+
Differenz	-
Multiplikation	*
Division	/
Division Ganzzahl	\
Division Rest (Mod)	mod
Potenz (Caret-Zeichen)	^
Wurzel	^ (1/2)

Vergleichsoperatoren

größer	>
kleiner	<
größer gleich	>=
kleiner gleich	<=
ungleich	<>
ungleich	Not (Ausdruck)

Vergleichsoperatoren sind auch auf Texte anwendbar. Interessant könnte auch noch ein Ähnlichkeitsvergleich sein:

ähnlich Like

```
"Müller-Lüdenscheid" Like "Müller"   ▶ WAHR
```

Logische Operatoren

oder	(a>b) Or (b>c)	"Inklusiv-Oder": 1mal wahr reicht
und	(a>b) And (b>c)	alle wahr

Der Verkettungsoperator

Das Zeichen & als sogenannter Verkettungsoperator wird zur Verkettung von Zeichenfolgen oder Zeichen mit Zahlen verwendet. Das Zeichen ist auch als kaufmännisches Und bekannt. Hier als Beispiel die Verkettung in einer Anrede:

Text & Variable *nachname* & Text (Komma und Leerzeichen) & Variable *vorname*)

```
"Sehr geehrter Herr " & nachname & ", " & vorname
```

Der Verkettungsoperator kommt auch häufig innerhalb von Zählerschleifen vor, wenn beispielsweise eine Tabellenspalte mit Hilfe eines Range-Objektes zeilenweise abgefragt wird.

```
Range("A" & zeile).Value
```

Beispiel Pfadangabe für Dateiimport oder -export und zur Anzeige (Konstante *pfad* & alle Dateien):

```
datei_ein = Dir(pfad & "*.*")
```

3.4 Datenfelder

Variablen lassen sich auch als Datenfeld oder Array deklarieren. Dabei handelt es sich um einen Satz aufeinanderfolgender, indizierter Elemente, die den gleichen Datentyp besitzen. Jedes Element eines Feldes wird durch eine eindeutige Index-Nummer identifiziert. Zu beachten ist, dass in der Standardeinstellung der Index mit 0 beginnt – man spricht auch von nullbasiert.

Hinweis: Wenn Sie generell mit der Indexzahl 1 beginnen wollen, könnten Sie das durch die Anweisung *Option Base 1* vorgeben.

Nachfolgend finden Sie Beispiele zur Deklaration von unterschiedlichen Datenfeldern.

Beispiele zur Deklaration von Datenfeldern

```
Sub Datenfeld_deklarieren1()
'Datenfeld: Satz aufeinanderfolgender, indizierter Elemente
'vom gleichen Datentyp.
'Jedes Element des Feldes wird durch eine eindeutige
'Index-Nummer identifiziert.
'Hinweis: Der Index beginnt mit 0 = Voreinstellung!

    Dim Woche, Tag  'als Typ Variant deklariert, da keine Typangabe
    Woche = Array("Mo", "Di", "Mi", "Do", "Fr", "Sa", "So")
    Tag = Woche(1)                      'Tag enthält "Di"
    Tag = Woche(3)                      'Tag enthält "Do"
'Eindimensionales Datenfeld mit 51 Variant-Werten von 0 bis 50:
    Dim MessFeld(50)

'Datenfeld mit Datumsangaben und Indizes von 1 bis 10:
    Dim Geburtstag(1 To 10) As Date

'Zweidimensionales Datenfeld mit ganzen Zahlen:
    Dim Matrix(3, 4) As Integer

'Dreidimensionales Datenfeld vom Typ Double und explizit
'angegebenen Grenzen:
    Dim Matrix2(1 To 5, 4 To 9, 3 To 5) As Double

'Dynamisches Datenfeld um Anzahl Elemente und Dimensionen
'im Array zu ändern:
    Dim nam() As String          'keine Umfangsangabe
    Dim nam(3) As String         'Umfang auf 4 Werte festlegen (0-3)

    ReDim nam(5)                 'neu Umfang/Anzahl fest vorgeben
    ReDim nam(Worksheets.Count) 'neu Umfang/Anzahl variabel
```

```
    ReDim Preserve nam(8)        'neue Größe, Daten beibehalten
    ReDim Preserve nam(5, 3)     'neue Dimension und Größe
                                 'NUR der letzten Dimension

End Sub
```

Die Größe von Datenfeldern kann während der Programmausführung durch die Anweisung *ReDim* verändert werden, siehe oben. Der Zusatz *Preserve* sorgt dafür, dass dem Feld bisher zugewiesene Werte erhalten bleiben.

3.5 Konstanten

Wenn im Programmcode genau festgelegte Werte oder Zeichenfolgen verwendet werden sollen, insbesondere wenn auf sie mehrfach zugegriffen werden muss, dann kommen Konstanten ins Spiel. Sie verändern ihren Inhalt nicht und außerdem können bei Bedarf deren Werte oder Zeichenfolgen zentral geändert werden. Ein Durchsuchen des gesamten Quellcodes nach Variablen, deren Inhalt geändert/angepasst werden muss, entfällt.

Die Anweisung *Const* kennzeichnet und deklariert Konstanten. Auch bei den Konstanten sollten nach Möglichkeit die Datentypen angeben werden.

Beispiele zur Deklaration von Konstanten

```
Sub Konstanten_verwenden()
    ' Konstanten sind standardmäßig Private
    Const MWSt19 = 1.19
    ' Konstante mit dem Datentyp deklarieren - zu empfehlen!
    Const Ganzzahl As Integer = 5
    Const PI As Single = 3.1415
    Const Fehler_Mldg As String = "Fehler beim Drucken!"
    Const Dateipfad As String = "C:\Pool\"
    Const dateiname As String = "Importdatei.xlsx"

    ' Mehrere Konstanten in einer Zeile deklarieren - nicht zu empfehlen!
    Const Text1 = "Hallo", Double1 As Double = 3.4567

    ' Konstante als Public deklarieren
    Public Const Hilfetext As String = "HILFE"

End Sub
```

Konstanten statt Variablen

Konstanten anstelle von Variablen einzusetzen, kann die Programmausführung beschleunigen, z. B.

```
Const Pfad As String = "C:\Pool\"
```

alternativ zu

```
Dim Pfad As String
Pfad = "C:\Pool\"
```

Gültigkeitsbereiche

In Puncto Gültigkeitsbereiche gilt für Konstanten das Gleiche wie für Variablen. Empfehlung: Wenn mehrere Konstanten als *Public* deklariert werden, ist es sinnvoll, diese in einem eigenen Modul abzulegen. Dort können sie, übersichtlich aufgelistet, leicht überprüft oder verändert werden.

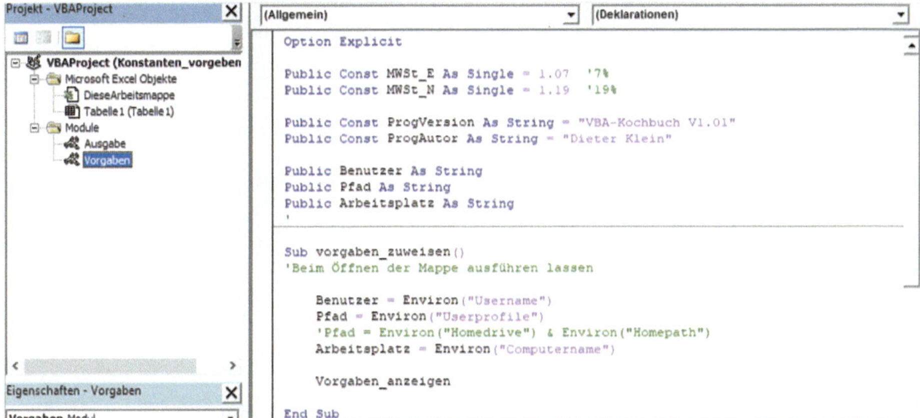

Konstanten und Vorgabewerte in separatem Modul

```
Public Const MWSt_E As Single = 1.07      '7%
Public Const MWSt_N As Single = 1.19      '19%

Public Const ProgVersion As String = "VBA-Kochbuch V1.01"
Public Const ProgAutor As String = "Dieter Klein"

Public Benutzer As String
Public Pfad As String
Public Arbeitsplatz As String
```

```
Sub vorgaben_zuweisen()
'Beim Öffnen der Mappe ausführen lassen

    Benutzer = Environ("Username")
    Pfad = Environ("Userprofile")
    'Pfad = Environ("Homedrive") & Environ("Homepath")
    Arbeitsplatz = Environ("Computername")

    Vorgaben_anzeigen

End Sub
```

Systemkonstanten

In VBA stehen zahlreiche vordefinierte Konstanten zur Verfügung, die vor Gebrauch nicht deklariert werden müssen. Die Bezeichnungen dieser Systemkonstanten stehen symbolisch für feste Werte, die als Parameter übergeben werden können. Bei Aufzeichnungen mit dem Makrorecorder findet man oft die Bezeichnungen anstelle von Zahlenwerten, die man einer Eigenschaft zuweisen kann. Im Objektkatalog (F2) finden

Sie die verfügbaren objektbezogenen VBA- und Excel-Konstanten. In der Tabelle finden Sie einige Beispiele.

bezieht sich auf...	Konstante
Formatkonstante	xlFixedFormatType xlDecimalSeparator
Worksheet-Eigenschaft	xlSheetVeryHidden
Farbkonstante	vbMagenta
Anweisung für nächste Zeile	vbLf (vbNewLine)
MsgBox-Konstanten	vbYesNo vbExclamation

Bei Bedarf können Sie auch eigene Konstanten festlegen, wie der nächste Abschnitt beschreibt.

3.6 Enumerationsvariablen

Für besondere Anforderungen können Konstanten als Emun-Aufzählung deklariert werden. Eine Enumeration ist eine Liste mit mehreren benannten Konstanten, denen feste Werte zugeordnet werden (Datentyp Long), positive und negative Werte sind zulässig. Wird kein Wert explizit vorgegeben, startet die Zuweisung bei 0 und erhöht sich je Element um 1. Die Syntax:

```
[Public | Private] Enum Name
    Elementbezeichnung [= Konstantenausdruck (Long-Type)]
    Elementbezeichnung [= Konstantenausdruck (Long-Type)]
    ...
End Enum
```

Hier ein Beispiel:

```
Public Enum Briefformat
    Standardbrief   '0
    Kompaktbrief    '1
    Großbrief       '2
    Maxibrief       '3
End Enum
```

```
Sub Briefformat_nach_Gewicht()
Dim Gewicht As Double
Dim Portogruppe As Briefformat
Dim Preis As String

    Gewicht = InputBox("Wie schwer ist der Brief?", "Briefgewicht")
```

```
    Select Case Gewicht
        Case Is <= 20:  Portogruppe = Standardbrief
        Case 21 To 50:   Portogruppe = Kompaktbrief
        Case 51 To 500:   Portogruppe = Großbrief
        Case 501 To 1000:   Portogruppe = Maxibrief
        Case Else:
            MsgBox "keine Briefportogruppe!"
            Exit Sub
    End Select

    Select Case Portogruppe
        Case 0:  Preis = "0,80 €"
        Case 1:  Preis = "0,95 €"
        Case 2:  Preis = "1,55 €"
        Case 3:  Preis = "2,70 €"
    End Select

    MsgBox "Das Porto für Gruppe " & Portogruppe & " beträgt " & Preis

End Sub
```

Es sind beliebig viele Elemente möglich. Die Werte der Enum-Elemente eignen sich besonders für Klassifizierungen. Im folgenden Beispiel vereinfacht die Variante mit Datenfeld die Klassifizierung.

```
Sub Briefformat_nach_Gewicht2()
,Mit Array für Preise
Dim Gewicht As Double
Dim Portogruppe As Briefformat
Dim Preis() As Variant

    Preis = Array("0,80 €", "0,95 €", "1,55 €", "2,70 €")
    Gewicht = InputBox("Wie schwer ist der Brief?", "Briefgewicht")
    Select Case Gewicht
        Case Is <= 20:  Portogruppe = Standardbrief
        Case 21 To 50:   Portogruppe = Kompaktbrief
        Case 51 To 500:   Portogruppe = Großbrief
        Case 501 To 1000:   Portogruppe = Maxibrief
        Case Else
            MsgBox "keine Briefportogruppe!"
            Exit Sub
    End Select

    MsgBox "Das Porto für Gruppe " & Portogruppe & " beträgt " _
        & Preis(Portogruppe)

End Sub
```

Achtung: Die Deklaration kann nicht innerhalb von Prozeduren oder Funktionen erfolgen. Sie muss am Anfang eines Moduls oder besser noch in einem separaten Modul erfolgen. Sie kann öffentlich (*Public*) im gesamten Projekt zu Verfügung stehen oder nur innerhalb eines Moduls (*Private*). Standardmäßig sind Enumerationen *Public*. Der Aufruf erfolgt über die *Enum*-Anweisung, gefolgt von der Elementbezeichnung.

Enumeration für Farben

Im folgenden Beispiel generieren wir eine Enumeration mit dem Namen *CI_Farben* für ein angenommenes Corporate Design und weisen anschließend den Farbbezeichnungen die Hexadezimalwerte der Farben nach dem RGB-Farbmodell zu.

Enumeration als individuelle Aufzählungsliste

```
Public Enum CI_Farben
    blau = &H5A2C00                'RGB(0,44,90)
    gelb = &HBBFA&                 'RGB(250,187,0)
    rot = &H1A00E2                 'RGB(226,0,26)
    hellblau = &HAC7419            'RGB(25,116,172)
    orange = &HB6AEB               'RGB(235,106,11)
    grau = &H7D7D7D                'RGB(125,125,125)
End Enum
```

Im nächsten Beispiel stehen die VB-Farbkonstanten stellvertretend für Hexadezimalwerte.

Zuweisen von Farbbezeichnungen aus einer Enumeration

```
Enum farbvorgabe
    'VB-Farbkonstanten repräsentieren Zahlenwerte
    schwarz = vbBlack
    rot = vbRed
    gruen = vbGreen
    gelb = vbYellow
    blau = vbBlue
    magenta = vbMagenta
    cyan = vbCyan
    weiss = vbWhite
    keine = xlNone
End Enum
```

```
Sub Enumeration_verwenden()
'Farbvorgabe als Enumeration abgelegt!

Dim farbe As farbvorgabe

    farbe = rot
    Range("A1").Interior.Color = farbe

    'keine Hintegrundfarbe / transparent
    'Range("A1").Interior.ColorIndex = 0

End Sub
```

4 Abfragen und Wiederholungsschleifen

4.1 Abfragen

Abfragen machen ein Programm erst flexibel, da sich dadurch der Ablauf steuern lässt. Sie prüfen, ob eine bestimmte Bedingung erfüllt ist und verzweigen, abhängig vom Ergebnis der Prüfung, auf unterschiedliche Anweisungen bzw. Programmteile. Als Beispiel dafür seien Abfragen zur Kontrolle von Eingaben genannt, etwa wenn ausschließlich Zahlen erforderlich sind.

Neben der einfachen Verzweigung gibt es auch die Möglichkeit von verschachtelten Verzweigungen sowie von Mehrfachabfragen.

If ... Then-Anweisung

If...Then...Else in seiner einfachen Form dürfte jedem Excel Anwender als WENN-Funktion geläufig sein. Mit dieser Anweisung lässt sich in einen Programmablauf eine Bedingung einbauen, die je nach Ergebnis (Ja oder Nein) verzweigt.

Schema der einfachen Entscheidung

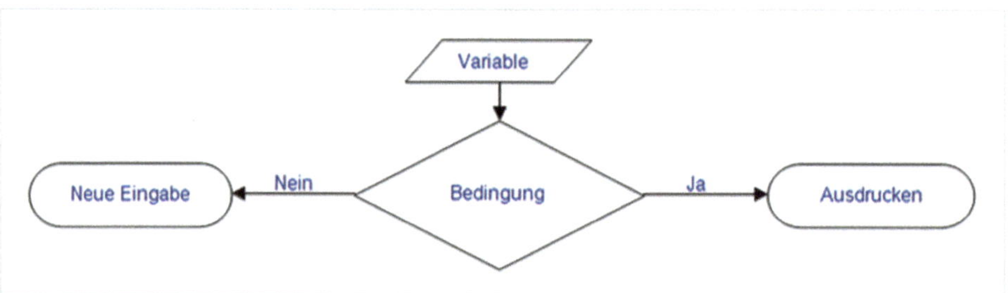

Einzeilige Schreibweise

Die Grundform einer Verzweigung lässt jeweils nur eine Anweisung je Entscheidungsweg zu und wird daher auch als Einzeilen-Version bezeichnet, die Schreibweise:

```
If Bedingung Then Anweisung1 Else Anweisung2
```

Der alternative Weg (*Else*) muss nicht zwingend angegeben werden, ist aber dennoch zu empfehlen. Beispielsweise wenn eine Fehlermeldung ausgegeben oder die Prozedur an dieser Stelle abgebrochen werden soll.

Blockform

Wesentlich übersichtlicher ist die Abfrage in Blockform. Hierbei können mehrere Anweisungen den Entscheidungswegen folgen. **Achtung:** Die Blockform muss mit *End If* abgeschlossen werden.

```
If Bedingung Then
    Anweisung_1a
    Anweisung_1b
    Anweisung_1c
Else
    Anweisung_2a
    Anweisung_2b
End If
```

Mehrere Bedingungen verknüpfen

Auch mehrere Zustände lassen sich innerhalb der Abfrage kombinieren, in dem man die einzelnen Bedingungen durch logische Operatoren (*AND*, *OR*) verknüpft:

```
If Bedingung1 AND Bedingung2 Then
    Anweisung_1a
    Anweisung_1b
Else
    Anweisung_2a
    Anweisung_2b
End If
```

Mehrstufige Abfragen

Die *If ...Then...Else*-Abfragen lassen sich noch weiter verzweigen.

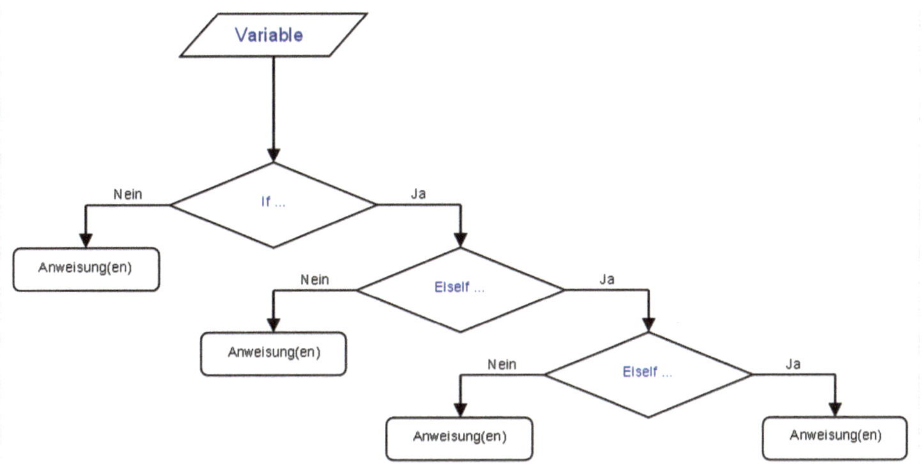

Schema einer mehrstufigen Abfrage

Dann wird innerhalb der *If...Then* - Anweisung weiter abgefragt mit *ElseIf...Then*.

Mehrstufige Abfrage

```
Sub If_Then_Else_Abfrage_mehrstufig()
Dim Bedingung As Variant
    If Bedingung1 = True Then
        Anweisungsblock1
    ElseIf Bedingung2 = True Then
        Anweisungsblock2
    ElseIf Bedingung3 = True Then
        Anweisungsblock3
    Else
        Anweisungsblock4
    End If
End Sub
```

Hinweis: Für Mehrfachabfragen bietet die *Select Case* Anweisung wesentlich übersichtlichere Programmstrukturen.

Die IIF-Funktion

Eine elegante Form oder auch Kurzform der einzeiligen Abfrage kann mit der Funktion *IIf* geschrieben werden, die Syntax:

```
IIf(Expression, TruePart, FalsePart))
```

Diese Funktion wertet immer alle Argumente aus, also sowohl *TruePart* als auch *FalsePart*, auch dann, wenn nur eines von beiden zurückgegeben wird. Das nachfolgende Beispiel gibt eine Meldung (*MsgBox*) aus, abhängig davon, welche Bedingung erfüllt ist.

```
MsgBox IIf(Betrag >= 0, "Haben", "Soll")
```

Ist der Betrag größer oder gleich 0, wird im Meldungsfenster (*MsgBox*) der Text *Haben* ausgegeben, ansonsten der Hinweis *Soll*.

Die Fallauswahl mit Select Case

Mehrfache Abfragen lassen sich mit der *Select Case* - Anweisung sehr übersichtlich gestalten, wie das Schema zeigt,.

Schema der Select Case Abfrage

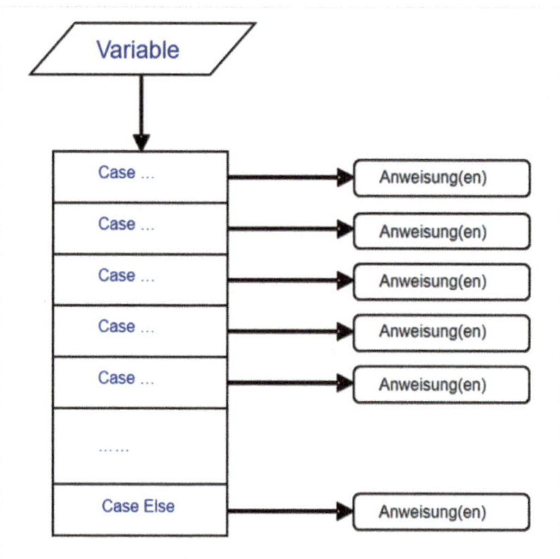

Die *Select Case* Abfrage wird meist in Blockform in eine Prozedur eingebaut.

Blockform der Select Case Abfrage

```
Sub Select_case_Abfrage_Block()
    Select Case Range("A1").Value
         Case Wert1
              Anweisung1
         Case Wert2
              Anweisung2
         Case Wert2
              Anweisung3
         Case Else
              Anweisung4
    End Select
End Sub
```

Eine andere mögliche Art der Darstellung ist die zeilenweise Anordnung der Anweisungen jeweils nach einem Doppelpunkt.

Der Doppelpunkt bewirkt eine neue Zeile

```
Sub Select_case_Abfrage_Zeilen()
    Select Case Range("A1").Value
        Case Wert1: Anweisung1
        Case Wert2: Anweisung2
        Case Wert2: Anweisung3
        Case Else:  Anweisung4
    End Select
End Sub
```

Hinweis: Der Doppelpunkt hinter jeder Abfrageoption wirkt wie ein stilistisches Mittel, um Übersichtlichkeit zu schaffen, bedeutet aber in Wirklichkeit einen Sprung in die nächste Zeile. Diese Art des Codeaufbaus ist aber nur möglich, wenn lediglich eine einzige Anweisung auf die Bedingung folgt. Wenn mehrere Anweisungen durchzuführen sind, müssen diese als Block zeilenweise zwischen den Abfragebedingungen eingefügt werden.

Weitere Möglichkeiten für Abfragebedingungen:

- Case 1, 5, 10
- Case 1 To 9
- Case 1 To 9, 11 to 19, 30,32
- Case Is >= 100
- Case "Caspar", "Melchior", "Balthasar"
- Case ""
- ...

Hier ein Anwendungsbeispiel mit unterschiedlichen Abfragebedingungen:

Beispiele für Abfragebedingungen

```
Sub Select_case_Abfrage_Beispiel()
Dim Antwort As Variant

    Antwort = InputBox("Bitte Wert zwischen 1 und 50 eingeben")
    Select Case Antwort
        Case Is < 10: MsgBox "kleiner 10"
        Case 11 To 19: MsgBox "zwischen 10 und 20"
        Case 10, 20, 30, 40, 50: MsgBox "10,20,...50"
        Case "": MsgBox "Leereingabe!"
        Case Is > 50: MsgBox "Größer 50!"
        Case Else:  MsgBox "kein Hinweis"
    End Select

End Sub
```

Modul: mdl_03_Abfragen

4.2 Prüfabfragen

In Verbindung mit *If...Then...Else*-Abfragen werden häufig auch Prüffunktionen eingesetzt, etwa wenn es darum geht, bestimmte Zellinhalte einer Tabelle zu überprüfen. Die wichtigsten Prüffunktionen sind: *IsEmpty*, *IsNumeric* und *IsDate*.

Beispiel: Zellinhalte auf ihren Typ überprüfen
Die Zellen der ersten Zeile einer Tabelle sollen in einer Zählerschleife überprüft werden. Ist die aktive Zelle nicht leer, erfolgt die nächste Prüfung auf numerischen Inhalt. Lässt sich der Zellinhalt als Datum auswerten oder ist er als Text zu werten? Die Ausgabe der Prüfergebnisse erfolgt im Direktbereich.

Abfrage und Verwendung von Prüffunktionen

```
Sub Prueffunktionen_verwenden()
Dim spalte As Integer
Dim inhalt As Variant

    Worksheets("Tabelle2").Activate
    'Zellen in Zeile 1 überprüfen
    For spalte = 1 To 14
        inhalt = Cells(1, spalte).Value
        If Not IsEmpty(inhalt) Then
            If IsNumeric(inhalt) Then
                Debug.Print spalte, "numerisch"
            ElseIf IsDate(inhalt) Then
                Debug.Print spalte, "Datum"
            Else
                Debug.Print spalte, "Text"
            End If
        Else
            Debug.Print spalte, "leer"
        End If
    Next spalte

End Sub
```

Hinweis: Abfragen können auch unter Zuhilfenahme von Zählfunktionen erfolgen, wenn es darum geht, Tabellen oder Bereiche auf das Vorhandensein von leeren Zellen oder bestimmten Werten zu überprüfen. (siehe *WorksheetFunction.CountA*, *.CountBlank*, *.CountIf*, ...)

Eingaben auf Leereingaben prüfen

Eingaben, die über ein Textfeld erfolgen, z. B. über InputBox oder ein Formular (UserForm) können nicht, wie bei Zellinhalten, mit der Funktion *IsEmpty* auf Leereingaben überprüft werden. Hier muss ein Leerstring "" abgefragt werden.

Achtung: Ein einfaches (unsichtbares) Leerzeichen (Blank) wird als "nicht leer" gewertet!

Leerstrings zur Überprüfung leerer Textfelder

```
Sub leere_Eingabe_pruefen()
Dim inhalt As Variant

    'Eingabewert überprüfen
    inhalt = InputBox("Eingabe")
    If inhalt = "" Then
        Debug.Print "leer"
    Else
        Debug.Print "nicht leer"
    End If

End Sub
```

Alternativ kann auch die Länge des übergebenen Textes (String) mit der Funktion *Len* überprüft werden.

Länge eines Textfeldes überprüfen

```
Sub leere_Eingabe_pruefen2()
Dim inhalt As Variant

    'Eingabewert überprüfen
    inhalt = InputBox("Eingabe")
    If Len(inhalt) = 0 Then
        Debug.Print "leer"
    Else
        Debug.Print "nicht leer"
    End If

End Sub
```

Eingaben anhand einer vorgegebenen Anzahl Zeichen prüfen

Bei manchen Eingaben, z. B. Postleitzahlen, Artikel- oder ID-Nummern, IBAN- oder ISBN-Nummern können die Eingaben auch anhand der Anzahl der zulässigen Zeichen bzw. Textlänge überprüft werden. Hier als Beispiel die Eingabe einer 5-stelligen Postleitzahl.

Fünfstellige Postleitzahl prüfen

```
Sub PLZ_pruefen()
Dim inhalt As Variant

    'auf 5-stellige Eingabe prüfen
    inhalt = InputBox("PLZ eingeben")
    If Len(inhalt) = 5 Then
        MsgBox "OK"
    Else
        MsgBox "bitte 5-stellige PLZ"
    End If

End Sub
```

Hinweise

- Bei Postleitzahlen und anderen Zahlen kann zuvor sicherheitshalber noch die Eingabe mit *IsNumeric* auf Ziffern überprüft werden.

- Da bei Postleitzahlen die Anzahl der Stellen vom Land abhängig ist, könnte auch noch eine Abfrage des jeweiligen Landes vorgeschaltet werden.

Auch mittels *Like*-Operator lässt sich die korrekte Eingabe einer mehrstelligen Zahl überprüfen, wie im Beispiel unten.

Fünf Zahlen mit Like-Operator prüfen

```
Sub PLZ_pruefen2()
Dim inhalt As Variant

    'auf 5-stellige Eingabe prüfen
    inhalt = InputBox("PLZ eingeben")
    If inhalt Like "#####" Then
        MsgBox "OK"
    Else
        MsgBox "bitte 5-stellige PLZ"
    End If

End Sub
```

Zeichenabfolge einer Eingabe überprüfen

Für den Fall, dass eine Eingabe zwingend mit einem bestimmten Zeichen, z. B. einer Zahl beginnen muss, kann die Validierung mit dem *Like*-Operator erfolgen. Dieser Operator vergleicht Zeichenfolgen: Im Beispiel unten, ob die Eingabe mit einer Zahl beginnt.

Erste Stelle muss eine Zahl sein

```
Sub zeichenfolge_pruefen()
Dim inhalt As Variant

    'auf Eingabe beginnt mit Zahl prüfen
    inhalt = InputBox("bitte TOP eingeben")
    If inhalt Like "#*" Then
        MsgBox "OK"
    Else
        MsgBox "bitte Zahl am Anfang"
    End If

End Sub
```

Vorgabe von Wertebereichen

Werden für den Vergleich bestimmte Zeichen benötigt, z. B. Buchstaben von A bis Z, dann lassen sich diese durch die Angabe in eckigen Klammern *[..]* einbauen. Dabei ist Groß- und Kleinschreibung ist zu beachten, es sei denn, dass beide Schreibweisen durch die explizite Angabe *[A-Z] [a-z]* erlaubt werden. Hier einige Beispiele für charakteristische Zeichenfolgen:

Vorgabe	Beispiel	Ausdruck
Zahl mit 1 Nachkommastelle	15,3	`Like "#,#"`
Bestellnummer	XY-123456	`Like "[A-Z][A-Z]-######"`

Vorgabe	Beispiel	Ausdruck
Kfz-Kennzeichen	XY-AB 3556	`Like "[A-Z][A-Z]-[A-Z][A-Z] #*"`
Eingabe muss mit A oder B beginnen	A300, B500	`Like "[AB]#"`

IBAN-Struktur für Deutschland prüfen

In Deutschland hat jede IBAN (International Bank Account Number) genau 22 Stellen, Sonderzeichen oder Kleinbuchstaben dürfen nicht enthalten sein. Im Papierformat erfolgt die Schreibweise in 4er-Blöcken, durch Leerzeichen getrennt. Im elektronischen Format entfallen die Leerzeichen. Die ersten beiden Zeichen repräsentieren den Ländercode (z. B. DE für Deutschland) gefolgt von einer zweistelligen Prüfsumme für die gesamte IBAN, 8 Stellen für die Bankleitzahl und eine 10-stellige Kontonummer (fehlende Stellen werden von vorn mit Nullen aufgefüllt).

IBAN-Struktur überprüfen

```
Sub zeichenfolge_pruefen3()
Dim inhalt As Variant

    'IBAN-Nummer im Papierformat prüfen
    inhalt = InputBox("IBAN-Nummer im Papierformat")
    If inhalt Like "[A-X][A-X]## #### #### #### #### ##" Then
        MsgBox "Eingabe korrekt"
    Else
        MsgBox "Eingabe nicht korrekt"
    End If

End Sub
```

Modul: mdl_03_Abfragen

Hinweis: Das Zulassen bestimmter Zeichen bei Eingaben in Formularen wird ausführlich beschrieben im Buch: VBA mit Excel - Der leichte Einstieg, ISBN: 978-3-8328-0303-2.

4.3 Anweisungen wiederholen - Programmschleifen

Wenn Anweisungen mehrfach ausgeführt werden sollen, kommen Wiederholungsschleifen ins Spiel. VBA bietet dazu mehrere Möglichkeiten an. Grundsätzlich unterscheidet man zwischen den beiden folgenden Varianten:

- **Zählergesteuerte Schleifen**
  Bei zählergesteuerten Schleifen steht die Anzahl der Wiederholungen fest.
- **Bedingungsschleifen**
  Bei diesem Schleifentyp werden die Anweisungen solange wiederholt, bis eine bestimmte Bedingung erfüllt ist.

Falls nötig, kann eine Schleife über eine Abfrage mit der Anweisung *Exit For* bzw. *Exit Do* vorzeitig verlassen werden.

Die For...Next-Schleife

Die *For...Next* - Schleife gehört zu den zählergesteuerten Schleifen. Die Anzahl der Wiederholungen wird durch eine Variable (Zählervariable) festgelegt. Das Ende der Schleife wird mit *Next* abgeschlossen, hier ist eine Wiederholung der Zählervariablen freigestellt – aber zu empfehlen.

Zählerschleife mit unterschiedlichen Schrittweiten

```
Sub For_Next_Schleife()
Dim zeile As Long
    For zeile = 1 To 10
        Debug.Print Range("A" & zeile).Value
    Next zeile                                      'Angabe zeile optional
End Sub
```

```
Sub For_Next_Schleife_Schrittweite()
Dim zeile As Long
    For zeile = 1 To 10 Step 2
        Debug.Print Range("A" & zeile).Value
    Next zeile                                      'Angabe zeile optional
End Sub
```

Im vorgegebenen Bereich der Zählerschleife, z. B. zwischen 1 und 10 (*1 To 10*) erhöht sich die Zählenvariable bei jedem Durchlauf automatisch um die angegebene Schrittweite (*Step*). Wird keine Schrittweite angegeben, wird die Zählervariable automatisch um 1 erhöht (inkrementell).

Rückwärtsschleifen

Auch Rückwärtsschleifen sind möglich, wenn beim höchsten Wert begonnen und die Schrittweite negativ angegeben wird.

Rückwärts laufende Zählerschleife

```
Sub For_Next_Schleife_Schritte_rueckwaerts()
Dim zeile As Long
    For zeile = 10 To 1 Step -2
        Debug.Print Range("A" & zeile).Value
    Next zeile                                      'Angabe zeile optional
End Sub
```

Zählervariable als Dezimalzahl

Wenn Sie die Zählervariable als Dezimalzahl (Typ *Double*, *Single*) deklarieren, kann sie auch dezimale Werte annehmen. Wir empfehlen in diesem Fall den Typ *Double*, um Rundungsfehler bei der Ausgabe zum vermeiden.

Zählerschleife in 0,1-Schritten

```
Sub For_Next_Schleife_Schrittweite_dezimal()
Dim wert As Double

    For wert = 0 To 1 Step 0.1
        Debug.Print wert
    Next wert                                      'Angabe wert optional

End Sub
```

Verschachtelte For-Next-Schleifen

Soll beispielsweise eine Tabelle nacheinander zuerst nach Spalten und danach zeilenweise durchsucht werden, lassen sich zwei Zählerschleifen ineinander verschachteln. Für solche Aufgaben ist das *Cells*-Objekt besser geeignet als das *Range*-Objekt.

Beispiel: Alle Zellinhalte von A1 bis D10 durchsuchen

	A	B	C	D	E	F	G	H	I	J
1	Äpfel	100	200	300						
2	Birnen	50	4500	300						
3	Bananen	1800	200	3						
4	Zitronen	50	20	4500						
5	Orangen	70	450	2						
6	Pflaumen	17	89	100						
7	Kiwi	10	50	80						
8	Ananas	400	500	600						
9	Kirschen	350	1200	80						
10	Melonen	1	15	2000						
11										

Zunächst werden alle 10 Zellen der ersten Spalte ausgegeben, dann folgen die Werte der nächsten Spalten. Die äußere Schleife legt die Spaltennummer fest, die innere Schleife die Zeilennummer. Der Einfachheit halber werden hier die Ergebnisse jeweils im Direktbereich ausgegeben.

Mit einer verschachtelten Schleife Spalten und Zeilen einer Tabelle durchsuchen

```
Sub For_Next_Schleifen_verschachtelt()
Dim zeile As Long
Dim spalte As Long

    For spalte = 1 To 4
        For zeile = 1 To 10
            Debug.Print Cells(zeile, spalte).Value
        Next zeile
    Next spalte

End Sub
```

VBA stellt noch weitere Möglichkeiten bereit, zirkuläre Abläufe zu gestalten. Die *For-Next*-Schleife in statischer und dynamischer Form ist sicherlich die populärste Variante. Die beiden nachfolgend aufgezeigten Formen werden ebenfalls häufig verwendet und zeigen, wie sich Abfragen oder Bedingungen in den Ablauf einer Schleife einbauen lassen.

Die For...Each-Schleife

Diese Schleifenkonstruktion wiederholt einen Anweisungsblock für mehrere gleichartige Elemente, z. B. eines Datenfelds oder einer Auflistung, z. B. Worksheets (alle Tabellenblätter der Arbeitsmappe). Die Anzahl der Elemente bestimmt also die Anzahl der Wiederholungen.

Bezieht sich *For...Each*-Schleife sich auf ein Objekt oder eine Objektvariable, kann sie auch auf dessen Werte und Eigenschaften angewendet werden.

Der Aufbau:

```
For Each Element In Gruppe
     Anweisungen
  [Exit For]
     Anweisungen
Next [Element]
```

Beispiel 1: Alle Tabellenblätter der aktuellen Arbeitsmappe durchnummerieren

Alle Arbeitsblätter der aktuellen Mappe nummerieren

```
Sub blaetter_nummerieren()
Dim blatt As Worksheet
Dim n As Integer       'Zählervariable
    n = 1
    For Each blatt In Worksheets
        blatt.Name = n
        n = n + 1
    Next
End Sub
```

Beispiel 2: Bestimmte Steuerelemente eines Formulars mit dem Namen *Eingabemaske* zurücksetzen bzw. leeren.

Steuerelemente eines Formulars zurücksetzen

```
Sub For_Each_Schleife()
Dim element As Object
    'Löschen der Inhalte einer Eingabemaske(UserForm)
    For Each element In Eingabemaske.Controls
        If TypeName(element) = "TextBox" Then element.Value = ""
        If TypeName(element) = "ComboBox" Then element.Value = ""
        If TypeName(element) = "CheckBox" Then element.Value = False
    Next
End Sub
```

Die While...Wend-Schleife

Bei dieser Schleifenform werden die Anweisungen innerhalb der Schleife ausgeführt, solange die Bedingung erfüllt ist d. h. den Wert *True* zurückgibt. Diese Schleifenkonstruktion ist in VBA schon seit langem verfügbar und wird wegen ihrer Abwärtskompatibilität häufig eingesetzt.

Beispiel: Solange Zeile kleiner als 10 ist, sollen zwei Anweisungen durchgeführt werden

Hinweis: Wird eine Zählervariable eingesetzt, wie im Beispiel unten, muss diese per Anweisung initialisiert und mit jedem Schleifendurchlauf erhöht werden.

```
zeile = 1                'Variable initialisieren
While zeile < 10         'Zeilenwert überprüfen
     Anweisung 1...
     Anweisung 2...
zeile = zeile + 1        'nächste Zeile
Wend                     'While-Schleife beenden wenn zeile > 9
```

Achtung: *While...Wend*-Schleifen können nicht durch *Exit* verlassen werden.

Do...Loop-Schleifen

Im Gegensatz zu *While...Wend*-Schleifen besteht bei *Do...Loop*-Schleifen die Möglichkeit eines Abbruchs. *Do...Loop*-Schleifen können mit *Exit Do* verlassen werden. Laut Microsoft sind außerdem *Do...Loop*-Konstruktionen robuster und flexibler, da sie sowohl eine Prüfung der Bedingung zu Beginn der Schleife mit *Do While*, als auch am Ende der Schleife mit *Do Until* ermöglichen. Diese Varianten werden auch als kopf- bzw. fußgesteuerte Schleifen bezeichnet.

Achtung: Kopfgesteuerte Schleifen, die zu Beginn der Schleife die Bedingung abfragen, werden auch als abweisende Schleifen bezeichnet. Fußgesteuerte Schleifen gelten dagegen als einladende Schleifen. Der Grund: Letztere fragen die Bedingung erst am Ende ab, dadurch wird die Schleife in jedem Fall also mindestens ein Mal durchlaufen. Daraus kann sich leichter die Gefahr einer Endlosschleife ergeben.

Abweisende und einladende Schleifen

```
Sub Do_While_Loop_Schleife()
'kopfgesteuert: Prüfung zu Beginn
    Do While Bedingung
        Anweisungsblock
    Loop
End Sub
```

```
Sub Do_Until_Loop_Schleife()
'kopfgesteuert: Prüfung zu Beginn
    Do Until Bedingung
        Anweisungsblock
    Loop
End Sub
```

Modul: mdl_04_Schleifen

```
Sub Do_Loop_Until_Schleife()
'fussgesteuert: Prüfung am Ende - mindestens 1 Durchlauf!
    Do
        Anweisungsblock
    Loop Until Variable = Referenzwert
    'alternativ
    Do
        Anweisungsblock
    Loop While Variable <= Referenzwert
End Sub
```

Zusammenfassung und Übersicht Programmschleifen

In der nachfolgenden Tabelle finden Sie eine kurze Zusammenfassung mit Hinweisen zu Vor- und Nachteilen der verschiedenen Programmschleifen.

Schleife	Aufbau	Besonderheiten
For..Next	*For* i = 1 *To* 10 ... *Next* i	Arbeitet mit einem Zähler, die Anzahl der Durchläufe ist vorgegeben (absehbar begrenzt).

Schleife	Aufbau	Besonderheiten
For-Each...Next	*For Each* Objekt *In* Gruppe ... *Next*	Bezieht alle vorhandenen Objekte/Elemente einer Auflistung/Gruppe ein. Die Anzahl der Wiederholungen ist abhängig von der Anzahl der Objekte.
While...Wend	*While* ... *Wend*	Wird durchlaufen, solange eine Bedingung erfüllt ist.
Do...Loop	*Do While ... Loop* *Do Until ... Loop*	Bedingung wird zu Beginn geprüft ▶ abweisend.
	Do ... Loop While *Do ... Loop Until*	Schleife wird mindestens 1 Mal durchlaufen, da eine Prüfung erst am Ende erfolgt. **Gefahr von Endlosschleifen!**

5 Zellen und Bereiche

Der Zugriff auf Zellen und Zellenbereiche in Tabellen zählt zu den wichtigsten Aufgaben in der VBA-Programmierung für Excel. Berechnungen, Auswahl oder Suchen greifen auf Zellinhalte zurück oder verändern diese. Auf Zellen können Formatierungen angewendet werden, beispielsweise als Währung oder Datum, oder um mit speziellen Schriftgrößen und -schnitten, Farben und Rahmenelementen Akzente zu setzen.

5.1 Zellen und Bereiche ansprechen

Die Excel-Objekthierarchie

Zellen sind die kleinsten Einheiten einer Tabelle. Oder anders ausgedrückt: Tabellen haben die Eigenschaft, sich aus mehreren Zellen zusammenzusetzen. Die Adresse einer Zelle ergibt sich in VBA aus der Objekthierarchie: Arbeitsmappe, Arbeitsblattname oder -Index und Zellposition:

```
ActiveWorkbook.Worksheets("Tabelle1").Cells(1,1).Address
ThisWorkbook.Worksheets(1).Cells(1,1).Address
```

Arbeitsmappe

Die jeweils aktive Arbeitsmappe lässt sich mit der Eigenschaft *ActiveWorkbook* ansprechen. *ThisWorkbook* bezieht sich dagegen auf die Arbeitsmappe, in der die Prozedur bzw. das Makro ausgeführt wird. Die Ergebnisse sind nicht immer identisch: Unterschiede können sich ergeben, wenn mit mehreren geöffneten Arbeitsmappen gearbeitet wird, die zu unterschiedlichen Zeitpunkten aktiviert werden.

Arbeitsblatt

Alle Objekte vom Typ *Worksheet* (Arbeitsblatt) sind in der Auflistung (*Collection*) namens *Worksheets* und ebenso in der Auflistung *Sheets* enthalten. Eine bestimmte Tabelle wird entweder über den Listenindexwert innerhalb der Auflistung, z. B. *Worksheets(1)* oder über ihren konkreten Objektnamen adressiert, z. B. *Worksheets("Tabelle1")*.

Siehe Kapitel 6.1.

Achtung: Der Listenindex ändert sich, wenn sich die Reihenfolge in der Anordnung der Tabellenblätter ändert, z. B. durch Löschen oder Verschieben!

Innerhalb einer Arbeitsmappe kann auf die Angabe der Mappe verzichtet werden, z. B.

```
Worksheets("Tabelle1").Cells(1,1).Address
Worksheets(1).Cells(1,1).Address
```

Wird kein Arbeitsblatt angegeben, stellt die gerade aktive Tabelle den Bezug. Es ist daher ratsam, die Tabellen stets definitiv zu nennen: Bei Kopiervorgängen am besten in jeder einzelnen Anweisung. Alternativ kann man auch ein Haupt-Arbeitsblatt festlegen und je nach Bedarf nur die Zieltabellen namentlich einbinden.

Beide nachfolgenden Anweisungen erfüllen denselben Zweck: Sie verhindern, dass Zellen in einem gerade zufällig ausgewählten Blatt bewegt oder verändert werden.

Modul: mdl_02_Cells

```
    Worksheets("Tabelle1").Activate
    Worksheets("Tabelle1").Select
```

Zellen und Bereiche auswählen

Die *Select*-Anweisung, auf eine Zelle bezogen, entspricht dem Anklicken mit der linken Maustaste und ist in den meisten Fällen überflüssig, weil man ja auf Inhalte oder Eigenschaften Einfluss nehmen möchte. In den folgenden Beispielen werden Zellen und Bereiche nur markiert, um zunächst die Syntax der Anweisungen kennenzulernen. Einfache Anweisungen zum Einfärben und Kopieren schließen sich an.

Einzelne Zellen ansprechen

```
Sub Zelle_ansprechen1()
'Zelle D2 auswählen
    Cells(2, 4).Select          '(Zeile,Spalte)
End Sub
```

```
Sub Zelle_ansprechen2()
'Zelle D1 auswählen
    Range("D1").Select          '(Spalte, Zeile)
End Sub
```

Beachten Sie unbedingt den grundsätzlichen Unterschied zwischen *Cells* und *Range*: nämlich die Abfolge der Koordinatenwerte innerhalb der Tabelle.

`Cells(`Zeilennummer, Spaltennummer`)`	`Cells(2,4)`	`"D2"`
`Range(`Spaltenbezeichnung, Zeilennummer`)`	`Range("D2")`	`"D2"`

Für Zeile der *Cells*-Eigenschaft muss ein numerischer Wert verwendet werden, Spalte kann auch eine Zeichenfolge sein, z. B. *Cells(2,"D")*. Daneben kann die Eigenschaft *Cells* auch als Parameter der *Range*-Eigenschaft eingesetzt werden, z. B.:

`Range(Cells(1,1), Cells(12,4))` statt `Range("A1:D12")`

Einzelne Zellen (*Cells*) können auch als Zellverbände oder Bereiche (*Range*) ausgewählt werden.

Bereiche auswählen

```
Sub Bereich_auswaehlen()
    Range("A1:D8").Select
End Sub
```

```
Sub Bereich_auswaehlen2()
'Range("A2:F9")
    Range(Cells(2, 1), Cells(9, 6)).Select
End Sub
```

Ganze Spalten und Zeilen

Ganz spezielle Bereiche sind Spalten (*Columns*) und Zeilen (*Rows*).

Komplette Spalten und Zeilen auswählen

```
Sub Spalte_ansprechen()
'Spalte 4
    Columns(4).Select
End Sub
```

```
Sub Zeile_ansprechen()
'Zeile 2
    Rows(2).Select
End Sub
```

Anstelle der Spaltennummer kann auch der Buchstabe der Spalte verwendet werden:

```
Columns("F").Select
```

oder eine Bereichsangabe:

```
Columns("AD:AK").Select
```

Tipp: Wenn Sie die Spaltennummer anstelle des Spaltenbuchstabens benötigen, können Sie – ohne, dass dabei Ihre Tabelle verändert wird – die Umstellung generell auf Spaltennummern vornehmen: Dazu aktivieren Sie im Register *Datei* ▶ *Optionen* ▶ *Formeln* im Abschnitt *Arbeiten mit Formeln* die *Z1S1-Bezugsart*.

Alternativ können Sie sich die Spaltennummer (im Direktbereich) ausgeben lassen, so erhalten Sie beispielsweise mit der folgenden Anweisung das Ergebnis 30:

```
Debug.Print columns("AD").column
```

Siehe mdl_02_Cells

Diese Schreibweise kann auch zur Zelladressierung verwendet werden, ist allerdings etwas ungewöhnlich:

```
Cells(3, Columns("AD").Column).Select
```

Zellbereiche

Zellen zu Zellbereichen zusammenfassen

Verschiedene, auch nicht zusammenhängende Bereiche und auch einzelne Zellen lassen sich in einem *Range*-Objekt zusammenfassen.

Bereiche und Zellen zusammenfassen

```
Sub Bereiche_auswaehlen()
'unterschiedliche Bereiche und Zellen
    Range("A1:D8, A10:C10, D12:D15, C18, A18").Select
End Sub
```

Eine weitere Möglichkeit, einzelne definierte Bereiche zu einem Objekt zusammenzustellen, ist die Methode *Union*.

Union verbindet die Bereiche einzelner Objektvariablen

```
Sub Mehrere_Bereiche_zusammenfassen()
Dim Ber1 As Range, Ber2 As Range
Dim Ber3 As Range, Ber4 As Range
Dim bereich As Range
      With Tabelle1
          Set Ber1 = .Range("A1:A5")
          Set Ber2 = .Range("C1:C5")
          Set Ber3 = .Range("A10:A15")
          Set Ber4 = .Range("C10:C15")
          Set bereich = Union(Ber1, Ber2, Ber3, Ber4)
          bereich.Interior.ColorIndex = 4
      End With
End Sub
```

Zusammenhängende Zellbereiche

Eine Besonderheit stellen zusammenhängende Zellbereiche dar. Ein zusammenhängender Tabellenbereich lässt sich über die *Range*-Eigenschaft *CurrentRegion* ermitteln. Begrenzung eines solchen Bereichs sind umschließende Leerzellen (nach rechts und darunter) oder das Tabellenende.

Siehe auch Punkt "„5.6 Tabellenbereiche“ auf Seite 105.

Hinweis: Der Effekt entspricht der Tastenkombination Strg+A im Tabellenblatt.

So stellen Sie den Umfang eines zusammenhängenden Bereichs fest (Ausgabe im Direktbereich):

```
Debug.Print Range("A7").CurrentRegion.Address
```

Um einen zusammenhängenden Bereich (hier um A7 herum) farblich hervorzuheben, wird auf die Angabe der Adresse verzichtet und der Hintergrund eingefärbt:

```
Range("A7").CurrentRegion.Interior.ColorIndex = 6
```

Zellbereich kopieren

Sollen beispielsweise alle Zellen eines zusammenhängenden Bereichs in eine zweite Tabelle kopiert werden, kommt die *Copy*-Methode zum Einsatz. Es bieten sich zwei Varianten an: *Copy ... PasteSpecial* und *Copy Destination ...*

Kopieren von zusammenhängenden Bereichen

```
Sub zusammenhaengeden_Bereich_kopieren()
Dim bereich As Range
    Worksheets("Tabelle1").Activate
    'Die aktive Zelle muss innerhalb eines zusammenhängenden Bereichs
    'liegen
    Set bereich = Range("A1").CurrentRegion
    bereich.Copy
    'Das Einfügen muss nicht in A1 erfolgen (vgl. cells.copy)
    Worksheets("Tabelle2").Range("A10").PasteSpecial
End Sub
```

```
Sub zusammenhaengeden_Bereich_kopieren2()
'kürzere Variante mit copy Destination
Dim bereich As Range
    Worksheets("Tabelle1").Activate
    'Die aktive Zelle muss innerhalb eines zusammenhängenden Bereichs
    'liegen
    Set bereich = Range("A1").CurrentRegion
    bereich.Copy Destination:=Worksheets("Tabelle2").Range("A10")
End Sub
```

Die kürzeste Variante – ohne *Set*-Zuweisung – macht noch einmal die Bedeutung der korrekten Adressierung deutlich:

Zusammenhängenden Bereich kopieren

```
Sub zusammenhaengenden_Bereich_kopieren3()
'noch kürzere Variante mit copy Destination
'Die aktive Zelle muss innerhalb eines zusammenhängenden Bereichs liegen
    Worksheets("Tabelle1").Range("A1").CurrentRegion.Copy _
      Destination:=Worksheets("Tabelle2").Range("A3")
End Sub
```

Tipp: Anweisung in der nächsten Zeile fortsetzen

Das Leerzeichen gefolgt von einem Unterstrich (hinter *Copy*) bedeutet, dass die Anweisung in der nächsten Zeile fortgesetzt wird. Diese Möglichkeit macht lange Anweisungen besser lesbar und ist auch häufig in der Literatur zu finden, wenn wenig Platz für Quellcode in einer Zeile zur Verfügung steht.

Bereich verschieben

Bereiche lassen sich mit der *Offset*-Eigenschaft relativ zu einer Ausgangszelle bzw. zur aktiven Zelle erweitern und/oder verschieben. Die Reihenfolge der Parameter: Zeilenversatz, Spaltenversatz.

Erweiterung von Bereichen durch Offset

```
Sub offset_Methode()
'Bereichserweiterung relativ zur aktiven Zelle gelegen
    Range("D6").Select
    'Nachbarzellen linear rot
    ActiveCell.Offset(0, 1).Interior.ColorIndex = 3
    ActiveCell.Offset(0, -1).Interior.ColorIndex = 3
    ActiveCell.Offset(1, 0).Interior.ColorIndex = 3
    ActiveCell.Offset(-1, 0).Interior.ColorIndex = 3
    'Nachbarzellen diagonal blau
    ActiveCell.Offset(1, 1).Interior.ColorIndex = 5
    ActiveCell.Offset(1, -1).Interior.ColorIndex = 5
    ActiveCell.Offset(-1, -1).Interior.ColorIndex = 5
    ActiveCell.Offset(-1, 1).Interior.ColorIndex = 5
End Sub
```

Modul: mdl_02_Cells

Alle Zellen adressieren

Um alle Zellen – auch die leeren – eines bestimmten Tabellenblatts anzusprechen, beispielsweise zum Entfärben des Hintergrundes, genügt die Anweisung *Cells* ohne nähere Bereichsangabe:

```
    Worksheets("Tabelle1").Cells.Interior.ColorIndex = 0
```

5.2 Zeilen und Spalten

Ausblenden

Aus der Arbeit im Tabellenblatt ist Ihnen das Ausblenden und Einblenden von Spalten oder Zeilen sicherlich bekannt. Selbstverständlich ist dies auch über VBA möglich. Die folgenden Prozeduren beziehen sich auf die gerade aktive Tabelle.

Verstecken und anzeigen von Zeilen und Spalten

```
Sub zeile_ausblenden()
    Rows(3).Hidden = True
End Sub
```

```
Sub zeile_einblenden()
    Rows(3).Hidden = False
End Sub
```

```
Sub spalte_ausblenden()
    Columns(3).Hidden = True
End Sub
```

```
Sub spalte_einblenden()
    Columns(3).Hidden = False
End Sub
```

Grundsätzlich ist es allerdings empfehlenswert, die betreffende Tabelle explizit zu benennen, um nicht versehentlich an falscher Stelle Einfluss zu nehmen.

Zeilen und Spalten einfügen

Beim Einfügen (*Insert*) von ganzen Zeilen (*EntireRow*) und/oder Spalten (*EntireColumn*) bieten sich mehrere Möglichkeiten zur Umsetzung an. Die Angabe der Einfügeposition ist dabei entscheidend. Das sei am Beispiel Einfügen einer Spalte B stellvertretend dargestellt, die drei nachfolgenden Prozeduren bewirken:

- Einfügen von Spalte 2,
- Einfügen von Spalte "B:B",
- Einfügen einer ganzen Spalte an der Stelle "B1".

Einfügen einer Spalte

```
Sub eine_leere_spalte_einfuegen()
    Worksheets("Tabelle2").Columns(2).Insert
End Sub
```

Modul: mdl_02_Cells

```
Sub eine_leere_spalte_einfuegen2()
    Worksheets("Tabelle2").Range("B:B").Insert
End Sub
```

```
Sub eine_leere_spalte_einfuegen3()
    Worksheets("Tabelle2").Range("B1").EntireColumn.Insert
End Sub
```

Achtung: Würde im dritten Beispiel auf die Eigenschaft *EntireColumn* verzichtet, würde lediglich eine neue Zelle eingefügt und die vorhandenen Zellen nach unten verschoben.

Zeilen einfügen

Die gängigste Variante zum Einfügen von Zeilen ergibt sich analog zum Einfügen von Spalten.

Einfügen von Zeilen

```
Sub eine_leere_zeile_einfuegen()
'zweite Zeile = Leerzeilen
    Worksheets("Tabelle2").Rows(2).Insert
End Sub
```

```
Sub zwei_leere_zeilen_einfuegen()
'zweite und dritte Zeile = Leerzeilen
    Worksheets("Tabelle2").Rows(2).Insert
    Worksheets("Tabelle2").Rows(2).Insert
End Sub
```

Wollen Sie beispielsweise in eine vorhandene Tabelle zwischen alle vorhandenen Zeilen jeweils eine Leerzeile einfügen, bietet sich folgendes Vorgehen an:

Leerzeile zwischen vorhandene Zeilen einfügen

```
Sub leere_zeilen_einfuegen()
'jede zweite Zeile = Leerzeile
Dim i As Integer
Dim bereich As Range

    Worksheets("Tabelle2").Activate
    Set bereich = Range("A1").CurrentRegion          'oder z.B. A1:D12
    For i = bereich.Rows.Count To 2 Step -1
        bereich.Rows(i).EntireRow.Insert
    Next i
End Sub
```

Der zusammenhänge Bereich um die Zelle A1 in *Tabelle2* wird ermittelt. Anschließend wird in einer Zählerschleife, beginnend vom Ende her bzw. der Anzahl der vorhandenen Zeilen (*Rows.Count*), rückwärts schreitend jeweils eine ganze Zeile eingefügt.

Ähnlich wie die *CurrentRegion*-Eigenschaft kann die *UsedRange*-Eigenschaft verwendet werden, um den Umfang der Tabelle zu ermitteln. In diesem Beispiel wird der Objektvariablen *bereich* der Name des Arbeitsblattes mitgegeben.

Leerzeile zwischen vorhandene Zeilen einfügen (alternativ)

Modul: mdl_02_Cells

```
Sub leere_zeilen_einfuegen2()
'jede zweite Zeile = Leerzeile
Dim i As Integer
Dim bereich As Range

    Set bereich = Worksheets("Tabelle2").UsedRange
    For i = bereich.Rows.Count To 2 Step -1
        bereich.Rows(i).EntireRow.Insert
    Next i
End Sub
```

5.3 Löschmethoden

Sowohl Zellen als auch nur deren Inhalt oder Formatierung können gelöscht bzw. entfernt werden.

- Die Methode *Clear* löscht lediglich Zellinhalt und -format und die Struktur der Tabelle bleibt erhalten.
- Mit der Methode *Delete* wird dagegen die Zelle gelöscht und somit rücken die nachfolgenden Zellen nach oben oder nach links nach.

Löschen von Zellen und Bereichen

```
Sub Zelle_loeschen()
'darunter liegende Zellen rücken hoch
    Worksheets("Tab3").Select
    Range("B2").Delete
End Sub
```

```
Sub Zellen_loeschen()
'darunter liegende Zellen rücken hoch
    Worksheets("Tab3").Select
    Range("A1:C3").Delete
End Sub
Sub Zellen_loeschen2()
'rechts daneben liegende Zellen rücken nach links
    Worksheets("Tab3").Select
    Range("B1:B10").Delete
End Sub
```

Leere Zeilen/Spalten löschen

Wenn in einem Zellbereich (hier *UsedRange*) eine ganze Zeile/Spalte leer ist, soll die betreffende Zeile/Spalte gelöscht werden. Zur Überprüfung auf leere Zellen benutzen wir die Funktion *CountA*, die auch als Tabellenfunktion ANZAHL2 bekannt sein dürfte, und nicht leere Zellen (Zahl oder Text) zählt. Wenn die Funktion das Ergebnis 0 liefert, wird die Zeile/Spalte gelöscht. Die Abfrage erfolgt in einer rückwärts orientierten Zählerschleife, beginnend bei der letzten benutzten Zeile/Spalte der Tabelle. Die Eigenschaften *EntireRow* bzw. *EntireColumn* repräsentieren jeweils eine komplette Zeile bzw. Spalte.

Löschen von leeren Zeilen

```
Sub alle_leeren_zeilen_loeschen()
'wenn in einem Bereich eine ganze Zeile leer ist: Zeile löschen
Dim i As Integer
Dim bereich As Range

    Worksheets("Tabelle2").Activate
    Set bereich = Worksheets("Tabelle2").UsedRange
    For i = bereich.Rows.Count To 1 Step -1
        'CountA-Methode ermittelt die Anzahl von nicht leeren Zellen
        If Application.WorksheetFunction.CountA(Rows(i).EntireRow) _
          = 0 Then Rows(i).Delete
    Next i
End Sub
```

Löschen von leeren Spalten

```
Sub alle_leeren_spalten_loeschen()
'alle leeren Spalten in einem Bereich löschen
Dim i As Integer
Dim bereich As Range

    Worksheets("Tabelle2").Activate
    Set bereich = Worksheets("Tabelle2").UsedRange
    For i = bereich.Columns.Count To 1 Step -1
      'CountA-Methode ermittelt die Anzahl von nicht leeren Zellen
      If Application.WorksheetFunction.CountA(Columns(i).EntireColumn) _
        = 0 Then Columns(i).Delete
    Next i
End Sub
```

Tabellenblatt löschen

Soll per VBA ein ganzes Tabellenblatt mit der nachfolgenden Anweisung gelöscht werden, wird eine Löschbestätigung angefordert.

```
Worksheets("Tabelle4").Delete
```

Ausnahme: Sie haben die Warnhinweise bewusst abgeschaltet mit

```
Application.DisplayAlerts = False
```

Warnhinweis vor dem endgültigen Löschen einer Tabelle

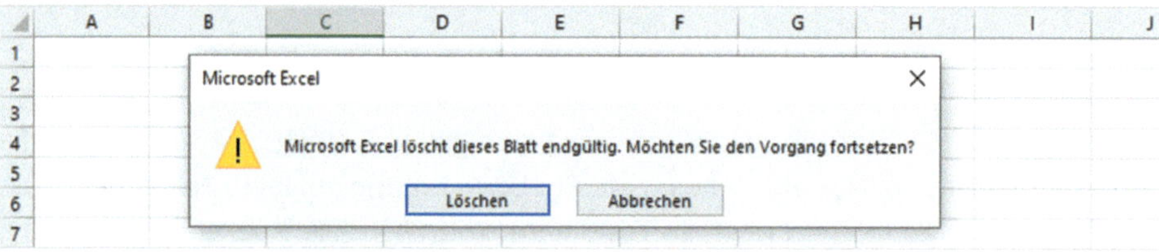

Zeilen und Spalten löschen

Das Löschen oder Entfernen von Zeilen oder Spalten erfolgt dagegen ohne Rückfrage.

Löschen von Zeilen und Spalten

```
Sub zeile_loeschen()
'bestimmte Zeile löschen
    Worksheets("Tabelle2").Rows(2).Delete
End Sub
```

```
Sub spalte_loeschen()
'bestimmte Spalte löschen
    Worksheets("Tabelle2").Columns(2).Delete
End Sub
```

Inhalte löschen

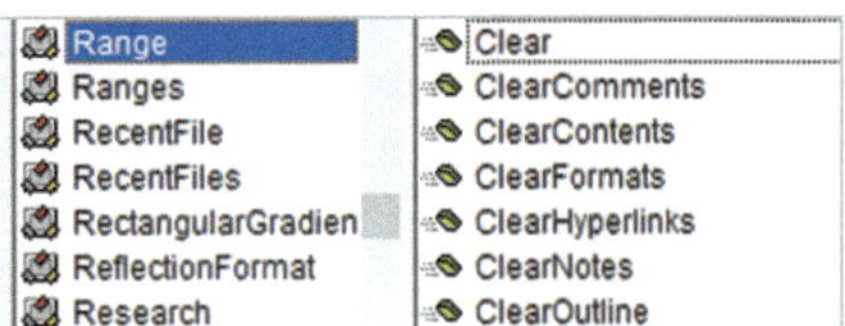

Inhalte löschen

Die Methode *Clear*, auf ein *Range*-Objekt angewendet, bietet nebenstehend abgebildete Optionen:

Zum Löschen von Inhalten verwenden Sie die Methode *ClearContents*.

```
Sub Zellinhalt_loeschen()
    Worksheets("Tab3").Select
    Range("B7").ClearContents
End Sub
```

```
Sub Bereichsinhalt_loeschen()
    Worksheets("Tab3").Select
    Range("A1:C3").ClearContents
End Sub
```

Modul: mdl_02_Cells

```
Sub Tabelleninhalt_loeschen()
    Worksheets("Tab3").Cells.ClearContents
End Sub
```

5.4 Verschieben oder kopieren

Bei der Arbeit im Tabellenblatt werden zum Kopieren oder Verschieben von Zellinhalten meist die Tastenkombinationen Strg+C (Kopieren) bzw. Strg+X (Ausschneiden) und Strg+V (Einfügen) benutzt. Dem entsprechen in VBA die Anweisungen bzw. Methoden *Copy*, *Cut* und *Paste* bzw. *PastSpecial*.

Ausschneiden, Kopieren und Einfügen

```
Sub Zelle_verschieben()
    Range("A1").Cut
    Range("A20").Select
    ActiveSheet.Paste
End Sub
```

```
Sub Zelle_kopieren1()
    Range("B1").Copy
    Range("B20").Select
    ActiveSheet.Paste
End Sub
```

```
Sub Zelle_kopieren2()
    Range("C1").Copy
    Range("C20").PasteSpecial
End Sub
```

```
Sub Zelle_kopieren3()
    Range("D1").Copy Destination:=Range("D20")
End Sub
```

Auf ein vorhergehendes Auswählen mit der Methode *Select* kann verzichtet werden, wenn man sich für *Copy/PasteSpecial* und damit den Weg über die Zwischenablage oder direktes Kopieren mit *Copy/Destination* entscheidet. Die Methode *PasteSpecial* bietet die bekannten Einfügeoptionen als Konstanten.

Kopieren mit unterschiedlichen Optionen

```
Sub Bereich_kopieren()
'konkretes Ziel - ggf. auch unterschiedliche Tabellen
    Range("A8:D8").Copy Destination:=Range("A23")
End Sub
```

```
Sub Bereich_kopieren2()
'kopieren in Zwischenablage und dann in Zielzelle
    Range("A8:D8").Copy
    Range("A24").PasteSpecial
End Sub
```

Modul: mdl_02_Cells

```
Sub Bereich_kopieren_und_transponieren()
'kopieren in Zwischenablage und dann in Zielzelle
    Range("A9:D9").Copy
    Range("A25").PasteSpecial Transpose:=True
End Sub
```

```
Sub Bereich_kopieren_Werte_einfuegen()
'kopieren in Zwischenablage und dann in Zielzelle
    Worksheets("Tabelle1").Activate
    Range("A22:L24").Copy
    Range("A25").PasteSpecial xlPasteValues
End Sub
```

Alle Zellen des Arbeitsblatts kopieren

Wenn alle Zellen eines Arbeitsblattes kopiert werden sollen, muss das Einfügen im neuen Arbeitsblatt in der linken oberen Ecke, also in A1 erfolgen.

Eine komplettes Tabellenblatt (alle Zellen) kopieren

Modul: mdl_02_Cells

```
Sub alle_Zellen_kopieren()
    Worksheets("Tabelle1").Cells.Copy
    'Das Einfügen muss in A1 erfolgen
    Worksheets("Tabelle2").Range("A1").PasteSpecial
End Sub
```

Tabellenbereich kopieren

Wenn dagegen der tatsächliche Umfang der Tabelle kopiert werden soll, muss in der Zieltabelle nicht zwingend A1 als Einfügeposition angegeben werden - ein Versatz ist möglich.

Tatsächlichen Umfang einer Tabelle kopieren

```
Sub alle_Zellen_kopieren2()
    Worksheets("Tabelle1").UsedRange.Copy
    'Das Einfügen kann an beliebiger Stelle erfolgen
    Worksheets("Tabelle4").Range("B3").PasteSpecial
End Sub
```

5.5 Zellen formatieren

Farben zuweisen

Um Zellen besonders hervorzuheben, kann der Zellhintergrund (*Interior*) über die Eigenschaften *Color* oder *Colorindex* gefärbt werden. *ColorIndex* stellt 56 Farbtöne zur Verfügung, die Eigenschaft *Color* lässt sich über eine RGB-Farbskala mit Werten von 0 bis 255 anpassen. Zum Entfärben kann der Indexwert 0 oder die Konstante *xlNone* verwendet werden.

Methoden zum Einfärben des Zellhintergrunds

```
Sub Zellhintergrund_einfaerben1()
'Colorindex umfasst 56 Farben: 1 - 56, 0 ist farblos
    Range("E6").Interior.ColorIndex = 7
End Sub
```

Siehe auch Kapitel 13, Farben mit VBA anwenden.

```
Sub Zellhintergrund_einfaerben2()
'mit RGB-Funktion sind Farbabstufungen möglich
    Range("E6").Interior.Color = RGB(120, 120, 200)
    Range("E7").Interior.Color = RGB(0, 0, 0)        'schwarz
    Range("E8").Interior.Color = RGB(255, 255, 255) 'weiss
End Sub
```

```
Sub Zellhintergrund_entfaerben()
    Range("E6").Interior.ColorIndex = xlNone
End Sub
```

```
Sub alle_Zellhintergruende_entfaerben()
    Cells.Interior.ColorIndex = xlNone
End Sub
```

Anstelle der Index- oder RGB-Werte können auch vordefinierte Farbkonstanten zugewiesen werden, siehe rechts.

VisualBasic Farbkonstanten

Schriftattribute

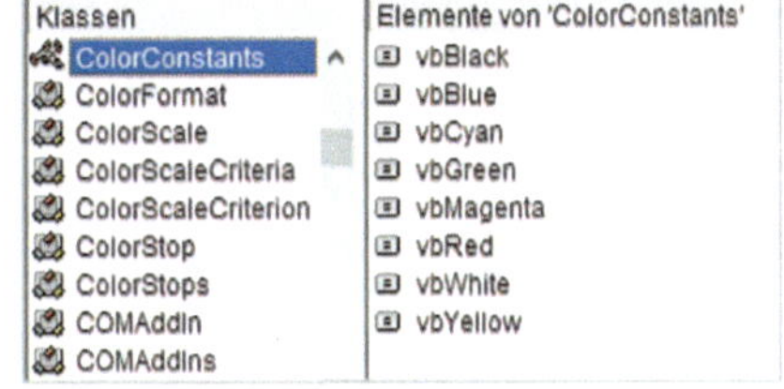

Schriftformate werden über die Eigenschaft *Font* verwaltet. Die folgende Prozedur verändert zeilenweise die Einstellungen für Schriftschnitt, Schriftfarbe, Schriftart und Schriftgrad.

Schriftformatierungen festlegen

```
Sub Zelleigenschaften_aendern()
    Rows(1).Font.Bold = True          'Fett
    Rows(2).Font.Italic = True        'kursiv
    Rows(3).Font.ColorIndex = 3       'rot
    Rows(4).Font.Name = "Franklin Gothic Medium"
    Rows(5).Font.Size = 16
End Sub
```

Da Zellformatierungen meist mehrere Eigenschaften betreffen, übernimmt üblicherweise eine *With*-Anweisung die einzelnen Programmschritte. Im unten abgebildeten Beispielmakro wird eine Zelle, hier B2 auffällig verändert. Nach einer Programmunterbrechung (*Stop*) werden die veränderten Eigenschaften der Zelle wieder entfernt.

Tipp: Wenn Sie in Erfahrung bringen möchten, mit welcher Anweisung Sie das gewünschte Format erzielen, dann nutzen Sie die Aufzeichnung mit dem Makrorecorder.

Temporäre Veränderung von mehreren Zelleigenschaften

```
Sub Zelleigenschaften_aendern2()
    Worksheets("Tabelle2").Activate
    'Schrift
    With Range("B2").Font
        .Bold = True              'Fett
        .Italic = True            'kursiv
        .ColorIndex = 3           'rot
        .Name = "Franklin Gothic Medium"
        .Size = 16
    End With
    'Hintergrund & Rahmen
    With Range("B2")
        .Interior.ColorIndex = 4
        .BorderAround LineStyle:=xlDash, _
          Weight:=xlThick, ColorIndex:=5
    End With
    'Ausrichtung
    With Range("B2")
        .HorizontalAlignment = xlCenter
        .VerticalAlignment = xlBottom
    End With
Stop
    'Formate löschen
    Range("B2").ClearFormats
End Sub
```

Modul: mdl_02_Cells

Alle Zellformate entfernen

Alle Zellformate einer Tabelle lassen sich entfernen mit der Anweisung:

```
    Cells.ClearFormats
```

Zahlen- , Datums- und andere Formate

Zahlenformate lassen sich über die Eigenschaft *NumberFormat* zuweisen oder verändern wie die nachfolgenden Beispiele zeigen.

Formatieren von Zahlen in Zellen und Bereichen

```
Sub Zahlenformat_in_Zellen()
    Range("A2:A19").NumberFormat = "##.0"
End Sub
```

```
Sub Datumsformat_in_Zellen()
    Range("A2:A5").NumberFormat = "m/d/yyyy"
End Sub
```

```
Sub Waehrungsformat()
    Range("A2:A5").NumberFormat = _
      "#,##0.00 [$€-de-DE];-#,##0.00 [$€-de-DE]"
End Sub
```

Datumsformate und benutzerdefinierte Formate

Mit *NumberFormat* können Sie Zellen auch andere Formate, z. B. Datumsformate oder benutzerdefinierte Formate zuweisen. Die passende Vorlage ermitteln Sie wieder am einfachsten durch Aufzeichnen mit dem Makrorecorder. Auch hierzu einige Beispiele,

Zellformatierungen

Siehe auch Kapitel 9, Datum und Uhrzeit.

```
Sub Zellformate_festlegen()

    Worksheets("Tabelle2").Activate
    'Datum, kurz
    Range("D1").NumberFormat = "m/d/yyyy"
    'Datum, lang
    Range("D2").NumberFormat = "[$-x-sysdate]dddd, mmmm dd, yyyy"
    'Währung
    Range("D3").NumberFormat = "#,##0.00 $"
    'Prozent
    Range("D4").NumberFormat = "0.00%"
    'Text
    Range("D5").NumberFormat = "@"
    'Zahlenformat
    Range("D6").NumberFormat = "0.00"
    'Standard-Format
    Range("D7").NumberFormat = "General"

End Sub
```

Auch beim Schreiben von Werten in Zellen lässt sich gleichzeitig das Format festlegen. Oder, wie im Beispiel unten, bei einer Meldung mit *Msgbox*, damit ein Datum mit folgender Schreibweise ausgegeben wird: 01. April 2020 (Mittwoch), lautet die Anweisung: `MsgBox Format(Date, "DD. MMMM YYYY (DDDD)")`

Behandlung von Anführungszeichen innerhalb von Text

Bei der Übergabe eines Zahlenformats innerhalb von Text sind zusätzliche (doppelte) Anführungszeichen erforderlich. Als Beispiel soll der Inhalt einer Zelle, hier B2, per VBA so formatiert werden, dass folgender Text erscheint, siehe Bild:

Inhalt der Ausgabezelle

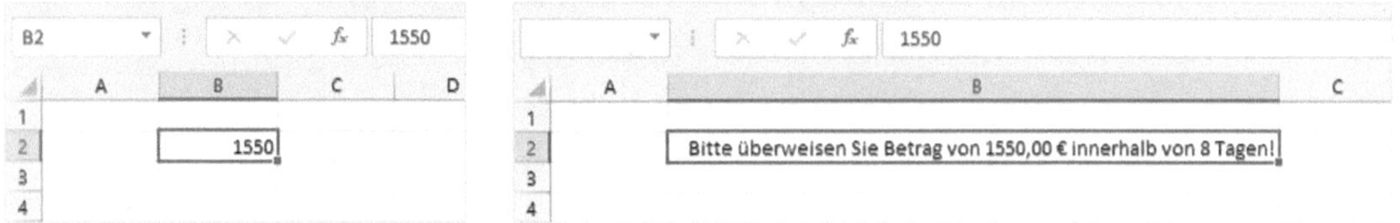

Die Anweisung dazu muss lauten:

Zellinhalt als Kombination Text mit Zahlenangabe

Modul: mdl_02_Cells

```
Sub Textausgabe()
'Text-Formatvorgabe für die Zelle B2,
'in die nur der Betrag eingegeben werden muss
  Range("B2").NumberFormat = _
  """Bitte überweisen Sie Betrag von ""#.00 €"" innerhalb von 8 Tagen!"""
End Sub
```

Ein weiteres Beispiel, das eine Kundennummer in einer Zelle, hier B3 mit dem Zusatztext Kundennummer: ausgibt, z. B. "Kundennummer: 999"

```
    Range("B3").NumberFormat = """Kundennummer: ""#"
```

5.6 Tabellenbereiche

Bereichsnamen vergeben

Auch Namen für Zellbereiche (Register *Formeln* ▶ *Namensmanager*) können per VBA-Code vergeben werden, auf diese Weise lassen sich Bereiche in weiteren Aktionen beim Namen nennen. Als Beispiel soll dem Zellbereich B1:B12 der Name Monatswerte zugewiesen werden, dies geschieht mit folgender Anweisung:

Bereichsnamen vergeben und nutzen

```
Sub Bereichsnamen_zuweisen()
'siehe: Formeln > Namensmanager oder Strg+F3
    Worksheets("Tabelle2").Activate
    Range("B1:B12").Name = "Monatswerte"
End Sub
```

Und so verwenden Sie den zuvor definierten Bereichsnamen:

```
Sub Bereichsnamen_verwenden()
    Worksheets("Tabelle2").Activate
    Range("Monatswerte").Copy
    Range("D1").PasteSpecial
End Sub
```

Tabellenbereich zur Eingabe eingrenzen

Wenn Sie für die Eingabe von Werten nur bestimmte Tabellenbereiche vorübergehend freigeben wollen, können Sie die Eigenschaft *ScrollArea* einsetzen. Zellen außerhalb dieser Zone können nicht angesteuert bzw. bearbeitet werden.

Eingrenzen von Tabellenbereichen

```
Sub bereich_eingrenzen()
'Bearbeitung nur innerhalb des Bereichs möglich - wird nicht gespeichert!
'muss deshalb z.B. mit workbook_open oder worksheet_open verwendet werden
    Worksheets("Tabelle1").ScrollArea = "A2:D19"
End Sub
```

Modul: mdl_02_Cells

```
Sub bereich_eingrenzen_aufheben()
    Worksheets("Tabelle1").ScrollArea = ""
End Sub
```

Tabellenumfang bzw. letzte Zeile/Spalte ermitteln

Tabellen verändern ihren Umfang mit jeder neuen Eingabe und mit jedem Löschen. Die Information über die aktuell belegten Zellen in Zeilen und Spalten einer Tabelle ist gleich in mehrfacher Hinsicht wichtig, z. B. beim Hinzufügen weiterer Zeilen am Tabellende. Der Umfang einer Tabelle ergibt sich aus der Anzahl der Zeilen und Spalten des belegten Zellbereichs. Belegt bedeutet, es handelt sich in der Regel um Zellen mit einem Inhalt (Zahl, Text, Datum, Formel). Zu beachten ist, dass auch einige Zellformate, dazu zählen beispielsweise Rahmenlinien, für Excel nicht leere Zellen darstellen und so ein falsches Ergebnis liefern können. Wir werden uns daher mit verschiedenen Varianten beschäftigen und deren Vor- und Nachteile herausstellen.

Die UsedRange-Eigenschaft

Wenn eine Tabelle neu angelegt wurde und noch keine Formatierungen enthält, kann mit der Eigenschaft *UsedRange* meist zufriedenstellend die Größe dieser Tabelle ermittelt werden.

Tabellenumfang ermitteln

```
Sub Tabellenumfang_UsedRange()
    Debug.Print Worksheets("Tabelle1").UsedRange.Address
'Bereich
    Debug.Print Worksheets("Tabelle1").UsedRange.Rows.Count
    Debug.Print Worksheets("Tabelle1").UsedRange.Columns.Count
End Sub
```

Hinweis: Eine Alternative, nämlich die *CurrentRegion*-Eigenschaft finden Sie unter „Zusammenhängende Zellbereiche" auf Seite 95

Die Abfrage mit *UsedRange.Address* liefert den gesamten benutzten Adressbereich im angegebenen Tabellenblatt, beispielsweise $A$1:$L$24.

Achtung: Für das unten abgebildete Beispiel liefert *UsedRange.Address* das Ergebnis $B$2:$D$5, da D2:C5 zwar leer, aber mit Rahmenlinien formatiert ist.

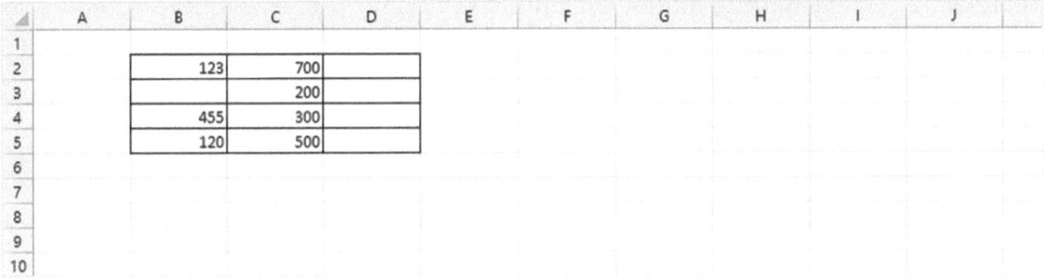

	A	B	C	D	E	F	G	H	I	J
1										
2		123	700							
3			200							
4		455	300							
5		120	500							
6										
7										
8										
9										
10										

UsedRange berücksichtigt auch leere Zellen mit bestimmten Formaten

Mittels *UsedRange.Select* lassen sich beispielsweise alle benutzen Zellen einer Tabelle markieren bzw. mit *UsedRange.Copy* kopieren.

```
Worksheets("Tabelle1").UsedRange.Copy _
    Destination:=Worksheets("Tabelle2").Range("A1")
```

Statt eines Adressbereichs kann auch die Anzahl der benutzten Zeilen/Spalten durch die Funktion *Count* ermittelt und einer Variablen übergeben werden, hier als Beispiel die Anzahl der Zeilen

```
letzte_zeile = Worksheets("Tabelle1").UsedRange.Rows.Count.
```

Die SpecialCells-Methode

Die Methode *SpecialCells* durchsucht alle Zellen eines Bereichs, um mit der Zelltyp-Konstanten *xlCellTypeLastCell* die letzte benutzte Zelle zu finden. Je nach Bedarf wird die Eigenschaft *Row* oder *Column* einer Variablen zugewiesen. Es wird das gesamte Tabellenblatt durchsucht:

```
letzte_Zeile = _
    ActiveSheet.Cells.SpecialCells(xlCellTypeLastCell).Row
letzte_Spalte = _
    ActiveSheet.Cells.SpecialCells(xlCellTypeLastCell).Column
```

Achtung: Auch diese Methode liefert nicht immer das korrekte Ergebnis!

Die CountA-Funktion (WorksheetFunction)

In einer lückenlosen Tabelle kann auch das Zählen der nicht leeren Zellen einer ausgewählten Spalte Aufschluss über die Zeilenzahl der Tabelle geben.

```
Letzte_Zeile = _
    WorksheetFunction.CountA(Worksheets("Tabelle1").Range("A:A"))
```

Oder allgemeiner für die erste Spalte formuliert:

```
Letzte_Zeile = _
    WorksheetFunction.CountA(Worksheets(1).Columns(1))
```

Analog dazu lässt sich die Anzahl der benutzten Spalten ermitteln.

Die Rückwärtssuche

Das Ende des benutzten Bereichs einer bestimmten Spalte kann über die Abfrage der *Range.End*-Eigenschaft ermittelt werden. Setzt man voraus, dass sich in der ersten

Spalte einer Tabelle nahezu immer ein Eintrag mit hoher Relevanz für die betreffende Zeile befindet, wie beispielsweise eine Bestellnummer, ein Nachname oder eine laufende Nummer, ist dieses Vorgehen wahrscheinlich die verlässlichste Methode.

Hinweis: Die Suche nach der Zeile der letzten belegten Zelle beginnt am theoretisch möglichen Ende einer Spalte: Seit Excel 2007 kann ein Tabellenblatt 1.048.576 Zeilen und 16.384 Spalten (A – XFD) umfassen, zuvor waren maximal 65.536 Zeilen und 256 Spalten möglich.

Letzte benutzte Zeile

Die Rückwärtssuche nach der letzten benutzten **Zeile** in Spalte A der aktiven Tabelle beginnt also bei alten Excel-Versionen mit Zelle A65536 und der Excel-Richtungskonstanten *xlUp*:

```
letzte_Zeile = ActiveSheet.Range("A65536").End(xlUp).Row
```

Eine weitere Lösung für die Suche in der ersten Spalte ist unabhängig von der Excel-Version und bezieht die maximal mögliche Zeilenzahl (*Rows.Count*) mit ein:

```
letzte_Zeile = _
    ActiveSheet.Range("A" & ActiveSheet.Rows.Count).End(xlUp).Row
letzte_Zeile = _
    ActiveSheet.Cells(ActiveSheet.Rows.Count,1).End(xlUp).Row
```

Letzte benutzte Spalte

Die Rückwärtssuche nach der letzten benutzten **Spalte** in Zeile 1 der aktiven Tabelle beginnt ebenfalls mit der maximalen Anzahl der Spalten und setzt zur Suche nach links die Excel-Konstante *xlToLeft* ein:

```
letzte_spalte = _
    ActiveSheet.Cells(1, ActiveSheet.Columns.Count) _
    .End(xlToLeft).Column
```

Letzte benutzte Zeile/ Spalte ermitteln mit Rückwärtssuche

Modul: mdl_02_Cells

```
Sub letzte_zeile_End()
Dim letzte_zeile As Long
'Suche in der ersten Spalte
    letzte_zeile = Worksheets("Tabelle1").Cells(Rows.Count, 1) _
        .End(xlUp).Row
    Debug.Print letzte_zeile
End Sub
```

```
Sub letzte_spalte_End()
Dim letzte_spalte As Long
'Suche in der ersten Zeile
    letzte_spalte = Worksheets("Tabelle1").Cells(1, Columns.Count) _
        .End(xlToLeft).Column
    Debug.Print letzte_spalte
End Sub
```

Hinweis: Grundsätzlich ist auch eine Vorwärtssuche mit den Konstanten *xlDown* nach unten bzw. mit *XlToRight* möglich, in der Praxis aber weniger gebräuchlich. Stellen Sie sich vor, dass Ihre Tabelle in der durchsuchten Spalte A, aus welchem Grund auch immer, eine leere Zelle aufweisen würde. Dann würden möglicherweise ab dieser Zeile weitere Daten angehängt, was zu Verlusten durch Überschreiben führen könnte.

5.7 Zellinhalte

Besondere Zelltypen (SpecialCells)

Im Tabellenblatt können Sie mit dem Befehl *Suchen und Auswählen* ▶ *Inhalte auswählen* innerhalb eines Zellbereichs, Zellen mit bestimmten Inhalten auswählen. Dem entspricht in VBA die *SpecialCells*-Methode, damit können alle Zellen eines vorgegebenen Bereichs nach Zelltyp durchsucht, markiert und/oder bearbeitet werden. Als Zelltyp können verschiedene Konstanten verwendet werden, die bei Bedarf noch näher spezifiziert werden.

Als Beispiel formatiert die folgende Anweisung alle leeren Zellen (*xlCellTypeBlanks*) des angegebenen Zellbereichs mit roter Hintergrundfarbe.

```
Range("A3:C12").SpecialCells(xlCellTypeBlanks) _
    .Interior.Color = vbRed
```

Bestimmte Zellinhalte werden mit der Konstanten *xlCellTypeConstants* und dem jeweiligen Wert, z. B. Text (*xlTextValues*), Zahlen (*xlNumbers*) oder Formeln (*xlCellTypeFormulas*) angegeben. Als Beispiel erhalten unten alle Zellen mit Text, mit Zahlen und leere Zellen jeweils eine andere Farbe.

Besondere Zelltypen

```
Sub besondere_Zellen_markieren()
'bestimmte Zellen einfärben
    Worksheets("Tabelle1").Activate
    'Textvalues
    Range("A:L").SpecialCells(xlCellTypeConstants, xlTextValues). _
      Interior.ColorIndex = 6
    'Zahlen
    Range("A:L").SpecialCells(xlCellTypeConstants, xlNumbers). _
      Interior.ColorIndex = 8
    'Leere Zellen
    Range("A1:L2").SpecialCells(xlCellTypeBlanks). _
      Interior.ColorIndex = 5
End Sub
```

Als zusammenhängenden Bereich kopieren

Wenn der Bereich zusammenhängend ist, d. h. keine leeren Zellen enthält, kann mit dieser Methode auch ein Bereich ausgewählt und kopiert werden. Das Argument entscheidet, welche Zellen kopiert werden (*xlTextValues*, *xlNumbers*). Ohne Angabe eines Arguments werden alle Zellen kopiert. Enthält beispielsweise eine Tabelle ausschließlich Zahlen, kann diese Vorgehensweise verwendet werden, um die Tabelle ohne Spaltenüberschriften (Text) zu kopieren.

Achtung: Diese Vorgehensweise funktioniert nur, wenn die Zellen innerhalb jeder Spalte des Tabellenbereichs einen einheitlichen Zelltyp, z. B. Text oder Zahl aufweisen.

Die Nennung Destination:= … kann weggelassen werden.

```
Sub besondere_Zellen_kopieren()
'Tabelle muss zusammenhängend sein - keine leeren Zellen!
    Worksheets("Tabelle1").Activate
    Range("A1:D10").SpecialCells(xlCellTypeConstants).Copy Range("M21")
End Sub
```

Weitere Zelltypen im gesamten Tabellenblatt finden und markieren.

```
Sub formeln_selektieren()
'vergl. tabellenseitig: Gehe zu("F5") > Inhalte > Inhalte auswählen
'    > Formeln
    Worksheets("Tabelle1").Cells.SpecialCells(xlCellTypeFormulas).Select
End Sub
```

Modul: mdl_02_Cells

```
Sub formeln_markieren()
    Worksheets("Tabelle1").Cells.SpecialCells(xlCellTypeFormulas). _
      Interior.ColorIndex = 6
End Sub
```

```
Sub formeln_markieren_aufheben()
    Worksheets("Tabelle1").Cells.SpecialCells(xlCellTypeFormulas). _
      Interior.ColorIndex = 0
End Sub
```

```
Sub Kommentare_selektieren()
    Worksheets("Tabelle1").Cells.SpecialCells(xlCellTypeComments).Select
End Sub
```

```
Sub Leere_Zellen_selektieren()
    Worksheets("Tabelle1").Cells.SpecialCells(xlCellTypeBlanks).Select
End Sub
```

```
Sub Zellen_mit_Text_selektieren2()
    Worksheets("Tabelle1").Cells.SpecialCells(xlCellTypeConstants, _
      xlTextValues).Interior.ColorIndex = 20
End Sub
```

```
Sub Zellen_mit_Zahlen_selektieren2()
    Worksheets("Tabelle1").Cells.SpecialCells(xlCellTypeConstants, _
      xlNumbers).Interior.ColorIndex = 20
End Sub
```

Weitere Beispiele

Aus der aktiven Tabelle alle Zeilen entfernen, bei denen in Spalte A nichts eingetragen ist.

```
Sub Leere_Zeilen_entfernen()
    On Error Resume Next
    Columns("A").SpecialCells(xlCellTypeBlanks).EntireRow.Delete
End Sub
```

Alle Kommentare aus einer Arbeitsmappe löschen

```
Sub alle_Kommentare_entfernen()
Dim Tabelle As Worksheet
    For Each Tabelle In Worksheets
        If Tabelle.Comments.Count > 0 Then
            Tabelle.Cells.SpecialCells(xlCellTypeComments).ClearComments
        End If
    Next Tabelle
End Sub
```

Nicht druckbare Zeichen entfernen (säubern)

Die *Replace*-Methode ersetzt im angegebenen Zellbereich eine bestimmte Zeichenfolge durch eine andere (*Replacemant*), z. B. in Spalte B Herr durch Herrn.

```
Worksheets("Tabelle1").Range("B:B").Replace _
    What:="Herr", Replacement:="Herrn"
```

Diese Methode funktioniert auch, um Sonderzeichen, z. B. Zeilenschaltung durch ein Leerzeichen zu ersetzen. **Achtung**: Sonderzeichen müssen mit der Funktion *Chr()* und ihrer Nummer angegeben werden, im Fall Zeilenschaltung sind dies zwei Zeichen: *Chr(10)* = Zeilenvorschub und *Chr(13)* = Wagenrücklauf.

Bestimmte Zeichen in einer Tabelle ersetzen

```
Sub nichtdruckbare_Zeichen_entfernen()
'Zeichen siehe ASCII-Code Tabelle
    Worksheets("Tabelle1").UsedRange.Replace _
      What:=Chr(10), Replacement:=""         'Line feed
    Worksheets("Tabelle1").UsedRange.Replace _
      What:=Chr(13), Replacement:=""         'Carriage Return
    Worksheets("Tabelle1").UsedRange.Replace _
      What:=Chr(160), Replacement:=""        'geschütztes Leerzeichen
End Sub
```

Modul: mdl_02_Cells

Beispiel: In allen Tabellenblättern und allen Zellen der Arbeitsmappe wird das Komma durch einen Punkt ersetzt, sofern die Zelle vom Typ Text ist. Das Argument *xlTextValues* (siehe oben) wurde hier durch 2 ersetzt, auch dies eine zulässige Schreibweise.

Punkt durch Komma ersetzen

```
Sub alle_Kommas_durch_Punkte_ersetzen()
Dim Tabelle As Worksheet
     For Each Tabelle In ActiveWorkbook.Worksheets
        Tabelle.Activate
        On Error Resume Next
        Tabelle.Cells.SpecialCells(xlCellTypeConstants, 2).Replace _
             What:=",", Replacement:=".", LookAt:=xlPart

     Next Tabelle
End Sub
```

Der Tabellenfunktion =SÄUBERN() entspricht die *WorksheetFunction.Clean()*.

```
Sub Saeubern_Funktion()
'Beispiel
    Worksheets("Tabelle2").Activate
    'Vorgabe
    Range("A26").Value = 123 & Chr(124) & Chr(10) -
        & "246" & Chr(10) & "Ende"
    'Säubern
   Range("B26").Value = Application.WorksheetFunction. _
        Clean(Range("A26").Value)
End Sub
```

Zellen mit gleichen Inhalten (Duplikate) markieren

Mehrfach vorkommende Werte (Duplikate) sind ein häufiges Ärgernis in Tabellen, insbesondere, wenn diese aus anderen Anwendungen importiert wurden.

Hier eine Lösung mit VBA und der Funktion *CountIf* (entspricht der Arbeitsblattfunktion ZÄHLENWENN). In einer *For Each ... Next* - Schleife werden alle Zellen im angegebenen Bereich, im Beispiel unten in Spalte B, durchlaufen und wenn das Ergebnis der *CountIf*-Funktion > 1 ist, dann wird die gefundene Stelle farblich markiert (*Interior. Colorindex*).

Gleiche Zellinhalte markieren

```
Sub zellen_gleichen_Inhalts_markieren()
Dim bereich As Range
Dim zelle As Range

    Worksheets("Tabelle2").Activate
    Set bereich = Range("B:B")
    For Each zelle In bereich
        If WorksheetFunction.CountIf(bereich, zelle.Value) > 1 _
          Then zelle.Interior.ColorIndex = 36
    Next zelle
End Sub
```

5.8 Formeln in Zellen schreiben

Selbstverständlich können Sie mit VBA auch Formeln und Funktionen in Zellen schreiben. Gegenüber dem Einfügen von Formelergebnissen hat dies den Vorteil, dass bei einer Änderung der Ausgangswerte die Ergebnisse automatisch neu berechnet werden. Formeln werden über die *Range*-Eigenschaften *Formula* und *FormulaR1C1* als Zeichenfolge und damit in Anführungszeichen in Zellen geschrieben.

Bezüge in der A1-Schreibweise

Soll ein Formelergebnis nur in eine einzige Zelle geschrieben werden, kann die gewohnte A1-Formelschreibweise verwendet werden, auch absolute Zellbezüge in der Schreibweise $A$1 sind zulässig. Die Formel selbst wird über die Eigenschaft *Formula* zugewiesen. **Achtung**: Die Formel muss einschließlich dem Gleichheitszeichen als Ausdruck und damit in Anführungszeichen eingegeben werden, hier einige Beispiele:

```
Range("A5").Formula = "= A3/A4"
Range("B5").Formula = "= $A$1+$A$2"
Cells(1, 3).Formula = "= A1*B1"
```

Formelergebnis und Formel auslesen

Das Auslesen von Formelergebnissen erfolgt mit der Eigenschaft *Value*. Mit der Eigenschaft *Formula* erhalten Sie dagegen die Formel:

`MsgBox Range("B3").Formula`	liefert die Formel, z. B. =B1+B2
`MsgBox Range("B3").Value`	liefert das Formelergebnis, z. B. 1100

Formeln mit flexiblem Zellbezug

Wesentlich flexibler sind Formeln mit Zellbezügen als Zeilen- und Spaltenindex in der Schreibweise R (*Row* = Zeile) C (*Column* = Spalte). Eine solche Formel wird der Ergebniszelle über die Eigenschaft *FormulaR1C1* zugewiesen. Der nachfolgende Ausdruck entspricht der Formel =B1+B2.

```
Range("B3").FormulaR1C1 = "=R1C2 + R2C2"
```

Werden relative Zellbezüge benötigt, dann geben Sie in eckigen Klammern den Versatz an. So verweist beispielsweise die Angabe =RC[-1] auf die Spalte links von der aktuellen Spalte derselben Zeile.

Zwei Spalten miteinander multiplizieren

Das folgende Beispiel multipliziert die Werte der Spalten A und B miteinander. Die Adressierung und Berechnung erfolgt in einer Wiederholungsschleife.

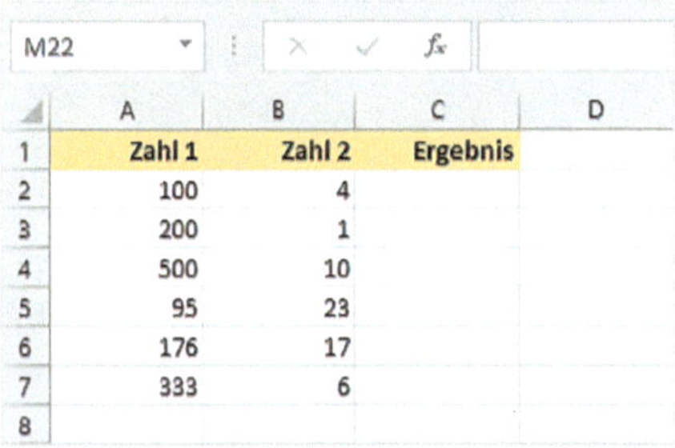

M22 | fx

	A	B	C	D
1	Zahl 1	Zahl 2	Ergebnis	
2	100	4		
3	200	1		
4	500	10		
5	95	23		
6	176	17		
7	333	6		
8				

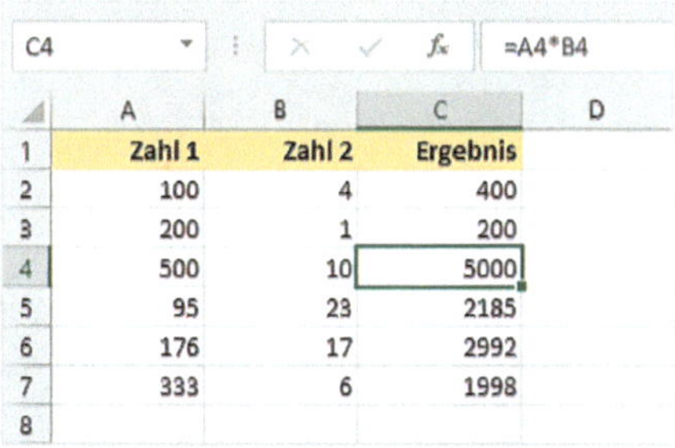

C4 | fx =A4*B4

	A	B	C	D
1	Zahl 1	Zahl 2	Ergebnis	
2	100	4	400	
3	200	1	200	
4	500	10	5000	
5	95	23	2185	
6	176	17	2992	
7	333	6	1998	
8				

Ausgangstabelle und Ergebnis

Formeln.xlsm

```
Sub ZellenMultiplizieren()
'Multipliziert im Blatt Tabelle1 die Werte  der Spalte A1 mit Spalte B
'Die genaue Anzahl Zeilen ist nicht bekannt

Dim z As Long       'Zählervariable
    Sheets("Tabelle1").Select
    Range("A1").Select
    For z = 2 To ActiveCell.CurrentRegion.Rows.Count
        Cells(z, 3).FormulaR1C1 = "=RC[-2]*RC[-1]"
    Next
End Sub
```

Hinweis: Hier wird die *CurrentRegion*-Eigenschaft der aktuellen Zelle zur Ermittlung des Tabellenumfangs herangezogen. Diese liefert einen zusammenhängenden Zellbereich, ähnlich der *UsedRange*-Eigenschaft eines Tabellenblatts.

Arbeitsblattfunktionen

Die bekannten Arbeitsblattfunktionen, z. B. SUMME oder ZÄHLENWENN können auch in VBA eingesetzt werden. Sie werden als Ausdruck über die *Range*-Eigenschaft *FormulaLocal* in die Ergebniszelle geschrieben. Um beispielsweise in A6 die Summe über den Bereich A1:A5 zu berechnen, verwenden Sie folgenden Ausdruck:

```
Range("A6").FormulaLocal = "=Summe(A1:A5)"
```

Tipp: Die Datei VBALISTE.xls enthält eine Gegenüberstellung aller deutschen und englischen Bezeichnungen von Funktionen und Schlüsselwörtern. Sie befindet sich im selben Ordner wie Microsoft Excel, also meist C:\Programme\Microsoft Office\... und ist am einfachsten über die Suche im Datei-Explorer zu finden.

Statt der deutschen Bezeichnung kann in VBA auch die englische Bezeichnung von Funktionen verwendet werden, also z. B. *Sum* statt *Summe*, beachten Sie aber folgende wichtige Unterschiede:

- Die englische Variante wird mit der Eigenschaft *Formula* oder *FormulaR1C1* und Komma als Trennzeichen angegeben und erlaubt auch die R1C1-Schreibweise, siehe vorhergehende Seite.
- Die deutsche Funktion muss dagegen mit der Eigenschaft *FormulaLocal* und Semikolon als Trennzeichen eingegeben werden.

Das folgende Beispiel berechnet im Blatt *Tabelle1* die Summe über Spalte B indem in die unmittelbar darunter befindliche Zelle die Funktion *Sum* geschrieben wird.

Summe über Spalte: Funktion in Zelle einfügen

```
Sub addieren()
'Formel zur Berechnung der Summe über Spalte B einfügen
'genaue Anzahl Zeilen nicht bekannt
Dim z As Integer

    Worksheets("Tabelle2").Select
    Range("B1").Select
    z = ActiveCell.CurrentRegion.Rows.Count
    Cells(z + 1, 2).Formula = "=Sum(B1:B" & z & ")"
End Sub
```

Arbeitsblattfunktionen in VBA

Wenn statt der Formel bzw. Funktion das Ergebnis einer Arbeitsblattfunktion in eine Zelle geschrieben oder einer Variablen zugewiesen werden soll, dann geschieht dies über *WorksheetFunction*. Die nachfolgende Prozedur berechnet ebenfalls die Summe über Spalte B, schreibt aber das Formelergebnis, also eine Zahl in die Zelle. Die Zuweisung erfolgt in diesem Fall über die Eigenschaft *Value*.

Summe über Spalte: Funktionsergebnis einfügen

```
Sub addieren2()
'Summe über Spalte B berechnen und Ergebnis unterhalb einfügen
Dim z As Integer

    Worksheets("Tabelle2").Select
    Range("B1").Select
    z = ActiveCell.CurrentRegion.Rows.Count
    Cells(z + 1, 2).Value = _
        WorksheetFunction.Sum(Range(Cells(1, 2), Cells(z, 2)))
End Sub
```

6 Arbeitsblätter und Arbeitsmappen

6.1 Arbeitsblätter zählen, auswählen, hinzufügen, verschieben

Excel startet mit einer voreingestellten Anzahl von Arbeitsblättern. Deren Anzahl können Sie unter *Datei* ▶ *Optionen* in der Kategorie *Allgemein* anpassen. Wenn Sie während der Programmausführung eine Hilfstabelle beispielsweise zum Sammeln von Ergebnissen oder für Auszüge von Daten benötigen, können Sie jederzeit manuell oder per VBA-Anweisung weitere Tabellenblätter hinzufügen und nach Bedarf auch wieder entfernen.

Anzahl und Namen aller Arbeitsblätter ermitteln

Die hier aufgeführten Beispiele finden Sie in der Datei: mdl_05_Worksheets

Die Anzahl der vorhandenen Arbeitsblätter lässt sich in der Arbeitsmappe mit einem Blick in das Blattregister und im VBA-Editor im Projektfenster feststellen. VBA-Prozeduren fehlt dieser Überblick, er wird durch die Eigenschaft *Count* ersetzt.

```
Worksheets.Count
```

Namen mit Indexwert ausgeben

Bindet man diese Eigenschaft in eine Zählerschleife ein, lassen sich die Namen aller Arbeitsblätter der aktuellen Arbeitsmappe zusammen mit ihrer Position, dem Indexwert, ermitteln und beispielsweise im Direktbereich ausgeben (`Debug.Print`).

Die Namen aller Arbeitsblätter einer Mappe im Direktbereich ausgeben

```
Sub alle_Tabellennamen_anzeigen()
Dim i As Integer
    For i = 1 To Worksheets.Count
        Debug.Print i; Worksheets(i).Name
    Next i
End Sub
```

Tabellennamen ohne Indexwert

Alternativ kann statt der Zählerschleife auch *For Each...* zum Ermitteln der Tabellennamen eingesetzt werden, der Index des Tabellenblatts entfällt allerdings dann.

Namen aller Arbeitsblätter mit For Each ausgeben

```
Sub Tabellennamen()
Dim blatt As Worksheet
    For Each blatt In Worksheets
        Debug.Print blatt.Name
    Next
End Sub
```

Tabellennamen in Datenfeld einlesen

Innerhalb größerer Arbeitsmappen kann es für gezielte Zugriffe sinnvoll sein, die Tabellennamen in ein dynamisches Datenfeld einzulesen, die Anzahl der Feldvariablen wird dabei durch die *Count*-Eigenschaft übergeben. Der obere Indexwert der Feldvariablen wird durch die Funktion *UBound* übernommen. Entsprechend ließe sich der untere Wert mit *LBound* festlegen, aber der ist in der *Worksheets*-Auflistung definitiv 1. Die Ausgabe aller vorhandenen Namen erfolgt zusammen mit dem Indexwert wieder im Direktbereich.

Dynamisches Datenfeld für die Namen der Arbeitsblätter

```
Sub alle_Tabellennamen_als_dyn_Feld()
Dim i As Integer
Dim namen() As String
    ReDim namen(Worksheets.Count)
    For i = 1 To Worksheets.Count
        namen(i) = Worksheets(i).Name
    Next i
    For i = 1 To UBound(namen)
        Debug.Print i & ": "; namen(i)
    Next i
End Sub
```

Auswählen und Umbenennen

Ein bestimmtes Arbeitsblatt kann entweder über den Namen oder seinen Indexwert angesprochen werden. Aber: Die Arbeitsblätter werden in der Reihenfolge der Registerkartenanordnung indiziert bzw. in der Auflistung positioniert. Das bedeutet, durch Verschieben, Hinzufügen oder Löschen von Tabellenblättern ändert sich auch der Indexwert eines Blatts. Ein gezieltes und sicheres Ansprechen sollte daher über den Namen des Arbeitsblatts erfolgen.

Die folgende Anweisung bezieht sich generell auf das erste Arbeitsblatt.

```
Worksheets(1).Select
```

Diese Anweisung spricht dagegen gezielt das Blatt *Hilfstabelle* an, egal an welcher Position es sich in der Auflistung (Collection *Worksheets*) befindet.

```
Worksheets("Hilfstabelle").Select
```

Aus diesem Grund ist die Benennung von Arbeitsblättern sinnvoll und zu empfehlen. Dies kann auch per VBA erfolgen, hier einige Beispiele.

Arbeitsblätter mit Namen versehen

```
Sub Tabelle_umbenennen()
'das erste Tabellenblatt in der Reihe umbenennen
    Worksheets(1).Name = "Hilfstabelle"
End Sub
```

```
Sub Tabelle_umbenennen2()
'das aktuelle Blatt nach DATUM umbenennen 2020 07 06
    ActiveSheet.Name = WorksheetFunction.text(Date, "yyyy mm dd")
End Sub
```

Arbeitsblatt einfügen und benennen

Wenn Sie ein Arbeitsblatt hinzufügen wollen, reicht die folgende Anweisung

```
Worksheets.Add
```

Arbeitsblatt beim Einfügen benennen

Wenn Sie ein Arbeitsblatt gleich beim Einfügen umbenennen möchten, kommen dafür die beiden folgenden Möglichkeiten in Frage.

Die erste geht davon aus, dass nach dem Einfügen das neue Tabellenblatt gleichzeitig auch das aktive Tabellenblatt ist.

```
Worksheets.Add
ActiveSheet.Name = "Hilfstabelle"
```

Sicherer ist dagegen die zweite Möglichkeit, bei der der Name direkt beim Hinzufügen festgelegt wird, mit

```
Worksheets.Add.Name = "Hilfstabelle"
```

Tabellenblatt an einer bestimmten Position einfügen

Eine Position am Anfang, zwischen oder am Ende der Arbeitsblätter lässt sich beim Einfügen mit den Argumenten *After* oder *Before* festlegen.

Hinzufügen und Positionieren von Arbeitsblättern

```
Sub Tabelle_mit_Namen_hinzufuegen()
'am Ende der Reihe
    Worksheets.Add after:=Worksheets(Worksheets.Count)
    ActiveSheet.Name = "Extrakt"
End Sub
```

```
Sub Tabelle_mit_Namen_hinzufuegen2()
'am Ende der Reihe
    Worksheets.Add.Name = "Extrakt2"
    ActiveSheet.Move after:=Worksheets(Worksheets.Count)
End Sub
```

Sie können auch mehrere Arbeitsblätter an einer bestimmten Position einfügen. Im folgenden Beispiel werden zwei neue Arbeitsblätter am Beginn der Reihenfolge eingefügt. Sie erhalten automatisch die fortlaufenden Bezeichnungen.

Zwei Arbeitsblätter am Anfang der Reihenfolge einfügen

```
Sub zwei_Tabellen_hinzufuegen()
'2 neue Tabellen am Anfang der Reihe einfügen
    Worksheets.Add Count:=2, before:=Sheets(1)
End Sub
```

Tabellenblatt verschieben

Mit der Methode *Move* und den Argumenten *After* oder *Before* (siehe oben), kann ein Arbeitsblatt verschoben werden.

Beispiel: das aktuelle Arbeitsblatt an den Anfang verschieben

Aktuelles Blatt verschieben

```
Sub Blatt_verschieben()
    ActiveSheet.Move before:=Sheets(1)
End Sub
```

Worksheets oder Sheets?

Alle Objekte vom Typ *Worksheet* sind in der Auflistung namens *Worksheets* (und auch in *Sheets*) enthalten. *Worksheet* bezieht sich auf Arbeitsblätter in Tabellenform, *Sheet* bezeichnet dagegen nicht nur Arbeitsblätter in Tabellenblattform, sondern auch beispielsweise Diagrammblätter.

6.2 Arbeitsblätter adressieren

Namen und Indizes

Beim Arbeiten mit größeren Arbeitsmappen oder beim Testen von VBA und Makros haben Sie sicherlich die eine oder andere Tabelle hinzugefügt, umbenannt und/oder wieder gelöscht. Daraus ergeben sich etwas wirre Bezeichnungen der Arbeitsblätter, da Excel intern weiterzählt und die Blätter entsprechend durchnummeriert.

In der Arbeitsmappe im Bild unten zeigt ein Blick auf die Register ❶ zunächst einen logischen Aufbau: Die Tabellenblätter sind fortschreitend nach Monaten benannt.

Anders dagegen im Projektfenster: Hier sehen Sie die, beim Anlegen automatisch oder vom Anwender mit Klick auf die Registerlaschen geänderten, Namen in runden Klammern (Eigenschaft *Name*) ❷. Davor stehen die internen, automatisch vergebenen Namen, also *Tabelle1*, *Tabelle2*, usw., bzw. der Name, der im Eigenschaftenfenster dem jeweiligen Tabellenobjekt unter *(Name)* zugewiesen wurde (Eigenschaft *CodeName*), z. B. *Tab3* ❸. Im Direktbereich wurden Indexwert, Name und Codename jedes Tabellenblatts aufgelistet.

Auflistung nach Indexwert, Name und CodeName

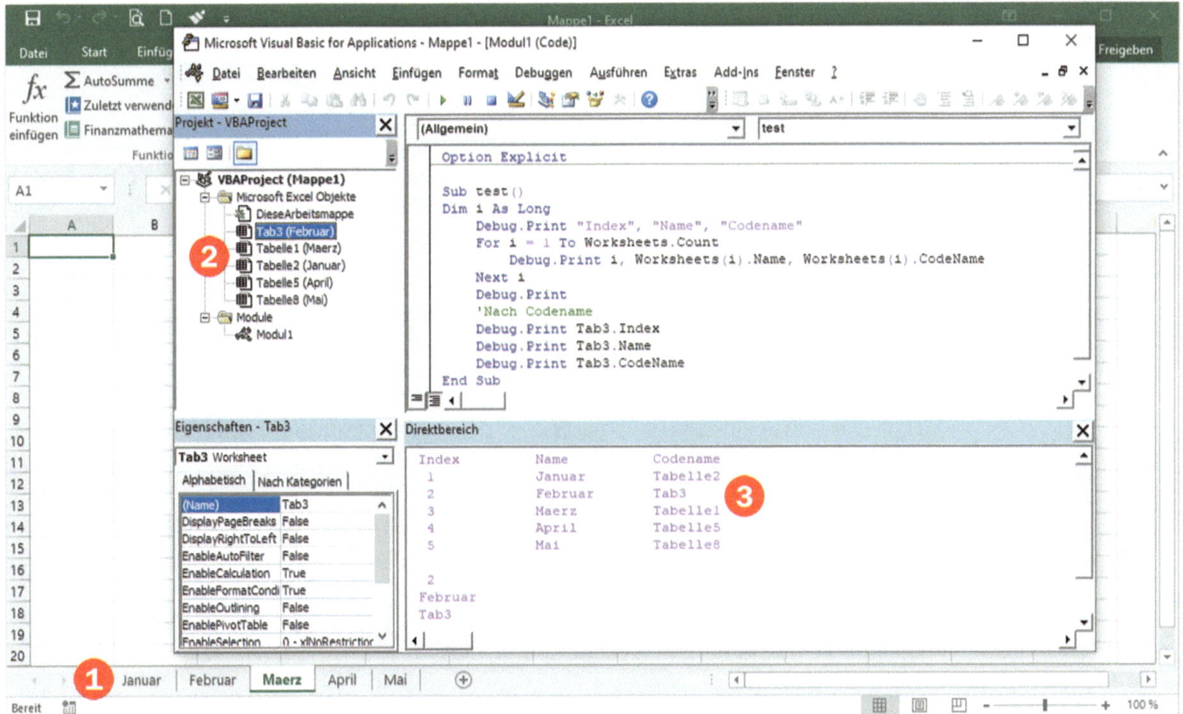

Beachten Sie: Der Indexwert eines Arbeitsblatts ist abhängig von seiner Position im Blattregister und kann sich somit durch Hinzufügen, Verschieben oder Löschen von Arbeitsblättern ändern.

Im oben abgebildeten Beispiel wurden alle Tabellen ursprünglich automatisch benannt: *Tabelle1* bis *Tabelle8*. Dann wurde *Tabelle3* in *Tab3* umbenannt. Die Blätter *Tabelle4*, *Tabelle6* und *Tabelle7* wurden gelöscht und *Tabelle2* an den Anfang verschoben.

Das Makro *Test* (Bild auf der vorhergehenden Seite) verdeutlicht die Unterschiede zwischen *Index*, *Name* und *CodeName*.

Beschreibung	Eigenschaft
Position nach Blattregister (veränderbar!)	`Index`
Bezeichnung auf dem Blattregister	`Name`
Interne Objektbezeichnung (Name)	`CodeName`

Mit dem unten aufgeführten Makro können Sie ermitteln, welcher Arbeitsblattname zu welchem Index in Ihrer Arbeitsmappe gehört. Als obere Begrenzung der Zählerschleife wird mit der Eigenschaft *Count* die Anzahl der Tabellen in der Auflistung *Worksheets* ermittelt. Das Ergebnis wird im Direktbereich ausgegeben. Für das Arbeitsblatt mit dem *CodeName* Tab3 wird zeilenweise der Index, Name und der Codename ausgegeben.

Index, Name und Codenamen von Tabellenblättern ermitteln

```
Sub test()
Dim i As Long
    Debug.Print "Index", "Name", "Codename"
    For i = 1 To Worksheets.Count
        Debug.Print i, Worksheets(i).Name, Worksheets(i).CodeName
    Next i
    Debug.Print
    'Nach Codename
    Debug.Print Tab3.Index
    Debug.Print Tab3.Name
    Debug.Print Tab3.CodeName
End Sub
```

Demo_Tabellenbezeichnung.xlsm

Fazit: Der Aufruf eines Arbeitsblatts über den Index ist ungenau, da positionsabhängig.

```
Worksheets(2).Select
```

Die bessere, weil eindeutige Alternative: Entweder über den Namen des Registers (sichtbar auf der Registerlasche)

```
Worksheets("Februar").Select
```

oder den Codenamen (Eigenschaftenfenster)

```
Tab3.Select
```

Blatt auswählen oder aktivieren

Wenn Sie mit Daten aus unterschiedlichen Tabellen arbeiten und/oder zwischen verschiedenen Arbeitsblättern wechseln, ist es wichtig, den genauen Bezug bzw. das Ziel exakt anzugeben. Legen Sie also zu Beginn einer Prozedur oder vor den jeweiligen Anweisungen fest, auf welches Blatt sich die Zelladressen beziehen, dies geschieht durch die Anweisung

```
Worksheets("Tabelle1").Select
```

oder gleichbedeutend mit

```
Worksheets("Tabelle1").Activate
```

Ein Arbeitsblatt mit dem Namen *Tabelle4* könnte theoretisch auf drei verschiedenen Wegen ausgewählt werden, siehe unten. Aus den, auf Seite 119 erläuterten, Gründen kommen in der Praxis aber nur Name oder Codename in Frage (Variante 1 oder 3).

`Worksheets("Tabelle4").Activate`	Name lt. Blattregister bzw. Registerlasche
`Worksheets(1).Activate`	Listenindex (1. Position)
`xTab4.Activate`	Interner Objektname (CodeName) unabhängig vom sichtbaren Namen der Registerlasche

Wenn Sie eine Tabelle auf diese Weise ausgewählt/aktiviert haben, beziehen sich alle nachfolgenden Aktionen auf dieses (aktive) Arbeitsblatt in der aktiven Arbeitsmappe und Sie können es auch über die Eigenschaft *ActiveSheet* ansprechen. Im Beispiel werden das gerade aktive Arbeitsblatt und ein bestimmtes Arbeitsblatt ausgedruckt.

```
ActiveSheet.PrintOut
Worksheets("Tabelle1").PrintOut
```

Prüfen, ob der Name eines Arbeitsblatts vorhanden ist

Wenn Sie Arbeitsblätter mit Namen adressieren möchten, ist es wichtig zu prüfen, ob eine Tabelle mit dem angegebenen Namen überhaupt existiert. Dies gilt auch für das Hinzufügen und Benennen neuer Tabellenblätter. Um entsprechende Fehlermeldungen abzufangen bzw. zu umgehen, kann eine Abfrage eingebaut werden, die in der Worksheets-Auflistung nach dem angegebenen Namen sucht.

Suchen, ob Arbeitsblattname vorhanden

```
Sub Existenz_pruefen()
'Sucht nach vorhandenen Namen von Arbeitsblättern

Dim tabelle As Worksheet
    For Each tabelle In ThisWorkbook.Worksheets
        If tabelle.Name = "Tabelle8" Then
            MsgBox "Tabelle existiert bereits!"
            Exit Sub
        End If
    Next tabelle
    MsgBox "Tabelle existiert nicht!"

End Sub
```

Im Beispiel oben wird jeweils ein entsprechender Hinweis (*MsgBox*) ausgegeben. In der Praxis können stattdessen dann die beabsichtigten Aktionen ausgeführt werden, wie beispielsweise *tabelle.Delete*.

Eine andere Möglichkeit ist das Reagieren auf Laufzeitfehler mit der Anweisung *On Error*, wie im Beispiel unten.

Vorhandene Tabelle löschen oder Hinweis ausgeben

```
Sub Existenz_pruefen3()
'löscht, wenn vorhanden - sonst Hinweis

    On Error GoTo Fehlermeldung
    Worksheets("Tabelle11").Delete
    Exit Sub

Fehlermeldung:
    MsgBox "Tabelle existiert nicht!"

End Sub
```

Prüfung mit einer Funktion

Wesentlich besser und professioneller lässt sich die Prüfung auf vorhandene Namen durch eine Funktion durchführen. Der Vorteil: Die Funktion kann aus unterschiedlichen Prozeduren und Anweisungen heraus aufgerufen werden, z. B. Löschen, Hinzufügen und Umbenennen von Arbeitsblättern und erspart die Fehlerbehandlung.

Der zu prüfende Blattname wird an die unten abgebildete Funktion *Tab_exist* als Zeichenfolge (*String*) übergeben. Die Funktion selbst gibt die Werte *True* oder *False* zurück (*Boolean*).

Prüffunktion auf Tabellenexistenz

```
Function Tab_exist(blattname As String) As Boolean
'Liefert TRUE, wenn eine Tabelle existiert
Dim tabelle As Worksheet

    For Each tabelle In ThisWorkbook.Worksheets
        If tabelle.Name = blattname Then
            Tab_exist = True
            Exit For
        End If
    Next tabelle

End Function
```

Beispiel: Neues Arbeitsblatt hinzufügen und benennen

Im Beispiel unten wird zunächst der Tabellenname, hier *Tabelle8*, an die Funktion *Tab_exist* (siehe oben) übergeben. Diese prüft, ob eine Tabelle mit diesem Namen bereits existiert. Eine neue Tabelle mit dem angegebenen Namen wird nur dann eingefügt, wenn die Funktion den Wert *False* zurückgibt.

```
Sub Tabelle_hinzufügen_pruefen()
'Hinzufügen, wenn Prüffunktion Tab_exist = False

    If Tab_exist("Tabelle8") = False Then
        Worksheets.Add.Name = "Tabelle8"
    End If

End Sub
```

6.3 Arbeitsblätter verbergen, aus- und einblenden

In manchen Situationen möchte man vermeiden, dass alle Arbeitsblätter einer Mappe sichtbar sind. Beispielsweise, wenn es sich um Hilfstabellen oder Tabellen mit Vorgabewerten für Formulare oder automatisierte Abläufe handelt.

Einfaches Aus- oder Einblenden

Wie Ihnen aus der Arbeit im Tabellenblatt sicherlich bekannt ist, lassen sich einzelne Blätter per Rechtsklick auf das Blattregister und den Befehl *Ausblenden* jederzeit ausblenden. Der Nachteil: Nicht nur Sie, sondern auch jeder andere Nutzer kann ausgeblendete Tabellenblätter mit Rechtsklick auf das Blattregister auch wieder einblenden.

In VBA wird die Sichtbarkeit eines Arbeitsblattes mit der Eigenschaft *Visible* geregelt, sie kann entweder *True* oder *False* sein.

```
Worksheets("Tabelle1").Visible = False
```

Sie können auch die Elemente aus der Enumeration *xlSheetVisibility* dafür verwenden: *xlSheetHidden* bzw. *xlSheetVisible*.

Zwei Methoden, Arbeitsblätter zu verstecken

```
Sub Tabelle_verstecken()
'lässt sich mit re Maustaste wieder einblenden
    Worksheets("Tabelle1").Visible = False
    'oder
    Worksheets("Tabelle1").Visible = xlSheetHidden
End Sub
```

Einblenden mit der Maus verhindern ("sehr versteckt")

Ein VBA-Entwickler hat zusätzlich die Möglichkeit, ein Arbeitsblatt so zu verstecken, dass es nicht per Mausklick, sondern nur mit VBA-Code wieder sichtbar gemacht werden kann. Dieses Blatt ist dann *xlSheetVeryHidden* also "sehr versteckt".

Arbeitsblatt kann nur per Makro wieder eingeblendet werden

```
Sub Tabelle_sicher_verstecken()
'lässt sich nur über Makro wieder anzeigen
    Worksheets("Tabelle1").Visible = xlSheetVeryHidden
End Sub
```

Alle Arbeitsblätter einer Mappe verstecken

Das folgende Makro versteckt alle Arbeitsblätter, mit Ausnahme des gerade aktiven (eines muss mindestens sichtbar sein). Es verwendet die Objektvariable *Tabellenblatt*.

Alle Arbeitsblätter verstecken - außer dem aktiven Arbeitsblatt

```
Sub alle_anderen_Tabellen_verstecken()
Dim Tabellenblatt As Worksheet
    For Each Tabellenblatt In ThisWorkbook.Worksheets
        If Tabellenblatt.Name <> ThisWorkbook.ActiveSheet.Name Then
            Tabellenblatt.Visible = xlSheetHidden
        End If
    Next Tabellenblatt
End Sub
```

Versteckte Arbeitsblätter wieder sichtbar machen

Wieder sichtbar werden ausgeblendete oder versteckte Arbeitsblätter durch die Angabe *Visible = True* bzw. *xlSheetVisible*, dies gilt auch für "sehr versteckte" Arbeitsblätter.

Versteckte Arbeitsblätter sichtbar machen

```
Sub Tabelle_sichtbar()
    Worksheets("Tabelle1").Visible = True
    'oder
    Worksheets("Tabelle1").Visible = xlSheetVisible
End Sub
```

```
Sub alle_Tabellen_sichtbar()
Dim Tabellenblatt As Worksheet
    For Each Tabellenblatt In ThisWorkbook.Worksheets
        Tabellenblatt.Visible = xlSheetVisible
    Next Tabellenblatt
End Sub
```

Blattregister aus- und einblenden

Auch das Blattregister mit den *Registerlaschen* der Arbeitsblätter (*WorkbookTabs*) lässt sich aus- und wieder einblenden. Die Tabellen selbst bleiben dann jedoch sichtbar.

Alle Registerlaschen aus- und einblenden

```
Sub Registerlaschen_ausblenden()
    ActiveWindow.DisplayWorkbookTabs = False
End Sub
```

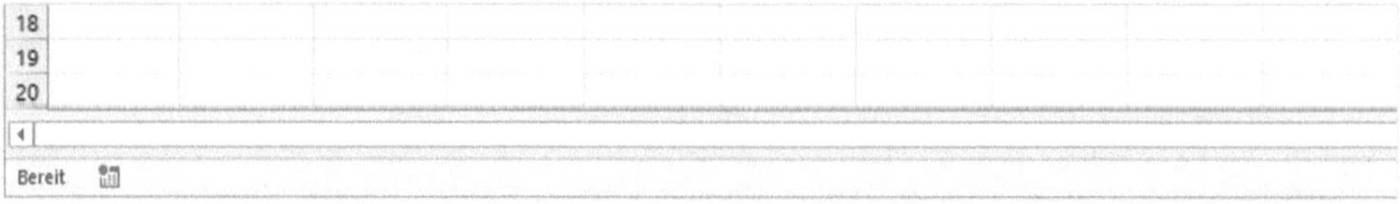

```
Sub Registerlaschen_einblenden()
    ActiveWindow.DisplayWorkbookTabs = True
End Sub
```

6.4 Tabellenblätter sortieren

Nach Namen

In umfangreichen Arbeitsmappen können nach Namen sortierte Tabellenblätter den Überblick erleichtern. Leider verfügt Excel standardmäßig über keinen derartigen Befehl, Sie müssen sich also mit VBA behelfen.

Im unten abgebildeten Beispiel werden in zwei Zählerschleifen die Namen von jeweils zwei Arbeitsblättern – das aktuelle und das vorherige Arbeitsblatt – miteinander verglichen. Wenn der Name des vorherigen Blatts größer ist, wird das aktuelle Arbeitsblatt vor dessen Position verschoben.

Arbeitsblätter in alphabetischer Reihenfolge sortieren

```
Sub Tabellen_sortieren()
Dim akt_Blattnummer As Integer
Dim vor_Blattnummer As Integer

    For akt_Blattnummer = 2 To Worksheets.Count
        For vor_Blattnummer = 1 To akt_Blattnummer - 1
            If Worksheets(vor_Blattnummer).Name > _
              Worksheets(akt_Blattnummer).Name Then
                Worksheets(akt_Blattnummer).Move _
                  before:=Worksheets(vor_Blattnummer)
            End If
        Next vor_Blattnummer
    Next akt_Blattnummer

End Sub
```

Nach Registerfarben

Blattregister (*Tab*) mit unterschiedlichen Farben zu kennzeichnen, kennen Sie sicher aus dem Umgang mit Arbeitsblättern (Rechtsklick ▶ *Registerfarbe*).

In VBA-Code geschieht dies über die Eigenschaft *Tab*, der anschließend mit *ColorIndex* eine Farbe zugewiesen wird.

Farbe für Registerlaschen vorgeben

```
Sub Registerlasche_einfaerben()
    ActiveSheet.Tab.ColorIndex = 3       'Rot
End Sub
```

```
Sub Registerlasche_entfaerben()
    ActiveSheet.Tab.ColorIndex = xlNone
End Sub
```

Näheres über Farben in VBA siehe Kapitel 13.

Nach Registerfarbe sortieren

Wenn Sie mehrere zusammengehörige Arbeitsblätter über ihre Registerlaschen farblich gezeichnet haben und diese nun nach Farbe sortieren wollen, hilft Ihnen das folgende Makro weiter. Es lässt sich aus der Prozedur *Tabellen_sortieren* auf Seite 125 ableiten und sortiert nach dem *ColorIndex*.

Arbeitsblätter nach Registerfarbe sortieren

```
Sub Tabellen_nach_Registerfarbe_sortieren()
Dim akt_Blattnummer As Integer
Dim vor_Blattnummer As Integer

    For akt_Blattnummer = 2 To Worksheets.Count
        For vor_Blattnummer = 1 To akt_Blattnummer - 1
            If Worksheets(vor_Blattnummer).Tab.ColorIndex > _
              Worksheets(akt_Blattnummer).Tab.ColorIndex Then
                Worksheets(akt_Blattnummer).Move _
                  before:=Worksheets(vor_Blattnummer)
            End If
        Next vor_Blattnummer
    Next akt_Blattnummer

End Sub
```

Tipp: Bildschirmflackern unterdrücken

Um während des Sortiervorgangs unnötiges Flackern des Bildschirms zu vermeiden, können Sie zu Beginn des Makros die Bildschirmaktualisierung bzw. die Eigenschaft *ScreenUpdating* vorübergehend ausschalten. Dies geschieht mit der Anweisung:

```
Application.ScreenUpdating = False
```

Zum Schluss schalten Sie ScreenUpdating wieder ein mit:

```
Application.ScreenUpdating = True
```

6.5 Tabellenblätter schützen, löschen, drucken und speichern

Blatt schützen

Wenn Sie verhindern wollen, dass in Tabellen Änderungen vorgenommen werden, dann schützen Sie die betreffenden Arbeitsblätter mit einem Passwort.

Arbeitsblatt schützen

In VBA geschieht dies mit der Anweisung:

```
Worksheets("Tabelle1").Protect
```

Blattschutz mit Kennwortvergabe

```
Sub Tabelle_schuetzen()
'ohne Password-Angabe lässt sich der Schutz aufheben
    Worksheets("Tabelle1").Protect Password:="VBA"
End Sub
```

```
Sub Tabelle_schuetzen_aufheben()
'ohne Password-Angabe entfällt der Klammerausdruck
    Worksheets("Tabelle1").Unprotect ("VBA")
End Sub
```

Hinweis: Zum Schützen sollte immer ein Kennwort vereinbart werden, da sich sonst der Blattschutz leicht aufheben lässt.

Blatt löschen

Nicht mehr benötigte Arbeitsblätter lassen sich mit der Methode *Delete* schnell entfernen. In der einfachen Version erscheint jedoch die bekannte Warnmeldung, ob wirklich gelöscht werden soll. Wenn Sie Arbeitsblätter ohne Rückfrage entfernen wollen, dann müssen Sie die Anzeige der Warnmeldungen (*DisplayAlerts*) vorübergehend abschalten.

Löschen von Arbeitsblättern

```
Sub Tabelle_loeschen()
'Löschen mit Rückfrage
    Worksheets("Tabelle1").Delete
End Sub
```

```
Sub Tabelle_loeschen_ohne_Rueckfrage()
'Löschen ohne Rückfrage (Warnmeldungen)
    Application.DisplayAlerts = False
    Worksheets("Tabelle1").Delete
    Application.DisplayAlerts = True
End Sub
```

Aufräumaktion: Alle Arbeitsblätter mit Ausnahme des aktuellen Blatts ohne Rückfrage löschen

Hier das Beispiel Großreinemachen: Alle Arbeitsblätter außer dem aktuellen Blatt sollen entfernt werden – ohne Rückfragen.

Alle Arbeitsblätter ohne Rückfrage löschen – außer dem aktiven Arbeitsblatt

```
Sub alle_anderen_Tabellen_loeschen()
'Löschen ohne Rückfrage
Dim Tabellenblatt As Worksheet
    Application.DisplayAlerts = False
    For Each Tabellenblatt In ThisWorkbook.Worksheets
        If Tabellenblatt.Name <> ThisWorkbook.ActiveSheet.Name Then
            Tabellenblatt.Delete
        End If
    Next Tabellenblatt
    Application.DisplayAlerts = True

End Sub
```

Drucken

Sie können jedes Arbeitsblatt ausdrucken. Dies gilt für einzelne, selektierte Blätter wie für alle Arbeitsblätter der aktuellen Mappe und ist meist mit wenigen Klicks erledigt. Drucken könnte jedoch auch aus einer Prozedur heraus veranlasst werden. Die Methode *PrintOut* bietet eine Reihe optionaler Parameter wie Anzahl der Kopien, Seitenzahlen, Druckerauswahl usw. (siehe Online-Hilfe). Hier drei Beispiele:

Ausdrucken bestimmter Arbeitsblätter

```
Sub alle_Tabellen_drucken()
    ActiveWorkbook.Worksheets.PrintOut
End Sub
```

```
Sub Tabelle_drucken()
    Worksheets("Tabelle1").PrintOut
End Sub
```

```
Sub bestimmte_Tabellen_drucken()
    ActiveWorkbook.Worksheets(Array("Tabelle1", "Tabelle3")).PrintOut
End Sub
```

Speichern als Arbeitsmappe

Ein Tabellenblatt kann auch als Arbeitsmappe gespeichert werden. Mit dem unten aufgeführten Makro wird das angegebene Arbeitsblatt, hier *Tabelle1*, kopiert. Gleichzeitig wird eine neue Arbeitsmappe angelegt (*ActiveWorkbook*) und als Arbeitsmappe im angegebenen Verzeichnis gespeichert, als Dateiname erhält sie den Namen des Arbeitsblatts. Dann wird die aktive Mappe wieder geschlossen.

Hinweis: Wenn Sie *Move* anstatt *Copy* verwenden, wird das Tabellenblatt in eine neue Arbeitsmappe verschoben.

Arbeitsblatt als neue Arbeitsmappe speichern

```
Sub Tabelle_als_Mappe_speichern()
'Kopie in neue Mappe und mit Tabellennamen speichern

        Worksheets("Tabelle1").Copy
        ActiveWorkbook.SaveAs _
          Filename:="C:\Pool\" & Worksheets("Tabelle1").Name & ".xlsx"
        ActiveWorkbook.Close

End Sub
```

Alle Arbeitsblätter der aktuellen Mappe als separate Mappen speichern

Mit einer *For...Each*-Schleife lassen sich Kopien aller Arbeitsblätter der aktuellen Arbeitsmappe einzeln als Mappen speichern – eine besonders lohnende Aktion, wenn es sich um zahlreiche Tabellen handelt.

Alle Blätter als separate Mappen speichern

```
Sub alle_Tabellen_als_Mappen_speichern()
Dim tabelle As Worksheet

    Application.ScreenUpdating = False    'keine Bildschirmaktualisierung
    Application.DisplayAlerts = False     'keine Nachfragen
```

```
        For Each tabelle In ThisWorkbook.Worksheets
        tabelle.Copy                   'Kopie in neue Mappe und speichern
        ActiveWorkbook.SaveAs Filename:="C:\Pool\" & _
             tabelle.Name & ".xlsx"
        ActiveWorkbook.Close
    Next tabelle

    Application.DisplayAlerts = True
    Application.ScreenUpdating = True

End Sub
```

Um unnötiges Flackern des Bildschirms beim Erzeugen der neuen Mappen zu unterdrücken, schalten wir die Eigenschaft *ScreenUpdating* vorübergehend aus. Auch auf Warnmeldungen (*DisplayAlerts*) werden wir verzichten, was letztlich bedeutet, dass vorhandene Dateien ohne Nachfrage überschrieben werden.

Tabellenbereich in einer neuen Arbeitsmappe speichern

Wenn Sie nur einen bestimmten Bereich einer Tabelle kopieren und als Arbeitsmappe speichern wollen, bietet sich das folgende Makro als Basis an.

Bereich aus einer Tabelle als Arbeitsmappe speichern

```
Sub Tabellenbereich_speichern()
'Bereich in Zwischenablage und dann als neue Arbeitsmappe speichern

    Worksheets("Tabelle1").Range("A1:D19").Copy
    Workbooks.Add
    ActiveSheet.Paste Destination:=Range("A1")
    ActiveWorkbook.SaveAs Filename:="C:\Pool\neueDatei.xlsx"
    ActiveWorkbook.Close

End Sub
```

6.6 Ereignisse in Arbeitsblättern nutzen

Veränderungen in Arbeitsblättern oder Diagrammblättern können als Ereignisse auf Arbeitsblattebene abgefragt werden. Diese Makros werden statt in Modulen im Codefenster der jeweiligen Tabelle erstellt und reagieren auf Ereignisse im Tabellenblatt (*Private Sub*). Als Beispiel im Bild unten das Codefenster des Blatts *Tabelle1* ❶ und ❷.

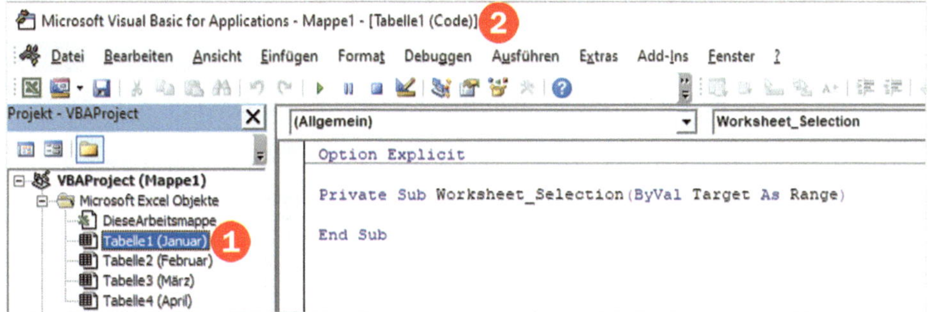

Beispiel: Codefenster der Tabelle Januar (Tabelle1)

Ereignisprozeduren

Zu den wichtigsten Arbeitsblattereignissen zählen Markieren einer Zelle, Ändern des Zellinhalts und Auswählen des Arbeitsblatts. Weitere Ereignisse des *Worksheet*-Objekts können Sie der VBA-Hilfe entnehmen.

Prozedur für ein Arbeitsblatt-Ereignis erzeugen

Wechseln Sie in das Codefenster des betreffenden Arbeitsblatts, klicken Sie oberhalb des Codebereichs auf den Dropdown-Pfeil *(Allgemein)* und auf *Worksheet*. Dadurch wird automatisch eine neue Prozedur mit dem Standardereignis *Worksheet_SelectionChange* erzeugt, das bedeutet, die Prozedur wird gestartet, wenn eine Zelle dieses Arbeitsblatts angesprungen bzw. markiert wird. Weitere Ereignisse finden Sie im Auswahlfeld rechts daneben.

Prozedur für Worksheet-Ereignis erzeugen

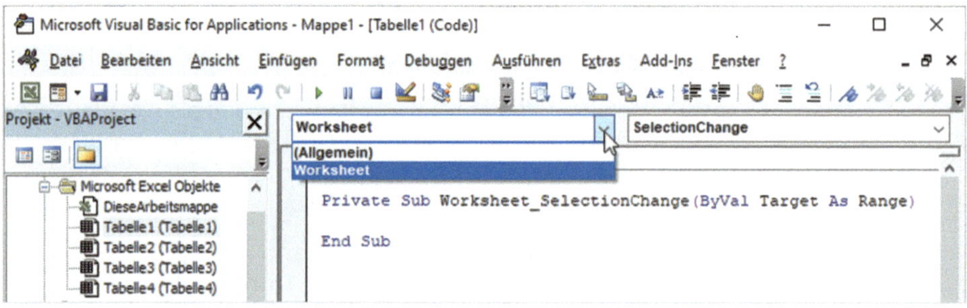

Tipp: In dasselbe Codefenster des Arbeitsblatts gelangen Sie auch aus dem Arbeitsblatt heraus: Rechtsklick im Blattregister auf den Namen und Befehl *Code anzeigen*.

Markieren einer Zelle (Worksheet_SelectionChange)

Beim Auswählen/Markieren einer Zelle tritt das Ereignis *Worksheet_SelectionChange* ein und die aktivierte Zelle wird als Rangeobjekt *Target* übergeben. Hier ein einfaches Beispiel, bei dem die angeklickte Zelle grüne Hintergrundfarbe erhält.

Angeklickte Zellen ändern die Farbe

```
Private Sub Worksheet_SelectionChange(ByVal Target As Range)
'Angeklickte Zellen werden grün eingefärbt
    Target.Interior.ColorIndex = 4
End Sub
```

Ändern des Zellinhalts (Worksheet_Change)

Das Ereignis *Worksheet_Change* reagiert nur, wenn sich der Inhalt einer Zelle ändert. In diesem Fall wird der Zellhintergrund gelb eingefärbt.

Farbänderung bei Änderung des Zellinhalts

```
Private Sub Worksheet_Change(ByVal Target As Range)
'Veränderte Zellen werden gelb eingefärbt
    Target.Interior.ColorIndex = 6
End Sub
```

Hinweis: In der Praxis startet man bei Veränderungen in einer Tabelle sinnvollerweise Prozeduren zur Überprüfung der Gültigkeit der Eingabewerte, zu Neuberechnungen oder mit Hinweisen, um nur einige Beispiele zu nennen.

Auswählen eines Arbeitsblatts (Worksheet_Activate)

Worksheet_Activate reagiert, wenn eine Tabelle ausgewählt wird. Im folgenden Beispiel wird der Zugriff auf einen bestimmten Bereich des Arbeitsblatts *Tabelle1* erlaubt, sofern das Passwort korrekt eingegeben wurde.

Zugriff auf Tabellenbereich nur mit Passwort möglich

```
Private Sub Worksheet_Activate()
    If InputBox("Bitte Kennwort eingeben") = "VBA" Then
        Tabelle1.ScrollArea = "A1:I9"
        Exit Sub
    Else
        MsgBox "Tabelle gesperrt!"
        Tabelle2.Activate
    End If
End Sub
```

Achtung: Wenn durch das *Change*-Ereignis Zellinhalte verändert werden, sollte verhindert werden, dass die vorgenommene Veränderung die Prozedur erneut aufruft. Dazu bettet man die Änderungsanweisung(en) in die *Application.EnableEvents* Behandlung ein, wie im nächsten Beispiel.

Beispiel: Automatisches Einfügen des Doppelpunkts in Zeitangaben

Zur erleichterten und effizienten Eingabe von Zeitangaben im 24-Stunden-Format soll auf Eingabe des Doppelpunkts zwischen Stunden- und Minuten verzichtet werden. Dies soll ein Makro übernehmen, das startet, sobald eine Zelle verändert wurde. Die automatische Umformatierung soll außerdem nur in Spalte A erfolgen

Arbeitsblattereignis: Zeitangaben in Spalte A automatisch formatieren

```
Private Sub Worksheet_Change(ByVal Target As Range)
Dim eintrag As String

    'wenn mehr 1 Zelle ausgewählt wurde
    If Target.Count > 1 Then Exit Sub

    'wenn nicht Spalte A ausgewählt wurde
    If Target.Column > 1 Then Exit Sub

    'Format für 1-stellige Eingebe z.B. 9 -> 09:00
    If Len(Target) = 1 Then
        eintrag = "0" & Target.Value & ":00"
    End If
        'Format für 2-stellige Eingebe z.B. 35 oder 035 ->00:35
    If Len(Target) = 2 Then
        eintrag = "00:" & Target.Value
    End If

    'Format für 3-4-stellige Eingebe z.B. 935 ->09:35
    If Len(Target) > 2 Then
        eintrag = Left(Target.Value, Len(Target.Value) - 2) & _
            ":" & Right(Target.Value, 2)
    End If
    Application.EnableEvents = False
    Target.Value = eintrag
    Application.EnableEvents = True
End Sub
```

Ein Inhaltsverzeichnis über Arbeitsblätter einfügen

Bei umfangreichen Arbeitsmappen bietet ein Inhaltsverzeichnis der vorhandenen Arbeitsblätter eine gute Übersicht. Das unten abgebildete Makro setzt das Vorhandensein eines Arbeitsblatts mit dem Namen *Inhalt* voraus.

Zunächst werden alle Inhalte im Arbeitsblatt gelöscht (*Cells.Clear*) und danach die Namen der Arbeitsblätter untereinander in Spalte A geschrieben.

Inhaltsverzeichnis einer Arbeitsmappe

```
Sub Inhaltsverzeichnis_anlegen()
Dim i As Integer

    'Setzt das Arbeitsblatt "Inhalt" voraus
    Worksheets("Inhalt").Activate
    'Inhalte löschen
    ActiveSheet.Cells.Clear
    'Namen der Blätter in Spalte 1 eintragen
    For i = 1 To Worksheets.Count
        ActiveSheet.Cells(i, 1).Value = Worksheets(i).Name
    Next i

    'Ein Klick auf den Tabellennamen aktiviert diese
    'Ausgelöst durch das Ereignis Worksheet_SelectionChange
    'im Codefenster der Tabelle "Inhalt" abgelegt

End Sub
```

Arbeitsblatt auswählen

mdl_05_Worksheets

Nun soll außerdem jedes Arbeitsblatt aus dem Inhaltsverzeichnis heraus durch Anklicken sofort ausgewählt bzw. aktiviert werden. Dies geschieht in Verbindung mit dem Ereignis *Worksheet_SelectionChange* und die nachfolgende Prozedur muss im Codefenster des Arbeitsblatts *Inhalt* abgelegt werden. Die Anweisung *On Error Resume Next* sorgt dafür, dass eventuelle Fehlermeldungen beim Anklicken leerer Zellen abgefangen bzw. ignoriert werden.

Arbeitsblatt durch Anklicken auswählen

```
Private Sub Worksheet_SelectionChange(ByVal Target As Range)
    On Error Resume Next
    Worksheets(Target.Value).Activate
End Sub
```

Inhaltsverzeichnis aktualisieren

Zuletzt muss nur noch das Inhaltsverzeichnis aktualisiert werden. Am besten geschieht dies beim Auswählen des Arbeitsblatts *Inhalt*. Die nachfolgende Prozedur muss also ebenfalls im Codefenster des Arbeitsblatts *Inhalt* abgelegt werden.

Prozedur im Codefenster des Arbeitsblatts Inhalt

```
Private Sub Worksheet_Activate
    On Error Resume Next
    Inhaltsverzeichnis_anlegen
End Sub
```

Hinweis: Denkbar wäre auch eine Variante, die zunächst prüft, ob ein Arbeitsblatt mit dem Namen *Inhalt* existiert und ein solches anlegt, falls nicht vorhanden.

Das aktuelle Blattregister farblich hervorheben

Wenn das aktuelle Arbeitsblatt im Blattregister farblich hervorgehoben werden soll, als Beispiel im Bild unten weiß und die übrigen Register grau, dann lässt sich dazu folgende Prozedur einsetzen.

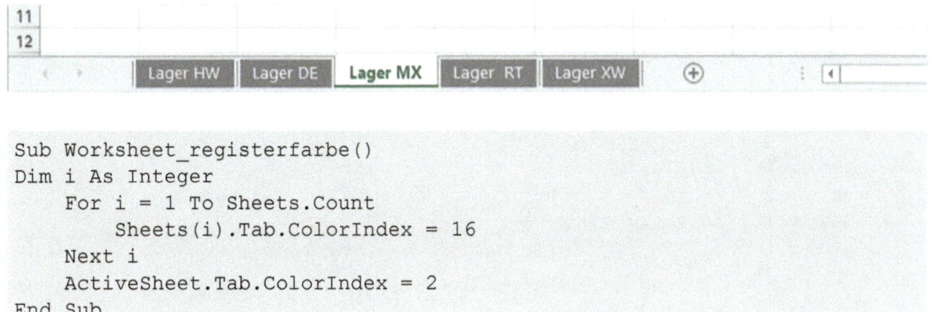


```
Sub Worksheet_registerfarbe()
Dim i As Integer
    For i = 1 To Sheets.Count
        Sheets(i).Tab.ColorIndex = 16
    Next i
    ActiveSheet.Tab.ColorIndex = 2
End Sub
```

Registerfarben bei Aktivierung

Ausführen beim Aktivieren

Damit die Ausführung beim Auswählen eines Arbeitsblatts startet, muss die Prozedur beim Ereignis *Worksheet_Activate* jeder einzelnen Tabelle aufgerufen werden. Hier als Beispiel im Codefenster von *Tabelle1*.

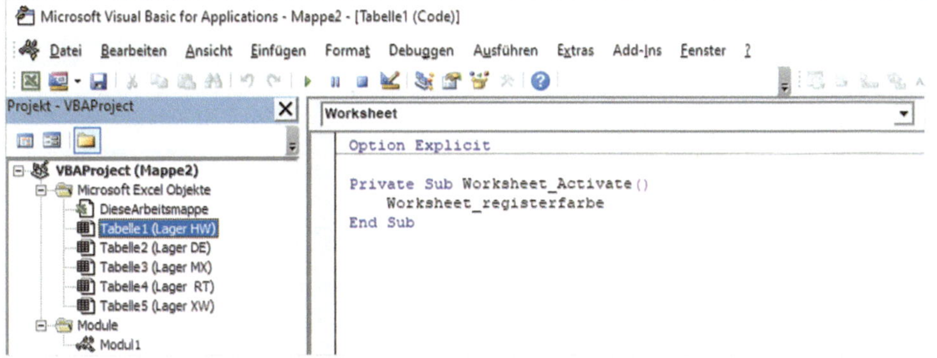

Aufruf beim Ereignis Worksheet.Activate

6.7 Arbeitsmappen

Arbeitsmappen sind mehr als nur Excel-Dateien. Sie bilden nach der Anwendung (*Application*) Excel die zweithöchste Stufe der Objekt-Hierarchie und können Arbeitsblätter (*Worksheets*) und/oder Diagrammblätter (*Charts*) enthalten. Arbeitsmappen, die VBA-Code enthalten, haben die Dateierweiterung .xlsm, andere dagegen .xlsx oder .xls aus früheren Excel-Versionen. Grundsätzlich ist bei Arbeitsmappen zu unterscheiden zwischen *ActiveWorkbook* und *ThisWorkbook*. Letztere ist die Arbeitsmappe, die den benutzten VBA-Code enthält.

Die nachfolgenden Prozeduren finden Sie in der Datei mdl_06_Workbooks.

Dateiname und Pfad von Arbeitsmappen ermitteln

Den Dateinamen der geöffneten Arbeitsmappe sowie deren Speicherort (Pfad) zu kennen, kann aus vielen Gründen von Bedeutung sein. Man kann diese leicht mit einer der folgenden VBA-Prozeduren ermitteln und ausgeben lassen, z. B. im Direktbereich:

Dateiname und Pfad einer Arbeitsmappe ausgeben

```
Sub Name_der_aktiven_Arbeitsmappe()
'z.B. der für Zugriff geöffneten Datei
    Debug.Print ActiveWorkbook.Name
End Sub
```

```
Sub Name_dieser_Arbeitsmappe()
'Datei, die den VBA-Code enthält
    Debug.Print ThisWorkbook.Name
End Sub
```

```
Sub Pfad_dieser_Arbeitsmappe()
    Debug.Print ThisWorkbook.Path
End Sub
```

```
Sub Pfad_und_Name_dieser_Arbeitsmappe()
    Debug.Print ThisWorkbook.FullName
End Sub
```

Hinweis: Wenn nur eine einzige Arbeitsmappe geöffnet oder die Mappe mit dem VBA-Code gerade aktiv ist, sind die Ergebnisse für *ActiveWorkbook* und *ThisWorkbook* identisch.

Neue Arbeitsmappe erstellen

Eine neue Arbeitsmappe wird mit folgender Anweisung erstellt:

```
Workbooks.Add
```

Sie erhält automatisch den Namen *Mappe1* mit der Erweiterung .xlsx (Voreinstellung). Eine neu erzeugte Arbeitsmappe ist in diesem Moment auch gleichzeitig die aktive Arbeitsmappe (*ActiveWorkbook*).

Arbeitsmappe speichern

Zum Speichern von Arbeitsmappen kommen folgende Anweisungen zum Einsatz:

Speichern ohne Rückfrage

Mit folgender Anweisung wird die neu erstellte oder aktive Arbeitsmappe ohne Rückfrage nach Dateiname und Speicherort unter dem angezeigten Namen (*Mappe1*) und am voreingestellten Standardspeicherort (*Datei* ▶ *Speichern*) gespeichert.

```
ActiveWorkbook.Save
```

Dateiname und -typ festlegen (Speichern unter)

Wenn Sie der aktiven Arbeitsmappe beim Speichern einen neuen Namen geben möchten, dann benutzen Sie die Methode *SaveAs*, diese entspricht dem Befehl *Speichern unter* im Arbeitsblatt.

```
ActiveWorkbook.SaveAs FileName:="Exportdatei"
```

Weitere Speicherparameter können Sie über *Quickinfo* (markieren und rechte Maustaste) oder die Online-Hilfe erfahren.

SaveAs Parameter

```
Sub speichern()
    ActiveWorkbook.SaveAs Filename:="Exportdatei"
End Sub        SaveAs([Filename], [FileFormat], [Password], [WriteResPassword], [ReadOnlyRecommended], [CreateBackup], [AccessMode As XlSaveAsAccessMode = xlNoChange],
               [ConflictResolution], [AddToMru], [TextCodepage], [TextVisualLayout], [Local])
```

Mit dem Parameter *FileName* wird der Dateiname zusammen mit dem Pfad übergeben; wenn kein Pfad angegeben ist, wird die Datei im Standardordner gespeichert. Der optionale Parameter *FileFormat* legt das Dateiformat fest, ohne Angabe wird die Mappe im Standard-Dateiformat *xlOpenXMLWorkbook* (.xlsx) gespeichert. Hier zwei Beispiele für *FileFormat*:

- Speichern als csv-Datei: *xlCSV*
- Mappe enthält Makros: *xlOpenXMLWorkbookMacroEnabled* (.xlsm)

```
ActiveWorkbook.SaveAs Filename:="E:\Exportdatei", _
        FileFormat:=xlOpenXMLWorkbookMacroEnabled
```

Arbeitsmappe als Kopie speichern

Wenn Sie die Ursprungsdatei erhalten wollen, können Sie auch eine Kopie der aktiven Arbeitsmappe speichern mit der Anweisung

```
ActiveWorkbook.SaveCopyAs Filename:="Kopie_Exportdatei.xlsx"
```

oder ohne die Nennung des Arguments *Filename*

```
ActiveWorkbook.SaveCopyAs "Kopie_Exportdatei.xlsm".
```

Möchten Sie die Kopie der Arbeitsmappe (hier mit gleichem Namen) in einem anderen Ordner speichern, dann geben Sie dem Pfad mit auf die Reise:

```
ActiveWorkbook.SaveCopyAs "E:\Daten\" & ActiveWorkbook.Name
```

Die Unterschiede zwischen SaveAs und SaveCopyAs

- Bei Verwendung von *SaveCopyAs* muss im Gegensatz zu *SaveAs* die Dateinamenerweiterung zwingend mit angegeben werden, da der Parameter *FileFormat* nicht unterstützt wird.
- Wird eine bereits gespeicherte vorhandene Mappe mit *SaveAs* erneut unter einem anderen Namen gespeichert, so ist anschließend die neue Mappe geöffnet. *SaveCopyAs* speichert dagegen im Hintergrund eine Kopie der aktuellen Mappe und die aktuelle Mappe bleibt geöffnet.

Laufende Sicherungskopien erstellen

Während Sie an einem Projekt arbeiten, bietet es sich an, fortlaufend Backup-Kopien zu erstellen. Am einfachsten verwenden Sie als Dateiname zusätzlich zum ursprünglichen Dateinamen das aktuelle Datum (*Date*). Wenn die Sicherungskopien in kürzeren Intervallen erzeugt werden sollen, empfiehlt sich die Verwendung von Datum und Uhrzeit (*Now*), unten zwei Beispiele. Neben Datum und Uhrzeit könnte auch noch der Anmeldename der Person übergeben werden (*Application.UserName*).

Das Makro, das diese Arbeit erledigt, lässt sich entweder manuell durch Tastenkombinationen oder automatisch beispielsweise beim Öffnen der Arbeitsmappe ausführen.

Sicherungskopien der Arbeitsmappe anlegen

```
Sub Backupdatei_mit_Datum()
'JJJJMMDD_dateiname.xlsm
    ThisWorkbook.SaveCopyAs Filename:=ThisWorkbook.Path & _
      "\" & Format(Date, "yyyymmdd") & "_" & ThisWorkbook.Name
End Sub
```

```
Sub Backupdatei_mit_Datum_Uhrzeit()
'JJJJMMDD_HH_MM__dateiname.xlsm
    ThisWorkbook.SaveCopyAs Filename:=ThisWorkbook.Path & _
      "\" & Format(Now, "yyyymmdd_hh_mm") & "_" & ThisWorkbook.Name
End Sub
```

Als Ergebnis erhalten Sie die Sicherungskopien der Arbeitsmappe im selben Ordner wie die Ursprungsdatei.

Dateinamen der Sicherungskopien: Die verschiedene Varianten

Name	Änderungsdatum	Typ	Größe
VBA_Kochbuch.xlsm	26.03.2020 11:53	Microsoft Excel-Arbeitsblatt mit Makros	12 KB
20200326_VBA_Kochbuch.xlsm	26.03.2020 11:55	Microsoft Excel-Arbeitsblatt mit Makros	13 KB
20200326_11_56_VBA_Kochbuch.xlsm	26.03.2020 11:56	Microsoft Excel-Arbeitsblatt mit Makros	13 KB

Automatisches Sichern

Wenn es darauf ankommt, jede Änderung in der Tabelle automatisch zu registrieren bzw. abzuspeichern, könnte jedes Mal eine Sicherungskopie mit Datum und Uhrzeit (*Now*) der Änderung erstellt werden (Makro siehe oben). Auslösen kann man die Speicherprozedur durch das *Worksheet_Change*-Ereignis des Arbeitsblatts. Eine andere Möglichkeit wäre das automatische Erstellen einer Sicherungskopie beim Öffnen der Mappe, siehe Seite 138.

Arbeitsmappe schließen

Beim Schließen einer Arbeitsmappe per VBA können Sie Einfluss nehmen, ob zwischenzeitlich erfolgte Änderungen (*SaveChanges*) gespeichert (*True*) oder verworfen werden (*False*).

```
ActiveWorkbook.Close SaveChanges:=True
```

Alternativ zu dieser Art der Speicherung mit Überschreiben der vorhandenen Datei, können Sie eine Kopie in einem anderen Pfad ablegen, indem Sie den Pfadnamen und/oder geänderten Dateinamen angeben.

```
ActiveWorkbook.Close SaveChanges:=True, _
    Filename:="C:\Pool\Sicherung_" & ActiveWorkbook.Name
```

Alle geöffneten Arbeitsmappen schließen

Wenn alle geöffneten Arbeitsmappen geschlossen werden sollen, übernimmt diese Aufgabe eine *For…Each*-Schleife. Im Beispiel unten werden alle Dateien nacheinander geschlossen und die Änderungen beibehalten.

Alle geöffneten Arbeitsmappen schließen und Änderungen behalten

```
Sub alle_Arbeitsmappen_schliessen()
'alle geöffneten Dateien werden geschlossen
Dim datei As Workbook

    For Each datei In Workbooks
        datei.Close savechanges:=True
    Next datei

End Sub
```

6.8 Ereignisse von Arbeitsmappen

Wie Arbeitsblätter, können auch Arbeitsmappen auf Ereignisse reagieren. Beispielsweise beim Öffnen oder Schließen der Mappe. Gerade das macht allerdings auch Arbeitsmappen mit Makros potenziell gefährlich, insbesondere wenn man der Herkunft nicht vertrauen kann. Die Sicherheitseinstellungen machen beim Öffnen von Arbeitsmappen mit Makros darauf aufmerksam. Aus diesem Grund ist es auch in manchen Betrieben untersagt, Excel-Arbeitsmappen mit Makros zu verwenden. Dennoch: Workbook-Ereignisse sind prinzipiell für seriöse Zwecke gedacht.

Im Projektfenster finden Sie unter *Microsoft Excel Objekte* auch das Objekt *DieseArbeitsmappe* ❶ (Bild auf der nächsten Seite) und ein Doppelklick darauf öffnet das zugehörige Codefenster ❷. Dass es sich der aktuellen Anzeige um das Codefenster der Arbeitsmappe handelt, lässt sich mit einem Blick in die Titelleiste des VBA-Editors ❸ schnell kontrollieren.

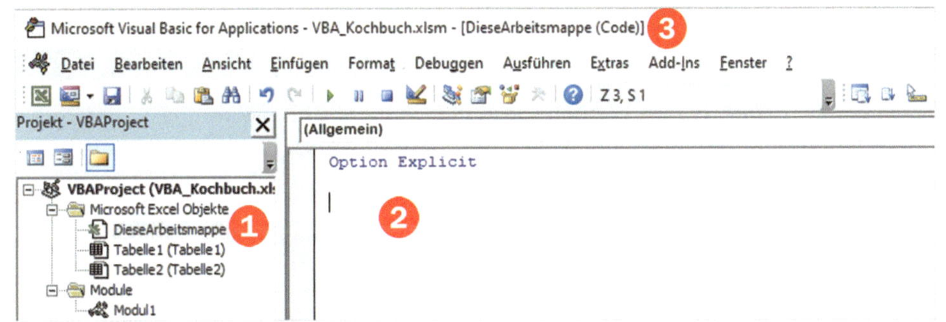

Das Codefenster Diese Arbeitsmappe

Prozedur für ein Arbeitsmappen-Ereignis erzeugen

Oberhalb des Codebereichs finden Sie in der Dropdown-Liste (*Allgemein*) das Objekt *Workbook* ❶. Sobald Sie es auswählen, entsteht automatisch ein Prozedurrumpf für das Ereignis *Workbook_Open*. Weitere Ereignisse werden im rechten Dropdown-Feld (*Deklarationen*) ❷ angeboten, von denen weiter unten noch das Ereignis *Workbook_BeforeClose* hier angesprochen werden soll.

Ereignisprozedur Workbook_Open erzeugen

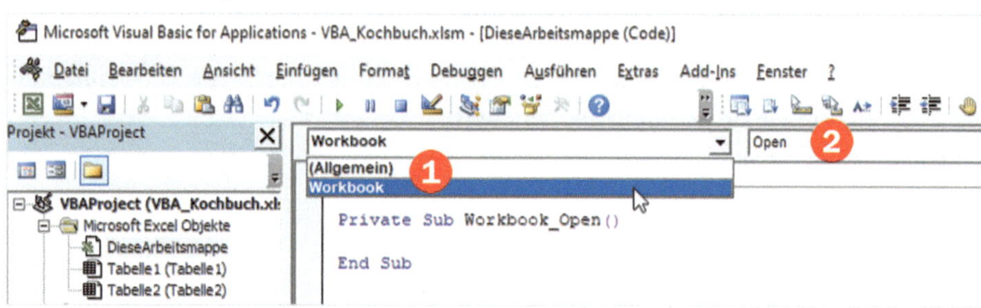

Die Ereignisse Workbook_Open und Workbook_BeforeClose

- **WorkBook_Open**
  Beim Öffnen der Arbeitsmappe lassen sich beispielsweise Begrüßungs-Dialoge, Kennwortabfragen, Formular-Oberflächen starten, Sicherungsdateien anlegen, siehe „Automatisches Sichern“ auf Seite 136, oder es kann dokumentiert werden, wer wann die Arbeitsmappe geöffnet hat. Auch Freigaben von Tabellen lassen sich auf diese Weise regeln.

- **Workbook_BeforeClose**
  Vor dem Verlassen einer Arbeitsmappe können beispielsweise automatische Sicherungen erfolgen, um ein versehentliches Schließen ohne zu Speichern abzufangen. Veranlassen Sie beispielsweise, dass alle geöffneten Arbeitsmappen geschlossen werden, damit mühsame Handarbeit entfällt, indem Sie in dieses Ereignis das entsprechende Makro einbauen. Oder es können Tabellen wieder geschützt werden, ein Kennwort zum Öffnen gesetzt werden usw.

Tabellenanzeige nach Passworteingabe

Tabellenfreigabe_nach_Passwort.xlsm

Als Beispiel für die beiden Workbook-Ereignisse *Open* und *BeforeClose* die Anzeige von Arbeitsblättern, abhängig von der Eingabe des korrekten Passworts. Mit dem richtigen Passwort können alle oder nur bestimmte Arbeitsblätter bearbeitet werden. Beim Verlassen der Arbeitsmappe werden alle Blätter mit Ausnahme von *Tabelle1* versteckt, und zwar durch die Eigenschaft *VeryHidden*, so dass sie auch nicht einfach eingeblendet wieder werden können.

Um die Arbeitsmappe nur Befugten zugängig zu machen, wird nach dem Öffnen eine Passwortabfrage gestartet. Nur wenn das korrekte Passwort eingegeben wurde, wird die Mappe geöffnet.

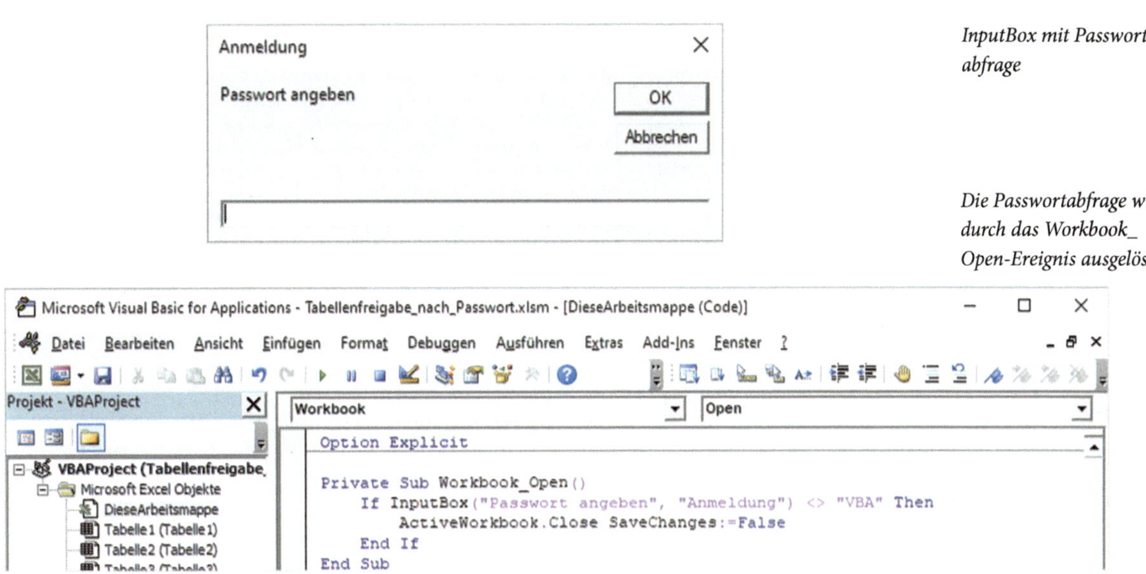

InputBox mit Passwortabfrage

Die Passwortabfrage wird durch das Workbook_Open-Ereignis ausgelöst.

Bearbeitung von Tabellenblättern einschränken

Wenn beispielsweise das Öffnen der Mappe erlaubt ist, aber die Bearbeitung bestimmter Arbeitsblätter eingeschränkt oder verhindert werden soll, kann die Freigabe ebenfalls in das *Open*-Ereignis eingebunden werden. In diesem Beispiel werden erst nach Eingabe des korrekten Passworts "VBA" die beiden Arbeitsblätter *Tabelle2* und *Tabelle3* freigegeben, d. h. sichtbar gemacht.

Tabellenblätter verbergen

```
Private Sub Workbook_Open()
    If InputBox("Passwort angeben", "Anmeldung") = "VBA" Then
        Worksheets(2).Visible = xlSheetVisible
        Worksheets(3).Visible = xlSheetVisible
    Else
        Worksheets(2).Visible = xlSheetVeryHidden
        Worksheets(3).Visible = xlSheetVeryHidden
        ActiveWorkbook.Close SaveChanges:=False
    End If
End Sub
```

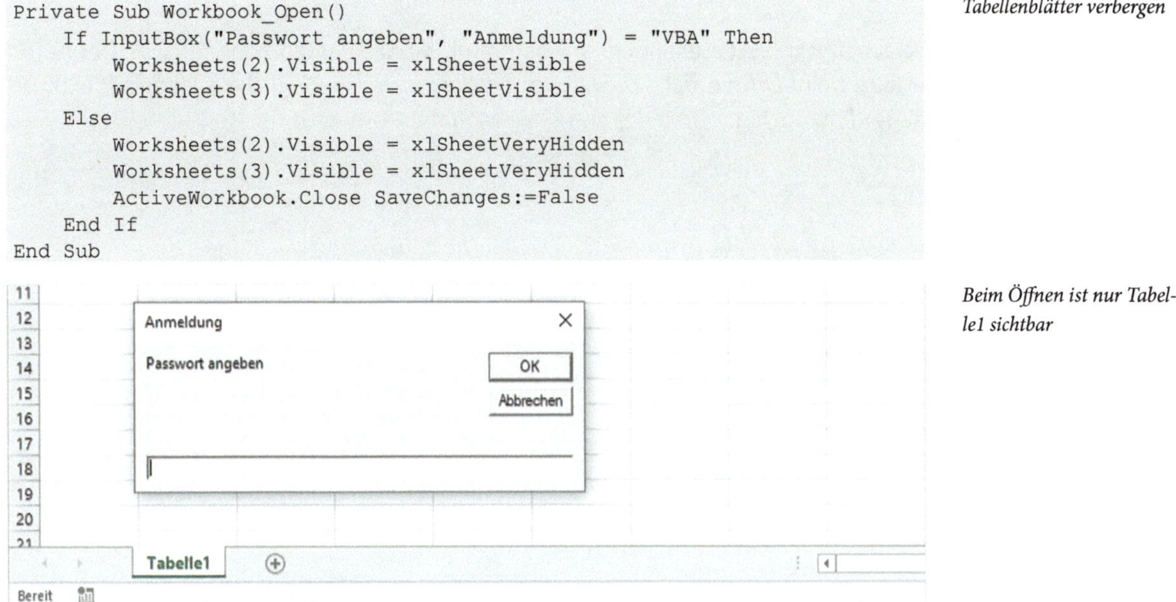

Beim Öffnen ist nur Tabelle1 sichtbar

Tabelle2 und Tabelle3 erscheinen erst nach Eingabe des richtigen Passworts

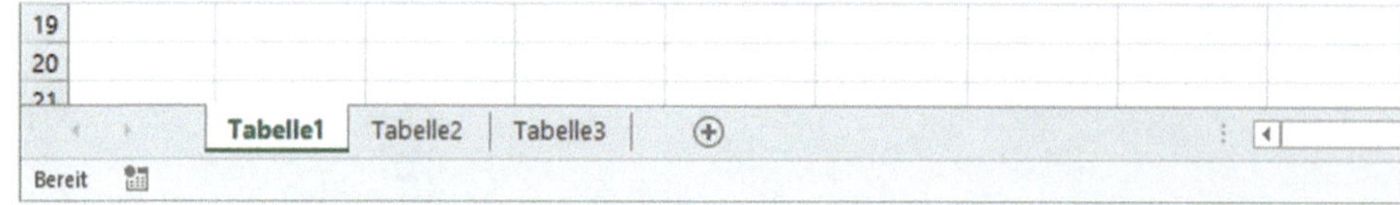

Bevor die Arbeitsmappe geschlossen wird, werden die Arbeitsblätter wieder so unsichtbar, dass sie aus dem Arbeitsblatt heraus nicht eingeblendet werden können (*VeryHidden*). Außerdem werden Änderungen beim Speichern berücksichtigt.

Tabelle2 und Tabelle3 beim Schließen verbergen

```
Private Sub Workbook_BeforeClose(Cancel As Boolean)
    Worksheets(2).Visible = xlSheetVeryHidden
    Worksheets(3).Visible = xlSheetVeryHidden
    ActiveWorkbook.Close SaveChanges:=True
End Sub
```

Arbeitsblatt mit dem aktuellen Monat hervorheben und aktivieren

Die bedingte Formatierung von Excel (Register *Start* ▶ *Bedingte Formatierung*) wirkt sich ausschließlich auf Zellen aus. Mit VBA ist es jedoch auch möglich, die Blattregister (siehe Seite 125) abhängig von einer Bedingung einzufärben. In diesem Beispiel erhält das Tabellenblatt mit dem Namen des aktuellen Monats rote Registerfarbe, alle übrigen grau wie im Bild unten.

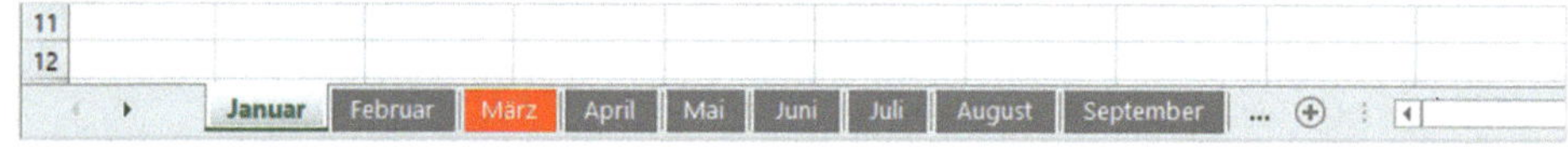

Monatstabelle_Registerfarben.xlsm

Voraussetzung: Die Tabellenblätter müssen mit Monatsnamen benannt sein. Der Aufruf erfolgt beim Öffnen der Arbeitsmappe (*Workbook_Open*) und die Prozedur aktiviert außerdem noch das Blatt des aktuellen Monats.

Blatt mit dem aktuellen Monatsnamen hervorheben

```
Private Sub Workbook_Open()
' Voraussetzung: Blattname = Monatsname
' Januar bis Dezember
Dim monat As String
Dim i As Integer
Dim n As Integer

    monat = Format(Date, "mmmm")
    n = Worksheets.Count
    For i = 1 To n
        If Sheets(i).Name = monat Then
            Sheets(i).Tab.ColorIndex = 3        'rot
            Sheets(i).Select
        Else
            Sheets(i).Tab.ColorIndex = 16       'grau
        End If
    Next i

End Sub
```

Zugriffe auf Arbeitsmappe dokumentieren

Im folgenden Beispiel werden beim Öffnen der Arbeitsmappe (unbemerkt) Anmeldename sowie Datum und Uhrzeit in das Tabellenblatt *Zugriffe* eingetragen. Beim Verlassen der Mappe werden in derselben Zeile Datum und Uhrzeit in Spalte C (Ende) hinzugefügt.

	A	B	C	D	E	F	G	H
1	Benutzer	Start	Ende					
2	DK	16.07.2019 14:05	17.07.2019 16:20					
3	Herbert	16.07.2019 17:10	17.07.2019 17:10					
4	Herbert	16.07.2019 17:15	17.07.2019 17:38					
5	DK	28.08.2019 12:46						
6								

Registrieren der Zugriffe auf eine Arbeitsmappe

Die dazugehörigen Prozeduren im Codefenster *DieseArbeitsmappe*:

Ereignisse veranlassen die Dokumentation der Zugriffe

```
Private Sub Workbook_Open()
Dim zeile As Long

    With Worksheets("Zugriffe")
        zeile = .UsedRange.Rows.Count + 1
        .Cells(zeile, 1).Value = Environ("Username")
        .Cells(zeile, 2).Value = Now
    End With

End Sub
```

```
Private Sub Workbook_BeforeClose(Cancel As Boolean)
Dim zeile As Long

    With Worksheets("Zugriffe")
        zeile = .UsedRange.Rows.Count
        .Cells(zeile, 3).Value = Now
    End With

End Sub
```

Modul: mdl_06_Workbooks

Arbeitsmappe ohne Makroausführung öffnen

Wenn Sie eine Excel-Arbeitsmappe mit Makros aus einer mehr oder weniger vertrauenswürdigen Quelle erhalten haben, aber nicht sicher sind, ob beim Öffnen Makros ausgeführt werden, dann sollten Sie sicherheitshalber die Arbeitsmappe ohne Makros öffnen.

Gemäß Ihren Voreinstellungen *Alle Makros mit Benachrichtigung deaktivieren* erhalten Sie beim Öffnen einer Arbeitsmappe mit Makros eine Sicherheitswarnung und können entscheiden, ob Sie den *Inhalt aktivieren* möchten. Wenn Sie der Mappe vertrauen, wird diese künftig als vertrauenswürdiges Dokument eingestuft und die Makros werden beim nächsten Öffnen automatisch aktiviert – vorausgesetzt, sie wurde nicht umbenannt oder in einen anderen Ordner verschoben.

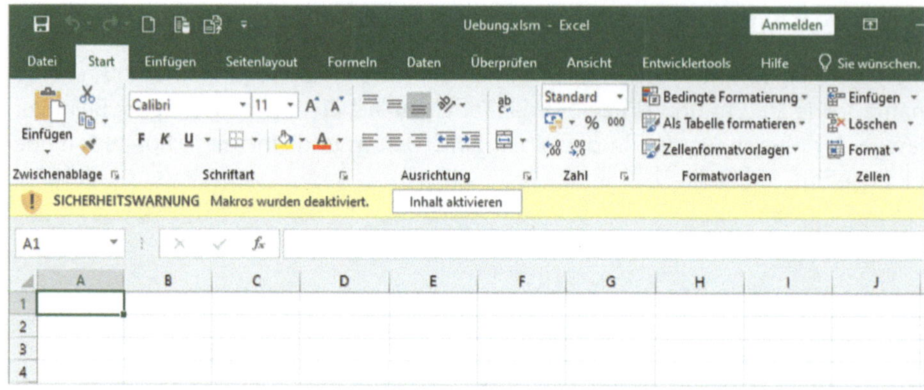

Bild 6.1 Sicherheitswarnung beim Öffnen noch nicht vertrauenswürdiger Arbeitsmappen

Das Ereignis Beim Öffnen umgehen

Wenn Sie verhindern möchten, dass mit dem Öffnen der Mappe bereits Makros ausgeführt werden, dann starten Sie zunächst Excel, und öffnen dann aus der Excel-Umgebung heraus über das Register *Datei* die Arbeitsmappe. Wichtig ist, dass Sie beim Öffnen gleichzeitig die **Shift-Taste** gedrückt halten. Danach können Sie in aller Ruhe einen Blick Backstage in den VBA-Editor werfen und weitere Entscheidungen treffen.

7 Die Anwendung Excel, Dialogelemente

7.1 Das Application-Objekt Excel

An oberster Stelle der Objekthierarchie und damit über allen anderen Objektebenen befindet sich die Anwendung Excel selbst (*Application*).

Diese Beispiele finden Sie in der Datei: mdl_07_Application

Der Zugriff auf ein Excel-Objekt, z. B. die aktuelle Arbeitsmappe erfolgt streng genommen über die Objekthierarchie und müsste daher beispielsweise lauten

```
Application.ThisWorkbook.Name
```

Bei Auflistungen (Collections) kann allerdings auch auf die explizite Nennung des Objekts *Application* verzichtet werden, wie in den Beispielen unten: Beide Varianten sind erlaubt.

Bei Auflistungen kann auf Application verzichtet werden

```
Sub Excel_Application2()
    Debug.Print Application.ThisWorkbook.Name
    Debug.Print Application.WorksheetFunction.Sum(Range("A1:A13"))

    'oder ohne Application-Objekt
    Debug.Print ThisWorkbook.Name
    Debug.Print WorksheetFunction.Sum(Range("A1:A13"))
End Sub
```

Informationen zu Excel erhalten

Wie alle Objekte, verfügt das *Application*-Objekt über verschiedene Eigenschaften, die abgefragt oder geändert werden können. Name (*Microsoft-Excel*), Version und Pfad (z. B. *C:\Program Files (x86)\Microsoft Office\...*) der Anwendung erhalten Sie über die Eigenschaften *Name*, *Version* und *Path* des *Application*-Objekts.

Name des angemeldeten Benutzers

Darüber hinaus können Sie auch den angemeldeten Benutzer über die Eigenschaft *UserName* erfahren. Das Beispiel unten gibt diese Informationen im Direktfenster aus.

Informationen zu Excel, Arbeitsmappe und Anwender

```
Sub Excel_Informationen()

    Debug.Print Application.Name
    Debug.Print Application.Version
    Debug.Print Application.Path
    Debug.Print Application.UserName

End Sub
```

Information in der Titelzeile anzeigen

Möchten Sie eine persönliche Titelzeile einrichten? Dann legen Sie diese über die Eigenschaft *Caption* fest, das Ergebnis sehen Sie unterhalb

```
Application.Caption = "Mein persönliches Excel"
```

Persönliche Titelleiste einrichten

Und so entfernen Sie den Text aus der Titelleiste wieder:

```
Application.Caption = Empty
```

Warnhinweise abschalten, einschalten

Das vorübergehende Abschalten der Warnhinweise erfolgt über die Eigenschaft *DisplayAlerts*. Wichtig ist, dass die Hinweise am Ende der Prozedur auch wieder eingeschaltet werden sollten!

```
Application.DisplayAlerts = False
...
Application.DisplayAlerts = True
```

Bildschirmaktualisierung deaktivieren

Wenn Sie während einer Prozedur häufig zwischen unterschiedlichen Arbeitsmappen wechseln, beispielsweise um Daten zu extrahieren oder zusammenzustellen, dann lohnt es sich, die Bildschirmaktualisierung während dieser Zugriffe zu deaktivieren. Sie vermeiden dadurch das Flackern des Bildschirms und obendrein läuft Ihr Programm schneller.

```
Application.ScreenUpdating = False
...
Application.ScreenUpdating = True
```

Excel beenden

Wenn Sie aus einer Prozedur heraus auch gleich die Anwendung Excel beenden wollen, dann geschieht dies mit der Anweisung

```
Application.Quit
```

Falls Änderungen stattgefunden haben, erhalten Sie die übliche Rückfrage zum Speichern.

7.2 Einfache Dialoge

Excel-VBA bietet vorgefertigte Dialogelemente für Meldungen und Hinweise (*MsgBox*) oder Eingaben (*InputBox*) an. Diese lassen sich mit wenigen Parametern an die jeweilige Situation anpassen. Außerdem können Sie auch die bekannten integrierten Dialogfenster nutzen, die Sie beispielsweise vom Öffnen oder Speichern kennen. Darüber hinaus können Sie eigene Dialogfenster oder Eingabemasken mit unterschiedlichen Steuerelementen erstellen.

Meldung per Dialogfenster ausgeben (MsgBox)

Diese Beispiele finden Sie in der Datei: mdl_08_MsgBox_bas.rtf

Bei fehlenden oder falschen Daten können Sie mit einer Meldung auf diese Fehler hinweisen. Manchmal kann es auch sinnvoll sein, eine Meldung auszugeben, wenn ein Makro erfolgreich oder nicht erfolgreich ausgeführt wurde. Für einfache Meldungen an den Benutzer bietet sich das Meldungsfenster *MsgBox* an. Es unterbricht den Programmablauf, bis auf eine Schaltfläche geklickt wird und lässt sich auf zwei Arten verwenden:

- Sie können lediglich einen Hinweis ausgeben, dann verhält es sich wie eine Methode.
- *MsgBox* stellt optional außer *OK* noch weitere Schaltflächen, z. B. *Abbrechen* zur Verfügung. In diesem Fall setzen Sie *MsgBox* als Funktion ein und erhalten die angeklickte Schaltfläche als Rückgabewert.

Meldung ohne Rückgabewert

Wird *MsgBox* als Methode eingesetzt, entfallen die Klammern. In der einfachsten Form ist lediglich der Meldungstext (*prompt*) erforderlich, hier die vollständige Syntax und unterhalb einige Beispiele.

```
MsgBox(prompt [, buttons] [, title] [, helpfile, context])
```

MsgBox als Methode gibt nur Hinweise aus

```
Sub MsgBox_Methode()
    MsgBox "Fehlermeldung: Bitte korrekte Eingabe vornehmen."
End Sub
```

```
Sub MsgBox_Methode_Hinweis()
    MsgBox "Fehlermeldung: Bitte korrekte Eingabe vornehmen.", vbCritical
End Sub
```

```
Sub MsgBox_Methode_Hinweis_Titel()
    MsgBox "Bitte korrekte Eingabe vornehmen.", vbExclamation, _
        "Fehlermeldung!"
End Sub
```

Hinweis mit Symbol und Titel

Fehlermeldung!
Bitte korrekte Eingabe vornehmen.
OK

Hinweis: Der Programmablauf wird durch *MsgBox* solange angehalten, bis zur Bestätigung auf *OK* geklickt wird.

Symbole und Titel

Die Meldung lässt sich optional mit auffälligen Symbolen versehen, um die Aufmerksamkeit zu steigern. Diese Symbole stehen Ihnen in Form von Konstanten zur Verfügung und sind mit Schaltflächen (*buttons*) kombinierbar. Außerdem kann die Titelzeile (*title*) der *MsgBox* an die Aussage angepasst werden. Folgende Hinweis-Symbole sind als Konstanten verfügbar.

Konstanten für Symbole

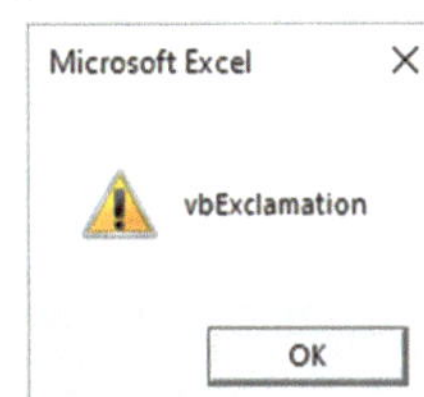

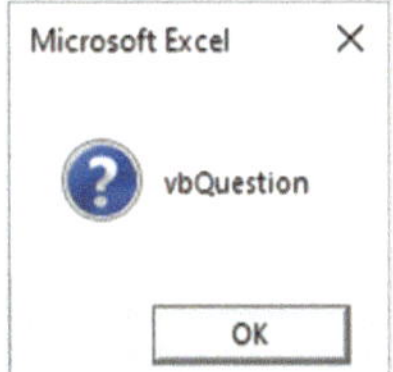

Mehrzeilige Meldung ausgeben

Zweizeiliger Ausgabetext

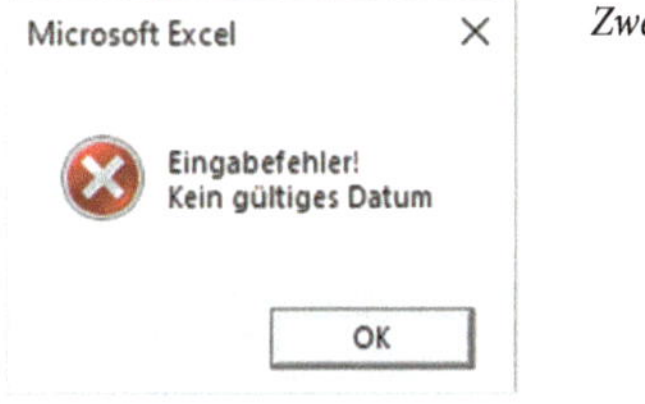

Um in den Meldungstext einen Zeilenumbruch einzufügen, können Sie die VB-Konstanten *vbLf* (line feed = Zeilenvorschub) oder *vbCrLf* (carriage return, line feed = Wagenrücklauf und Zeilenvorschub) verwenden. Alternativ funktioniert dies auch mit der ASCII-Zeichennummer 13 (*Chr(13)*). In beiden Fällen müssen Zeilenumbruch und die einzelnen Textteile mit dem Verkettungsoperator *(&)* verbunden werden.

```
MsgBox "Eingabefehler!" & vbLf & "Kein gültiges Datum"
```

Oder

```
MsgBox "Eingabefehler!" & Chr(13) & "Kein gültiges Datum"
```

Ausgabe formatieren

Zahlen und Datumswerte lassen sich auch formatiert ausgeben, z. B. das aktuelle Datum zusammen mit dem Wochentag oder als Zahl mit zwei Nachkommastellen:.

Formatierte Wiedergabe des aktuellen Datums und Zahl formatiert ausgeben

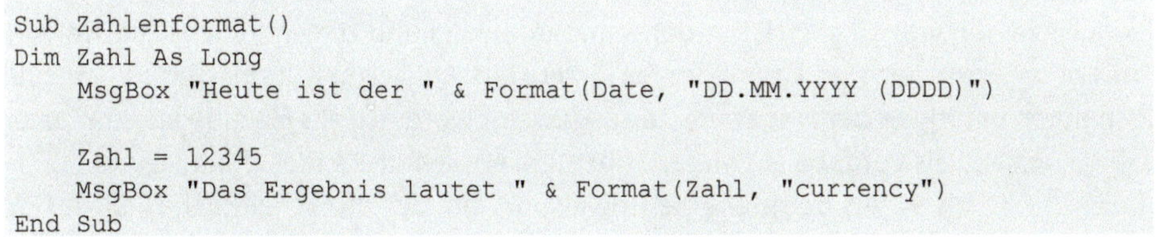

```
Sub Zahlenformat()
Dim Zahl As Long
    MsgBox "Heute ist der " & Format(Date, "DD.MM.YYYY (DDDD)")

    Zahl = 12345
    MsgBox "Das Ergebnis lautet " & Format(Zahl, "currency")
End Sub
```

Das Ergebnis

Microsoft Excel

Heute ist der 24.03.2020 (Dienstag)

OK

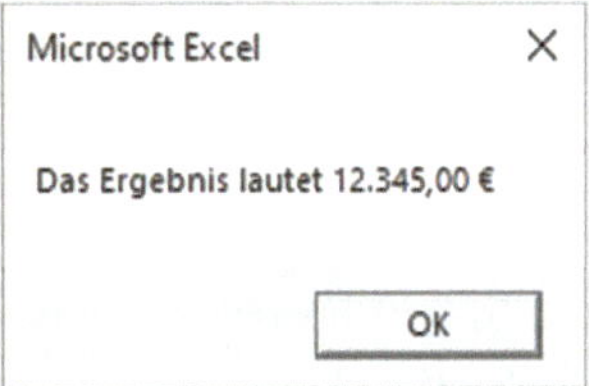

Meldung mit Rückgabewert als Funktion

MsgBox als Funktion liefert einen Rückgabewert, entweder als Zahl oder als Konstante. Der Rückgabewert kann anschließend für weitere Programmschritte ausgewertet werden. In diesem Fall sollten Sie *MsgBox* mit weiteren Schaltflächen ausstatten. In der nachfolgenden Anweisung wird der Rückgabewert der Variablen *Taste* zugewiesen.

```
Taste = MsgBox(prompt [, buttons] [, title] [, helpfile, context])
```

Folgende Schaltflächenkombinationen stehen als Konstanten für *buttons* zur Verfügung:

Konstante	Schaltflächen
vbYesNo	Ja / Nein
vbYesNoCancel	Ja / Nein / Abbrechen
vbOKOnly	OK
vbOKCancel	OK / Abbrechen
vbRetryCancel	Wiederholen / Abbrechen
vbRetryAbortIgnore	Wiederholen / Abbrechen / Ignorieren

vbExclamation + vbOKCancel

vbExclamation + vbYesNo

vbQuestion + vbYesNoCancel

Tipp: Soll zusätzlich ein Symbol verwendet werden, muss ein +-Zeichen die beiden Konstanten verbinden. Hier einige Beispiele:

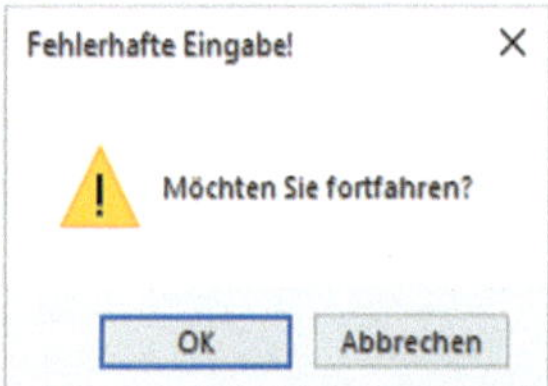

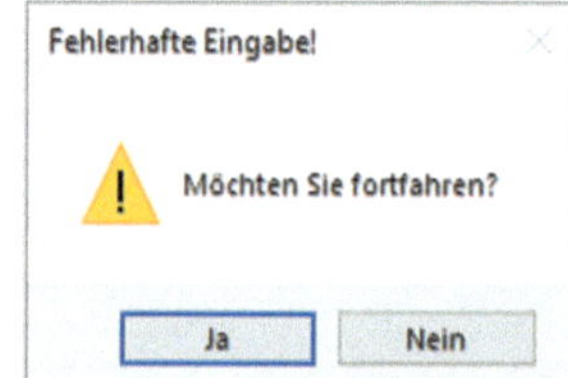

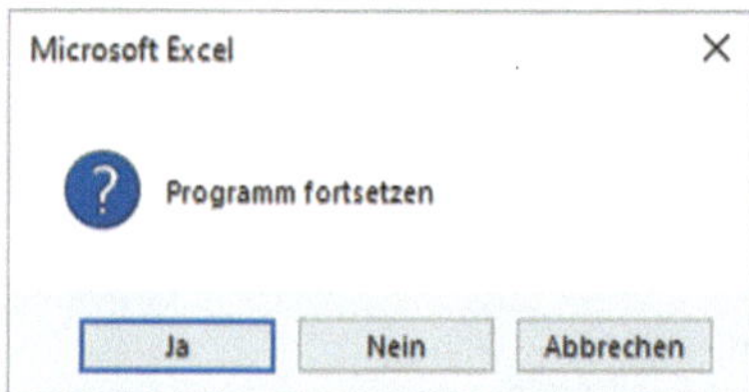

Schaltfläche als Voreinstellung aktivieren

Beim Anzeigen von *MsgBox* ist in der Standardeinstellung die erste Schaltfläche von links bereits aktiviert und kann vom Benutzer statt Anklicken mit der Maus auch einfach durch Betätigen der Eingabetaste ausgewählt werden. Falls Sie eine andere Taste, z. B. *Abbrechen* als Vorgabe aktivieren möchten, erreichen Sie dies durch + und *vbDefaultButton*(1 bis 4). Als Beispiel eine Anweisung, bei der die Schaltfläche *Abbrechen* (zweite Schaltfläche) aktiviert ist.

```
MsgBox "Fehler - möchten Sie trotzdem fortfahren", _
    vbExclamation + vbOKCancel + vbDefaultButton2
```

Rückgabewerte

In anschließenden Abfragen können die Rückgabewerte als Zahl oder als Konstanten ausgewertet werden, hier eine Übersicht:

Konstante	Rückgabewert Zahl	Schaltfläche
vbOK	1	OK
vbCancel	2	Abbrechen
vbAbort	3	Abbruch
vbRetry	4	Wiederholen
vbIgnore	5	Ignorieren
vbYes	6	Ja
vbNo	7	Nein

Die folgenden Prozeduren stehen hinter den Meldungen auf Seite 148 und reagieren mit weiteren Dialogfenstern (*MsgBox*, *InputBox*). Zur Auswertung könnte statt der Konstanten auch die dazugehörige Zahl verwendet werden, also beispielsweise 1 statt *vbOK*. Beachten Sie, dass in beiden Fällen die aufnehmende Variable vom Typ Zahl sein muss, hier *Byte*.

OK/Abbruch

```
Sub MsgBox_Funktion_Hinweis_Titel_OK_Abbruch()
'mit Rückgabewert, daher mit Klammer für Übergabeparameter
'Schaltflächen Ja, Abbrechen - Abbruch X aktiv
Dim Taste As Byte

    Taste = MsgBox("Möchten Sie fortfahren?", _
      vbExclamation + vbOKCancel, "Fehlerhafte Eingabe!")

    If Taste = vbOK Then
        MsgBox "Weiter mit der Eingabe"
    Else
        Exit Sub
    End If

End Sub
```

Ja/Nein

```
Sub MsgBox_Funktion_Hinweis_Titel_Ja_Nein()
'mit Rückgabewert, daher mit Klammer für Übergabeparameter
'Schaltflächen Ja, Nein - Abbruch X deaktiviert
Dim Taste As Byte

    Taste = MsgBox("Möchten Sie fortfahren?", _
      vbExclamation + vbYesNo, "Fehlerhafte Eingabe!")

    If Taste = vbNo Then
        MsgBox "Abbruch"
        Exit Sub
    Else
        InputBox "Neue Eingabe ..."
    End If

End Sub
```

Zur Abfrage bzw. Auswertung von drei Schaltflächen bietet sich die *Select Case*-Methode an, wie im Beispiel unten.

Ja/Nein/Abbruch

```
Sub MsgBox_Ja_Nein_Abbruch()
'Gestaltung einer Rückfrage
    Select Case MsgBox("Programm fortsetzen", _
      vbQuestion + vbYesNoCancel)
        Case Is = vbYes:   MsgBox "Programm wird fortgesetzt"
        Case Is = vbNo:    MsgBox "Programm wird abgebrochen"
        Case Else:         MsgBox "Abbruch! - Nicht erwünscht"
    End Select
End Sub
```

Benutzereingaben mit InputBox einlesen

Beispiele in der Datei: mdl_09_InputBox_bas.rtf

Über die *InputBox*-Funktion können Sie mit wenig Aufwand Benutzereingaben anfordern und einlesen. Allerdings ist immer nur eine Eingabe möglich. Erscheinungsbild und Gestaltungsmöglichkeiten sind ähnlich der *MsgBox*-Funktion.

```
InputBox(prompt [, title] [, default] [, xpos] [, ypos] [, helpfile, context])
```

Mit dem optionalen Argument *default* können Sie anstelle eines leeren Eingabefeldes hier einen Wert vorgeben. Die Argumente *xpos* und *ypos* legen bei Bedarf die Position auf dem Bildschirm fest.

Die nachfolgende Prozedur übergibt die Benutzereingabe als Zeichenfolge an die Variable *Antwort* und gibt diese in einem Meldungsfenster *MsgBox* aus.

Auswertung der InputBox

Eingabe mit der InputBox-Funktion einlesen

Ausgabe nach Auswertung

```
Sub InputBox_Funktion()
Dim Antwort As String

    Antwort = InputBox("Bitte geben Sie Ihre Kennung ein", _
      "Anmeldung am System")
    MsgBox "Sie haben sich als " & Antwort & " angemeldet", _
      Title:="Bestätigung"

End Sub
```

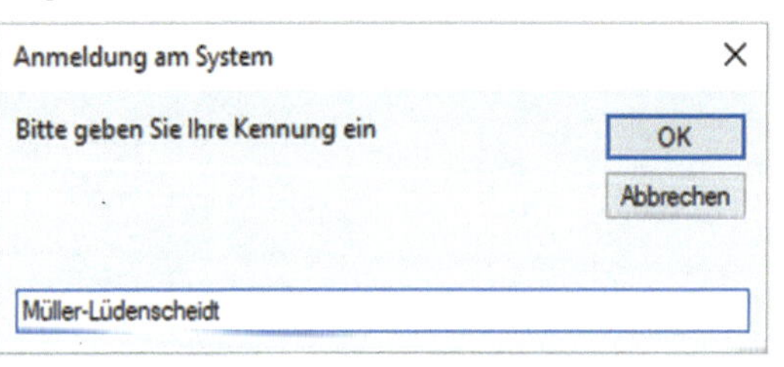

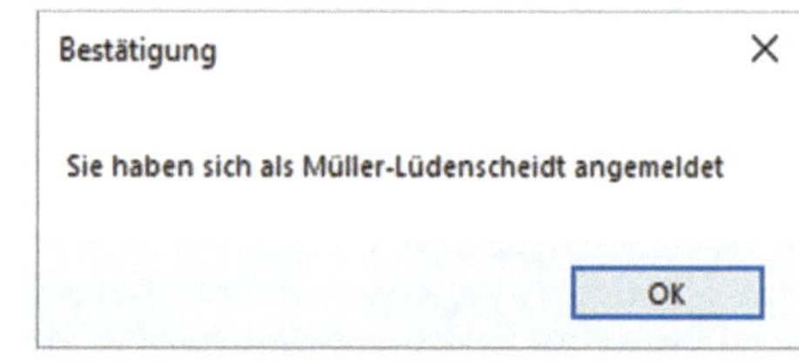

Rückgabewert

Beachten Sie, dass Zahlen als Zeichenfolge übergeben werden und für weitere Schritte ggf. umgewandelt werden müssen. Achten Sie außerdem auf die Trennzeichen für Dezimalzahlen und Tausenderstellen. Eventuell kann die Übergabe an einen Variablentyp *Variant* in Verbindung mit entsprechenden Sicherheitsabfragen sinnvoll sein.

```
Sub InputBox_Funktion_Zahleneingabe()
Dim Antwort As Variant

    Antwort = InputBox("Bitte geben Sie eine Zahl ein", _
      "Eingabeaufforderung")
    MsgBox ("Sie haben " & Antwort & " eingegeben")

End Sub
```

Übernahmewert der InputBox von Typ Variant

InputBox mit Vorgabewert

In der nächsten Prozedur wird *InputBox* mit dem aktuellen Datum als Vorgabewert eingesetzt. Wenn, wie hier im Beispiel kein Titel angegeben wird (zweite Position in der Argumentliste), dann muss das trennende Komma trotzdem angegeben werden. Alternativ kann das Argument *default* auch in der Schreibweise *default:=Date* angegeben werden, dann entfällt das zusätzliche Komma. Diese Anweisungszeilen sind im Beispiel unten auskommentiert.

```
Sub InputBox_Funktion_mit_Vorgabewert()
Dim Antwort As Variant

    Antwort = InputBox("Termin: ", "Eingabeaufforderung", Date)
'     Antwort = InputBox("Termin: ", Default:=Date)
'     Antwort = InputBox("Termin: ", , Date)

End Sub
```

Vorgabewert (aktuelles Datum) für InputBox setzen

Eingabeaufforderung
Termin:
OK
Abbrechen
24.03.2020

Inputbox-Anzeige mit Vorgabewert

Modul: mdl_09_InputBox

InputBox als Application-Element

Die VBA-Bibliothek unterscheidet zwei InputBox-Elemente.

- Ohne weitere Angabe wird *InputBox* als Element der Klasse *Interaction* der VBA-Bibliothek interpretiert und liefert einen Rückgabewert vom Typ *String*, wie oben beschrieben.
- Auch die Anwendung Excel (*Application*) verfügt über die *InputBox*-Methode. Diese erlaubt mit dem zusätzlichen Argument *Type* das Festlegen des Datentyps des Rückgabewerts, beispielsweise 1 für Zahl. Wird dieses Argument nicht angegeben, liefert *InputBox* einen Rückgabewert vom Typ *Text*.

```
Application.InputBox (Prompt, Title, Default, Left, _
    Top, HelpFile, HelpContextID, Type)
```

Die Tabelle liefert eine Übersicht über die unterstützten Rückgabewerte. Auch Kombinationen mehrerer Werte sind möglich. Soll z. B. die Eingabe von Text oder Zahl unterstützt werden, so geben Sie *Type:=1 + 2* an.

Wert	Beschreibung
0	Formel
1	Zahl
2	Text (Zeichenfolge)
4	Wahrheitswert (True oder False)
8	Zellbezug, z. B. ein Range -Objekt
16	Fehlerwert, z. B. #NV
64	Ein Wertearray.

Beispiel 1: Ganze Zahl als Rückgabewert

Datentyp Zahl

```
Sub eingabewert_zahl()
Dim eingabe as long
    eingabe = Application.InputBox("Bitte eine Zahl eingeben", _
        "Abfrage", type:=1)
    MsgBox eingabe
End Sub
```

Hinweis: Die Eingabe eines falschen Datentyps, z. B. Text statt einer Zahl, erzeugt einen Laufzeitfehler, der mit *On Error* abgefangen werden kann.

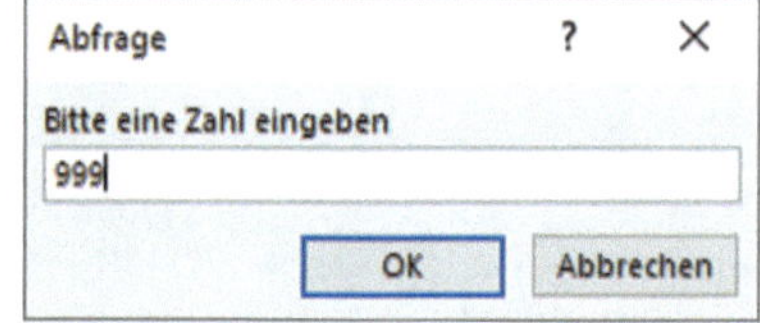

Beispiel 2: Zellbereich

Beim Typ Zellbezug (8) wird ein *Range*-Objekt zurückgegeben, daher erfolgt die Zuweisung mit der *Set*-Anweisung.

Rückgabe Zellbereich

```
Sub eingabe_bereich()
Dim bereich As Range
    Set bereich = Application.InputBox("Bereich wählen:", "Abfrage", _
        Type:=8)
    MsgBox bereich.Address
End Sub
```

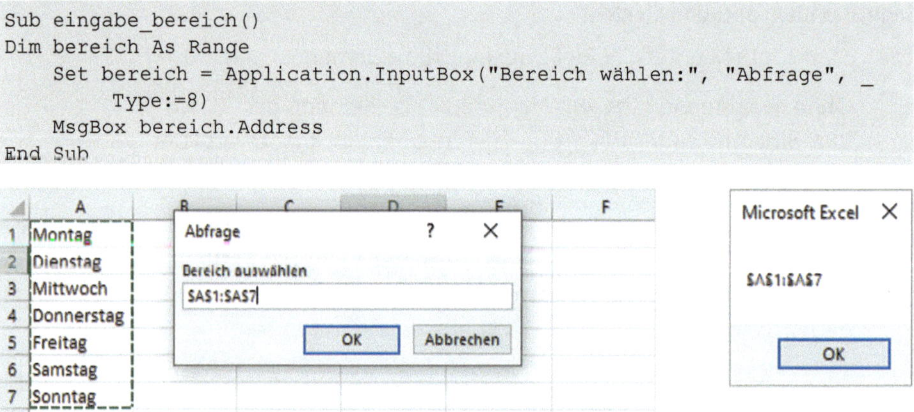

7.3 Die integrierten Dialogfenster Öffnen und Speichern

Neben diesen einfachen Dialogelementen bietet Excel auch die Möglichkeit, die integrierten Dialoge in Ihre Projekte einzubinden. Alle zur Verfügung stehenden Dialoge finden Sie in der Enumeration *xlBuiltInDialog* im Objektkatalog (Anzeige mit F2) aufgelistet. Einige sind Ihnen bereits geläufig und auch der Anwender dürfte sich damit schnell zurechtfinden, wie beispielsweise mit dem Dialogfenster zum Öffnen einer Datei. Es wird mit der Methode *Show* aufgerufen.

Beispiele in der Datei: mdl_10_IntDialoge_bas.rtf

Öffnen und Anzeige aller Excel-Dateien

Die folgende Anweisung öffnet das Dialogfenster *Öffnen* und zeigt ausschließlich alle Excel-Dateitypen an.

```
Application.Dialogs(xlDialogOpen).Show
```

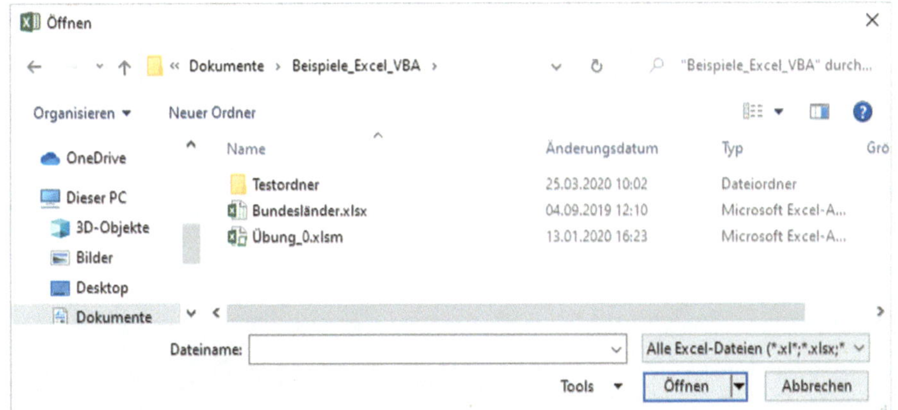

Öffnen-Dialogfenster mit Anzeige aller Excel-Dateitypen

Öffnen und alle Dateitypen anzeigen

Die Methode *GetOpenFilename* öffnet das gleiche Dialogfeld für die Dateiauswahl mit dem einzigen Unterschied: Es werden alle Dateitypen aufgelistet.

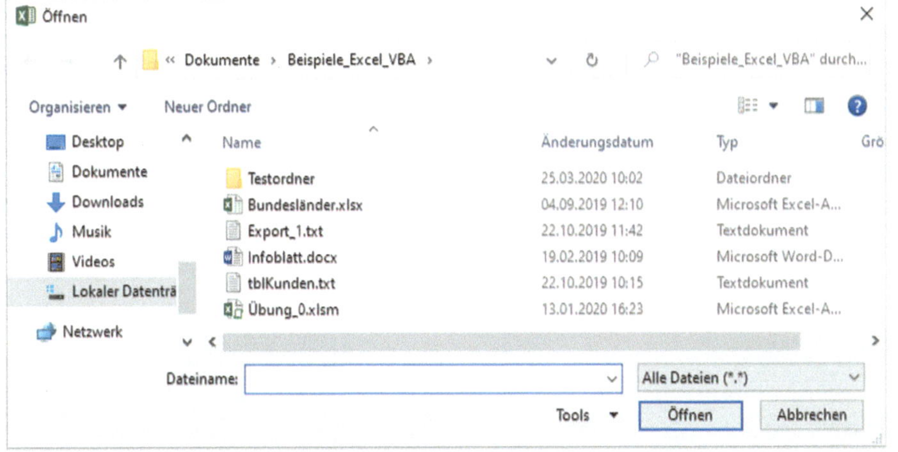

Öffnen-Dialog mit Anzeige aller Dateitypen

Nach Auswahl einer Datei und Klick auf die Schaltfläche *Öffnen* wird der komplette Dateipfad als *String* übernommen, ohne die Datei zu öffnen. Bei Abbruch des Dialogs (Schaltfläche *Abbrechen*) ist der Rückgabewert *False*, also vom Typ *Boolean*.

```
Ausdruck.GetOpenFilename(FileFilter, FilterIndex, Title, ButtonText, MultiSelect)
```

Einschränkung auf Dateityp

Mit dem Argument *FileFilter* können die angezeigten Dateitypen eingeschränkt werden, z. B. auf Excel-Arbeitsmappen (.xlsx).

Einschränkung auf Excel-Arbeitsmappen

```
Sub Datei_oeffnen_Dialog3()
'mit Dateityp-Vorgabe
    Debug.Print Application.GetOpenFilename _
     (FileFilter:="EXCEL-Dateien, *.xls*")
End Sub
```

Bei Mehrfachauswahl (*MultiSelect*) liefert die Methode ein *Array* zurück, welches die einzelnen Datenpfade enthält.

Vorgabe Dateipfad

Möchten Sie einen bestimmten Pfad voreinstellen, dann eignet sich der Dialog über den *FilePicker*, einem der vier Elemente von *msoFileDialogType*. Auch diese Methode ermöglicht die Mehrfachauswahl und Dateitypselektion.

FilePicker-Dialog mit Pfadvorgabe

```
Sub Datei_oeffnen_Dialog4()
Dim datei As String
    With Application.FileDialog(msoFileDialogFilePicker)
        .InitialFileName = "C:\Pool\"
        .Show
        datei = .SelectedItems(1)
        Debug.Print datei
        'Workbooks.Open Datei
    End With
End Sub
```

Als Kopie unter neuem Namen speichern

Ein weiteres Beispiel für die Einbindung vordefinierter Dialoge ist das Speichern der aktiven Arbeitsmappe als Kopie unter neuem Namen.

Speichern Dialog mit Namensänderung

```
Sub Datei_speichern_Dialog()
Dim datei As Workbook
Dim dateiname As String
    Set datei = ActiveWorkbook
    With Application.FileDialog(msoFileDialogSaveAs)
        .InitialFileName = "C:\Pool\"
        .Show
        dateiname = .SelectedItems(1)
    End With
    Debug.Print dateiname
    datei.SaveCopyAs dateiname
End Sub
```

Modul: mdl_10_IntDialoge

7.4 Mit UserForms eigene Dialoge und Formulare erstellen

Mit geringem Programmieraufwand lassen sich auch mit den *UserForms* individuelle und sehr unterschiedliche Dialogelemente zusammenbauen. Sie können zum Beispiel mit wenigen Klicks ein eigenes Meldungsfenster mit farbigem Hintergrund und Bildelementen erstellen.

Individuell gestaltetes Formular zur Begrüßung

Zu diesem Thema finden Sie im Buch "VBA mit Excel - Der leichte Einstieg", ISBN: 978-3-8328-0303-2 aus dem Bildner Verlag gleich mehrere umfangreiche Kapitel.

Zur Gestaltung stehen Ihnen verschiedene Steuerelementen zur Verfügung, etwa für Formulare als Eingabemasken oder zur übersichtlichen Darstellung von Tabellen- oder Ordnerinhalten. Auch Schaltflächen lassen sich einfügen und erlauben es, aus dem Formular heraus Makros aufzurufen. Entsprechend angepasst, lässt sich ein Formular beispielsweise als Schaltzentrale bzw. Startformular oder auch als selbst zusammengestellter Taschenrechner nutzen. Je nach Anzeigeoption ist die wechselseitige Arbeit sowohl im Arbeitsblatt als auch im Formular möglich.

UserForm einfügen und Werkzeugsammlung

Formulare sind Module mit eigener Oberfläche. Das Codefenster zum Erstellen der Prozeduren befindet sich quasi hinter dem Formular. Zum Einfügen eines Formulars klicken Sie entweder in der Symbolleiste auf *UserForm einfügen* oder auf das Menü *Einfügen* ▶ *UserForm* oder Rechtsklick in das Projektfenster *Einfügen* ▶ *UserForm*.

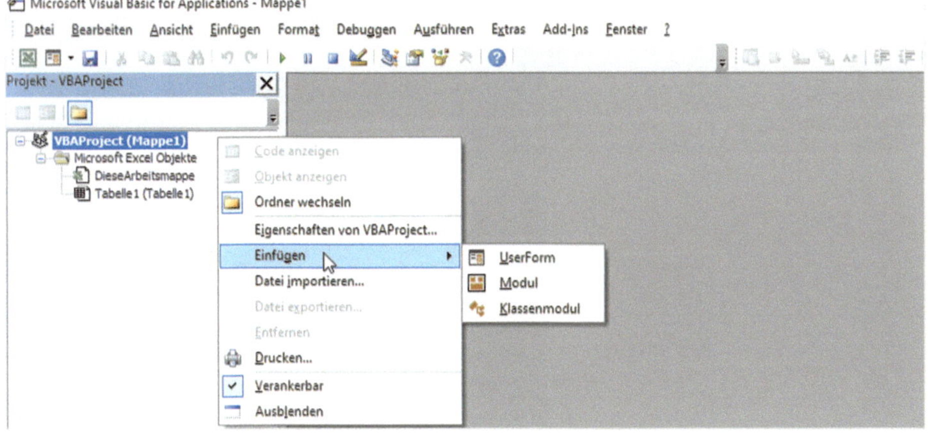

UserForm einfügen (Projektfenster)

Die Größe des Formulars lässt sich entweder durch Ziehen mit der Maus über die kleinen Vierecke am Objektrahmen (in den Ecken und in der Mitte jeder Seite) oder durch präzise numerische Angaben im Eigenschaftenfenster (Eigenschaften *Height* und *Width*) ändern.

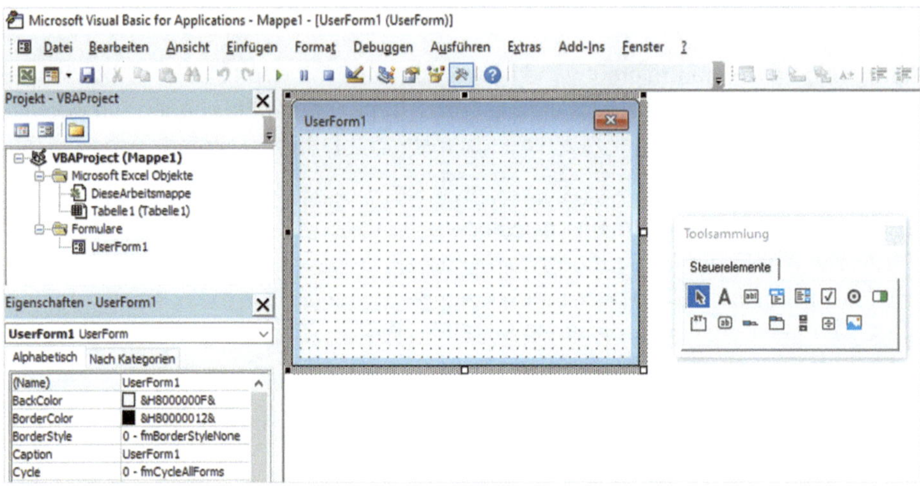

Eingefügtes Formular mit Eigenschaftenfenster und Toolsammlung

Zur individuellen Gestaltung eines Formulars, beispielsweise für eine Eingabemaske, stehen in der *Toolsammlung* (was sich auf deutsch mit Werkzeugkiste übersetzen lässt) standardmäßig 14 unterschiedliche ActiveX-Steuerelemente zur Verfügung. Die *Toolsammlung* erscheint normalerweise automatisch beim Einfügen einer UserForm, kann aber bei Bedarf auch über das Menü *Ansicht* ▶ *Werkzeugsammlung* eingeblendet werden.

Achtung: Die Bibliothek *Microsoft Forms Object Library* muss zu diesem Zweck eingebunden sein, zu kontrollieren bzw. zu ändern über das Menü *Extras* ▶ *Verweise*.

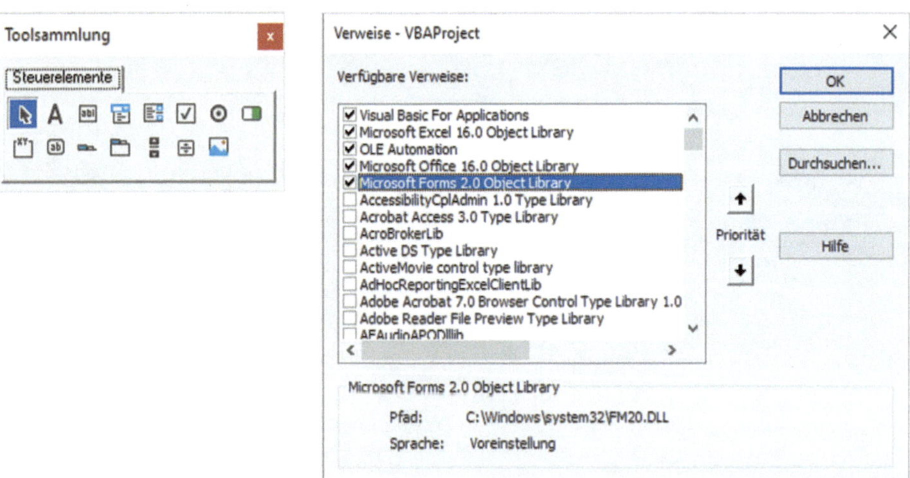

Die Toolsammlung

Verweis auf Microsoft Forms Object Library

Jedes Steuerelement verfügt über spezifische Eigenschaften, die im Eigenschaftenfenster geändert werden können. In den folgenden Punkten stellen wir die Steuerelemente und ihre wichtigsten Eigenschaften vor. Die folgende Tabelle listet die standardmäßig vorhandenen Elemente auf. Es besteht aber auch die Möglichkeit, die Werkzeugsammlung um individuell gestaltete Elemente zu erweitern; beispielsweise auf einer neuen Seite (Registerkarte wird hinzugefügt) mit kombinierten Steuer- oder Linienelementen.

Symbol	Bezeichnung
	Zeigen
A	Bezeichnungsfeld
ab|	Textfeld
	Kombinationsfeld
	Listenfeld
	Kontrollkästchen
	Bildlaufleiste
	Anzeige (Grafik)

Symbol	Bezeichnung
	Optionsfeld
	Umschaltfeld
	Rahmen
	Befehlsschaltfläche
	Register
	Multiseite
	Drehfeld

Steuerelemente einfügen

Zum Einfügen von Steuerelementen aktivieren Sie in der Toolsammlung mit einem Klick das Element und klicken dann im Formular an die gewünschte Position. Oder ziehen Sie es im Formular mit der Maus auf die gewünschte Größe. Eine genaue Ausrichtung ist über das Raster oder über die Eigenschaften (Position) der Elemente möglich.

In der Arbeitsmappe UserForms.xlsm finden Sie die fertigen Formulare. Als Übung können Sie versuchen, das abgebildete Formular mit den wichtigsten Steuerelementen, nachzubauen.

UserForm1 enthält die wichtigsten Elemente der Toolsammlung (ohne Register und Musterseiten)

Beispiele in der Datei: Userforms.xlsm

Formular starten/anzeigen

Das Formular wird sinnvollerweise aus einem Makro heraus gestartet durch die Anweisung

```
Userform1.show
```

Durch Anklicken des Schließen bzw. Abbrechen-Symbols in der oberen rechten Ecke des Fensters wird das Formular wieder geschlossen bzw. beendet.

Wenn Sie für Ihre Arbeit zwischen Tabelle und Formular wechseln wollen oder wenn das Formular zur Ablaufsteuerung ständig verfügbar sein soll, kann es *ohne Modus* aufgerufen werden:

```
Userform1.show vbModeless
```

Steuerelemente benennen

Wenn Sie das Formular ihren Vorstellungen entsprechend angepasst haben, sollten Sie als nächstes im Eigenschaftenfenster den Steuerelementen beschreibende Namen (Eigenschaft *Name*) geben. Beim Einfügen erhält jedes Steuerelement automatisch zwar einen eindeutigen Namen, zusammengesetzt aus Typbezeichnung und einer fortlaufenden Nummer, z. B. *TextBox5*. Es ist aber äußerst lästig und zeitraubend, wenn Sie jedes Element, das Sie über VBA-Code verändern oder abfragen wollen, zuvor nachschlagen müssen, um dessen Namen zu erfahren.

Formular zur Kennwortabfrage

Formular zur Kennwortabfrage (vgl. InputBox)

Als erstes Beispiel ein Formular, das den Nutzer nach einem Kennwort fragt. Nach Betätigen der Schaltfläche erfolgt ein Abgleich mit entsprechender Meldung oder Aktion.

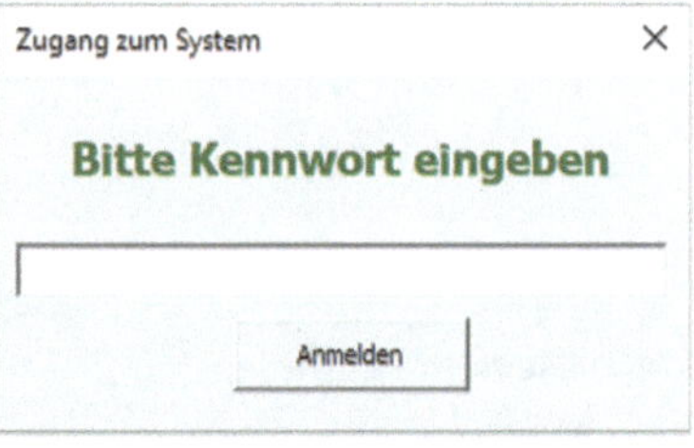

- Das hinzugefügte Formular erhält den Namen *UserForm2_Kennwort* und den Titel (*Caption*) *Zugang zum System*.
- Das Beschriftungsfeld (*Label*) muss nicht umbenannt werden, da hier der angezeigte Text fest vorgegeben wird (*Caption*). Es erhält eine andere Farbe (*ForeColor*) aus der Palette und die Schrift (*Font*) Tahoma, 16, Fett.
- Das Textfeld (*TextBox1*) wird in *Kennwort* umbenannt. Bei Bedarf können auch Größe und Schrift angepasst werden.
- Die Befehlsschaltfläche (*CommanButton1*) erhält die Beschriftung *Anmelden* und den Namen *cmd_Anmelden*. Mit Doppelklick auf die Schaltfläche gelangen Sie in das Codefenster des Formulars und gleichzeitig wird hier automatisch die Standardprozedur der Schaltfläche erzeugt, die auf das Ereignis *Click* reagiert.

Die Standardprozedur der Schaltfläche

```
cmd_Anmelden                                  Click
Option Explicit

Private Sub cmd_Anmelden_Click()

End Sub
```

Das Kennwort lautet in diesem Beispiel "VBA". Entspricht die Eingabe dem Kennwort, begrüßt Sie eine *MsgBox* und entfernt das Formular aus dem Speicher. Ist dies nicht der Fall, erfolgt ein Hinweis. Danach wird das Formular entladen und die Kennwortabfrage neu gestartet.

Über das Click-Ereignis der Schaltfläche das Kennwort abgleichen

```
Private Sub cmd_Anmelden_Click()
    If Me.Kennwort.Value = "VBA" Then
        MsgBox "Willkommen im System"
        Unload UserForm2_Kennwort
        'Anweisung zur Freigabe
    Else
        MsgBox "Falsches Kennwort"
        Unload UserForm2_Kennwort
        starte_Formular2
    End If
End Sub
```

Tipp: Im Codefenster des Formulars (und nur dort!) kann ein Steuerelement mit *Me* anstelle des gesamten Namens, hier *UserForm2_Kennwort* angesprochen werden. Vorteil: Beim Umbenennen des Formulars, müssen Sie den Code nachträglich nicht anpassen.

Kennwort nicht anzeigen

Falls im Formular * oder andere Zeichen statt des eingegebenen Kennworts erscheinen sollen, dann geben Sie dieses bei der Eigenschaft *PasswordChar* ein.

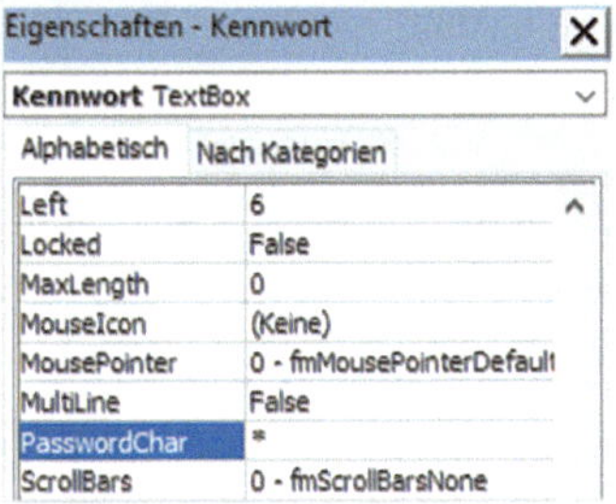

Eigenschaft PasswordChar

Bei der Eingabe im Formular

Steuerelemente abfragen

Wenn Sie im Musterformular *UserForm1* die Eingaben bzw. Inhalte der Steuerelemente auslesen wollen, dann fragen Sie einfach deren Werte (*Value*) ab. Das folgende Makro wird mit Klick auf die Befehlsschaltfläche *CommandButton1* gestartet.

Auslesen der Eingaben im Formular

```
Sub auslesen()
'Auslesen der Elemente von UserForm1

    With UserForm1
        Debug.Print .TextBox1.Value
        Debug.Print .ComboBox1.Value
        Debug.Print .ListBox1.Value
        Debug.Print .OptionButton1.Value
        Debug.Print .OptionButton2.Value
        Debug.Print .CheckBox1.Value
        Debug.Print .CheckBox2.Value
        Debug.Print .ScrollBar1.Value
        Debug.Print .SpinButton1.Value
    End With
End Sub
```

Entsprechend dem Bild oben werden folgende Werte im Direktbereich ausgegeben:

Steuerelement	Inhalt
TextBox1	Textfeld
ComboBox1	Kombinationsfeld
ListBox1	Null
OptionButton1	Wahr
OptionButton2	Falsch
CheckBox1	Wahr
CheckBox2	Falsch
ScrollBar1	1
SpinButton1	0

Textfeld und Kombinationsfeld übergeben beliebige Inhalte, das Listenfeld ist zu diesem Zeitpunkt (noch) leer und liefert daher den Wert *Null*. Die Optionsfelder schließen sich gegenseitig aus und daher ist nur das erste *Wahr*. Das erste Kontrollkästchen hat ebenfalls den Wert *Wahr*. Die Elemente Bildlaufleiste und Drehfeld liefern Zahlenwerte, die durch Verschieben des Reglers bzw. Klicken auf ein Pfeilsymbol entstanden sind. Diese Inhalte bzw. Werte können an Variablen übergeben und weiterverwendet werden.

Hinweis: *Value* ist die Standardeingenschaft eines Steuerelements und könnte auch weggelassen werden, dies ist aber aus Gründen der Verständlichkeit nicht zu empfehlen.

```
Debug.Print Me.TextBox1
```

Listen- und Kombinationsfelder mit Werten füllen

Datei: UserForms.xlsm, Modul2

In Beispiel oben haben Sie gesehen, dass das Listenfeld den Wert *Null* zurückgibt und das Kombinationsfeld den manuell eingegebenen Text *Kombinationsfeld*. Nun stellt sich die Frage, wie erstellt man eine Dropdownliste bzw. Vorgabewerte für ein Kombinationsfeld oder LIstenfeld? Grundsätzlich können die Werte...

- aus einer Tabelle stammen,
- aus einem Datenfeld (Array) ausgelesen,
- oder einzeln hinzugefügt werden.

Manuelle Eingaben in Kombinationsfeldern verhindern

Kombinationsfelder können auch manuelle Eingaben zulassen. Soll dies verhindert werden, ändern Sie die Eigenschaft *Style*, indem Sie hier *fmStyleDropDownListList (2)* auswählt. Dadurch wird die Eingabe auf die Auswahl aus der vorgegebenen Liste eingeschränkt. Die Standardeinstellung *fmStyleDropDownCombo (0)* lässt dagegen beides zu: Auswahl aus der Liste und beliebige Eingaben.

Werte aus Tabelle

Stammen die Werte aus einer Tabelle, werden diese über die Eigenschaft *RowSource* (Quelle) im Eigenschaftenfenster zugewiesen; beispielsweise die Namen der Bundesländer im Bereich A1:A16 in *Tabelle1*. Beachten Sie die Syntax mit dem Ausrufezeichen zwischen Tabellenname und Zellbereich:

```
RowSource: Tabelle1!A1:A16
```

Achtung: Wenn *RowSource* im Eigenschaftenfenster fest vorgegeben wird, ist eine Veränderung per VBA-Code zu einem späteren Zeitpunkt nicht möglich (Fehlermeldung).

Aus Datenfeld auslesen

Das Auslesen aus einem Datenfeld (Array) kann beispielsweise so verwirklicht werden:

Vorgabewerte aus Datenfeld

```
Private Sub UserForm_Initialize()
Dim i  As Integer
Dim person As Variant

    person = Array("Alf", "Berta", "Cesar", _
      "Detlef", "Emil", "Heide", "Gustav", "Hans")

    For i = 0 To UBound(person)
        ComboBox1.AddItem person(i)
    Next i

End Sub
```

Beim Initialisieren des Formulars *UserForm3* werden die Werte des Datenfelds zu Vorgabewerten des Kombinationsfeldes. Die Anzahl kann sich ändern; der höchste Indexwert wird über *Ubound* der Zählerschleife übergeben.

Werte einzeln hinzufügen

Das Hinzufügen einzelner Vorgabewerte erfolgt mit der Methode *AddItem*. Als Beispiel das Makro *Vorgabewerte_Listenfeld* (Modul2), das mit dem Initialisieren des Formulars aufgerufen wird.

Prozedur zum Hinzufügen von Vorgabewerten

```
Sub Vorgabewerte_Listenfeld()
    With UserForm1
        .ListBox1.AddItem 111
        .ListBox1.AddItem 222
        .ListBox1.AddItem 333
        .ListBox1.AddItem 444
        .ListBox1.AddItem 555
    End With
    UserForm1.Show
End Sub
```

Mit jeder Programmzeile wird ein neuer Eintrag im Listenfeld angefügt. Gleiches gilt auch für ein Kombinationsfeld. Die Ausführung und damit das Füllen von Listenfeld oder Kombinationsfeld wird am besten automatisch beim Öffnen des Formulars gestartet, das Ereignis dazu ist *UserForm_Initialize*.

Listenfelder und Kombinationsfelder neu füllen

Wenn Listenfelder und Kombinationsfelder durch die Methode *AddItem* neu gefüllt werden sollen, dann müssen zuvor unbedingt die Alteinträge mit der Methode *Clear* entfernt werden, da sonst die alte Liste erweitert würde.

Achtung: Dies funktioniert nur, wenn die Vorgabewerte nicht über die Eigenschaft *RowSource* zugewiesen wurden.

Beispiel ListBox: Löschen der Vorgabewerte vor der Anzeige des Formulars

```
Sub Listenfeld_leeren()
    UserForm1.ListBox1.Clear
'    UserForm1.ComboBox1.Clear
    UserForm1.Show
End Sub
```

Besonderheiten Listenfeld

Ein Listenfeld ist vergleichbar mit einem Kombinationsfeld und stellt eine Auswahlliste mit mehreren Zeilen und Spalten zur Verfügung. Beliebige Benutzereingaben sind dagegen beim Listenfeld grundsätzlich nicht möglich.

- **Einfach- oder Mehrfachauswahl**
  Einfach- oder Mehrfachauswahl wird über die Eigenschaft *MultiSelect* geregelt.
- **Anzahl Spalten, Spaltenbreite**
  - Anzahl und Breite der Spalten wird im Eigenschaftenfenster durch die Eigenschaften *ColumnCount* und *ColumWidths* festgelegt, z. B.
    `ColumnCount` 4
    `ColumnWidths` 40Pt; 50Pt; 50Pt (Angabe kann ohne Pt erfolgen)
  - Wird die Spaltenbreite 0 angegeben, ist die betreffende Spalte unsichtbar.
  - Die Angabe für die letzte Spaltenbreite kann entfallen – sie wird automatisch vergeben.

Eingaben löschen

Um Eingaben in Textfeldern oder Kombinationsfeldern (nicht die Dropdownlisten) zu löschen, muss ihnen ein Nullstring zugewiesen werden. Das nachfolgende Makro leert Textfeld und Kombinationsfeld.

Textfeld und Kombinationsfeld leeren

```
Sub Textfelder_loeschen()
    With UserForm1
        .TextBox1.Value = ""
        .ComboBox1.Value = ""
    End With
    UserForm1.Show
End Sub
```

Werte von Optionsfeldern und Kontrollkästchen

Optionsfelder und Kontrollkästchen kennen nur zwei Zustände: Wahr oder Falsch. Diese können einfach gesetzt oder zurückgesetzt werden. Während Optionsfelder sich gegenseitig ausschließen, können Kontrollkästchen einzeln aktiviert und deaktiviert werden.

Ein Optionsfeld und zwei Kontrollkästchen aktivieren

```
Sub Optionsfelder_setzen()
    With UserForm1
        .OptionButton1.Value = True
        .CheckBox1.Value = True
        .CheckBox2.Value = True
    End With
    UserForm1.Show
End Sub
```

Bild oder Logo einbauen

Ein Bild oder Logo lässt sich über das Steuerelement *Anzeige* (*Image*) im Formular platzieren. Die beste Wiedergabe erhalten Sie, wenn das Bild bereits die (annähernd) passende Größe auf dem Formular hat. Die Reduktionen der Pixel sollten Sie nicht Excel überlassen.

Zum Einfügen des Bildes markieren Sie das zuvor eingefügte Steuerelement *Anzeige* und klicken im Eigenschaftenfenster bei der Eigenschaft *Picture (Keine)* auf die drei Punkte – Achtung, diese erscheinen erst beim Klicken auf die Eigenschaft. Anschließend wählen Sie die Bilddatei aus. Das Bild und der Rahmen (Art, Farbe, Effekt) lassen sich über die weiteren Eigenschaften des Anzeigenelements anpassen.

Eventuell erforderliches Verkleinern des Bildes bzw. Anpassen der Bildgröße an den Rahmen nehmen Sie über die Eigenschaft *PictureSizeMode* vor: Damit die Proportionen beibehalten werden, wählen Sie *3 - frmPictureSizeModeZoom* aus.

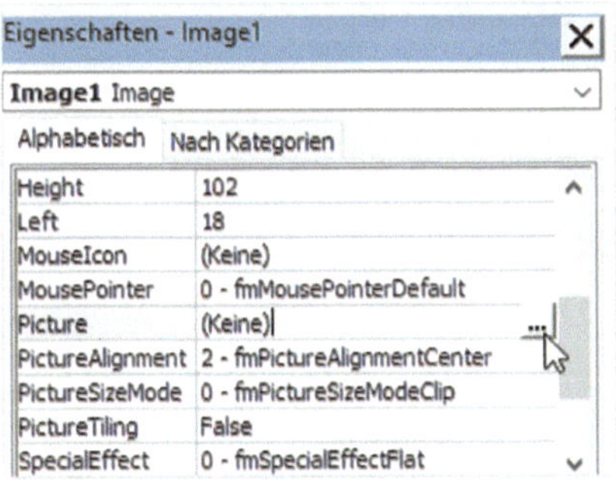

Klicken Sie zur Auswahl des Bildes auf die drei Punkte

Bildgröße anpassen

Siehe Kapitel 12.6, Diagramme als Bilder exportieren.

Hinweis: Bilder lassen sich auch nachträglich oder durch Aktualisierung wechselnd an ein Anzeige-Element (Image) eines Formulars übergeben wie beispielsweise Diagramme.

Steuerelemente verwenden

Userforms.xlsm

Die von den Steuerelementen zurückgegebenen Werte/Inhalte können an Variablen oder direkt in eine (aktive) Tabelle übergeben werden.

```
EingabeText = Userform1.TextBox1.Value
Range("A1").Value = Userform1.TextBox1.Value
```

Auch der umgekehrte Weg ist möglich, wenn beispielsweise Tabelleninhalte übersichtlich angezeigt werden sollen.

```
Userform1.TextBox1.Value = Range("A1").Value
```

Optionsfelder

Ausgehend von Einträgen in einer Tabelle werden Optionsfelder oder Kontrollkästchen nach einer *If...Then...Else*-Abfrage aktiviert oder deaktiviert. Da sich gruppierte Optionsfelder gegenseitig ausschließen, muss nur ein Element der Gruppe eingestellt werden.

Optionsfelder nach Abfrage aktivieren

```
Sub Optionsfelder_setzen2()
Dim vorgabe As String
    vorgabe = "Nein"
    If vorgabe = "Ja" Then
        UserForm1.OptionButton1 = True
        'OptionButton2 wird automatisch False
    Else
        UserForm1.OptionButton2 = True
    End If
    UserForm1.Show
End Sub
```

Kontrollkästchen

Besonders bei Kontrollkästchen, die sich gegenseitig ja nicht beeinflussen, muss darauf geachtet werden, dass sie bei Abfragen alle eindeutig Wahr oder Falsch gesetzt werden. Das wird über den alternativen Weg der Verzweigung (*Else*) erreicht.

Kontrollkästchen müssen eindeutig aktiviert/deaktiviert werden

```
Sub Kontrollkaestchen_setzen()
Dim vorgabe1 As String
Dim vorgabe2 As String
    vorgabe1 = "Nein"
    vorgabe2 = "Ja"

    If vorgabe1 = "Ja" Then
        UserForm1.CheckBox1 = True
    Else
        UserForm1.CheckBox1 = False
    End If
    If vorgabe2 = "Ja" Then
        UserForm1.CheckBox2 = True
    Else
        UserForm1.CheckBox2 = False
    End If
    UserForm1.Show
End Sub
```

Steuerelement-Ereignisse

Im Codefenster des Formulars (Anzeige mit F7) sind das Formular selbst und die verwendeten Steuerelemente über ein Dropdownmenü ❶ auswählbar und die dazugehörigen Ereignisse im Auswahlfeld rechts daneben ❷. Das Standardereignis ist *Click* bzw. *Change* (Bildlaufleiste, Drehfeld). Auch die Ereignisse *Enter* und *AfterUpdate* lassen sich zur Steuerung weiterer Aktionen verwenden.

Dropdownfelder für verwendete Steuerelemente und deren Ereignisse

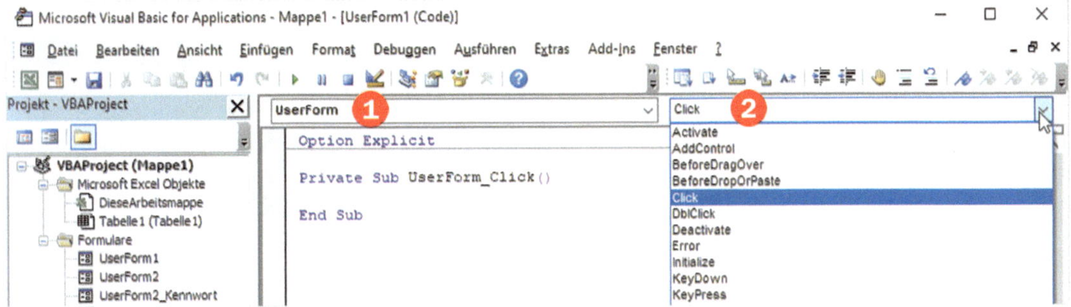

Beispiel Listenfeld: Wert anklicken

Als Beispiel wird bei der Auswahl bzw. Anklicken einer Zeile im Listenfeld mit dem *Click*-Ereignis ein Hinweis (*MsgBox*) mit dem Listenindex der gewählten Zeile ausgegeben. **Achtung**: Der Index ist nullbasiert, d. h. beginnt mit 0!

Das Click-Ereignis veranlasst die Anzeige des Indexwertes

```
Private Sub ListBox1_Click()
    ' ListIndex anzeigen (nullbasiert)
    MsgBox "Listenindex " & Me.ListBox1.ListIndex
End Sub
```

Starten eines Formulars

Ein Formular sollte aus dem Tabellenblatt heraus verfügbar sein. Der Aufruf könnte beispielsweise über eine eigens eingerichtete Registerkarte in der Menüleiste oder über die Schnellzugriffsleiste erfolgen. Für die tägliche Praxis dürfte der automatische Aufruf (*Show*) beim Öffnen der Arbeitsmappe (*Workbook_Open*-Ereignis), wie im Bild unten, oder der Start über eine Tastenkombination am häufigsten sein.

Formular beim Öffnen der Arbeitsmappe anzeigen

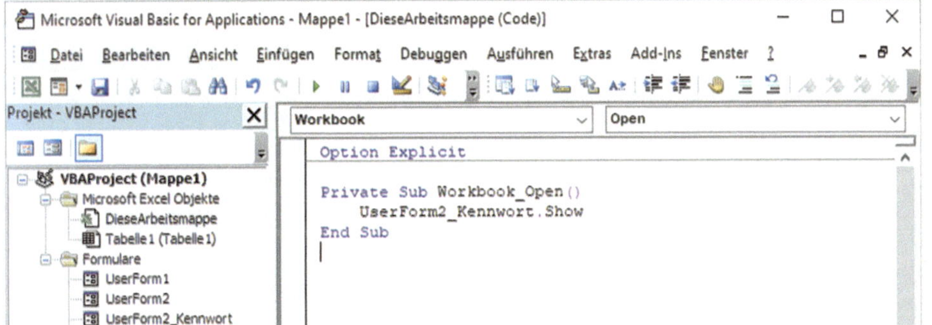

Aufruf per Tastenkombination

Flexibler ist der Aufruf mit einer Tastenkombination. Achten Sie bei der Vergabe der Tastenkombination darauf, dass diese nicht bereits anderweitig belegt sein sollte. Derzeit (Excel 2019) ist die Kombination Strg+m in Excel nicht belegt und bietet sich daher besonders zum Starten von Formularen/Eingabemasken an; das *m* kann symbolisch für *Maske* angesehen werden.

Zur Vergabe der Tastenkombination öffnen Sie im Arbeitsblatt über *Entwicklertools* ▶ *Makros* das Fenster *Makros*. Wählen Sie das Makro mit der Startprozedur aus und klicken Sie auf die Schaltfläche *Optionen…*. Anschließend können Sie die Tastenkombination zuordnen, die Strg-Taste ist bereits vorgegeben. Sinnvoll im Hinblick auf bessere Nachvollziehbarkeit ist auch das Hinterlegen einer Beschreibung.

Von nun an können Sie jederzeit aus dem Arbeitsblatt heraus die betreffende Eingabemaske oder Schaltzentrale aufrufen.

Tastenkombination zum Starten des Formulars festlegen

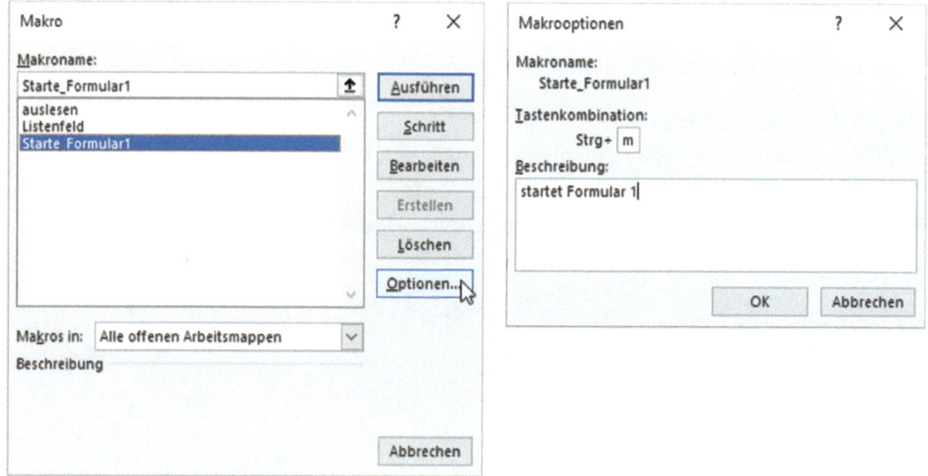

8 Zeichenfolgen in VBA

8.1 Zeichenfolgen in Zahlen konvertieren

Ein relativ häufiges Problem entsteht beim Import von Tabellen, wenn das Dezimalzeichen von der nationalen Voreinstellung abweicht, in den meisten Fällen Punkt statt Komma. Dadurch werden die Zahlen als Zeichenkette behandelt und in die Tabelle eingefügt, Berechnungen sind nicht möglich.

Punkt als Dezimalzeichen durch Komma ersetzen

Verwenden Zahlen, abweichend von der gebietsspezifischen Einstellung, Punkt statt Komma als Dezimalzeichen, werden die Werte als Zeichenfolgen bzw. Text behandelt und in das Tabellenblatt übernommen, hier leicht zu erkennen an der linksbündigen Ausrichtung. Zur Behebung bieten sich verschiedene Möglichkeiten an:

Suchen und Ersetzen

Als einfachste Möglichkeit lassen Sie im Arbeitsblatt mit *Suchen & Ersetzen* bzw. Strg+H den Punkt durch ein Komma ersetzen.

Suchen und Ersetzen mit VBA

Hinweis: Ein Problem bei dieser Vorgehensweise könnte dadurch entstehen, dass Excel nach dem Ersetzen einige Dezimalzahlen, z. B. 15.3 als Datum interpretiert, dann steht hier 15.Mrz.

Wenn Sie allerdings Suchen & Ersetzen mit dem Makrorecorder aufzeichnen und anschließend ausführen, erhalten Sie zunächst nicht dasselbe Ergebnis. In diesem Fall müssen Sie den Punkt im Text durch den Punkt als Dezimalzeichen ersetzen lassen. Damit alle Inhalte der Spalte, also auch ganze Zahlen umgewandelt werden, sollten Sie außerdem anschließend dem Zellbereich das Standardformat (*General*) oder ein Zahlenformat zuweisen.

Anmerkung: Was zunächst verwirrend aussieht, lässt sich leicht erklären. VBA verwendet ebenfalls den Punkt als Dezimalzeichen, daher erhalten Sie als Ergebnis im Tabellenblatt korrekte Dezimalzahlen mit Komma.

Textpunkt durch Dezimalpunkt ersetzen

Die nachfolgenden Beispiele finden Sie in der Datei: mdl_11_Umwandeln_bas.rtf

```
Sub dezimaltrennzeichen_ersetzen()
'Mit Makrorekorder aufgezeichnet
'statt Punkt durch Komma / Punkt durch Punkt ersetzen lassen

    Range("E1:H12").Replace What:=".", Replacement:=".", _
      LookAt:=xlPart, SearchOrder:=xlByRows, MatchCase:=False, _
      SearchFormat:=False, ReplaceFormat:=False
    'Standardformat zuweisen
    Range("E1:H12").NumberFormat = "General"

End Sub
```

Alternativ können die Zellinhalte auch durch Kopieren auf sich selbst auf ihren ursprünglichen Wert zurückgesetzt werden:

Zellinhalt auf sich selbst kopieren, um Dezimaltrennzeichen anzupassen

```
Sub Ziffern_in_Zahl_umwandeln1()
'Datenimport: Punkt = Dezimaltrennzeichen
Dim bereich As Range
Dim zelle As Range
```

```
    Worksheets("Tabelle2").Activate
    Set bereich = Range("E1:H12")
    For Each zelle In bereich
        zelle.Value = zelle.Value
    Next zelle
    'Standardformat zuweisen
    bereich.NumberFormat = "General"

End Sub
```

Tipp: Bei sehr großen Tabellen kann die Umwandlung auf nichtleere Zellen oder Zellen mit numerischen Inhalten beschränkt werden, um die Ausführungsgeschwindigkeit zu erhöhen. (Prozedur *Ziffern_in_Zahl_umwandeln2*).

Datei: mdl_11_Umwandeln_bas.rtf

```
    If Not IsEmpty(zelle) Then zelle.Value = zelle.Value
```

Konvertierungsfunktionen einsetzen

Erfolgt die Eingabe in einem Formular, siehe Userforms, oder einem Dialogfenster (*InputBox*), so werden in der Regel Zeichenketten übergeben, also vom Datentyp String. Damit die Werte korrekt als verwertbare Zahlen, Währungs-, Datums- und Zeitangaben in eine Tabelle übernommen werden, kommen Konvertierungsfunktionen zum Einsatz.

Hinweis: VBA führt in gewissen Grenzen (Kompatibilität der Datentypen) Typumwandlungen automatisch durch. Auf diese sollten Sie sich aber nicht voll verlassen, wenn Sie keine Informationsverluste riskieren möchten. Folgende Konvertierungsfunktionen werden von Excel bzw. VBA bereitgestellt.

Funktion	Rückgabewert
CDbl	*Double*-Datentyp, Dezimalzahl
CSng	*Single*-Datentyp, Dezimalzahl
CDec	*Decimal*-Datentyp, Dezimalzahl
CInt	*Integer*-Datentyp, Ganzzahl
CCur	*Currency*-Datentyp, Währungsangabe mit Einheit
CDate	*Date*-Dateityp, Datumsangabe
CStr	*String*-Datentyp, Zeichenfolge
CBool	*Boolean*-Datentyp
CByte	*Byte*-Datentyp
CLong	*Long*-Datentyp
CVar	*Variant*-Datentyp

Funktion	Rückgabewert
Abs	Absolut-Wert einer Zahl
Val	Zahl aus den ersten numerischen Zeichen einer Zeichenkette

Mit Hilfe von Umwandlungsfunktionen wie *CDate()* und *CSng()*, *CDbl()* oder *CDec()* gelingt die korrekte Übergabe in das Tabellenblatt. Die Funktion *CDec()* eignet sich oft besser als *CSng()*, da sonst zu viele Nachkommastellen z. B. bei der Anzeige in der Eingabemaske entstehen. Die *Val*-Funktion übernimmt nur Teile der Ziffernfolge, nämlich nur bis zum gültigen Dezimalzeichen.

Achtung: Bei der Verwendung unterschiedlicher Dezimalzeichen bei der Eingabe von Zahlen kann das Umwandlungsergebnis unerwartet ausfallen, wie ein Vergleich in der Tabelle unten zeigt.

Funktion	Zeichenfolge1	Zeichenfolge2	Ergebnis1	Ergebnis2
CDbl	12345.678	12345,678	12345678	12345,678
CSng	12345.678	12345,678	12345678	12345,67773
CDec	12345.678	12345,678	12345678	12345,678
CInt	12345.678	12345,678		12346
CCur	12345.678	12345,678	12.345.678,00 €	12.345,68 €
CDate	12345.678	12345,678		18.10.1933 16:16
CStr	12345.678	12345,678	12345,678	12.345.678
Abs	-12345.678	-12345,678	12345678	12345,678
Val	12345.678	12345,678	12345,678	12345
Str	12345.678	12345,678	12345678	12345,678

Umwandlungsfunktionen.xlsm

Beispiele:

CDbl("1234,567")	1234,567
CDbl("1234.567")	1234567
CDbl(1234.567)	1234,567
CDbl(1234,567)	> Fehlermeldung <

Zahlen mit nachgestelltem Minuszeichen

Hin und wieder kommen auch Zahlen mit einem nachgestellten Minuszeichen vor, z. B. 23,00 -. Hier hilft die Konvertierung in eine Dezimalzahl mit *CDbl* weiter. Zum Testen der Prozedur fügen Sie zuvor im Bereich H1-12 hinter einigen positiven Werten ein Minuszeichen hinzu.

```
 Sub Minuszeichen_vor_Zahlenwert()
'wenn Minuszeichen Hinter dem Wert angegeben wurde z.B. 23,00-
Dim bereich As Range
Dim zelle As Range

    Worksheets("Tabelle2").Activate
    Set bereich = Range("H1:H12")
    For Each zelle In bereich
        If IsNumeric(zelle) Then zelle.Value = CDbl(zelle)
    Next zelle

End Sub
```

Auch nachgestellte Minuszeichen werden korrekt umgewandelt

Behandlung leerer Zellen

Leere Zellen eines Zellbereichs können mit verschiedenen Methoden aufgespürt werden, aber beachten Sie: Enthält eine Zelle ausschließlich ein oder mehrere Leerzeichen, erscheint diese zwar auf der ersten Blick leer, wird aber nicht als leere Zelle erkannt.

mdl_11_Umwandeln

Leere Zellen mit 0 oder einem Zeichen füllen

Leere Zellen können mit der Prüffunktion *IsEmpty* aufgespürt werden. Falls diese in einer Tabellenspalte stören, können solche Zellen beispielsweise mit 0 oder einem anderen beliebigen Zeichen gefüllt werden.

```
 Sub leere_zellen_mit_0_fuellen()
'Leere Zellen mit IsEmpty-Funktion
Dim bereich As Range
Dim zelle As Range

    Worksheets("Tabelle3").Activate
    Set bereich = Range("A1:G13")
    For Each zelle In bereich
        If IsEmpty(zelle.Value) Then zelle.Value = 0
    Next zelle

End Sub
```

Leere Zellen mit 0 auffüllen

Leere Zellen anhand der Länge aufspüren

Eine weitere Methode, um leere Zellen zu identifizieren, ist eine Abfrage nach der Länge des Inhalts mit der Funktion *Len()*. Für leere Zellen liefert die *Len*-Funktion den Wert 0, im folgenden Beispiel nutzen wir diese Funktion, um als Stellvertreter die Zeichenfolge N.N. (Not a Number) zentriert in die leere Zelle einzutragen.

Len-Funktion, siehe auch Seite 173.

```
Sub leere_zellen_mit_NN_fuellen()
'Leere Zellen haben die Länge 0
'N.N. = Not a Number, mittig ausgerichtet
Dim bereich As Range
Dim zelle As Range

    Worksheets("Tabelle3").Activate
```

Leere Zellen (Länge = 0) mit N.N. füllen

```
    Set bereich = Range("A1:G13")
    For Each zelle In bereich
        If Len(zelle.Value) = 0 Then
            zelle.Value = "N.N."
            zelle.HorizontalAlignment = xlCenter
        End If
    Next zelle

End Sub
```

Zellhintergrund leerer Zellen einfärben

Alternativ können auch leere Zellen hervorgehoben werden, indem der jeweilige Zellhintergrund (*Interior*) über die Eigenschaft *ColorIndex* eingefärbt wird.

Adressen leerer Zellen ausgeben

Wenn Sie statt der oben genannten Methoden nur die Adressen der leeren Zellen benötigen, dann verwenden Sie die Eigenschaft *Address*. In umfangreichen Tabellen kann dies unter Umständen durchaus nützlich sein, wenn Sie sich die Adressen leerer Zellen ausgeben lassen:

```
Debug.Print zelle.Address
```

Adressen der leeren Zellen ausgeben

```
Sub leere_zellen_adressen_ausgeben()
'Leere Zellen mit IsEmpty-Funktion
Dim bereich As Range
Dim zelle As Range

    Worksheets("Tabelle3").Activate
    Set bereich = Range("A1:G13")
    For Each zelle In bereich
        If IsEmpty(zelle.Value) Then _
          Debug.Print zelle.Address
    Next zelle

End Sub
```

8.2 Umgang mit Zeichenketten (Strings)

Die folgenden Beispiele finden Sie in der Datei: mdl_12_Texte_bas.rtf

Speziell für Zeichenketten (Strings) stellt VBA ebenfalls einige nützliche Funktionen bereit. So ist es in manchen Fällen wichtig, zu wissen, ob beispielsweise aus einem Formular ein Leerstring übergeben wurde oder der Übergabetext – respektive die Zeichenkette – eine bestimmte Länge hat. Bei der automatischen Speicherung von Arbeitsmappen kann es notwendig werden, die Bezeichnung oder den Pfad der neuen Mappe aus der ursprünglichen Arbeitsmappe abzuleiten und einen Teil davon zu übernehmen.

Länge von Zeichenfolgen ermitteln

Die Funktion *Len* liefert die Anzahl der Zeichen (Buchstaben, Ziffern, Sonderzeichen) eines Strings zurück. Als Beispiel gibt die nachfolgende Prozedur die Länge jedes Zellinhalts im Bereich A1:A12 im Direktbereich aus.

Länge von Strings ermitteln

```
Sub textlaenge_ermitteln()
'Len-Funktion
Dim bereich As Range
Dim zelle As Range

    Worksheets("Tabelle2").Activate
    Set bereich = Range("A1:A12")
    For Each zelle In bereich
        Debug.Print zelle.Row & ": "; Len(zelle)
    Next zelle

End Sub
```

Auf leere Zellen prüfen

Wie im Kapitel 4.2, Prüffunktionen gezeigt, kann die *Len*-Funktion auch zur Überwachung von korrekten Eingabewerten eingesetzt werden. Damit lassen sich beispielsweise auch Leereingaben ausschließen. Das folgende Beispiel durchsucht den vorgegebenen Bereich (A1:N1) und gibt die Adressen aller leeren Zellen, also mit der Zeichenkettenlänge = 0, im Direktbereich aus.

Bei leere Zellen ist die Zeichenkette=0

```
Sub Leersting_Abfrage()
'Len-Funktion
Dim bereich As Range
Dim zelle As Range

    Worksheets("Tabelle2").Activate
    Set bereich = Range("A1:N1")
    For Each zelle In bereich
        If Len(zelle) = 0 Then Debug.Print zelle.Address
    Next zelle

End Sub
```

Leerzeichen entfernen

Führende Leerzeichen können das Sortieren und die Suche beeinflussen und sollten entfernt werden. Die Funktion *Trim* entfernt überflüssige führende und nachfolgende Leerzeichen in einer Zelle. Hier ein Beispiel, das im Bereich von J1:J2 alle Leerzeichen vor oder nach dem Zellinhalt entfernt.

Führende und nachfolgende Leerzeichen entfernen

```
Sub Leerstellen_bei_zellinhalten()
'führende und nachfolgende Leerstellen löschen
Dim bereich As Range
Dim zelle As Range
```

```
    Worksheets("Tabelle2").Activate
    Set bereich = Range("J1:J12")
    For Each zelle In bereich
        If Not IsEmpty(zelle) Then zelle.Value = Trim(zelle)
    Next zelle

End Sub
```

Im Gegensatz zur *Trim*-Funktion entfernt *LTrim* ausschließlich alle führenden, also links vom Text befindlichen Leerzeichen. Eine weitere Funktion, *RTrim* entfernt dagegen alle Leerzeichen, die sich rechts vom Text befinden, hier einige Beispiele.

Entfernen von Leerzeichen

```
Sub Leerzeichen_entfernen()
'Trim-Funktion
Dim text As String

    text = "    Guten Tag! "
    Debug.Print Len(text)           '15
    Debug.Print Len(LTrim(text))    '11
    Debug.Print Len(RTrim(text))    '14
    Debug.Print Len(Trim(text))     '10
    Debug.Print Trim(text)  'Guten Tag!

End Sub
```

Zeichenfolgen auf eine feste Länge auffüllen

Manche Zeichenfolgen erfordern eine feste Länge, z. B. Artikelnummern, Bestellnummern, Lagernummern, Kundennummern usw.. Nachfolgend ein Beispiel, das mit Hilfe eines benutzerdefinierten Zahlenformats ganze Zahlen auf eine feste Länge von 8 Zeichen bringt, indem diese von links mit 0 aufgefüllt werden.

Formatvorgabe für 8-stellige Zahl

```
Sub String_auf_bestimmte_laenge_bringen()
'z.B. Kundennummern auf 8 Stellen (führende Nullen)
'besser mit "00000000" als Formatvorgabe, rechtsbündig
Dim bereich As Range
Dim zelle As Range

    Worksheets("Tabelle2").Activate
    Set bereich = Range("M1:M12")
    For Each zelle In bereich
        If Not IsEmpty(zelle) Then
            'als Textformat mit "" vorgeben
            zelle.NumberFormat = "00000000"
        End If
    Next zelle

End Sub
```

Teile einer Zeichenkette ermitteln

Um aus einer Zeichenkette eine bestimmte Anzahl von Zeichen zu ermitteln bzw. abzutrennen, gibt es drei Funktionen mit unterschiedlichem Ansatz:

`Left`(zeichenkette, Länge)	links beginnend
`Right`(zeichenkette, Länge)	rechts beginnend
`Mid`(zeichenkette, Anfang[, Länge])	ab einer bestimmten Stelle, Länge optional

Das hier abgebildete Beispiel liefert aus dem angegebenen Dateinamen Arbeitsmappe2019.xlsx nacheinander die ersten 6 Zeichen, die letzten 4 Zeichen, ab der Position 8 die nächsten 5 Zeichen sowie ab Position 8 alle restlichen Zeichen und gibt diese im Direktbereich aus.

Zerlegen von Zeichenketten

```
Sub textabschnitte()
'Left-/Right-/Mid-Funktion
Dim text As String

    text = "Arbeitsmappe2019.xlsx"
    Debug.Print Left(text, 6)    'Arbeit
    Debug.Print Right(text, 4)   'xlsx
    Debug.Print Mid(text, 8)     'mappe2019.xlsx
    Debug.Print Mid(text, 8, 5)  'mappe

End Sub
```

Zeichenketten durchsuchen

Zeichen suchen mit der InStr-Funktion

Die Suche nach bestimmten Zeichen in einer Zeichenkette erledigt die *InStr*-Funktion. Diese gibt die Position des ersten Auftretens als Zahl zurück. Damit lässt sich beispielsweise nach einem Trenn- oder Sonderzeichen oder einer Zeichenfolge innerhalb einer anderen Zeichenkette suchen.

`InStr`([Start,]Zeichenkette1, Zeichenkette2[, Vergleich])

Die Suche beginnt beim ersten Zeichen, wenn keine Startposition angegeben wird. Diese ist nur erforderlich, wenn eine besondere Vergleichsoption (binärer oder textbasierter Vergleich) gewählt wird. Im folgenden Beispiel wird die Position des Punktes zum Trennen von Dateibezeichnung und Dateierweiterung ermittelt.

Position des Trennzeichens ermitteln

```
Sub text_durchsuchen()
'InStr-Funktion
Dim text As String

    text = "Arbeitsmappe2019.xlsx"
    Debug.Print InStr(text, ".")    '17

End Sub
```

Mit Hilfe der *InStr*-Funktion können auch Zeichenketten zerlegt werden – allerdings etwas mühsam, wie das Beispiel (mit kombinierten Funktionen) zeigt.

Beispiel: Briefanrede in drei Komponenten zerlegen: Anrede, Vorname, Nachname
Als Beispiel soll die folgende Briefanrede in drei Teile zerlegt werden:

"Sehr geehrte Frau Michaela Freund"

Trennzeichen ist in diesem Fall ein Leerzeichen " " (Blank), dieses kommt in der gesamten Zeichenfolge an vier Stellen vor. Die Ausgabe erfolgt wieder im Direktfenster.

Zeichenkette Briefanrede an bestimmten Leerstellenpositionen zerlegen

```
Sub Text_aufteilen()
'Beipiel: Kombinierte Funktionen
Dim textzeile As String
Dim anrede As String
Dim nachname As String
Dim vorname As String
Dim pos(1 To 4) As Integer
Dim textende As Integer

Const trennzeichen As String = " "

    'Der aufzuteilende Text
    textzeile = "Sehr geehrte Frau Michaela Freund"
    'Positionen der Trennzeichen ermitteln
    pos(1) = InStr(1, textzeile, trennzeichen)
    pos(2) = InStr(pos(1) + 1, textzeile, trennzeichen)
    pos(3) = InStr(pos(2) + 1, textzeile, trennzeichen)
    pos(4) = InStr(pos(3) + 1, textzeile, trennzeichen)
    textende = Len(textzeile)                     'Zeichenkettenlänge
    Debug.Print textzeile                         'zur Kontrolle
    Debug.Print pos(1), pos(2), pos(3), pos(4) 'im Direktfenster
    'Anrede soll 3 Worte beeinhalten
    anrede = Left(textzeile, pos(3) - 1)
    vorname = Mid(textzeile, pos(3) + 1, pos(4) - pos(3) - 1)
    nachname = Right(textzeile, textende - pos(4))
    Debug.Print anrede
    Debug.Print vorname
    Debug.Print nachname

End Sub
```

Zeichenketten mit der Split-Funktion trennen

Wesentlich einfacher als mit *InStr* kann man Zeichenketten mit der *Split*-Funktion trennen. Die *Split*-Funktion gibt alle zerlegten Teile in Form eines eindimensionalen Datenfeldes (Array) zuruck.

`Split(`Zeichenkette[, Trennzeichen [, limit [, compare]]]`)`

Angewendet auf das oben genannte Beispiel, das Aufteilen einer Briefanrede, benötigt man lediglich das Argument *Zeichenkette*. Wenn kein Trennzeichen angegeben ist, wird in der Voreinstellung bei Leerzeichen getrennt.

Zeichenkette Briefanrede an allen Leerstellen zerlegen

```
Sub Text_aufteilen2()
'Split_funktion
Dim textzeile As String
Dim splittext() As String   'Datenfeld
Dim i As Integer

    'Der aufzuteilende Text
    textzeile = "Sehr geehrte Frau Michaela Freund"
    splittext = Split(textzeile)
    'Datenfeld mit Teilstrings
    For i = 0 To UBound(splittext)
        Debug.Print i, splittext(i)
    Next i

End Sub
```

Die *UBound*-Funktion gibt den größten verfügbaren Index des Datenfeldes zurück (nullbasiert). Andere Trennzeichen als das Leerzeichen müssen explizit vorgegeben werden, aber nicht zwingend als Konstante wie im folgenden Beispiel.

Vorgabe des Trennzeichens

```
 Sub Text_aufteilen3()
'Split_funktion
Dim textzeile As String
Dim splittext() As String
Dim i As Integer

Const trennzeichen As String = "_"

    'Der aufzuteilende Text
    textzeile = "Sehr_geehrte_Frau_Michaela_Freund"
    'Datenfeld mit Teilstrings
    splittext = Split(textzeile, trennzeichen)
    For i = 0 To UBound(splittext)
        Debug.Print i, splittext(i)
    Next i

End Sub
```

Beispiel: Text in Spalten aufteilen

Spalte A enthält Nachname und Vorname, mit Komma und Leerzeichen getrennt. Diese sollen auf die Spalten B und C aufgeteilt werden.

Ausgangsdaten

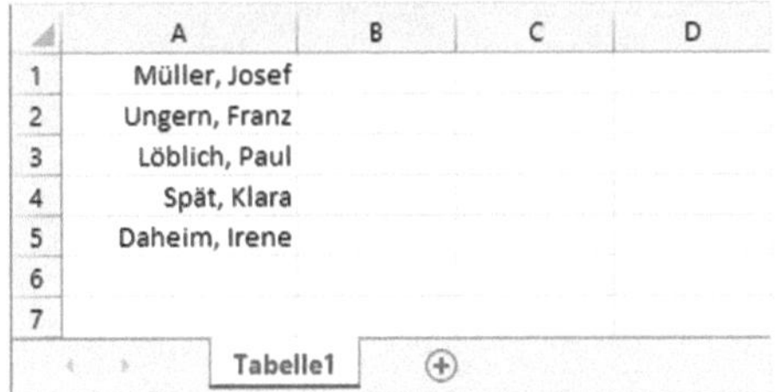

	A	B	C	D
1	Müller, Josef			
2	Ungern, Franz			
3	Löblich, Paul			
4	Spät, Klara			
5	Daheim, Irene			
6				
7				

Tabelle1

Ergebnis

	A	B	C	D
1	Müller, Josef	Müller	Josef	
2	Ungern, Franz	Ungern	Franz	
3	Löblich, Paul	Löblich	Paul	
4	Spät, Klara	Spät	Klara	
5	Daheim, Irene	Daheim	Irene	
6				
7				

Tabelle1

Datei: Split_Funktion.xlsm

In Spalten aufteilen

```
Sub aufteilen1()
Dim zeile As Integer
Dim wert As Variant          'für Array aus Split
```

```
    Worksheets("Tabelle1").Activate
    'Aufteilung bei der Zeichenfolge ", "
    For zeile = 1 To 5
        wert = Split(Range("A" & zeile).Value, ", ")
        Range("B" & zeile).Value = wert(0)
        Range("C" & zeile).Value = wert(1)
    Next zeile
End Sub
```

Bei Zeilennumbruch trennen

Manchmal sind Zellinhalte auch mit einem Zeilenumbruch, erzeugt mit Alt+Eingabetaste, getrennt. In diesem Fall geben Sie das Trennzeichen entweder mit dem Zeichen *Chr(10)* an oder verwenden die VB-Konstante *vbLf* (Line Feed). Der Preis in der letzten Zeile muss außerdem mit der Funktion *CDbl* in eine verwertbare Dezimalzahl umgewandelt werden.

Zellen mit manuellem Zeilenumbruch aufteilen

A1 | *fx* 30356

	A	B	C	D	E	F	G	H
1	30356 Futternapf klein 16,95	30356	Futternapf klein	16,95				
2	40178 Vogelfutter 1 kg 2,98	40178	Vogelfutter 1 kg	2,98				
3	40199 Meisenringe 6 St. 2,30	40199	Meisenringe 6 St.	2,3				
4								

Der Code dazu

```
Sub aufteilen2()
Dim zeile As Integer
Dim wert As Variant
Dim zeichen As String
    zeichen = Chr(10)
    Worksheets("Tabelle2").Activate
    'Aufteilung bei Zeilenumbruch, Zeichen chr(10)
    'oder VB-Konstante vbLf=LineFeed
    For zeile = 1 To 3
        wert = Split(Range("A" & zeile).Value, zeichen)
        Range("B" & zeile).Value = wert(0)
        Range("C" & zeile).Value = wert(1)
        Range("D" & zeile).Value = CDbl(wert(2))
    Next zeile
End Sub
```

Hinweise

Siehe „Sonderzeichen verwenden" auf Seite 180.

- Weitere Sonderzeichen wie z. B. ± (Plus/Minus) können entweder über die Tastatur mit ihrer Nummer zusammen mit der Alt-Taste oder mit der Funktion *Chr()* eingegeben werden. Beim Beispiel Plus/Minus-Zeichen also mit der Eingabe Alt+241 oder als *Chr(177)*.
- Handelt es sich um Zahlen mit zusätzlichen Leerzeichen dazwischen, kann auf den Einsatz der *Trim*-Funktion verzichtet werden, da bei der Umwandlung durch die Funktion *CDbl* Leerstellen ignoriert werden.

Mehrere Zeichenfolgen aneinanderfügen (verketten)

Zeichenfolgen lassen sich mit dem Verkettungsoperator *&* zusammenfügen. Dieses Symbol wird auch Et-Zeichen, kaufmännisches Und oder im Englischen ampersand bezeichnet. Auf diese Weise können auch Texte mit Zahlen verbunden werden, allerdings wird das Ergebnis als Zeichenfolge behandelt.

Zelladressen zusammensetzen

Eine häufige Variante ist die Adressierung von Zellen einer Tabelle in einer Zählerschleife nach folgendem Muster

```
For i = 1 To 20
    Range("A" & i).Value = i
Next i
```

Variablen und Rückgabewerte verketten

Auch Variablen und Rückgabewerte von Funktionen lassen sich zu Zeichenketten verbinden, wie das kombinierte Beispiel zeigt.

Verketten von Variablen und Rückgabewerten aus Funktionen

```
Sub Texte_verketten()
'Verkettungsoperator "&"
Dim Monatsname As String
Dim Jahreszahl As Integer

    Monatsname = "April"
    Jahreszahl = 2021
    Debug.Print "01. " & Monatsname & " " & Jahreszahl
    Debug.Print "Heute ist der " & Date & ", ein "; Format(Date, "DDDD")

End Sub
```

Die Ausgabe im Direktbereich:

01. April 2021
Heute ist der 07.09.2018, ein Freitag

Umwandlung in Groß- oder Kleinbuchstaben

In manchen Fällen möchte man Excel veranlassen, nicht zwischen Groß- und Kleinschreibung zu unterscheiden. Mittels der Funktionen *UCase* und *LCase* kann ein String generell in Großbuchstaben oder in Kleinbuchstaben umgewandelt werden.

Umwandlung in Groß-/Kleinbuchstaben

```
Sub Gross_Klein_Schreibung()

    Debug.Print UCase("Januar")   '-> JANUAR
    Debug.Print LCase("Januar")   '-> januar

End Sub
```

Sonderzeichen verwenden

Aktuell aktivierte Zeichentabelle anzeigen

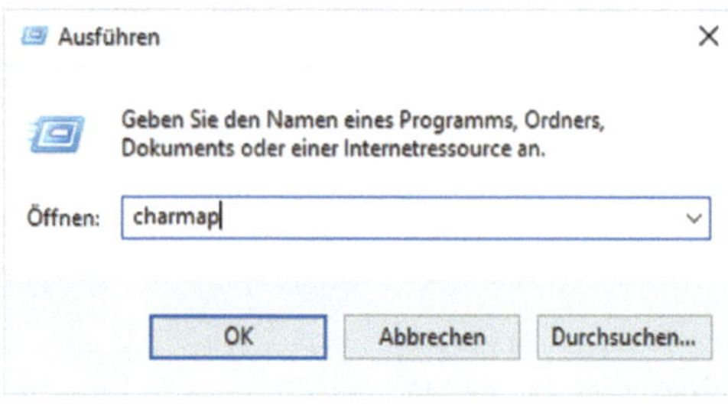

Falls Sie zur Suche oder für die Erstellung von Zeichenketten ein bestimmtes Sonderzeichen benötigen, können Sie die auf Ihrem PC aktuell verwendete Zeichentabelle abfragen. Wechseln Sie in das Windows-Ausführungsfenster (Windows-Taste + R oder Rechtsklick auf das *Start*-Symbol und Befehl *Ausführen*), geben Sie *charmap* ein und klicken Sie auf *OK*.

Klicken Sie in der Zeichentabelle auf das gesuchte Sonderzeichen. Für nicht auf der Tastatur vorhandene Zeichen sehen Sie unten rechts die Tastenkombination, in diesem Beispiel Alt + 0169. **Achtung**: Die Zahl muss unbedingt über den Ziffernblock eingegeben werden!

Aktivierte Zeichentabelle

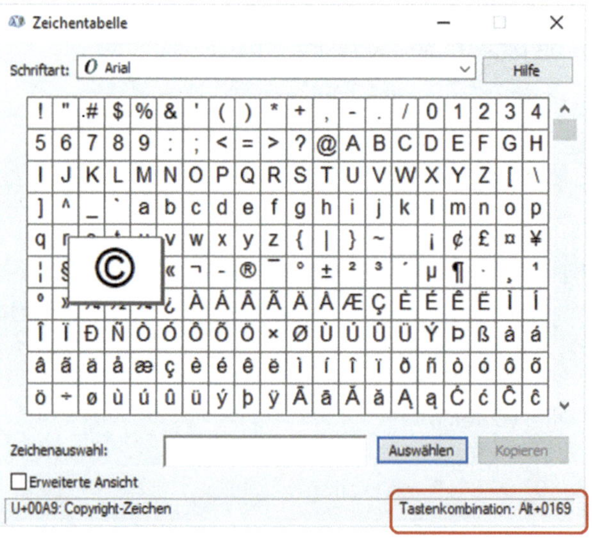

Hilfstabelle für die Zeichen 1-255 erzeugen

Alternativ können Sie auch eine Hilfstabelle mit den Elementen des Zeichensatzes anlegen. Verwenden Sie dazu in einer Zählerschleife von 1 bis 255 die Funktion *Chr()*.

Alternativlösung für die Ausgabe der Zeichentabelle

```
Sub Zeichensatz_anzeigen()
Dim i As Integer
    For i = 1 To 255
        Worksheets("Zeichensatz").Range("A" & i).Value = Chr(i)
    Next i
End Sub
```

Mit *Chr* und der Codenummer lassen sich die Sonderzeichen über den Verkettungsoperator *&* in die Zeichenkette einbauen.

```
MsgBox "Sonderzeichen 169: " & Chr(169)
```

9 Datum und Uhrzeit

9.1 Allgemeine Datums- und Zeitangaben

mdl_01_DatumZeit_bas.rtf

Excel bietet eine Reihe von speziellen Datums- und Uhrzeitfunktionen. Diese und auch Teile davon können zum Benennen von Tabellen, Arbeitsblättern und natürlich auch für Berechnungen verwendet werden.

Systemdatum und Systemzeit

Die Funktion *Date* liefert das aktuelle Systemdatum.

```
Debug.Print Date
```
11.11.2020

Die Funktion *Time* liefert die aktuelle Systemzeit.

```
Debug.Print Time
```
11:26:09

Die Funktion *Now* liefert Systemdatum und Uhrzeit.

```
Debug.Print Now
```
11.11.2020 11:26:09

Datum- und Uhrzeit formatieren

Datumsformate

Mit der Funktion *Format* und unter Verwendung vordefinierter benannter Datumsformate oder mit eigenen benutzerdefinierten Formaten lassen sich Datumswerte in unterschiedlichen Schreibweisen ausgeben. In der Tabelle erhalten Sie eine Übersicht über die Datumssymbole, diese können in benutzerdefinierten Datumsangaben beliebig miteinander kombiniert werden. Als Datumstrennzeichen sind beliebige Zeichen, z. B. Leerzeichen oder Bindestrich (-) möglich.

Symbol	Bereich
d	1 - 31 (Tag des Monats, ohne vorangestellte 0)
dd	01 - 31 (Tag des Monats, zweistellig mit vorangestellter 0)
w	1 bis 7 (Tag der Woche, beginnend mit Sonntag = 1)
ww	1 - 53 (Woche des Jahres, ohne vorangestellte 0; Woche 1 beginnt am 1. Januar)
m	1 - 12 (Monat des Jahres, ohne vorangestellte 0, beginnend mit Januar = 1)
mm	01 - 12 (Monat des Jahres, zweistellig mit vorangestellter 0, beginnend mit Januar = 01)
mmm	auf drei Zeichen abgekürzte Monatsnamen, z. B. Jan
mmmm	vollständige Monatsnamen
y	1 - 366 (Tag des Jahres)
yy	00 - 99 (Die letzten zwei Ziffern des Jahres)
yyyy	100 - 9999 (drei oder vierstellige Jahresangabe)

Beispiele: (Groß- oder Kleinschreibung möglich)

```
Format(Date, "DD.MM.YYYY")               05.02.2020
Format(Date, "DD-MM-YYYY")               05-02-2020
Format(Date, "DD:MM:YYYY")               05:02:2020
Format(Date, "DD/MM/YYYY")               05.02.2020
Format(Date, "YYYY.MM.DD")               2020.02.05
Format(Date, "YYYY/MM/DD")               2020.02.05
Format(Date, "YYYY-MM-DD")               2020-02-05
Format(Date, "YYYYMMDD")                 20200205
Format(Date, "D.M.YYYY")                 5.2.2020
Format(Date, "DD.MMM.YYYY")              05.Feb.2020
Format(Date, "DD.MMMM.YYYY")             05.Februar.2020
Format(Date, "DDD DD.MMMM.YYYY")         Mi 05.Februar.2020
Format(Date, "DDDD DD.MMMM.YYYY")        Mittwoch 05.Februar.2020
Format(Date, "DDDD, DD.MMMM.YYYY")       Mittwoch, 05.Februar.2020
```

Alternativ können die benannten Anzeigeformate *General Date*, *Short Date* und *Long Date* verwendet werden.

```
Format(Now, "General Date")              05.02.2020 11:20:02
Format(Now, "Short Date")                05.02.2020
Format(Now, "Long Date")                 Mittwoch, 5. Februar 2020
```

Mit der Funktion *FormatDateTime* sind auch Konstanten für einfache Ausgabeformate für Datums und/oder Zeitangaben verfügbar. Die Bezeichnung entspricht den o. g. Ausdrücken.

```
FormatDateTime(Now, vbLongDate)          Mittwoch, 5. Februar 2020
FormatDateTime(Now, vbShortDate)         05.02.2020
FormatDateTime(Now, vbGeneralDate)       05.02.2020 11:20:02
FormatDateTime(Now, vbLongTime)          11:50:56
FormatDateTime(Now, vbShortTime)         11:50
```

Uhrzeitformate

Im Grunde genommen gilt für Zeitangaben das gleiche wie bei den Datumsformaten. Für die formatierte Ausgabe können folgende Symbole beliebig miteinander kombiniert werden.

Symbol	Bereich
h	0 - 23 (1 bis 12 mit "AM" oder "PM" angefügt) (Uhrzeit, ohne vorangestellte 0)
hh	00 - 23 (01 bis 12 mit "AM" oder "PM" angefügt) (Uhrzeit, mit vorangestellter 0)
n	0 - 59 (Minute der Stunde, ohne vorangestellte 0)
nn	00 - 59 (Minute der Stunde, mit vorangestellter 0)

Symbol	Bereich
m	0 - 59 (Minute der Stunde, ohne vorangestellte 0) **Achtung**: Nur, wenn h oder hh vorangestellt ist, da sonst Verwechslung mit Monat!
mm	00 - 59 (Minute der Stunde, mit vorangestellter 0) Nur, wenn h oder hh vorangestellt ist.
s	0 - 59 (Sekunde der Minute, ohne vorangestellte 0)
ss	00 - 59 (Sekunde der Minute, mit vorangestellter 0)

Beispiele: (Groß- oder Kleinschreibung möglich)

`Format(Now, "Long Time")`	11:50:56
`Format(Now, "Short Time")`	11:50
`Format(Time, "Long Time")`	11:50:56
`Format(Time, "Short Time")`	11:50
`Format(Time, "hh:mm:ss")`	11:50:56
`Format(Time, "hh")`	11
`Format(Time, "hh-mm-ss")`	11-50-56
`Format(Time, "hh:mm:ss AM/PM")`	12:02:55 PM

Teile von Datumswerten

Wird nur ein Teil eines Datums oder einer Zeitangabe, z. B. Jahr oder Monat benötigt, dann können diese Informationen aus den Datums- und Uhrzeitformaten ausgelesen werden, hier einige Beispiele.

`Format(Date, "yyyy")`	2020
`Format(Date, "mm")`	08
`Format(Now, "hh")`	11
`Format(Now, "nn")`	50
`Format(Now, "ss")`	56

Hinweis: Kalenderwoche oder Quartal als Zahl können mit der Funktion *DatePart* ermittelt werden, siehe Seite 191.

Daneben liefern auch die Funktionen *Year*, *Month*, *Day*, *Weekday*, *Hour*, *Minute*, *Second* Teile eines Datums:

`datum As Date`	06.02.2020 13:27:45	
`Year(datum)`	Jahr:	2020
`Month(datum)`	Monat:	2
`Day(datum)`	Tag:	6
`Weekday(datum)`	Wochentag:	5 (Donnerstag!)
`Hour(datum)`	Stunde:	13
`Minute(datum)`	Minute:	27
`Second(datum)`	Sekunde:	45

Erster Tag der Woche

Den meisten Excel-Nutzern dürfte das Problem bekannt sein, dass wenn nichts anderes angegeben wird, die Berechnung des Wochentags als Zahl auf dem amerikanischen System basiert. Demnach beginnt die Woche mit dem Sonntag = 1. Es gibt aber auch in VBA die Möglichkeit, den ersten Tag der Woche festzulegen und zwar mit einem zusätzlichen Parameter und einer Konstanten oder Zahl. Im Fall der europäischen Norm sind dies *vbMonday* oder die Zahl 2, siehe Tabelle unten.

```
Weekday(Date, vbMonday)
```

Konstante	Wert	Erster Tag der Woche
vbUseSystemDayOfWeek	0	Standard (amerikan. System)
vbSunday	1	Sonntag
vbMonday	2	Montag
vbTuesday	3	Dienstag
vbWednesday	4	Mittwoch
vbThursday	5	Donnerstag
vbFriday	6	Freitag
vbSaturday	7	Samstag

Namen von Monat und Wochentag als Text

Monatsname

Die Funktion *MonthName* wandelt eine ganze Zahl (1- 12) in einen Monatsnamen um. Ohne weiteren Parameter werden die vollen Monatsnamen ausgegeben, über eine Ausgabe in 3-stelliger Kurzform, z. B. Jan entscheidet der Wahrheitswert *True*.

```
MonthName(Wert)                    False = default
MonthName(Wert, True)
```

Wochentag als Text

Die Funktion *WeekdayName* liefert aus dem Wochentag als Zahl den Wochentag als Text, z. B. Mittwoch. Eine 2-stellige Kurzform (Mi) kann durch Angabe des Parameters *True* festgelegt werden. Ein weiter Parameter legt wieder den 1. Tag der Woche fest: entweder über einen Wert oder die entsprechenden VB-Konstanten, siehe Tabelle oben.

```
WeekdayName (Wochentag, TRUE/FALSE, 1. Tag der Woche)
```

Achtung: Auch hier beginnt wieder die Woche mit Sonntag (1), wenn nichts anderes angegeben wird. Am besten passen Sie den Wochentag bereits bei der Ermittlung aus dem Datumswert entsprechend an:

```
WeekdayName(Weekday(Date, vbMonday))
```

9.2 Berechnungen mit Datum und Uhrzeit

Datums- und Zeitwerte umwandeln

Formatierte Datumsangaben aus Zahlen

mdl_02_DatumZeit_umwandeln_bas.rtf

Die Funktion *DateSerial* gibt einen Datumswert zurück, der sich aus Jahreszahl, Monat und Tag zusammensetzt.

```
DateSerial(2020, 12, 24)      24.12.2020
```

Formatierte Zeitangaben aus Zahlen

Analog dazu arbeitet die Funktion *TimeSerial*. Sie gibt Stunden, Minuten und Sekunden zurück.

```
TimeSerial(18, 47, 11)    18:47:11
```

Datumswerte aus Zeichenfolgen

Hinweis: Siehe auch Kapitel 8, Zeichenfolgen in VBA.

Die Funktion *DateValue* wandelt eine Zeichenfolge (String) in einen gültigen formatierten Datumswert um. Sie wird beispielsweise eingesetzt, wenn Zeichenfolgen aus Formularfeldern übergeben werden.

```
DateValue("24.12.2020")           24.12.2020
DateValue("2020/12/24")           24.12.2020
Date                              06.02.2020
Date + 10                         16.02.2020
DateValue(Date) + 10              16.02.2020
```

Zeitwerte aus Zeichenfolgen

Die Funktion *TimeValue* wandelt eine Zeichenfolge in einen gültigen formatierten Zeitwert um. Auf diese Weise lassen sich auch Zeitzuschläge, beispielsweise für Verzögerungen oder Vergleiche programmieren.

```
TimeValue("8:47:5")               08:47:05
TimeValue("8:47:5 PM")            20:47:05
Time                              15:18:53
Time + TimeValue("00:02:00")      15:20:53
```

mdl_03_Zeitabschnitte_bas.rtf

Addieren und subtrahieren

Mit Hilfe der Funktion *DateAdd* lassen sich zu einem Datum Zeitintervalle addieren oder von ihm subtrahieren, die Syntax:

```
DateAdd(Intervall, Anzahl, Datum)
```

Das Argument *Intervall* wird als Zeichenfolge angegeben, folgende Intervalle bzw. Symbole können verwendet werden:

Symbol	Intervall
yyyy	Jahr
q	Quartal
m	Monat
y	Tag des Jahres
d	Tag

Symbol	Intervall
w	Wochentag
ww	Woche
h	Stunde
n	Minute
s	Sekunde

Auf diese Weise lässt sich beispielsweise ein Datum berechnen, das einige Tage später liegt. Soll ein Zeitintervall von einem Datum subtrahiert werden, muss es mit negativem Vorzeichen angegeben werden. Auch Uhrzeiten lassen sich auf diese Weise berechnen, hier einige Beispiele.

	`Date`	06.02.2020
+3 Tage	`DateAdd("d", 3, Date)`	09.02.2020
-3 Tage	`DateAdd("d", -3, Date)`	03.02.2020
+2 Wochen	`Debug.Print DateAdd("ww", 2, Date)`	20.02.2020
+3 Monate	`Debug.Print DateAdd("m", 3, Date)`	06.05.2020
+11 Monate	`Debug.Print DateAdd("m", 11, Date)`	06.01.2021
+1 Jahr	`Debug.Print DateAdd("yyyy", 1, Date)`	06.02.2021

	`Time`	16:21:09
+2 Stunden	`DateAdd("h", 2, Time)`	18:21:09
+90 Minuten	`DateAdd("n", 90, Time)`	17:51:09
+10 Sekunden	`DateAdd("s", 10, Time)`	16:21:19

Zahlungsziel mit Berücksichtigung der Wochentage

Ein häufiges Beispiel für Berechnungen mit Datumswerten ist die Berechnung des Zahlungsziels, indem zum Rechnungsdatum eine bestimmte Anzahl von Tagen hinzuaddiert wird. Hierzu stehen verschiedene Lösungswege zur Verfügung, diese können auch für Wochen oder Monate eingesetzt werden.

Berechnung mit DateAdd

Eine mögliche Lösung stellt die Verwendung der Funktion *DateAdd* dar. In folgenden Beispiel werden zu dem aktuellen Systemdatum (Date) einfach 10 Tage ("d") hinzugerechnet, siehe oben.

```
Sub tage_addieren()
Dim zahlungsziel As Date
    zahlungsziel = DateAdd("d", 10, Date)
    Debug.Print Date, zahlungsziel
End Sub
```

Arbeitstage bei der Berechnung berücksichtigen

Die Arbeitsblattfunktionen ARBEITSTAG und ARBEITSTAG.INTL werden eingesetzt, wenn zu einem Datum eine bestimmte Anzahl von Arbeitstagen hinzuaddiert werden soll. Die entsprechenden Funktionen in VBA heißen *WorkDay* und *WorkDay_Intl*.

Der Unterschied: Im Gegensatz zu *WorkDay* können mit *WorkDay_Intl* zusätzlich die Wochenendtage anhand von Zahlen definiert werden.

```
WorkDay(Ausgangsdatum, Tage, Feiertage)
WorkDay_Intl(Datum, Tage, Wochenendnummer, Feiertage)
```

Übersicht Wochenendtage:

Wochenendnummer	Wochenendtage
1 oder weggelassen	Samstag, Sonntag
2	Sonntag, Montag
3	Montag, Dienstag
4	Dienstag, Mittwoch
5	Mittwoch, Donnerstag
6	Donnerstag, Freitag
7	Freitag, Samstag

Wochenendnummer	Wochenendtage
11	nur Sonntag
12	nur Montag
13	nur Dienstag
14	nur Mittwoch
15	nur Donnerstag
16	nur Freitag
17	nur Samstag

Achtung Arbeitsblattfunktionen!
Beide Funktionen sind keine VBA-Funktionen und müssen deshalb als Arbeitsblattfunktion aufgerufen werden mit:

```
Application.WorksheetFunction.WorkDay(...)
```

Beispiel

```
Sub werktage_addieren1()
Dim zahlungsziel As Date
    'zahlbar in 10 Werktagentagen
    zahlungsziel = _
        Application.WorksheetFunction.WorkDay(Date, 10)
    Debug.Print Date, zahlungsziel
End Sub
```

In beiden Funktionen können mit dem optionalen Argument *Feiertage* arbeitsfreie Tage, die mit Datum in einer Liste hinterlegt sind, in die Berechnung einbezogen werden.

Zahlungsziel_Beispiel.xlsm

Zahlungsziel 10 Tage: Vergleich der Berechnungsmethoden
Ausgehend vom Rechnungsdatum soll den Kunden ein Zahlungsziel von 10 Tagen eingeräumt werden. Zum Vergleich der einzelnen Lösungswege werden nebeneinander jeweils 10 Tage, 10 Werktage und 10 Werktage unter Berücksichtigung von arbeitsfreien Tagen ausgewiesen. Die Liste der Feiertage ist in Spalte H der Tabelle *Zahlungsziel* hinterlegt.

Tabelle "Zahlungsziel" mit Feiertagsliste und unterschiedlich berechneten Zahlungszielen

```
Sub werktage_addieren2()
Dim redatum As Date
Dim zahlungsziel As Date
Dim feiertage As Range
Dim i As Integer

    With Worksheets("Zahlungsziel")
         Set feiertage = .Range("H3:H11")
         For i = 3 To 12
              redatum = .Range("B" & i).Value
              'zahlbar in 10 Tagen
              .Range("D" & i).Value = DateAdd("d", 10, redatum)
              'zahlbar in 10 Werktagen
              .Range("E" & i).Value = _
                   Application.WorksheetFunction.WorkDay(redatum, 10)
              'zahlbar in 10 Werktagen ohne Feiertage
              .Range("F" & i).Value = _
                   Application.WorksheetFunction.WorkDay _
                   (redatum, 10, feiertage)
              Next i
         End With
    End Sub
```

Vergleich Berechnungsmethoden

	A	B	C	D	E	F	G	H	I
1				10 Tage	10 Werktage	ohne Feiertage			
2	Empfänger	ReDatum	Wochentag	Zahlungsziel	Zahlungsziel	Zahlungsziel		Feiertage	
3	Firma1	11.02.2020	Di	21.02.2020	25.02.2020	25.02.2020		01.01.2020	
4	Firma2	14.02.2020	Fr	24.02.2020	28.02.2020	28.02.2020		10.04.2020	
5	Firma3	18.02.2020	Di	28.02.2020	03.03.2020	03.03.2020		12.04.2020	
6	Firma4	19.02.2020	Mi	29.02.2020	04.03.2020	04.03.2020		13.04.2020	
7	Firma5	22.03.2020	So	01.04.2020	03.04.2020	03.04.2020		01.05.2020	
8	Firma6	09.04.2020	Do	19.04.2020	23.04.2020	27.04.2020		31.05.2020	
9	Firma7	18.04.1918	Do	28.04.1918	02.05.1918	02.05.1918		01.06.2020	
10	Firma8	03.05.2020	So	13.05.2020	15.05.2020	15.05.2020		15.08.2020	
11	Firma9	03.06.2020	Mi	13.06.2020	17.06.2020	17.06.2020		03.10.2020	
12	Firma10	19.09.2020	Sa	29.09.2020	02.10.2020	02.10.2020		25.12.2020	
13								26.12.2020	
14									

Differenz zwischen zwei Datumswerten berechnen

Die Funktion *DateDiff* berechnet die Differenz zwischen zwei Datumsangaben und gibt diese im angegebenen Intervall aus, die Syntax:

`DateDiff(`Intervall`,` Anfangsdatum`,` Enddatum `[,` 1.Wochentag`] [,` 1.Woche des Jahres`])`

Als Intervall können ebenfalls die Symbole der Tabelle oben verwendet werden. Mit "d" werden die Tage zwischen zwei Angaben berechnet, mit "ww" die Wochen, mit "m" die Monate, mit "h" die Stunden usw.

```
DateDiff("d", "1.1.2019", "01.01.2020")     365
DateDiff("ww", "1.1.2019", "01.01.2020")    52
DateDiff("m", "1.1.2019", "01.01.2020")     12
DateDiff("h", "1.1.2019", "01.01.2020")     8760
```

Alter berechnen

mdl_03_Zeitabschnitte_bas.rtf

Funktion DateDiff

Mit der *DateDiff*-Funktion lässt sich auch das Alter zum aktuellen Zeitpunkt berechnen. Mit dem Argument "yyyy" wird das Alter als ganze Zahl, allerdings aufgerundet zurückgegeben. Präziser wird es durch die Berechnung der Differenz in Tagen. Geteilt durch 365,25 (unter grober Berücksichtigung der Schaltjahre) erhält man verwertbare, in der Praxis oft ausreichende, Altersangaben.

Alter mit DateDiff berechnen

```
Sub alter_berechnen1()
Dim GebDat As Date
    GebDat = "12.09.1976"
    'Alter zum aktuellen Zeitpunkt in Jahren
    Debug.Print DateDiff("yyyy", GebDat, Date)
    'Alter zum aktuellen Zeitpunkt in Tagen
    Debug.Print DateDiff("y", GebDat, Date)
    'Alter zum aktuellen Zeitpunkt in Jahren mit Dezimalstelle
    Debug.Print _
         Format(DateDiff("y", GebDat, Date) / 365.25, "0.0")
End Sub
```

Als Ergebnis im Direktbereich erhalten Sie: 43 15491 42,4

Tag und Monat vergleichen

Ein exaktes Ergebnis erhalten Sie, wenn Sie zusätzlich vergleichen, ob Tag und Monat des aktuellen Datums kleiner sind als Tag und Monat des Geburtsdatums. In diesem Fall muss vom Alter ein Jahr abgezogen werden, wie im Beispiel unten.

Alter mit Datumsvergleich

```
Sub alter_berechnen3()
Dim GebDat As Date
Dim alter as Byte
    GebDat = "12.09.1976"
    alter = DateDiff("yyyy", Geburtsdatum, Now)
    If Date < DateSerial(Year(Now), Month(Geburtsdatum), _
         Day(Geburtsdatum)) Then
         alter = alter - 1
    End If
    Debug.Print alter
 End sub
```

Einfache Datumsdifferenz

In manchen Fällen genügt auch einfach die Differenz zwischen den beiden Datumsangaben für eine brauchbare Altersangabe.

Alter als einfache Datumsdifferenz berechnen

```
Sub alter_berechnen2()
Dim GebDat As Date
    GebDat = "12.09.1976"
    'Alter zum aktuellen Zeitpunkt in Tagen
    Debug.Print Date - GebDat
    'Alter zum aktuellen Zeitpunkt in Jahren mit Dezimalstelle
    Debug.Print Format((Date - GebDat) / 365.25, "0.0")
End Sub
```

Die Ergebnisse im Direktbereich: 15491 42,4

Kalenderwoche und Quartal mit DatePart

Mit der Funktion *DatePart* und denselben Intervallen, wie in den Funktionen *DateDiff* und *DateAdd* (siehe Tabelle auf Seite 186) lassen sich ebenfalls Teile eines Datums ermitteln, damit ist auch die Berechnung des Quartals oder der Kalenderwoche möglich. Die Syntax:

`DatePart(`Intervall`,` Datum`, [,` 1. Wochentag`] [,` 1. Woche des Jahres`])`

Kalenderwoche nach europäischer Norm

Damit die Kalenderwoche korrekt nach europäischer Norm (Kalenderwoche 1 ist die Woche mit dem ersten Donnerstag des Jahres) ermittelt wird, müssen der 1. Wochentag (*vbMonday*) und die 1. Woche des Jahres festgelegt werden. Ohne Angabe der 1. Woche des Jahres erfolgt die Berechnung der Kalenderwoche nach dem amerikanischen System und die Woche mit dem 1. Januar ist die erste Kalenderwoche.

Als Parameter können die Konstanten *vbFirstFourDays* oder *vbUseSystem* verwendet werden, wobei sich letztere auf die Systemeinstellung von Windows bezieht.

	`Date`	06.02.2021
Kalenderwoche	`DatePart("ww", Date, vbMonday)`	6
	`DatePart("ww", Date, vbMonday, vbFirstFourDays)`	5
Quartal	`DatePart("q", Date, vbMonday)`	1

Zeitmessungen mit der Timer-Funktion

Zur Laufzeitmessung von Prozeduren oder um Zeitverzögerungen in Programmabläufe einzubauen, verwendet man die Funktion *Timer* (Zeitgeberfunktion). Diese liefert die Sekunden, die seit Mitternacht, bzw. seit Tagesbeginn vergangen sind. Der Rückgabewert ist vom Typ Single, somit sind auch Bruchteile einer Sekunde möglich.

`Debug.Print Time`	13:07:07
`Debug.Print Timer`	47227

Beispiel: Zeitverzögerung von 5 Sekunden im Programmablauf (Pause)

Mit der Funktion *DoEvents* wird während des Schleifendurchlaufs die Kontrolle wieder an das Betriebssystem zurückgegeben.

5 Sekunden Pause im Programmablauf

```
Sub verzoegerung()
'Verwendung der Funktion Timer -> Single
Dim zeit As Single

    zeit = Timer
    Debug.Print zeit
    While Timer < zeit + 5
        DoEvents
    Wend
    Debug.Print Timer
End Sub
```

Dieses und weitere Beispiele finden Sie auch in Kapitel 14, Performance.

9.3 Datentypen und Konvertierungsfunktionen

Der Datentyp Date

Der Wert -657434 steht für 01.01.100

Der Wert 2958465 steht für 31.12.9999

Eine Variable von Typ *Date* beinhaltet Datums- und Zeitangaben. Dieser Typ benötigt dazu 8 Bytes und umfasst den Bereich vom 1. Januar 100 bis 31. Dezember 9999 mit den Uhrzeiten von 00:00:00 Uhr bis 23:59:59.

Achtung: Der Datentyp *Date* ist nicht zu verwechseln mit der *Date*-Funktion, die die Systemzeit liefert.

```
Dim reisebeginn As Date
```

Intern werden Datumsangaben werden als Gleitkommazahl gespeichert. Der Wert links vom Dezimalzeichen entspricht dem Datum und die Nachkommastellen bilden die. Negative Zahlen entsprechen Datumsangaben vor dem 30. Dezember 1899. Beachten Sie die Unterschiede zum Datumsformat im Tabellenblatt.

Wert	Datentyp Date VBA-Variable	Datumsformat im Arbeitsblatt
2	01.01.1900	02.01.1900
1	31.12.1899	01.01.1900
0	00:00:00	00.01.1900
-1	29.12.1899	##########
-2	28.12.1899	##########

Werden Dezimalzahlen in Datumswerte konvertiert, bildet der Wert links vom Dezimaltrennzeichen das Datum und die Nachkommastellen die Uhrzeit: Mitternacht = 0 und Mittag (12:00) = 0,5.

Wert	Datentyp Date, VBA-Variable
23,5	22.01.1900 12:00:00
13,25	12.01.1900 06:00:00
-1,333	29.12.1899 07:59:31
-32,6789	28.11.1899 16:17:37

Datentyp Date prüfen

mdl_05_Pruefen_konvertieren

Die Funktion *IsDate* liefert als Ergebnis den Wahrheitswert *True*, wenn eine Zeichenfolge als gültiges Datum erkannt wird, andernfalls erhalten Sie das Ergebnis *Falsch*. Schaltjahre und amerikanische Schreibweise werden erkannt, Zahlen dagegen nicht. Hier ein einfaches Beispiel, das eine Zeichenfolge auf ihre Gültigkeit als Datum überprüft und das Ergebnis im Direktbereich ausgibt.

Zeichenfolge auf Gültigkeit als Datum prüfen

```
Sub datum_pruefen()
Dim varTest As Variant
Dim ergebnis As Boolean

    varTest = "15. April 1999"
    ergebnis = IsDate(varTest)
    Debug.Print varTest, ergebnis
End Sub
```

Weitere Tests liefern die folgenden Ergebnisse:

```
15. April 1999       Wahr
2020-10-1            Wahr
43499                Falsch
januar 1899          Wahr
32.5.2020            Falsch
23/4/2005            Wahr
```

Ausdrücke in Datum oder Uhrzeit umwandeln

Ausdruck in Datum konvertieren

IsDate prüft nur, ob es sich bei einem Ausdruck um ein gültiges Datum handelt, mit der Typkonvertierungsfunktion *CDate* kann ein Ausdruck dagegen in den Datentyp *Date* konvertiert werden. *CDate* erkennt dabei die meisten Datums- und Uhrzeitschreibweisen sowie einige Zahlen, die in den Bereich zulässiger Datumsangaben fallen. Beim Konvertieren einer Zahl in ein Datum, wird der Teil vor dem Komma in ein Datum umgewandelt und die Nachkommastellen in eine Uhrzeit, beginnend mit Mitternacht.

`Debug.Print CDate("1.1.20")`	01.01.2020
`Debug.Print CDate(43499)`	03.02.2019
`Debug.Print CDate(43499.5)`	03.02.2019 12:00:00
`Debug.Print CDate(43499.00001)`	03.02.2019 00:00:01

Zeitangaben befinden sich hinter dem Dezimaltrennzeichen (Komma).

`Debug.Print CDate(0)`	00:00:00
`Debug.Print CDate(0.99999)`	23:59:59
`Debug.Print CDate(1)`	31.12.1899
`Debug.Print CDate(1.5)`	31.12.1899 12:00:00
`Debug.Print CDate(2.5)`	01.01.1900 12:00:00

Hinweis: In der Tabelle wird die Zahl 1 in das Datum 01.01.1900 konvertiert.

Ausdruck in Uhrzeit konvertieren

Als String übergebene Uhrzeiten werden in das sechsstellige Format umgewandelt.

`Debug.Print CDate("12:45")`	12:45:00

Einschränkung der Anzeige durch Formatierung auf Stunden und Minuten

`Debug.Print Format(CDate(uhrzeit), "hh:mm")`	12:45

Zeitangabe ohne Doppelpunkt konvertieren

In einigen Bereichen, wie beispielsweise im Flugwesen erfolgt die Zeitangabe in Form einer Zeichenfolge ohne Doppelpunkt zwischen Stunden und Minuten. Zur Umwandlung in ein korrektes Zeitformat wird der Übergabestring auf die Länge von 4 Stellen geprüft (*Len*) und ggf. durch Voranstellen einer 0 ergänzt. Danach wird er in zwei Gruppen mit je 2 Stellen aufgeteilt und der Doppelpunkt dazwischen positioniert.

```
uhrzeit = "1245"
If Len(uhrzeit) < 4 Then uhrzeit = "0" & uhrzeit
Debug.Print Left(uhrzeit, 2) & ":" & Right(uhrzeit, 2)
```

Analog dazu erfolgt die Umwandlung in eine sechsstellige Zeitangabe:

```
Debug.Print CDate(Left(uhrzeit, 2) & ":" & Right(uhrzeit, 2))
Debug.Print TimeSerial(Left(uhrzeit, 2), Right(uhrzeit, 2), 0)
```

Hier ein Beispiel mit der Ausgabe in einer Tabelle:

Zeitangabe ohne Doppelpunkt umwandeln

```
Sub zeit4()
Dim uhrzeit As String

    uhrzeit = "1245"
    If Len(uhrzeit) < 4 Then uhrzeit = "0" & uhrzeit
    Range("A1").Value = uhrzeit
    Range("A2").Value = Left(uhrzeit, 2) & ":" & Right(uhrzeit, 2)
    Range("A3").Value = CDate(Left(uhrzeit, 2) & ":" & Right(uhrzeit, 2))
    Range("A4").Value = TimeSerial(Left(uhrzeit, 2), Right(uhrzeit, 2),
    'Formatierte Ausgabe
    Range("B3").Value = FormatDateTime(Range("A3").Value, vbLongTime)
    Range("B4").Value = FormatDateTime(Range("A4").Value, vbShortTime)
    Range("C3").Value = Format(Range("A32").Value, "hh:mm:ss")
    Range("C4").Value = Format(Range("A32").Value, "hh:mm")

End Sub
```

Das Ergebnis im Tabellenblatt

	A	B	C	D	E	F	G	H
1	1245							
2	12:45							
3	12:45:00 PM	12:45:00						
4	12:45:00 PM	12:45						
5								

Zur formatierten Ausgabe von Datum und/oder Uhrzeit wurde die Funktion *FormatDateTime* verwendet. Die Formatierung wird durch eine VBA-Konstante festgelegt.

Konstante	Wert	Beschreibung
vbGeneralDate	0	Datum und/oder Zeit. Datumsteil im kurzen Datumsformat, Zeitangabe als langes Zeitformat.
vbLongDate	1	Datum im langen Datumsformat (regionale Einstellungen)
vbShortDate	2	Datum im kurzen Datumsformat (regionale Einstellungen)
vbLongTime	3	Uhrzeit im Zeit-Format (regionalen Einstellungen)

Konstante	Wert	Beschreibung
vbShortTime	4	Uhrzeit im 24-Stunden-Format (hh: mm)

Zeitangaben mit eigenen Funktionen umwandeln

Für häufig benötigte Zeitumrechnungen können benutzerdefinierte Funktionen erstellt werden, siehe auch Kapitel 2.5, Eigene Funktionen erstellen.

Umrechnen in Stunden, Minuten und Sekunden

```
Function InStunden(uhrzeit As Date) As Double
    InStunden = uhrzeit * 24
End Function
```

```
Function InMinuten(uhrzeit As Date) As Double
    InMinuten = uhrzeit * 1440
End Function
```

mdl_06_eigeneFunktionen

```
Function InSekunden(uhrzeit As Date) As Long
    InSekunden = uhrzeit * 1440 * 60
End Function
```

Beispiel 1: Übergabe der Uhrzeit (*zeitangabe*) im Uhrzeitformat:

Verwenden der Umrechnungsfunktionen

```
Sub zeit_umrechnen1()
Dim zeitangabe As Date
    zeitangabe = "23:59:59"" 'Time
    Debug.Print zeitangabe
    Debug.Print "Stunden: ", InStunden(zeitangabe)
    Debug.Print "Minuten: ", InMinuten(zeitangabe)
    Debug.Print "Sekunden:"", InSekunden(zeitangabe)
End Sub
```

Das Ergebnis im Direktfenster

23:59:59
Stunden: 23,9997222222222
Minuten: 1439,98333333333
Sekunden: 86399

Beispiel 2: Übergabe als Dezimalzahl:

```
Sub zeit_umrechnen2()
Dim zeitangabe As Date
    zeitangabe = 0.8125           '19:30:00
    Debug.Print zeitangabe
    Debug.Print "Stunden: ", InStunden(zeitangabe)
    Debug.Print "Minuten: ", InMinuten(zeitangabe)
    Debug.Print "Sekunden:"", InSekunden(zeitangabe)

End Sub
```

Das Ergebnis im Direktfenster

19:30:00

Stunden: 19,5
Minuten: 1170
Sekunden: 70200

Beispiel 3: Zeitdifferenz berechnen; Wenn nach Mitternacht (zeit2 < zeit1) dann Korrektur durch +1.

Zeitdifferenz berechnen

```
Sub zeit_umrechnen3()
Dim zeit1 As Date
Dim zeit2 As Date
Dim zeitangabe As Date
    zeit1 = "04:08"
    zeit2 = "19:30"
    zeitangabe = zeit2 - zeit1
    If zeitangabe < 0 Then zeitangabe = zeitangabe + 1
    Debug.Print zeitangabe
    Debug.Print "Stunden: ", InStunden(zeitangabe)
    Debug.Print "Minuten: ", InMinuten(zeitangabe)
    Debug.Print "Sekunden: ", InSekunden(zeitangabe)
End Sub
```

Das Ergebnis im Direktfenster

15:22:00
Stunden: 15,3666666666667
Minuten: 922
Sekunden: 55320

Minuten in Stunden umrechnen

Wenn berechnete Minuten in Stunden umgewandelt und außerdem noch im Zeitformat dargestellt werden soll, hilft folgende Funktion weiter.

```
Function min2hours(minuten As Double) As Date
    min2hours = minuten / 1440
End Function
```

Das Beispiel liefert für 120,5 Minuten die Ausgabe im Direktfenster: 02:00:30

```
Sub minuten_in_stunden()
Dim minutenangabe As Double
    minutenangabe = 120.5
    'Im Zeitformat da Rückgabewert Type Date
    Debug.Print min2hours(minutenangabe)

End Sub
```

Dezimalzahl in Zeit umwandeln

Wenn Datums- und Zeitangaben von Excel intern verrechnet werden, handelt es sich um Dezimalzahlen. Vor dem Komma stehen die Tage, aus den Nachkommastellen erhält man die Minuten.

Dezimalzahl in Stunden und Minuten umrechnen

```
Sub zeit5()
Dim zeit As Double

  zeit = 2.8125
  'wandelt Dezimalzahl (Anzahl Tage, Zeit) in Stunden und Minuten um
  Debug.Print "Tage   : ", Val(zeit)
  Debug.Print "Stunden: ", Val(zeit * 24)
  Debug.Print "Minuten: ", Val((zeit * 24 - Val(zeit * 24)) * 60)
  Debug.Print Val(zeit * 24) & ":" & Val((zeit * 24 - Val(zeit * 24)) * 60)

End Sub
```

Das Ergebnis im Direktfenster:

Tage : 2
Stunden: 67
Minuten: 30
67:30

Datum und Uhrzeit in Textfeldern (UserForms)

In Formularen dienen Textfelder (*TextBox*) zur Anzeige von Zeitangaben. Daher gelten für die Anzeige und Eingabe von Zeit- und Datumswerten einige Besonderheiten.

Zeitangabe in einem Textfeld ausgeben

Als Beispiel sollen in drei Textfeldern des Formulars *UserForm1* die Systemzeit, eine Stunde plus sowie 30 Minuten vorher angezeigt werden. Der Programmcode befindet sich im Codefenster des Formulars *UserForm1*.

Formular mit Systemzeit und Varianten

Die Ausgabe erfolgt beim Initialisieren des Formulars UserForm1

Textfelder_mit_Datum.xlsm

```
Private Sub UserForm_Initialize()

    'aktuelle Systemzeit
    Me.TextBox1.Value = Time

    'aktuelle Systemzeit + 1 Stunde
    Me.TextBox2.Value = _
      TimeSerial(Hour(Now) + 1, Minute(Now), Second(Now))

    'Formatierte Ausgabe ohne Sekunden
    Me.TextBox3.Value = _
      Format(TimeSerial(Hour(Now), Minute(Now) + 30, 0), "hh:mm")

End Sub
```

Zeit- und Datumsangabe aus Textfeldern formatiert anzeigen

Bei der Eingabe von Datumswerten in Textfeldern lassen sich die Werte (Strings) mit dem Verlassen des Feldes überprüfen und ggf. in das gewünschte Format umwandeln.

Beispiel: Wenn sich die, in die beiden unten abgebildeten Textfelder des Formulars *UserForm2* eingegebenen, Werte als verwertbare Datumsangaben interpretieren lassen, dann sollen Zeitangabe und Datum auf europäische Darstellungsweise gebracht werden.Die Überprüfung erfolgt jeweils nach dem Verlassen der Textfelder (*Exit*-Ereignis).

Internationale Eingabe

Nationales Ausgabeformat

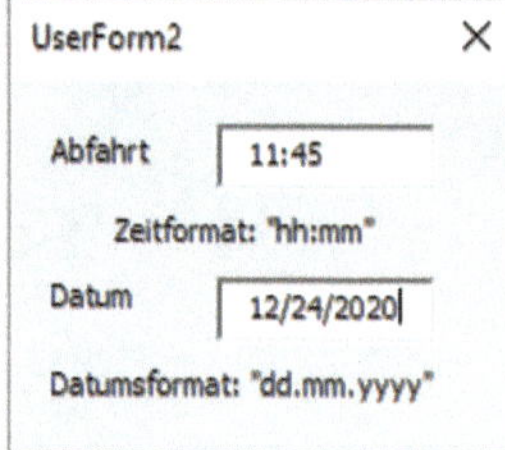

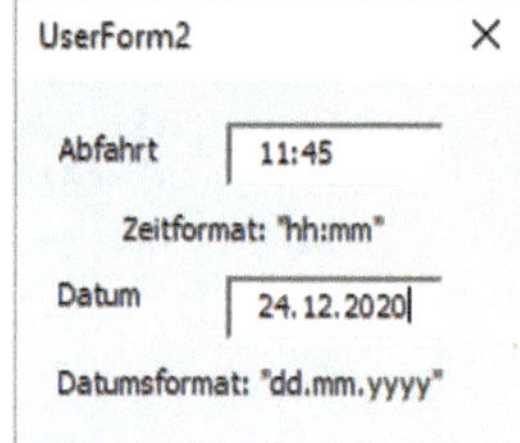

Die ereignisgesteuerten Prozeduren im Codefenster des Formulars UserForm2

```
Private Sub TextBox1_Exit(ByVal Cancel As MSForms.ReturnBoolean)

    If IsDate(Me.TextBox1.Value) = True Then
        Me.TextBox1.Value = Format(Me.TextBox1.Value, "hh:mm")
    Else
        Me.TextBox1.Value = "?"
    End If

End Sub
```

```
Private Sub TextBox2_Exit(ByVal Cancel As MSForms.ReturnBoolean)

    If IsDate(Me.TextBox2.Value) = True Then
        Me.TextBox2.Value = Format(Me.TextBox2.Value, "dd.mm.yyyy")
    Else
        Me.TextBox2.Value = "?"
    End If

End Sub
```

Wochentag in englischer Kurzform ausgeben

Datumseingabe formatiert und Wochentag in englischer Kurzform darstellen

Mit der Überprüfung auf einen gültigen Datumswert kann gleichzeitig auch der Wochentag als Text in geänderter Anzeigeform hinzugefügt werden (ohne die Systemeinstellungen zu verändern).

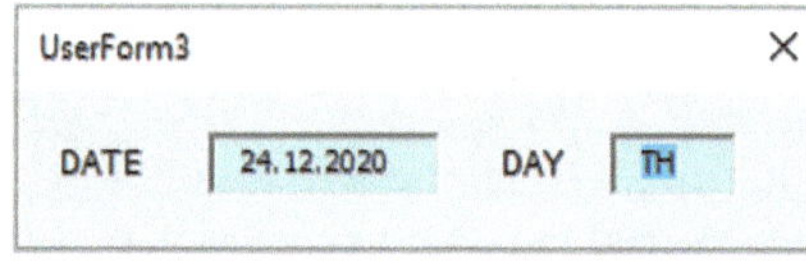

Ereignisgesteuerte Prozedur nach Datumseingabe in UserForm3

```
Private Sub txt_date_AfterUpdate()
Dim datum As Date

    'plausibles Datum prüfen, wenn JA,
    'dann der Variablen datum den Inhalt zuweisen
    If IsDate(Me.txt_date.Value) = True Then
        datum = Format(Me.txt_date.Value, "dd.mm.yyyy")
        'formatierten Eintrag im Formular zur Kontrolle
        Me.txt_date.Value = datum
        'Wochentag in englisch ausgeben;
        'Montag als 1. Tag der Woche vorgeben
        Select Case Weekday(datum, vbMonday)
            Case 1: Me.txt_day.Value = "MO"
            Case 2: Me.txt_day.Value = "TU"
```

```
            Case 3: Me.txt_day.Value = "WE"
            Case 4: Me.txt_day.Value = "TH"
            Case 5: Me.txt_day.Value = "FR"
            Case 6: Me.txt_day.Value = "SA"
            Case 7: Me.txt_day.Value = "SO"
        End Select
    End If

End Sub
```

Termine mit Wochentaganzeige eintragen

DatumPicker2020.xlsm

In eine Excel-Tabelle (Tabellenblatt *Tabelle1*) sollen Termine eingetragen werden. Da keine Terminvergabe an einem Wochenende erfolgen soll, hilft ein kleines Kalendertool und mit Klick auf die Schaltfläche *übernehmen* wird der ausgewählte Termin in die aktuell markierte Zelle eingetragen.

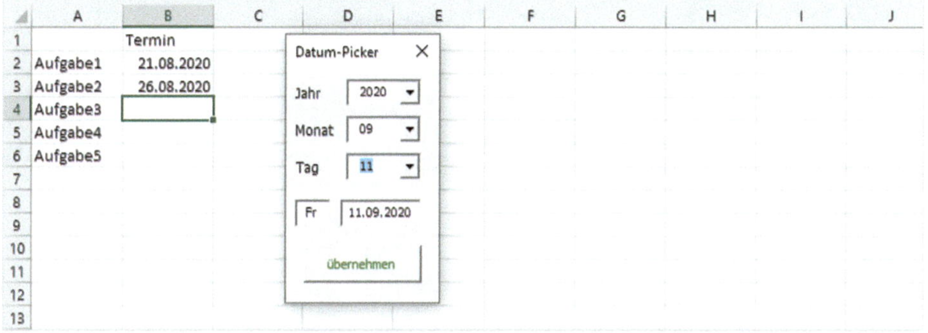

Der Datum-Picker hilft bei der Vergabe von Terminen

Die Anzeige des Formulars *DatumPicker* übernimmt die Prozedur in *Modul1*. Die Konstante *vbModeless* sorgt dafür, dass wechselweise in der Tabelle und im Formular gearbeitet werden kann, ohne das Formular zwischendurch zu schließen.

```
Sub picker_starten()
    DatumPicker.Show vbModeless
End Sub
```

Die übrigen Prozeduren befinden sich im Codefenster des Formulars, also hinter der Form, ganz zu Beginn werden alle benötigten Variablen deklariert.

```
Dim i As Integer
Dim jahreszahl As Integer
Dim monatszahl As Integer
Dim tageszahl As Integer
Dim max_tageszahl As Integer
Dim schaltjahr As Boolean
```

Beim Initialisieren des Formulars werden die Dropdown-Felder gefüllt und das aktuelle Datum angezeigt.

```
Private Sub UserForm_Initialize()

    'aktuelles Datum eintragen
    jahreszahl = Year(Date)
    monatszahl = Month(Date)
    tageszahl = Day(Date)
    Me.cbo_jahr.Value = jahreszahl
'    Me.cbo_monat.Value = monatszahl
'    Me.cbo_tag.Value = tageszahl
    Me.tbx_datum.Value = Date

    'Dropdownliste Jahr erstellen
    For i = jahreszahl - 1 To 2025
        Me.cbo_jahr.AddItem i
    Next i

    'Dropdownliste Monat erstellen
    For monatszahl = 1 To 12
        Me.cbo_monat.AddItem Format(monatszahl, "00")
    Next monatszahl

    'Anzahl der Tage festlegen
    Call tage_pruefen
    For tageszahl = 1 To max_tageszahl
        Me.cbo_tag.AddItem Format(tageszahl, "00")
    Next tageszahl

End Sub
```

```
Sub tage_pruefen()
    Select Case Me.cbo_monat.Value
        Case 1, 3, 5, 7, 8, 10, 12: max_tageszahl = 31
        Case 4, 6, 9, 11: max_tageszahl = 30
        Case 2
            If Month(DateSerial(Me.cbo_jahr.Value, 2, 29)) = 2 Then
                max_tageszahl = 29
            Else
                max_tageszahl = 28
            End If
    End Select
End Sub
```

```
Private Sub cbo_jahr_Change()
     Me.cbo_monat.Value = "?"
     Me.cbo_tag.Value = "?"
     Me.tbx_day.Value = ""
End Sub
```

```
Private Sub cbo_monat_change()
    'Tageszahl vorgeben und Dropdownliste erstellen
    Call tage_pruefen
    Me.cbo_tag.Clear
    Me.tbx_day.Value = ""
    For tageszahl = 1 To max_tageszahl
        Me.cbo_tag.AddItem Format(tageszahl, "00")
    Next tageszahl
End Sub
```

```
Private Sub cbo_tag_Change()
'Datum generieren
    Me.tbx_datum.Value = Me.cbo_tag.Value & "." & _
      Me.cbo_monat.Value & "." & Me.cbo_jahr.Value
    If IsDate(Me.tbx_datum.Value) = True Then
        Me.tbx_day.Value = _
          WeekdayName(Weekday(CDate(Me.tbx_datum.Value)), True, vbSunday)
    End If
End Sub
```

Zuletzt wird das Datum in die aktuelle Zelle des Tabellenblatts übertragen.

```
Private Sub cmd_uebernehmen_Click()
'Datumswert in aktive Zelle übertragen
    Selection.Value = CDate(Me.tbx_datum.Value)
End Sub
```

9.4 Zeitdifferenzen berechnen

Zeitdifferenz aus Datum über Mitternacht hinaus

Im unten abgebildeten Beispiel sind Abfahrtzeit und Ankunftszeit in einer Tabelle im Format hh:mm hinterlegt. Nun soll die Zeitdifferenz über Mitternacht hinaus korrekt berechnet werden.

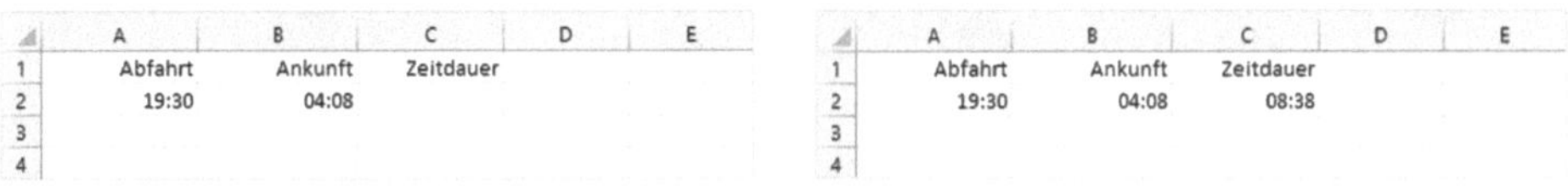

	A	B	C	D	E
1	Abfahrt	Ankunft	Zeitdauer		
2	19:30	04:08			
3					
4					

	A	B	C	D	E
1	Abfahrt	Ankunft	Zeitdauer		
2	19:30	04:08	08:38		
3					
4					

Zeitdifferenz aus Zeitstrings auch über Mitternacht hinaus

mdl_05_Pruefen_konvertieren_bas.rtf

```
Sub zeitdifferenz_aus_datumstrings()
Dim beginn As Date
Dim ende As Date
Dim differenz As Date

    Worksheets("Tabelle1").Activate
    beginn = Range("A2").Value
    ende = Range("B2").Value
    differenz = ende - beginn

    'Bei negativem Ergebnis
    If differenz < 0 Then differenz = differenz + 1
    With Range("C2")
        .Value = differenz
        .NumberFormat = "hh:mm"
    End With
End Sub
```

Zeitdifferenz aus 4-stelligen Zeichenfolgen

Falls Uhrzeiten ohne Trennzeichen, also im Textformat vorliegen, muss der Inhalt zunächst mit der Funktion *TimeSerial* in eine Uhrzeit umgewandelt werden.

`TimeSerial(15, 30, 0)` Ergebnis:15:30:00

Beispiel: Zur Berechnung einer Zeitspanne innerhalb von 24 Stunden liegen zwei Uhrzeiten im 4-stelligen Textformat ohne Trennzeichen vor. Die Zeitspanne soll auch über Mitternacht berechnet werden, wenn der zweite Zeitwert kleiner als der erste ist. Die Ausgabe soll im Format hh:mm erfolgen.

```
wert1 = "1400"    14:00:00
wert2 = "0610"    06:10:00
Debug.Print TimeSerial(Left(wert1, 2), Right(wert1, 2), 0)
Debug.Print TimeSerial(Left(wert2, 2), Right(wert2, 2), 0)
```

Daraus lässt sich die Zeitdifferenz berechnen (`Dim differenz As Date`):

```
differenz = TimeSerial(Left(wert2, 2), Right(wert2, 2), 0) - _
   TimeSerial(Left(wert1, 2), Right(wert1, 2), 0)
```

Bei negativem Ergebnis, bzw. wenn der zweite Wert kleiner 0 ist:

```
If differenz < 0 Then differenz = differenz + 1
```

Zeitdifferenz aus zwei 4-stelligen Strings ohne Trennzeichen

```
Sub zeitdifferenz_aus_strings()
Dim wert1 As String
Dim wert2 As String
Dim differenz As Date

    wert1 = "1400"
    wert2 = "1610"

    If Len(wert1) < 4 Then wert1 = "0" & wert1
    If Len(wert2) < 4 Then wert2 = "0" & wert2

    Debug.Print TimeSerial(Left(wert1, 2), Right(wert1, 2), 0)
    Debug.Print TimeSerial(Left(wert2, 2), Right(wert2, 2), 0)

    differenz = TimeSerial(Left(wert2, 2), Right(wert2, 2), 0) _
      - TimeSerial(Left(wert1, 2), Right(wert1, 2), 0)

    'bei negativem Ergebnis
    If differenz < 0 Then differenz = differenz + 1

    Debug.Print "--------"
    Debug.Print differenz

End Sub
```

Ausgabe im Direktbereich:

```
14:00:00
16:10:00
--------
02:10:00
```

Zeitdifferenz aus Formular-Textfeldern

Werden Datumswerte aus Textfeldern in Formularen, hier *UserForm2*, ausgelesen, müssen für die weitere Berechnung die eingegebenen Zeichenfolgen an Variablen vom Type *Date* übergeben werden.

Berechnung der Zeitdifferenz über Mitternacht hinaus

```
Sub fahrtzeitberechnung()
Dim abfahrt As Date
Dim ankunft As Date
Dim differenz As Date

    abfahrt = UserForm2.tbx1
    ankunft = UserForm2.tbx2

    differenz = ankunft - abfahrt

    'bei negativem Ergebnis
    If differenz < 0 Then differenz = differenz + 1

    UserForm2.tbx3.Value = Format(differenz, "hh:mm")

End Sub
```

Auch wenn Zeiten ohne Trennzeichen – wie z. B. im Flugbetrieb üblich – eingegeben werden, ist es möglich, auf einfache Weise die Zeitdifferenz zu berechnen.

Berechnung der Zeitdifferenz, wenn keine Trennzeichen eingegeben wurden

```
Sub flugzeitberechnung()
Dim abflug As String
Dim landung As String
Dim flugzeit As Date

    'Eingabe in Formular 4-stellig!

    abflug = UserForm3.tbx1
    landung = UserForm3.tbx2

    flugzeit = TimeSerial(Left(landung, 2), Right(landung, 2), 0) _
      - TimeSerial(Left(abflug, 2), Right(abflug, 2), 0)

    'bei negativem Ergebnis
    If flugzeit < 0 Then flugzeit = flugzeit + 1

    UserForm3.tbx3.Value = Format(flugzeit, "hh:mm")

End Sub
```

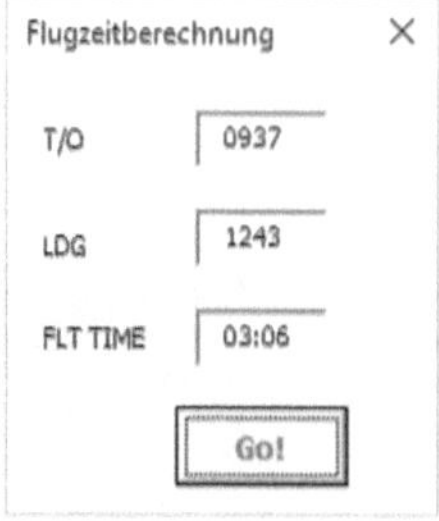

10 Konsolidieren, sortieren, filtern und durchsuchen

10.1 Tabellen zusammenführen (konsolidieren)

Das Zusammenführen von Daten aus zwei oder mehr Excel-Tabellen mit demselben Aufbau dürfte den meisten Excel-Nutzern unter der Bezeichnung *Daten konsolidieren* bekannt sein. Dies lässt sich auch mit VBA verwirklichen.

Konsolidieren innerhalb einer Arbeitsmappe

Datei: Konsolidieren_mit_VBA_1.xlsm

Im Bild unten ein einfaches Beispiel: In einer Arbeitsmappe sind in den beiden Arbeitsblättern *Filiale Musterdorf* und *Filiale Beispielstadt* Artikel, Preise und Lagerbestände aus zwei Filialen gespeichert. Beide Tabellen sind identisch aufgebaut, bzw. haben gleiche Zeilen- und Spaltenbeschriftungen, daher bietet sich Konsolidieren nach Beschriftungen an. In einem weiteren Tabellenblatt, hier *Tabelle3* sollen die Summen der Lagerbestände und des Warenwerts zusammengeführt werden.

Die Arbeitsmappe mit den beiden Tabellenblättern

	A	B	C	D	E	F	G	H
1	Artikelname	Listenpreis	Bestand	Warenwert				
2	Teebeutel Minze	1,80 €	152	273,60 €				
3	Teebeutel Darjeeling	2,41 €	119	286,79 €				
4	Teebeutel Kräutermix	1,62 €	17	27,57 €				
5	Olive Öl	3,63 €	60	217,80 €				
6	Raps Öl	2,46 €	159	391,14 €				
7	Pirsiche	3,70 €	136	503,20 €				
8	Curry Sauce	4,25 €	86	365,50 €				
9	Nussmix	2,25 €	99	222,75 €				
10	Frucht Cocktail	2,85 €	70	199,50 €				
11	Chocolate Biscuits Mix	9,20 €	86	791,20 €				
12	Marmelade	1,96 €	180	352,80 €				

Filiale Musterdorf | Filiale Beispielstadt | Tabelle3

Das Zusammenführen erfolgt mit der Methode *Consolidate*. Diese wird auf ein *Range* -Objekt angewendet und hat folgende Syntax:

```
.Consolidate(Sources,Function,TopRow,LeftColumn,CreateLinks)
```

Als Quelle kann ein Datenfeld (Array) alle Arbeitsblätter aufnehmen. Folgende Funktionen stehen als Konstanten zur Auswertung in VBA zur Verfügung:

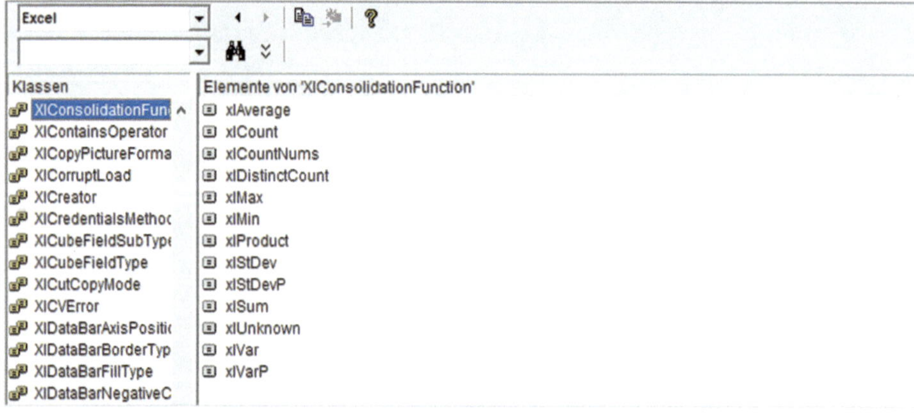

Konstanten der Methode Consolidate (Objektbibliothek)

Das Vorhandensein von Spaltenüberschriften (*TopRow*) und der linken Spalte mit Bezeichnungen (*LeftColumn*) wird über die Eigenschaften *True* / *False* eingestellt. Wenn eine Verknüpfung mit den Datenquellen gewünscht wird, muss *CreateLinks = True* angegeben werden.

Damit die Angabe der Datenquellen übersichtlicher ist, legen wir zwei String-Variablen mit den Tabellenbereichen an.

Konsolidieren innerhalb einer Arbeitsmappe

```
Sub konsolidieren_intern()
Dim Quelle(1 To 2) As String  'damit Array übersichtlicher wird

    Quelle(1) = "Filiale Musterdorf!R1C1:R46C4"
    Quelle(2) = "Filiale Beispielstadt!R1C1:R46C4"

    Worksheets("Tabelle3").Range("A1").Consolidate _
     Sources:=Array(Quelle(1), Quelle(2)), _
     Function:=xlSum, LeftColumn:=True, TopRow:=True

End Sub
```

Hinweis: Nicht jede Filiale hat jeden Artikel vorrätig, es spielt jedoch beim Konsolidieren nach Beschriftung keine Rolle, wenn einzelne Beschriftungen fehlen. Wichtig ist, dass die Zeilen- und Spaltenbeschriftungen identisch sind.

Konsolidieren aus mehreren Arbeitsmappen

Das Zusammenführen von Daten aus einzelnen Arbeitsmappen ist auch ohne vorheriges Öffnen möglich. Hier ein Beispiel, bei dem die monatlichen Lagerbestände aus fünf Filialen und fünf verschiedenen Arbeitsmappen zusammengeführt werden sollen. Die Tabellen haben identische Zeilen- und Spaltenbeschriftungen und befinden sich im Blatt *Tabelle1* der jeweiligen Arbeitsmappe.

Die Dateien *Filiale1_Bestand.xlsx* und die vier weiteren befinden sich im Ordner C:\Pool. Auch hier wird wieder ein Datenfeld für die Quelldaten aus den 5 Filialen verwendet.

Konsolidieren aus verschiedenen Arbeitsmappen

```
Sub konsolidieren_extern()
'ohne Datei zu öffnen
Dim Quelle(1 To 5) As String 'damit Array übersichtlicher wird

    Quelle(1) = "C:\Pool\[Filiale1_Bestand.xlsx]Tabelle1!R1C1:R46C4"
    Quelle(2) = "C:\Pool\[Filiale2_Bestand.xlsx]Tabelle1!R1C1:R46C4"
    Quelle(3) = "C:\Pool\[Filiale3_Bestand.xlsx]Tabelle1!R1C1:R46C4"
    Quelle(4) = "C:\Pool\[Filiale4_Bestand.xlsx]Tabelle1!R1C1:R46C4"
    Quelle(5) = "C:\Pool\[Filiale5_Bestand.xlsx]Tabelle1!R1C1:R46C4"

    Worksheets("Tabelle3").Range("A1").Consolidate _
     Sources:=Array(Quelle(1), Quelle(2), Quelle(3), Quelle(4), _
        Quelle(5)), Function:=xlSum, LeftColumn:=True, TopRow:=True

End Sub
```

10.2 Sortieren

Sortieren in Spalten

Datei: Konsolidieren_mit_VBA_2.xlsm

Mit der Methode *Sort* kann man einen Bereich nach unterschiedlichen Aspekten sortieren, die Syntax:

```
.Sort Key1, Order1, Key2, [Type, Order2, Key3, Order3, _
    Header, OrderCustom, MatchCase, Orientation, _
    SortMethod, DataOption1, DataOption2, DataOption3]
```

Die Argumente

Argument	Beschreibung
Key1, Key2, ...	Mit den Argumenten Key können Sie bis zu drei Sortierbereiche festlegen, jeweils mit der Sortierrichtung *xlAscending* (aufsteigend) oder *xlDescending* (absteigend).
Type	Das Argument *Type* bietet optional die Sortiereigenschaften *xlSortLabels* oder *xlSortValues* für den Fall, dass Sie in PivotTable-Berichten sortieren wollen.
Header	Mit *Header* geben Sie vor, ob der Sortierbereich Spaltenüberschriften enthält, die mit *xlNo* in die Sortierung mit einbezogen werden oder mit *xlYes* nicht. Wollen Sie die Entscheidung Excel überlassen, dann wählen Sie die Konstante *xlGuess*.
OrderCustom	*OrderCustom* bezieht sich auf eine benutzerdefinierte Sortierreihenfolge (:=1). Wird kein Wert eingetragen, bleibt es bei der Standardsortierung.
MatchCase	Wenn beim Sortieren zwischen Groß- und Kleinschreibung unterschieden werden soll, muss das Argument *MatchCase* auf *True* gesetzt werden.
Orientation	Das Argument *Orientation* sortiert standardmäßig zeilenweise (*xlSortRows*) oder spaltenweise (*xlSortColumns*).
SortMethod	Mit *SortMethod* werden *xlPinYin* und *xlStroke* optional zur Verfügung gestellt.
DataOption1, DataOption1, ...	*DataOption* spezifiziert die Suche nach Texten *xlSortNormal* oder *xlSortTextAsNumbers*. Nicht anwendbar in PivotTable-Berichten.

Hinweis: Seit der Excel-Version 2007 sind bis zu 64 Sortierkriterien möglich. Neben dem aufsteigenden und absteigenden Sortieren steht auch benutzerdefiniertes Sortieren zur Verfügung.

In den meisten Fällen dürften drei Kriterien ausreichen. Als Beispiel soll die abgebildete Lagerliste nach der Artikelbezeichnung in Spalte A alphabetisch sortiert werden.

Artikel alphabetisch sortieren

Hinweis: Die Lagerliste befindet sich im Blatt *Tabelle4* (Konsolidieren_mit_VBA_2.xlsm)

	A	B	C	D	E	F	G	H
1	Artikel	Listenpreis	Bestand	Warenwert				
2	Teebeutel Minze	9,00 €	652	1.173,00 €				
3	Teebeutel Darjeeling	12,05 €	600	1.446,00 €				
4	Teebeutel Kräutermix	8,11 €	1966	3.188,00 €				
5	Olive Öl	18,15 €	595	2.159,00 €				
6	Raps Öl	12,30 €	1806	4.442,00 €				
7	Pirsiche	18,50 €	995	3.681,00 €				
8	Curry Sauce	21,25 €	536	2.278,00 €				
9	Nussmix	11,25 €	471	1.059,00 €				

Spalte A aufsteigend sortieren

```
Sub sortieren1()
'nach Spalte A aufsteigend

    Worksheets("Tabelle4").Activate
    Range("A1").Sort Key1:=Range("A1"), _
      Order1:=xlAscending, Header:=xlYes

End Sub
```

Im nächsten Beispiel wird nach Spalte D absteigend sortiert.

Spalte D absteigend sortieren

```
Sub sortieren2()
'nach Spalte D absteigend

    Worksheets("Tabelle4").Activate
    Range("D1").Sort Key1:=Range("D1"), _
      Order1:=xlDescending, Header:=xlYes

End Sub
```

Benutzerdefiniertes Sortieren

Auch das Sortieren nach Spaltenüberschriften ist möglich. Für aufwendigere Sortierungen stehen *SortField*-Objekte in der *SortFileds* Auflistung (*Collection*) zur Verfügung. Sie erlauben es, benutzerdefinierte Sortierungen festzulegen. Diese können der Auflistung hinzugefügt (*Add*) werden.

```
ActiveWorksheet.SortFields.Add Key:=Range("A1"), Order:=xlDescending
ActiveWorksheet.SortFields.Add Key:=Range("B1"), Order:=xlDescending
ActiveWorksheet.SortFields.Sort Header:=xlGuess
```

Nach oder – um sicher zu gehen – vor einer (neuen) Sortierung sollten eventuell vorhandene Sortierungen mit der Methode *Clear* gelöscht werden.

```
    ActiveWorksheet.SortFields.Clear
```

Tabelle nach Überschriften sortieren

Die nachfolgende Prozedur sortiert die Tabelle von Seite 208 nach Überschriften in alphabetischer Reihenfolge.

Sortieren der Spaltenüberschriften von links nach rechts

```
Sub sortieren3()
'ganze Tabelle nach Überschriften aufsteigend
'Löschen vorhandener Sortieroptionen

    Worksheets("Tabelle4").Activate
    ActiveSheet.Sort.SortFields.Clear          'Sortierung entfernen
    Cells.Sort Key1:=Range("A1"), _
      Order1:=xlAscending, Header:=xlYes, _
      OrderCustom:=1, MatchCase:=False, _
      Orientation:=xlSortRows                  'xlLeftToRight

End Sub
```

Nach Farben sortieren

Benutzerdefiniertes Sortieren nach Farben stellt sich in VBA komplizierter dar, im Vergleich zur Schaltfläche *Sortieren* im Arbeitsblatt, da Excel hier die verwendeten Farben bereits zur Auswahl stellt und das Festlegen der Reihenfolge erlaubt. Hier dennoch einige Lösungsansätze mit VBA.

Benutzerdefiniertes Sortieren

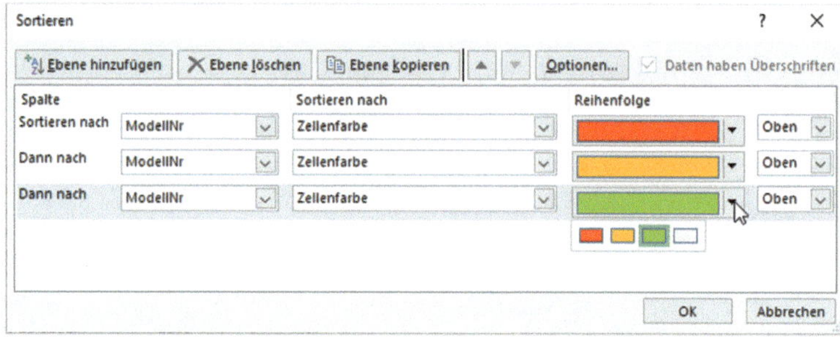

Einfache Farbsortierungen

Siehe auch Kapitel 13, Farben

Eine Sortierung nach Farben kann entweder über die Eigenschaft Farbindex (*ColorIndex*) oder Farbwert (*Color*) erfolgen.

- **ColorIndex**
  Excel stellt eine Palette von 56 Farben zur Verfügung, die über die Eigenschaft *ColorIndex* und den Indexwert zugewiesen werden, z. B.

```
Range("A1").Interior.ColorIndex = 3
```

- **Color**
  Mit der Eigenschaft *Color* können alle RGB-Farben verwendet werden, entweder mit der Funktion *RGB*, z. B. *RGB(255,0,0)*=rot oder als Zahl, in diesen Fall 255.

```
Range("A2").Interior.Color = 255
Range("A3").Interior.Color = RGB(255, 0, 0)
```

Die beiden nachfolgenden Prozeduren schreiben den *ColorIndex* der jeweiligen Zelle in Spalte A (*Zellen_nach_ColorIndex_sortieren*) bzw. *Color* (*Zellen_nach_Color_sortieren*) in die Spalte B und sortieren dann nach dieser Spalte.

Nach ColorIndex sortieren

```
Sub Zellen_nach_ColorIndex_sortieren()
Dim i As Integer

    Worksheets("Tabelle1").Activate
    For i = 1 To ActiveSheet.UsedRange.Rows.Count
        Range("B" & i) = Range("A" & i).Interior.ColorIndex
    Next i

    Range("A:B").Sort Key1:=Range("B1"), _
      Order1:=xlAscending, Header:=xlNo, _
      OrderCustom:=1, MatchCase:=False, _
      Orientation:=xlTopToBottom

End Sub
```

Nach Color sortieren

```
Sub Zellen_nach_Color_sortieren()
Dim i As Integer

    Worksheets("Tabelle1").Activate
    For i = 1 To ActiveSheet.UsedRange.Rows.Count
        Range("B" & i) = Range("A" & i).Interior.Color
    Next i

    Range("A:B").Sort Key1:=Range("B1"), _
      Order1:=xlAscending, Header:=xlNo, _
      OrderCustom:=1, MatchCase:=False, _
      Orientation:=xlTopToBottom

End Sub
```

Die Prozeduren liefern unterschiedliche Ergebnisse, wie die Abbildungen unten zeigen. Eine Sortierung nach *ColorIndex* ist eigentlich nur sinnvoll, wenn die Zellen zuvor mit dem Indexfarbwert formatiert wurden.

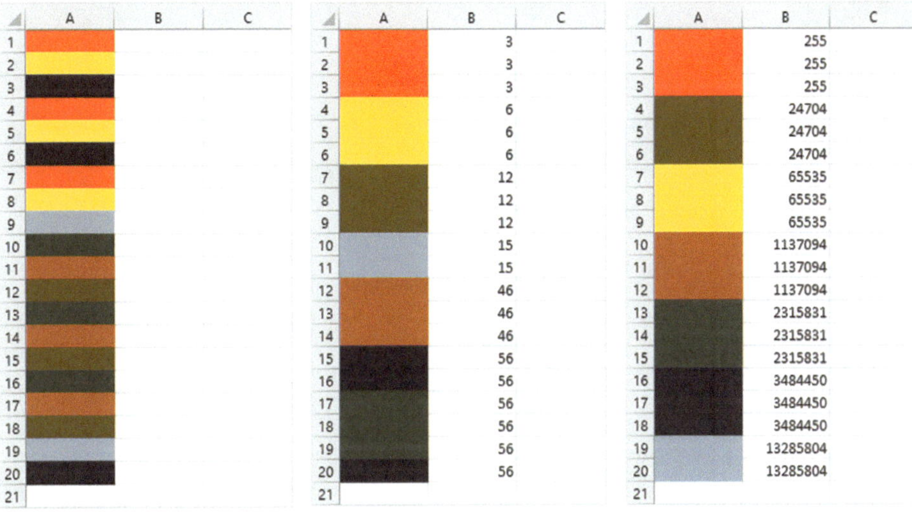

Ausgangstabelle

Sortierung nach ColorIndex

Sortierung nach Color

Nach einer vorgegebenen Reihenfolge sortieren

Wenn eine Tabelle nach einer fest vorgegebenen Farbabfolge sortiert werden soll, z. B. nach Ampelfarben, würde eine Sortierung nach *Color* in diesem Fall zwar ausnahmsweise das gewünschte Ergebnis liefern, sicherheitshalber ist aber eine zusätzliche Hilfstabelle mit der Farbvorgabe und Reihenfolge zu empfehlen.

Im folgenden Beispiel einer Fehlerliste (Bild auf der nächsten Seite) wurden auftretende Fehlermeldungen manuell formatiert. Damit die Tabelle nach Farben in der gewünschten Reihenfolge sortiert werden kann, ist eine Hilfstabelle mit den verwendeten Farben und der dazugehörigen Rangfolge erforderlich.

Die Prozedur liest die Farben aus der Hilfstabelle ein und schreibt die Rangfolge in Spalte F. Anschließend wird die Tabelle nach dieser Spalte sortiert.

Tabelle nach Farben in Spalte A sortieren

Sortieren_Farben.xlsm

	A	B	C	D	E	H	I
1	Fehlerliste						
2						Hilfstabelle	
3	ModellNr	Typ	Belegdatum	Kunde	Fehlernummer	Farbe	Abfolge
4	1250	O	01.01.2020	5999	17		1
5	1001	S	05.01.2020	5033	7		2
6	1005	B	06.01.2020	5018	12		3
7	1018	O	07.01.2020	5190	21		
8	1001	S	07.01.2020	5999	13		
9	1260	S	08.01.2020	5012	3		
10	1560	O	10.01.2020		15		
11	1018	S	12.01.2020	5190	17		
12	1002	O	02.02.2020	5003	3		
13	1250	B	03.02.2020	5033	13		
14	1001	S	12.02.2020	5018	12		
15	1001	S	12.02.2020	5999	3		
16	1250	O	22.02.2020	5999	7		
17	1001	S	25.02.2020		3		
18	1001	O	03.03.2020	5012	3		
19	1018	S	03.03.2020	5190	12		
20	1018	B	05.03.2020	5999	11		
21	1001	S	11.03.2020	5033	7		
22	1018	O	14.03.2020	5190	7		
23	1005	B	15.03.2020	5018	12		
24	1001	S	01.04.2020	5018	12		
25	1260	S	01.04.2020	5012	11		
26	1018	B	05.04.2020		7		
27	1560	O	13.04.2020	5548	15		
28	1250	S	17.04.2020	5033	15		
29	1002	O	22.04.2020	5003	3		
30							

```
Sub Farben_mit_Hilfstabelle()
'Tabelle nach Farben in Spalte A sortieren
'Reihenfolge in Spalte F schreiben
Dim i As Integer
Dim Farbwert(1 To 4) As String

    Worksheets("Fehlerliste").Activate

    'Farbwerte aus der Hilfstabelle auslesen
    Farbwert(1) = Range("H4").Interior.Color
    Farbwert(2) = Range("H5").Interior.Color
    Farbwert(3) = Range("H6").Interior.Color
'     Farbwert(4) = Range("H7").Interior.Color        'Keine Füllung

    For i = 4 To ActiveSheet.UsedRange.Rows.Count
        Select Case Range("A" & i).Interior.Color
            Case Farbwert(1): Range("F" & i).Value = 1
            Case Farbwert(2): Range("F" & i).Value = 2
            Case Farbwert(3): Range("F" & i).Value = 3
'             Case Farbwert(4): Range("F" & i).Value = 4
        End Select
    Next i

    'nach Farbreihenfolge in Spalte F sortieren
    Range("A3:F29").Sort Key1:=Range("F3:F29"), _
      Order1:=xlAscending, Header:=xlYes, _
      OrderCustom:=1, MatchCase:=False, _
      Orientation:=xlTopToBottom

End Sub
```

Hinweise

- Zellen ohne Füllfarbe, wie in diesem Beispiel, werden automatisch einsortiert. Sie könnten aber auch einen Farbwert 4 verwenden und diesen Farbwert einer Zelle ohne Farbhintergrund, hier z. B. H7 zuweisen.
- Da die Reihenfolge in Spalte F nach dem Sortieren nicht mehr benötigt wird, können die Werte eigentlich wieder gelöscht werden mit der Anweisung:

```
Range("F4:F29").Clear
```

Nach Farbwerten aus der bedingten Formatierung sortieren

Die oben gezeigten Lösungen funktionieren nicht, wenn eine Tabelle zuvor über die bedingte Formatierung mit Hintergrundfarben versehen wurden, wie ein Vergleich der Rückgabewerte im Bild unten zeigt.

Vergleich Farbwerte bei bedingter Formatierung

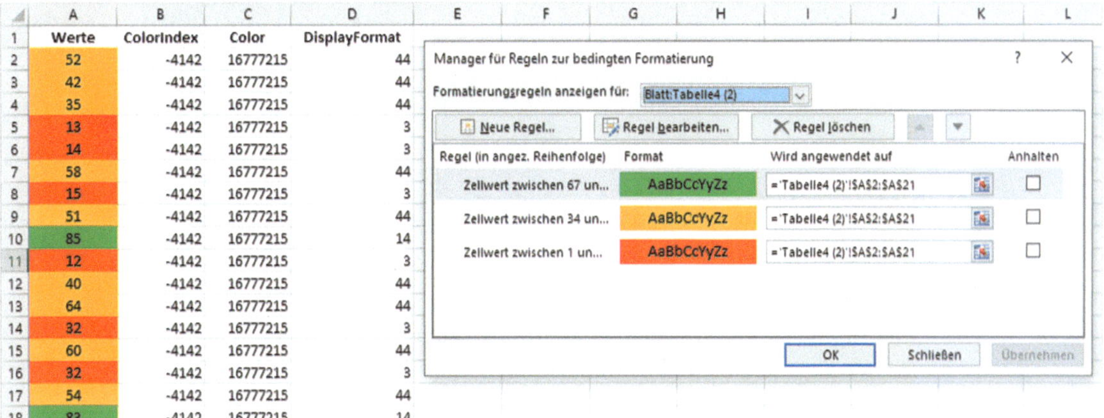

	Werte	ColorIndex	Color	DisplayFormat
2	52	-4142	16777215	44
3	42	-4142	16777215	44
4	35	-4142	16777215	44
5	13	-4142	16777215	3
6	14	-4142	16777215	3
7	58	-4142	16777215	44
8	15	-4142	16777215	3
9	51	-4142	16777215	44
10	85	-4142	16777215	14
11	12	-4142	16777215	3
12	40	-4142	16777215	44
13	64	-4142	16777215	44
14	32	-4142	16777215	3
15	60	-4142	16777215	44
16	32	-4142	16777215	3
17	54	-4142	16777215	44
18	83	-4142	16777215	14

Die Lösung in diesem Fall besteht darin, die Farbe über die zusätzliche Eigenschaft *DisplayFormat* abzufragen:

Dieses und weitere Beispiele in der Datei Zellen_nach_Farben_sortieren.xlsm. Die Hilfstabelle befindet sich in diesem Fall im Blatt *Hilfstab*.

```
Range("A1").DisplayFormat.Interior.ColorIndex
```

Farben aus bedingter Formatierung mit DisplayFormat abfragen

```
Sub Nach_DisplFormat_sortieren()
Dim i As Integer
Dim Farbwert(1 To 3) As String

    Worksheets("Tabelle2").Activate
    'Farben aus der Hilfstabelle aussuchen
    Farbwert(1) = Worksheets("Hilfstab").Range("B2").Interior.ColorIndex
    Farbwert(2) = Worksheets("Hilfstab").Range("B3").Interior.ColorIndex
    Farbwert(3) = Worksheets("Hilfstab").Range("B4").Interior.ColorIndex

    For i = 2 To 51
        Select Case Range("A" & i).DisplayFormat.Interior.ColorIndex
            Case Farbwert(1): Range("B" & i).Value = 1
            Case Farbwert(2): Range("B" & i).Value = 2
            Case Farbwert(3): Range("B" & i).Value = 3
        End Select
    Next i
```

```
    'nach Farbreihenfolge sortieren
    Range("A:B").Sort Key1:=Range("B1"), _
      Order1:=xlAscending, Header:=xlYes, _
      OrderCustom:=1, MatchCase:=False, _
      Orientation:=xlTopToBottom

End Sub
```

10.3 Tabellen filtern

Filtern mit dem AutoFilter

Wenn in einer Tabelle bereits der AutoFilter aktiviert wurde, wie im Bild unten, dann liefert die Worksheet-Eigenschaft *AutoFiltermode* den Wert *True*.

Tabelle mit AutoFilter

	A	B	C	D	E	F	G	H
1	Artikel	Listenpreis	Bestand	Warenwert				
2	Teebeutel Minze	9,00 €	652	1.173,00 €				
3	Teebeutel Darjeeling	12,05 €	600	1.446,00 €				
4	Teebeutel Kräutermix	8,11 €	1966	3.188,00 €				
5	Olive Öl	18,15 €	595	2.159,00 €				
6	Raps Öl	12,30 €	1806	4.442,00 €				
7	Pirsiche	18,50 €	995	3.681,00 €				

Hinweis: AutoFilter aktiviert bedeutet nur, dass neben den Spaltenüberschriften die Filterschaltflächen sichtbar sind. Nicht aber, dass die Tabelle auch tatsächlich gefiltert ist.

Dies kann mit der folgenden Anweisung abgefragt werden:

```
Debug.Print ActiveSheet.AutoFiltermode
```

Ausschalten können sie den AutoFilter durch die Anweisung

```
ActiveSheet.AutoFiltermode = False
```

Die nachfolgenden Beispiele finden Sie in der Datei Konsolidieren_mit_VBA_2.xlsm, Modul mdl_filtern.

Autofilter aktivieren

Um den AutoFilter für einen Zellbereich bzw. Tabellenbereich zu aktivieren, muss entweder der betreffende Zellbereich oder eine Zelle, die sich innerhalb dieses Bereichs befindet, angesprochen werden. **Achtung**: Erfolgt die Aktivierung des AutoFilters über die Angabe einer einzelnen Zelle, darf der Tabellenbereich keine leeren Zeilen und/oder Spalten enthalten, da dann der Zellbereich nicht korrekt erkannt wird. Einzelne leere Zellen stellen dagegen in der Regel kein Problem dar.

```
ActiveSheet.Range("A1").AutoFilter
```

Autofilter mit Filterkriterien

Um beim Aktivieren des AutoFilters auch gleich Filterkriterien festzulegen, können folgende Argumente verwendet werden:

```
Ausdruck.AutoFilter [Field, Criteria1, Operator, _
  Criteria2, VisibleDropDown]
```

Vorsicht: Das Argument *Criteria1* endet mit der Zahl *1* und nicht mit dem Kleinbuchstaben l; beide sehen sich in der Schriftart Courier New ziemlich ähnlich.

Die Bedeutung der Argumente:

Argument	Beschreibung
Field	*Field* bezeichnet die Bezugszelle, z. B. A1.
Criteria1	*Criteria1* legt das erste Kriterium fest
Operator	*Operator* bestimmt über Konstanten den Filtermodus (*xlAnd, xlOr, XlTop10Items, xlBottom10Items, xlFilterCellColor, xlFilterFontColor, ...*).
Criteria2	*Criteria2* steht für ein mögliches zweites Suchkriterium in Verbindung mit einem Operator.
VisibleDropDown	*VisibleDropDown* bestimmt die Anzeige der Dropdown-Pfeile in gefilterten Spalten; *False* verhindert die Anzeige.

Die nachfolgenden Beispiele beziehen sich auf das Blatt *Tabelle4* (*Konsolidieren_mit_VBA.xlsm*).

- Nur Warenbestände (Spalte C) mit mehr als 1000 Stück anzeigen
- Alle Artikel (Spalte A) anzeigen, die mit "Tee" beginnen
- Alle Artikel, die mit "T" beginnen und von denen mehr als 600 vorhanden sind.

Einfache und kombinierte Filterkriterien

```
Sub filterkriterien_setzen()
'Bestand auf >1.000 setzen

    With Worksheets("Tabelle4")
        .Range("A1").AutoFilter Field:=3, Criteria1:=">1000"
    End With

End Sub
```

```
Sub filterkriterien_setzen2()
'nur Teeprodukte anzeigen

    With Worksheets("Tabelle4")
        .Range("A1").AutoFilter Field:=1, Criteria1:="Tee*"
    End With

End Sub
```

```
Sub filterkriterien_setzen3()
'nur Artikel mit "T..." UND Bestand >600 anzeigen

    With Worksheets("Tabelle4")
      .AutoFilterMode = False      'vorhandene Filter aus
      .Range("A1").AutoFilter Field:=1, Criteria1:="T*", Operator:=xlAnd
      .Range("A1").AutoFilter Field:=3, Criteria1:=">600"
    End With

End Sub
```

Duplikate mit dem erweiterten Filter ausschließen

Mit dem erweiterten oder Spezialfilter lassen sich im Tabellenblatt mehrfach vorkommende Werte (Duplikate) ausschließen. Dies funktioniert auch in VBA mit *AdvancedFilter*. Als Beispiel sollen aus einer Adressliste in *Tabelle1* die unterschiedlichen Wohnorte in das Blatt *Tabelle2* kopiert werden, aber keine Duplikate.

Im klassischen Sinn könnte man die Spalte F mittels Zählerschleife zeilenweise durchlaufen und den jeweiligen Zellinhalt mit den Einträgen in der Zieltabelle (Unikateliste im Tabellenblatt *Tabelle2*) vergleichen. Ist dort der Wohnort bereits vorhanden, wird die Suchschleife abgebrochen, andernfalls wird der Wohnort der Liste hinzugefügt.

Die Adressliste in Tabelle1

Filter_MeinAdressbuch_Kundenkartei.xlsm

	A	B	C	D	E	F	G	H	I
1	*Nachname*	*Vorname*	*Geb.Dat.*	*Straße*	*PLZ*	*Wohnort*			
2	Buche	Hein	11.01.1989	Bahnhofstraße 1	32023	Hameln			
3	Box	Fritz	01.01.1997	Hauptstraße 34	20680	Frankfurt			
4	Dampf	Hans	22.12.2004	Schulstraße	56834	Mückendorf			
5	Bola	Tom	12.12.2002	Dorfstraße 23	15169	Hannover			
6	Zschluss	Kurt	26.04.1935	Bergstraße 67	46634	Düsseldorf			
7	Mone	Anne	02.02.1982	Birkenweg 12	76205	Gartenstadt			
8	Zufall	Reiner	11.11.1928	Lindenstraße 87	20921	Mackenbach			
9	Kraut	Heide	01.01.2000	Kirchstraße 2	97956	Giessen			
10	Tiker	Roman	12.08.1993	Waldstraße 9	24386	Marburg			
11	Schaffen	Ann	02.10.1996	Ringstraße 156	73625	Potsdam			
12	Tor	Moni	07.08.1992	Schillerstraße 22	18942	Köln			

Tabelle1 | Tabelle2

Hier eine Lösung unter Verwendung des erweiterten Filters (*AdvancedFilter*).

RangeObjekt.`AdvancedFilter(`Action`,` CriteriaRange`,` CopyToRange`,` Unique`)`

- Mit den *Action*-Konstanten *xlFilterCopy* bzw. *xlFilterInPlace* wird festgelegt, ob die Daten kopiert oder während des Filterns beibehalten werden sollen.
- Optional lässt sich ein Kriterienbereich (*CriteriaRange*) festlegen.
- Der Zielbereich (*CopyToRange*) wird nur benötigt, wenn in Verbindung mit *xlFilterCopy* ein Zielbereich bestimmt werden soll.
- Über die Eindeutigkeit der gefilterten Daten (*Keine Duplikate*) entscheidet der Parameter *Unique:=True*. Der Standardwert ist *False* und bezieht alle Datensätze in den Filterprozess mit ein.

```
Sub eindeutige_Auswahlliste2()
Dim filterliste As Range
    Worksheets("Tabelle1").Activate

    'Überschrift für filterliste übertragen = Filterparameter
    Worksheets("Tabelle2").Range("A1").Value = Range("F1").Value

    'Ausgabebereich gefilterte Liste
    Set filterliste = Worksheets("Tabelle2").Range("A1")

    'Spezialfilter für eindeutige Liste
    Range("A1").CurrentRegion.AdvancedFilter _
      Action:=xlFilterCopy, copyToRange:=filterliste, Unique:=True

End Sub
```

Tops und Flops filtern

Mit Hilfe der Operatorkonstanten *xlTop10Items* oder *xlTop10Percent* lassen sich die höchsten Werte in einem Bereich ermitteln. Die Anzahl der darzustellenden Absolut- oder Prozentwerte lässt sich über das Argument *Criteria1* festlegen.

Die größten drei Werte über den Top10-Filter

```
Sub filterkriterien_setzen4()
'Die 3 teuersten Artikel nach Listenpreis

   With Worksheets("Tabelle4")
     .AutoFilterMode = False       'vorhandene Filter aus
     .Range("A1").AutoFilter Field:=2, Criteria1:=3, Operator:=xlTop10Items
    End With

End Sub
```

Konsolidieren_mit_VBA_2.xlsm, Modul mdl_filtern.

Analog dazu können die Konstanten *xlBottom10Items* und *xlBottom10Percent* verwendet werden, um die niedrigsten Werte herauszufiltern.

Gefilterte Werte in eine neue Tabelle kopieren

Alle Werte, die den Kriterien entsprechen, haben die Eigenschaft sichtbar zu sein (*xlCellTypeVisible*). Diese Tatsache können wir beispielsweise nutzen, um die Ergebniszeilen in eine neue Tabelle zu kopieren.

Die Top10 in eine Tabelle kopieren

```
Sub gefilterte_Werte_uebernehmen()
'gefilterte Werte (Top 10) in neue Tabelle kopieren

  'Zieltabelle Inhalte löschen
  Worksheets("Tabelle5").Cells.Clear
  With Worksheets("Tabelle4")
    .AutoFilterMode = False      'vorhandene Filter aus
    .Range("A1").AutoFilter Field:=2, Criteria1:=10, Operator:=xlTop10Items
    .Range("A2:A46").SpecialCells(xlCellTypeVisible).EntireRow.Copy
    Worksheets("Tabelle5").Range("A2").PasteSpecial
    'Spaltenüberschriften in Zieltabelle übertragen
    .Range("A1").EntireRow.Copy _
         Destination:=Worksheets("Tabelle5").Range("A1")
  End With

End Sub
```

Die Einzelschritte:

1. Zunächst werden eventuell vorhandene Zellinhalte am Zielort, hier im Blatt *Tabelle5* entfernt.
2. Bereits aktivierte Filter in der Quelltabelle *Tabelle4* werden ausgeschaltet.
3. Das neue Filterkriterium *Top10* wird gesetzt.
4. Alle sichtbaren Zellen werden in den Zwischenspeicher kopiert...
5. ...und am Ziel, hier im Blatt *Tabelle5* ab Zelle "A2" eingefügt.

6 Zuletzt werden in die erste Zeile von *Tabelle5* die Spaltenüberschriften aus *Tabelle4* übertragen.

Weitere Filtermöglichkeiten sind mit den Kriterien Zellhintergrundfarbe oder Schriftfarbe möglich.

Ergebnis der Top10-Kopie

	A	B	C	D	E	F	G	H	I
1	Artikel	Listenpreis	Bestand	Warenwert					
2	Chocolate Biscuits Mix	46,00 €	275	2530					
3	Cola	36,25 €	822	5959,5					
4	Bier	44,95 €	1390	12496,1					
5	Langustinos	92,00 €	541	9954,4					
6	Kaffee Auslese	63,35 €	850	10769,5					
7	Kakao	49,90 €	645	6437,1					
8	Langkornreis	35,00 €	821	5747					
9	Ravioli	33,90 €	530	3593,4					
10	Hot Pepper Sauce	39,50 €	1258	9938,2					
11	Mandeln	49,95 €	1094	10929,06					
12									

Top-Werte mit der bedingten Formatierung hervorheben

Sollen die Top-Werte farblich hervorgehoben werden, kann dies mit der bedingten Formatierung erfolgen. Diese Prozedur formatiert die 5 Top-Warenwerte mit gelbem Hintergrund und roter Schriftfarbe. Das Ergebnis kann im Manager für bedingte Formatierung kontrolliert werden, im Bild unten nur ein Ausschnitt.

Das Ergebnis in der Tabelle (Ausschnitt) und im Manager für bedingte Formatierung

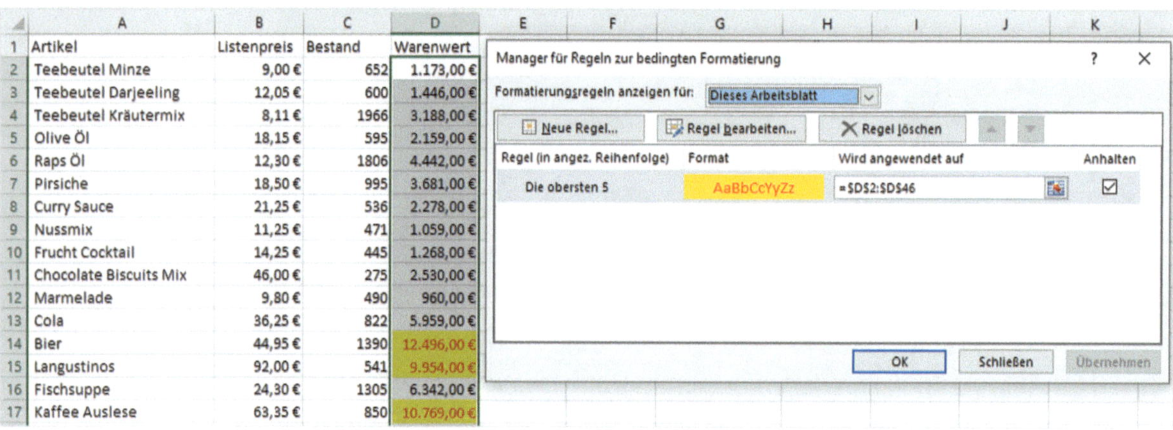

	A	B	C	D
1	Artikel	Listenpreis	Bestand	Warenwert
2	Teebeutel Minze	9,00 €	652	1.173,00 €
3	Teebeutel Darjeeling	12,05 €	600	1.446,00 €
4	Teebeutel Kräutermix	8,11 €	1966	3.188,00 €
5	Olive Öl	18,15 €	595	2.159,00 €
6	Raps Öl	12,30 €	1806	4.442,00 €
7	Pirsiche	18,50 €	995	3.681,00 €
8	Curry Sauce	21,25 €	536	2.278,00 €
9	Nussmix	11,25 €	471	1.059,00 €
10	Frucht Cocktail	14,25 €	445	1.268,00 €
11	Chocolate Biscuits Mix	46,00 €	275	2.530,00 €
12	Marmelade	9,80 €	490	960,00 €
13	Cola	36,25 €	822	5.959,00 €
14	Bier	44,95 €	1390	12.496,00 €
15	Langustinos	92,00 €	541	9.954,00 €
16	Fischsuppe	24,30 €	1305	6.342,00 €
17	Kaffee Auslese	63,35 €	850	10.769,00 €

Bedingte Formatierung für Top-Werte

```
Sub TopWerte_bedingte_Formatierung()
'Markieren der 5 Top-Werte mittels bedingter Formatierung
'Hintergrund = gelb, Schrift = rot
Dim bereich As Range

  Set bereich = Worksheets("Tabelle4").Range("D2:D46")

  'Formatierungsfilter setzen/hinzufügen
  bereich.FormatConditions.AddTop10
  bereich.FormatConditions(bereich.FormatConditions.Count).SetFirstPriority
```

```
    With bereich.FormatConditions(1)
        .TopBottom = xlTop10Top
        .Rank = 5
    End With

    With bereich.FormatConditions(1).Font
        .Color = vbRed
        .TintAndShade = 0
    End With

    With bereich.FormatConditions(1).Interior
        .Color = vbYellow
        .TintAndShade = 0
    End With

End Sub
```

Modul: mdl_bed_Formatierung

10.4 Top-Werte und Rangfolge berechnen

Top-Werte und Rangfolge als Formeln einfügen

Sollen die ausgewählten Spitzenwerte eines Bereichs mit Formeln bzw. Funktionen ermittelt werden, können Sie dazu auf die Arbeitsblattfunktion *KGRÖSSTE* zurückgreifen und die Formeln in das Tabellenblatt schreiben. Statt der deutschen Funktion kann auch die englische Funktion *LARGE* verwendet werden. Der Code unten verwendet beide Varianten zum Vergleich, beachten Sie die Unterschiede:

Konsolidieren_mit_VBA_2.xlsm, Modul mdl_filtern.

- Die englische Variante *LARGE* wird mit der *Range*-Eigenschaft *Formula* und Komma als Trennzeichen angegeben.
- Die deutsche Funktion *KGRÖSSTE* wird dagegen mit der *Range*-Eigenschaft *FormulaLocal* und Semikolon als Trennzeichen eingegeben.

Formeln in Tabellenblatt, deutsche und englische Version im Vergleich

```
Sub Topwerte_ermitteln()
'Die drei größten Warenwerte als Formel in Spalte G

    Worksheets("Tabelle4").Activate
    Range("G1").Value = "Arbeitsblattfunktion KGRÖSSTE"
    Range("G2").Formula = "=LARGE(D2:D46,1)"
    Range("G3").FormulaLocal = "=KGRÖSSTE(D2:D46;2)"
    Range("G4").FormulaLocal = "=KGRÖSSTE(D2:D46;3)"

End Sub
```

Auch die Rangfolge innerhalb eines Bereichs kann über eine Arbeitsblattfunktion, hier *RANG.GLEICH* als Formel hinterlegt werden.

Rangfolge mit Tabellenfunktion berechnen

```
Sub Rang_ermitteln()
'Rang der Warenwerte als Formel in Spalte E
Dim zeile As Integer
```

```
    Worksheets("Tabelle4").Activate
    Range("E1").Value = "Rang"
    For zeile = 2 To 46
        Range("E" & zeile).FormulaLocal = _
          "=RANG.GLEICH(D" & zeile & ";D2:D46)"
    Next zeile

End Sub
```

Top-Werte und Rangfolge mit WorksheetFunctions berechnen

Wenn Sie beispielsweise die drei Top-Werte eines Bereichs ermitteln und als Variablen weiterverwenden oder die Werte direkt (nicht als Formel) in eine Zelle schreiben wollen, dann setzen Sie dazu die *WorksheetFunction.Large* ein.

Die drei Top-Werte werden einer Feldvariablen zugewiesen

```
Sub Topwerte_ermitteln2()
'Die drei größten Warenwerte anzeigen
Dim wert(1 To 3) As Double
Dim i As Integer
Dim bereich As Range

    Worksheets("Tabelle4").Activate
    Set bereich = Range("D2:D46")
    For i = 1 To 3
        wert(i) = Application.WorksheetFunction.Large(bereich, i)
        Debug.Print i; Format(wert(i), "#.00 €")
    Next i

End Sub
```

Für die Rangfolge wird die *WorksheetFunction.Rank_Eq* eingesetzt. Die Rangnummern der Warenwerte aus Spalte D werden in Spalte F eingetragen.

Ranking als Eintrag in der Tabelle

```
Sub Rang_ermitteln2()
'Ranking der Warenwerte in Spalte F anzeigen
Dim zeile As Long

    With Worksheets("Tabelle4")
        Range("F:F").Clear
        Range("F1").Value = "Rang"
        For zeile = 2 To 46
            .Range("F" & zeile) = _
              Application.WorksheetFunction.Rank_Eq _
              (.Range("D" & zeile).Value, .Range("D2:D46"))
        Next zeile
    End With

End Sub
```

Gleiche Rangwerte

Sollte die Rangfolge mehrere gleiche Rangwerte enthalten, erhalten gleiche Zahlen den gleichen Rang und der nächste Rangwert erhöht sich um die Anzahl der Mehrfachvergabe. Wenn keine eindeutig unterscheidbaren Werte vorliegen, gibt es Probleme bei anschließender Anwendung von Funktionen wie beispielsweise *SVERWEIS*. Zur Korrektur kann bei Ranggleichheit die Zeilennummer als Dezimalstelle hinzugefügt und durch Abschneiden in der Tabellenansicht ausgeblendet werden.

```
WorksheetFunction.Rank_Eq (.Range("D" & zeile).Value,_
  .Range("D2:D46")) + zeile /100
```

Suchfunktionen

Neben den Tabellenfunktionen gibt es auch Suchmethoden, die sich auf ein *Range*-Objekt anwenden lassen. Die Methode *Find* gibt die erste Zelle mit dem gesuchten Wert zurück. Die Zeilennummer der gefundenen Zelle erhält man durch die Eigenschaft *Row*.

```
Range.Find(bereich).Row
```

Im folgenden Beispiel werden wir die bekannte Funktion *SVERWEIS* einsetzen.

10.5 VBA statt SVERWEIS

Nahezu jeder Excel-Anwender kennt und nutzt die Funktion SVERWEIS, wenn ergänzende Daten aus einer zweiten Tabelle benötigt werden, die einem Suchkriterium entsprechen. Die Funktion SVERWEIS durchsucht die erste Spalte einer Matrix nach einem bestimmten Wert (Suchkriterium) und übernimmt rechts davon aus der angegebenen Spalte der Matrix den dazugehörigen Wert. Die Syntax:

SVERWEIS(Suchkriterium; Matrix; Spaltenindex; [Bereich_Verweis])

Eine genaue Übereinstimmung mit dem Suchkriterium wird durch das Argument *Bereich_Verweis* und die Angabe FALSCH erzwungen. Um auch einen Näherungswert aus der darüber liegenden Zeile zu erhalten, muss WAHR oder nichts angegeben werden. In diesem Fall muss die Matrix nach den Werten der ersten Spalte sortiert sein.

SVERWEIS als Formel einfügen

SVERWEIS_Personal.xlsm

In diesem Beispiel sind für die monatliche Auswertung der Arbeitsstunden Nachname, Kostenstelle und Standort erforderlich, diese befinden sich in der Personalliste im Blatt *Personal*. Anhand des Suchkriteriums Personalnummer werden mit *SVERWEIS* die fehlenden Daten ermittelt und eingefügt.

	A	B	C	D	E	F
1	Personal-Nr.	Nachname	Vorname	Kostenstelle	Eintrittsdatum	Standort
2	75	Moser	Karl	300	C	
3	76	Kabelschacht	Alfred	100	1	
4	77	Hinterleitner	Sandra	100	1	
5	79	Thomas	Sabine	200	C	
6	80	Baumholtz	Philipp	100	2	
7	81	Bleifuss	Tobias	300	1	
8	83	Nordhoff	Silke	400	C	
9	84	Leutz	Sven	400	1	
10	86	Mumpitz	Nicole	300	2	
11	87	Rumpenhorst	Walter	300	C	
12	89	Weber	Wolfgang	200	C	
13	90	Pförtner	Max	200	1	
14	91	Winzig	Peter	300	1	
15	93	Zauner	Irene	400	C	
16	94	Flegel	Katrin	200	C	
17						

Personal | Auswertung

	A	B	C	D	E
1	Auswertung Arbeitsstunden				
2	Monat:	Januar			
3					
4	Personal-Nr.	Geleistete Stunden	Nachname	Kostenstelle	Standort
5	77	120			
6	84	134			
7	75	89			
8	93	115			
9	80	125			
10	87	145			
11	81	91			
12	94	138			
13	90	126			
14	79	109			
15	86	152			
16	91	136			
17	76	140			
18	89	144			
19	83	76			

Personal | Auswertung

Die Arbeitsblätter Personal und Auswertung

Zur Ermittlung der Nachnamen in Spalte C im Tabellenblatt *Auswertung* wird die Arbeitsblattfunktion *SVERWEIS* als Formel eingefügt. Analog dazu ist dann auch mit den Spalten Kostenstelle und Standort zu verfahren.

SVERWEIS als Formel einfügen

```
Sub sverweis_nachnamen()
Dim i As Integer

    Worksheets("Auswertung").Select
    For i = 5 To 19
        Range("C" & i).FormulaLocal = _
              "=SVERWEIS(A" & i & ";Personal!$A$2:$F$16;2;FALSCH)"
    Next i

End Sub
```

SVERWEIS in VBA durch Suche ersetzen

SVERWEIS_Personal.xlsm

Dieselbe Ausgangstabelle verwenden wir auch, um per VBA die Nachnamen in Spalte C zu übernehmen. Hier gibt es zwei Lösungswege, nämlich die Suche mit der Methode *Find* oder die Suche über ein *Range*-Objekt.

1. Lösungsansatz: Methode Find

Suche mit der Methode *Find* im Blatt *Personal* (A2:A16), als Suchbegriff dient der Text in Spalte A (Blatt *Auswertung*). Bei Übereinstimmung wird der Wert aus Spalte B (Nachname) in das Blatt *Auswertung*, Spalte C übergeben, was dem Versatz *Offset(0,1)* entspricht. In der Funktion *SVERWEIS* entspricht dies dem Spaltenindex 2.

```
Sub sverweis_ersetzen1()
'Nachname in Spalte C eintragen; Variable suchtext
Dim i As Integer
Dim suchtext As String

    Worksheets("Auswertung").Select
    For i = 5 To 19
        suchtext = Worksheets("Personal").Range("A2:A16").Find _
              (what:=Range("A" & i).Value, lookat:=xlWhole). _
              Offset(0, 1).Value
        Range("C" & i).Value = suchtext
    Next i

End Sub
```

Suchen über die Methode Find

2. Lösungsansatz: Verweis auf Range-Objekt

Der zweite Lösungsansatz vergleicht zwei *Range*-Objekte, der Suchvariablen wird in diesem Fall das *Range*-Objekt in Spalte A, Blatt *Auswertung*, mit *Set* zugewiesen. Aus der Adresse des Fundorts wird der Wert aus gleicher Zeile jedoch 2 Spalten weiter – *Offset(0,2)* – übergeben und im Blatt *Auswertung* in Spalte C geschrieben.

```
Sub sverweis_ersetzen2()
'Nachname in Spalte C eintragen; Variable suche als range
Dim i As Integer
Dim suche As Range

    Worksheets("Auswertung").Activate
    For i = 5 To 19
        Set suche = Worksheets("Personal").Range("A2:A16").Find _
            (what:=Range("A" & i).Value, lookat:=xlWhole)
        Range("C" & i).Value = suche.Offset(0, 1)
    Next i

End Sub
```

Suchen über ein Range-Objekt

Um auch Kostenstelle und Standort in den Spalten D und E einzutragen, braucht die oben gelistete Prozedur nur um zwei Zeilen (*Offset(0,3)* und *Offset(0,5)*) ergänzt werden.

```
   For i = 5 To 19
        Set suche = Worksheets("Personal").Range("A2:A16").Find _
            (what:=Range("A" & i).Value, lookat:=xlWhole)
        Range("C" & i).Value = suche.Offset(0, 1)
        Range("D" & i).Value = suche.Offset(0, 3)
        Range("E" & i).Value = suche.Offset(0, 5)
    Next i
```

Das Ergebnis im Blatt Auswertung

Auswertung Arbeitsstunden

Monat: Januar

Personal-Nr.	Geleistete Stunden	Nachname	Kostenstelle	Standort
77	120	Hinterleitner	100	München
84	134	Leutz	400	Regensburg
75	89	Moser	300	München
93	115	Zauner	400	Regensburg
80	125	Baumholtz	100	Ulm
87	145	Rumpenhorst	300	Pfarrkirchen
81	91	Bleifuss	300	München
94	138	Flegel	200	Ulm
90	126	Pförtner	200	Ulm
79	109	Thomas	200	Ulm
86	152	Mumpitz	300	Ulm
91	136	Winzig	300	München
76	140	Kabelschacht	100	Regensburg
89	144	Weber	200	Pfarrkirchen
83	76	Nordhoff	400	Regensburg

ABC-Analyse ohne SVERWEIS

Die Funktion SVERWEIS wird im kaufmännischen Bereich oft auch zur Kategorisierung eingesetzt, z. B. wenn es darum geht, welche Provision ein Mitarbeiter anhand seiner Umsatzzahlen erhalten soll oder um die Verkaufszahlen bestimmter Waren in Gruppen einzuteilen.

Beispielsweise ist die ABC-Analyse ein klassisches Verfahren im operativen Controlling. Dabei werden Werte, z. B. die Umsätze von Kunden oder Waren anhand einer absteigenden Rangliste in die Kategorien A, B und C eingeteilt. Die Einteilung der Kategorien basiert auf individuellen Überlegungen/Erfahrungen.

Klasse	Anteil am Gesamtumsatz	Bereich
A	75 %	oberster Anteil, sehr wichtig
B	20 %	Anteil zwischen 75 % und 95 %
C	5 %	die restlichen 5 %, weniger wichtig

Die Tabelle im Bild unten wurde nach Spalte D, *Umsatzanteil %* absteigend sortiert und in Spalte E der kumulierte Umsatz per Formel berechnet. Auf diesen kumulierten Umsatz wird Bezug genommen. Auf klassische Weise wird diese Aufgabe mit der Funktion SVERWEIS in Spalte F und einer Hilfstabelle, hier in H2: gelöst.

=SVERWEIS(E2;$I$2:$J$4;2;WAHR)

	A	B	C	D	E	F	G	H	I	J
1		Produkt	Umsatz €	Umsatzanteil %	kum.Umsatz	ABC-Analyse		Anteil	Anteil Umsatz	Klasse
2	1	PCs	96.520,00 €	15,5%	15,5%	A		75%	0%	A
3	2	Beamer	88.037,00 €	14,1%	29,6%	A		20%	75%	B
4	3	Drucker	84.425,00 €	13,6%	43,2%	A		5%	95%	C
5	4	Whiteboards	73.867,00 €	11,9%	55,1%	A				
6	5	Stehpulte	69.568,00 €	11,2%	66,2%	A				
7	6	Stühle	57.959,00 €	9,3%	75,6%	B				
8	7	Tische	49.986,00 €	8,0%	83,6%	B				
9	8	Schränke	49.185,00 €	7,9%	91,5%	B				
10	9	Flipcharts	40.512,00 €	6,5%	98,0%	C				
11	10	PC-Tische	12.516,00 €	2,0%	100,0%	C				
12		**Gesamtumsatz:**	**622.575,00 €**							
13		Durchschnitt:	62.257,50 €							

Vorlage zur ABC-Analyse ohne SVERWEIS

VBA_statt_SVERWEIS.xlsm, Tabelle3 und Modul ABC_Analyse.

Die Kategorie kann aber auch mit einer VBA-Prozedur und ohne SVERWEIS ermittelt und direkt in Spalte F geschrieben werden.

Die Wertevorgaben (A, B, C) können zu Beginn der Prozedur festgelegt oder wie bei SVERWEIS aus einer Tabelle eingelesen werden. Anstelle der Variablen kann auch mit Konstanten gearbeitet werden.

Konstanten zur Klassenaufteilung

```
'Klassen nach kumuliertem Anteil
Const A_Klasse As Double = 0
Const B_Klasse As Double = 0.75
Const C_Klasse As Double = 0.95
```

Der VBA-Lösungsweg entspricht der Vorgehensweise mit der Funktion WENN(...) bzw. WENN(UND()…) im Arbeitsblatt. Wesentlich übersichtlicher als mit der *IF...THEN...ELSE* Abfrage erfüllt die *Select Case* Anweisung die gleiche Aufgabe. Der Verweis auf den Bereich mit dem kumulierten Umsatz ist optional – es funktioniert auch mit einer Zählerschleife (E2 – E11). Hier die Lösung mit Variablen und Zugriff auf die Vorgabewerte in der Tabelle (I2 bis I4):

ABC-Analyse ohne SVERWEIS

```
Sub ABC_Analyse()
Dim zelle As Range
Dim bereich As Range
Dim A_Klasse As Double
Dim B_Klasse As Double
Dim C_Klasse As Double

    'Klassen nach kumuliertem Anteil
    A_Klasse = Range("I2").Value
    B_Klasse = Range("I3").Value
    C_Klasse = Range("I4").Value
    'Spaltenbereich mit kumuliertem Umsatz festlegen
    Set bereich = Worksheets("Tabelle3").Range("E2:E11")
    'Abfrage
    For Each zelle In bereich
        Select Case zelle.Value
            Case Is < B_Klasse:  Cells(zelle.Row, 6).Value = "A"
            Case Is < C_Klasse:  Cells(zelle.Row, 6).Value = "B"
            Case Else:           Cells(zelle.Row, 6).Value = "C"
        End Select
    Next zelle
    Set bereich = Nothing
End Sub
```

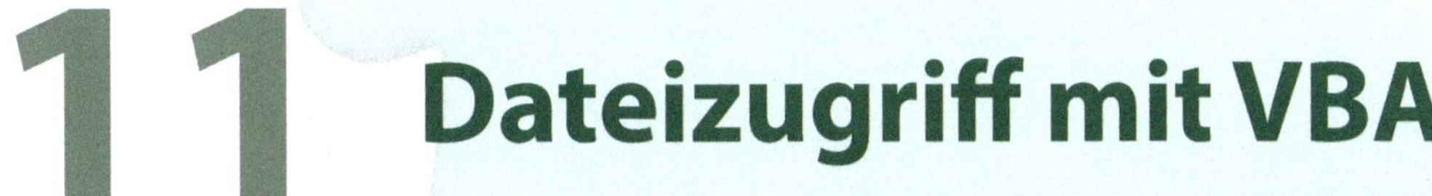

11 Dateizugriff mit VBA

11.1 Laufwerke und Ordner

Laufwerke

Die nachfolgenden Beispiele finden Sie in der Datei: mdl_16_Ordner_bas.rtf

Laufwerk wechseln (ChDrive)

Den Wechsel zu einem anderen Laufwerk übernimmt die Funktion *ChDrive*, vorausgesetzt dieses ist vorhanden. Um die Fehlermeldung bei einem nicht vorhandenen Laufwerk zu umgehen, sollte eine Fehlerabfrage mit Meldung eingebaut werden.

Laufwerk wechseln

```
Sub Laufwerk_vorgeben()

    On Error GoTo fehler
    ChDrive "D:"
    Exit Sub
fehler:
    MsgBox "Laufwerk existiert nicht"

End Sub
```

Ordner verwalten

Aktuellen Ordner ermitteln (CurDir)

Die Frage nach dem gerade aktuellen Verzeichnispfad erledigt die Funktion *CurDir*. Wenn nicht explizit ein bestimmtes Laufwerk angegeben wird, bezieht sich die Funktion auf das aktuelle Laufwerk.

Abfrage des aktuellen Ordners

Dir steht für Directory = Verzeichnis oder Ordner.

```
Sub ordner_aktuell()
Dim pfad As String

    pfad = CurDir
    Debug.Print 1; pfad
    pfad = CurDir("C")
    Debug.Print 2; pfad
    pfad = CurDir("D")
    Debug.Print 3; pfad

End Sub
```

Rückgabewert für aktuellen Ordner

Direktbereich

```
1 C:\Users\DK\Beispiele
2 C:\Users\DK\Beispiele
3 D:\
```

Hinweis: Wenn das angegebene Laufwerk nicht existiert, macht eine Laufzeitfehlermeldung darauf aufmerksam. Diese sollte mit einer Fehlerbehandlungsroutine (*On Error...*) und einer entsprechenden Meldung abgefangen werden, siehe oben Laufwerk vorgeben.

Ordner wechseln (ChDir)

Den Wechsel in einen anderen Ordner erledigt die Funktion *ChDir*. Auch hier ist eine Fehlerbehandlung sinnvoll, falls der angegebene Ordner nicht existiert.

Wechsel in einen anderen Ordner

```
Sub ordner_wechseln()

    On Error GoTo fehler
    ChDir "C:\Pool\Export"
    Exit Sub
fehler:
    MsgBox "Ordner existiert nicht"

End Sub
```

Ordner anlegen (MkDir)

Mit *MkDir* wird ein neuer Ordner angelegt. Dabei sollten Sie einen möglichen Laufzeitfehler abfangen, falls der Ordner bereits existiert. Wird kein Laufwerk angegeben, so wird der Ordner auf dem aktuellen Laufwerk angelegt.

Achtung: Der Ordner wird nur erstellt - es erfolgt kein Wechsel dorthin (siehe *ChDir*).

Ordner anlegen

```
Sub ordner_anlegen()

    On Error Resume Next
    MkDir "D:\Daten\Beispiele\Export"

End Sub
```

Ordner für 12 Monate eines Jahres anlegen

Zur Ablage, beispielsweise zur Archivierung von Rechnungen, soll für ein Jahr ein Ordner mit 12 Unterordnern für jeden Monat per VBA angelegt werden. Der Pfad des Jahresordners wird vorgegeben und der Name dieses Ordners, z. B. Archiv 2020 vom Nutzer über ein Dialogfeld (*InputBox*) abgefragt. Die Namen der Unterordner werden aus Monatsnummer (2-stellig) und Monatsname generiert. Falls der Ordner bereits vorhanden sein sollte, wird ein entsprechender Hinweis ausgegeben und die Prozedur abgebrochen.

Archiv_2020
01_Januar
02_Februar
03_März
04_April
05_Mai
06_Juni
07_Juli
08_August
09_September
10_Oktober
11_November
12_Dezember

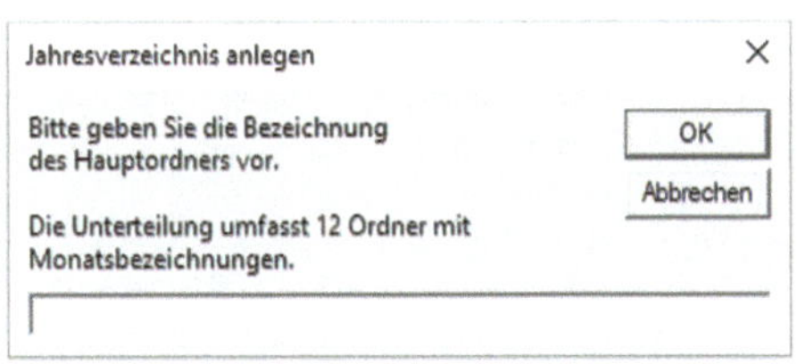

Monatsordner automatisch anlegen

```
Sub Monatsordner_anlegen()
Dim pfad As String
Dim Ordner As String
Dim Monat As Integer
Dim Monatsname As String
```

Jahresverzeichnis_mit_Monatsunterteilung.xlsm

```
    'Hauptpfad vorgeben/anpassen und Bezeichnung abfragen
    pfad = "C:\Beispiele\"              'oder: ThisWorkbook.Path & " \ ""
    Ordner = InputBox("Bitte geben Sie die Bezeichnung" & vbLf & _
      "des Hauptordners vor." & vbLf & vbLf & "Die Unterteilung " & _
      "umfasst 12 Ordner mit Monatsbezeichnungen.", _
      "Jahresverzeichnis anlegen")

    'Abfrage, ob der Ordner bereits vorhanden ist
    If Dir(pfad & Ordner, vbDirectory) <> "" Then
        MsgBox "Ordner bereits vorhanden - Abbruch"
        Exit Sub
    Else
        If MsgBox("In " & pfad & vbLf & vbLf & _
          "wird der Ordner  \" & Ordner & "  mit Monatsordnern" _
          & vbLf & vbLf & "neu angelegt", vbInformation + vbOKCancel, _
          "Bitte beachten!") = vbCancel Then Exit Sub

        'Jahresordner anlegen
        MkDir (pfad & Ordner)

        '12 Unterordner mit Nummer und Monatsname anlegen
        For Monat = 1 To 12
            Monatsname = Format(Monat, "00") & "_" & MonthName(Monat)
            MkDir (pfad & Ordner & "\" & Monatsname)
        Next Monat

    End If

End Sub
```

Ordner löschen (RmDir)

Um einen Ordner zu entfernen, sollten Sie zunächst alle darin enthaltenen Dateien löschen (*Kill*), um die Meldung *Fehler beim Zugriff auf Pfad/Datei* zu vermeiden (siehe Seite 234).

Entfernen eines leeren Ordners

```
Sub ordner_entfernen()

    On Error GoTo fehler
    RmDir "C:\Pool\Exports"
fehler:
    MsgBox "Ordner enthält Dateien!"

End Sub
```

Ordnerinhalte

Ordnerinhalt auflisten (Dir)

Erste Datei mit Suchkriterium anzeigen

Mit der Funktion *Dir* können Sie im angegebenen Ordner eine bestimmte Datei oder mehrere Dateien anhand eines Suchkriteriums aufspüren. Das nachfolgende Beispiel liefert jeweils die erste Datei, die dem Suchkriterium entspricht.

Die ersten Dateien nach Suchkriterium anzeigen

```
Sub Dateien_im_ordner()
Dim pfad As String

    pfad = "C:\Pool\Exports\"
    'erste Datei im Ordner
    Debug.Print Dir(pfad)
    'erste csv-Datei im Ordner
    Debug.Print Dir(pfad & "*.csv")
    'erste Excel-Datei im Ordner
    Debug.Print Dir(pfad & "*.xls*")

End Sub
```

Alle Dateien auflisten

Sollen alle Dateien eines Ordners aufgelistet werden, wird als Dateityp bzw. Dateinamenerweiterung *.* angegeben. Zudem wird der mit *Pfad* vorgegebene Ordner mittels *While…Wend*-Schleife solange durchsucht, bis keine Datei mit dieser Endung mehr gefunden wird, d. h. solange der Rückgabewert der Funktion *Dir* nicht leer ist (<>"").

Alle Dateien in einem Ordner anzeigen

```
Sub ordnerinhalt()
Dim pfad As String
Dim datei As String

    pfad = "C:\Pool\Exports\"
    'erste Datei ohne Suchkriterium
    datei = Dir(pfad & "*.*")
    'weitere Dateien
    While datei <> ""
        Debug.Print datei
        datei = Dir
    Wend

End Sub
```

Alle Dateien mit Suchkriterium auflisten

Die unten abgebildete Prozedur listet alle Excel-Dateien *.xls* im angegebenen Ordner auf.

Alle Excel-Dateien in einem Ordner anzeigen

```
Sub ordnerinhalt2()
Dim pfad As String
Dim datei As String
```

```
    pfad = "C:\Pool\Exports\"
    'erste Datei ohne Suchkriterium
    datei = Dir(pfad & "*.xls*")
    'weitere Dateien
    While datei <> ""
        Debug.Print datei, FileDateTime(pfad & datei)
        datei = Dir
    Wend

End Sub
```

Ordnerinhalt mit Datumsangabe auflisten

Soll zusätzlich zum Dateinamen das Datum der letzten Änderung ausgegeben werden, dann wird dazu die Dateifunktion *FileDateTime* benutzt.

Dateien mit Datum der letzten Änderung

```
Sub ordnerinhalt_mit_Datum()
Dim pfad As String
Dim datei As String

    pfad = "C:\Pool\Exports\"
    'erste Datei ohne Suchkriterium
    datei = Dir(pfad & "*.*")
    'weitere Dateien
    While datei <> ""
        Debug.Print datei, FileDateTime(pfad & datei)
        datei = Dir
    Wend

End Sub
```

Unterordner im angegebenen Ordner auflisten

Sollen statt Dateien alle enthaltenen Unterordner im angegebenen Ordner (*Pfad*) aufgelistet werden, dann erfolgt mit der *GetAttr*-Funktion eine Abfrage des Attributs. Ordner oder Verzeichnisse lassen sich anhand der Konstante *vbDirectory* ermitteln. Das Ergebnis wird in diesem Beispiel im Direktfenster ausgegeben.

```
    Ordnername = Dir(pfad, vbDirectory)
```

Während der Abfrageschleife werden der aktuelle (.) und der übergeordnete (..) Ordner ignoriert, bevor nach einem Ordnernamen mit dem Attribut *vbDirectory* gesucht wird.

Unterordner auflisten

```
Sub Ordner_anzeigen()
Dim pfad As String
Dim Ordnername As String

    pfad = "C:\Pool\"                       'Ordner anpassen
    Ordnername = Dir(pfad, vbDirectory)     'Ersten Eintrag abrufen

    While Ordnername <> ""                  'Schleife beginnen
        'Aktuellen und übergeordneten Ordner ignorieren
        If Ordnername <> "." And Ordnername <> ".." Then
```

```
            'sicherstellen, dass Ordnername ein Ordner ist
            If GetAttr(pfad & Ordnername) = vbDirectory Then
                Debug.Print Ordnername
            End If
        End If
        Ordnername = Dir                    'Nächsten Eintrag abrufen
    Wend

End Sub
```

Eine andere, komfortable Version verwendet das *FileSystemObject* aus der Bibliothek *Microsoft Scripting Runtime*, auf das über die Methode *CreateObject* verwiesen werden muss.

Achtung: Die Bibliothek müssen Sie ggf. unter *Extras* ▶ *Verweise…* noch einbinden.

Unterordner anzeigen (FileSystemObject)

```
Sub Ordner_anzeigen2()
'alle Unterordner eines vorgegebenen Ordners ausgegeben
Dim FileSystObj As Object
Dim Verzeichnis As Object
Dim element As Object

    Set FileSystObj = CreateObject("Scripting.FileSystemObject")
    Set Verzeichnis = FileSystObj.GetFolder("C:\Pool\").SubFolders
    For Each element In Verzeichnis
        Debug.Print element.Name
    Next element

End Sub
```

Ordnerinhalt im Tabellenblatt ausgeben

Soll der Inhalt eines bestimmten Ordners im Tabellenblatt, hier in Spalte A im aktuellen Arbeitsblatt ausgegeben werden, dann kann folgende Prozedur verwendet werden:

Ordnerinhalt in Tabellenblatt schreiben

```
Sub Ordnerinhalt_in_Tabelle()
Dim pfad As String
Dim datei As String
Dim zeile As Integer

    pfad = "E:\Beispiele\"
    datei = Dir(pfad & "*.*")
    zeile = 1
    While datei <> ""
        ActiveSheet.Range("A" & zeile).Value = datei
        zeile = zeile + 1
        datei = Dir
    Wend

End Sub
```

11.2 Dateien kopieren, löschen, umbenennen

Die nachfolgenden Beispiele finden Sie in der Datei: mdl_16_Ordner_bas.rtf

Auch Dateien lassen sich per VBA verwalten, dies wird allerdings eher selten benötigt.

Datei kopieren (Filecopy)

Zum Kopieren von Dateien verwenden Sie die Anweisung (Methode) *FileCopy*. Damit können Sie beispielsweise Sicherheitskopien anfertigen. Die Syntax, wobei jedes Attribut als Zeichenfolge (mit oder ohne Pfadangabe) übergeben werden muss:

```
FileCopy Quelle, Ziel
```

Sicherheitskopien im selben Ordner erstellen

```
Sub Datei_kopieren()
Dim datei As String
Dim dateicopy As String
Dim pfad As String

    pfad = "C:\Pool\"
    datei = "Filiale1_Bestand.xlsx"
    dateicopy = "Kopie von " & datei
    FileCopy pfad & datei, pfad & dateicopy

End Sub
```

Ein Beispiel, wie Sie beim Öffnen einer Datei eine Sicherungskopie anlegen, finden Sie auf Seite 154.

Datei löschen (Kill)

Mit der Anweisung *Kill* löschen Sie Dateien im angegebenen Pfad, und zwar ohne Rückfrage!

Achtung: Seien Sie daher vorsichtig bei der Verwendung von Platzhalterzeichen wie Fragezeichen (?) oder Stern (*).

Alle csv-Dateien im Pfad löschen

```
Sub Datei_loeschen()

    On Error Resume Next
    Kill "C:\Pool\Exports\*.csv"

End Sub
```

Datei umbenennen (Name)

Das Umbenennen einer Datei ermöglicht die Anweisung *Name*.

Umbenennen einer Datei

```
Sub Datei_umbenennen()

    On Error Resume Next
    Name "C:\Pool\JUL131.txt" As "C:\Pool\JUL131.dat"

End Sub
```

11.3 Per VBA auf Textdateien zugreifen

Grundsätzlich gibt es drei Zugriffsverfahren für das Lesen und Schreiben von Daten in Textdateien (.txt oder .csv), von denen der sequenzielle Zugriff am häufigsten zum Einsatz kommt. Da allerdings Excel mit diversen Tools, z. B. Import-Assistent den Datenimport aus Textdateien unterstützt, kommt der Zugriff per VBA nur in Ausnahmefällen zum Einsatz. Mit Power Query bzw. *Abrufen und transformieren* ist der Import sogar auf "Knopfdruck" möglich.

- **Sequenzieller Zugriff** auf einzelne Zeichen oder ganze Zeilen
- **Wahlfreier Zugriff** in Blöcken bestimmter Länge (meist in Datenbanken)
- **Binärer Zugriff** byteweise auf eine beliebige (bekannte) Position in einer Datei

Sequenzieller Zugriff

Datei öffnen
Vor dem Zugriff muss die Textdatei mit der Anweisung *Open* geöffnet werden.

`Open` Dateiname `For` Modus `As` `#`Dateinummer

Dateiname umfasst den vollständigen Dateinamen mit Dateinamenerweiterung und dem gesamten Pfad. *Modus* bestimmt die Zugriffsart über die Schlüsselwörter: *Input* (Lesen), *Output* (Schreiben), *Append* (Anfügen), *Random*, *Binary*. Die *Dateinummer* ist für die eindeutige Zuordnung wichtig. So wird die zugewiesene Datei in Verbindung mit dem #-Zeichen eindeutig angesprochen.

Hinweis: Beim Speichern ist die Dateinamenerweiterung frei wählbar, so kann man das automatische Öffnen mit einer voreingestellten Anwendung, z. B. Editor verhindern.

Daten einlesen
Beim sequentiellen Zugriff werden die Daten ab Dateianfang zeilenweise eingelesen mit den Funktionen:

- `Input,`
- `Input #` oder
- `Line Input #`

Daten schreiben
Das Schreiben der Daten erfolgt am Dateiende mit:

- `Write #` oder
- `Print #`

Datei schließen
Nach Beenden des Schreib- oder Lesevorgangs muss die Datei geschlossen werden:

- `Close #`

Neue Textdatei speichern

Die Beispiele finden Sie in der Datei: mdl_17_Textdateien_bas.rtf

Beispiel: Beim Öffnen einer Arbeitsmappe (*Workbook_Open*) sollen automatisch die aktuelle Zeit und der Name des angemeldeten Benutzers in einer neuen Textdatei abgelegt werden. Numerische Ausdrücke oder Zeichenketten, die in der selben Zeile der Datei abgelegt werden sollen, müssen durch Komma getrennt übergeben werden.

Die auf diese Weise erzeugten Textdateien können mit jedem Texteditor geöffnet und eingesehen werden.

Textdatei speichern/überschreiben

```
Sub textdatei_schreiben()
Dim pfad As String

    pfad = "C:\Pool\"
    Open pfad & "PCnutzung.dat" For Output As #1     'Ausgabe in Datei
        Write #1, Now, Environ("Username")
        Print #1, Now, Environ("Username")
    Close #1

End Sub
```

Datum und Uhrzeit sowie Benutzername werden zum Vergleich im oben abgebildeten Code mit zwei unterschiedlichen Anweisungen in die Textdatei geschrieben. Der Unterschied zwischen den Anweisungen *Write #* und *Print #* wird in der gespeicherten Datei *PCnutzung.dat* ersichtlich.

```
Write #1          #2018-07-20 16:02:14#,"DK3"
Print #1          20.07.2018 16:02:14          DK3
```

Die mit *Write #* geschriebenen Daten werden üblicherweise via *Input #* gelesen, die mit *Print* geschriebenen mit *Line Input #* oder *Input*.

Achtung: Ist die Datei bereits vorhanden, wird sie durch diese Prozedur bei jedem Ausführen überschrieben.

An Textdatei anfügen

Um das Überschreiben einer vorhandenen Datei zu verhindern und weitere Einträge anzufügen, muss die Datei im Modus *Append* angelegt werden. Ist die Datei dagegen noch nicht vorhanden, wird sie automatisch neu angelegt.

Datei anlegen und/oder erweitern

```
Sub textdatei_erweitern()
Dim pfad As String

    pfad = "C:\Pool\"
    Open pfad & "PCnutzung2.dat" For Append As #1
        Write #1, Now, Environ("Username")
    Close #1

End Sub
```

Das Ergebnis im Texteditor:

PCnutzung.dat - Editor

Datei Bearbeiten Format Ansicht Hilfe

```
#2020-09-18 13:28:47#,"Admin"
#2020-09-18 13:33:16#,"Admin"
#2020-09-18 13:33:22#,"Admin"
#2020-09-18 14:08:21#,"Admin"
```

Sequentielle Datei mit zwei Einträgen je Zeile, Trennzeichen Komma

Textdateien lesen

Um Daten aus Textdateien zeilenweise auszulesen, wird der *Input* Modus verwendet. Allerdings wird nur der erste Eintrag in der ersten Zeile bis zum Trennzeichen eingelesen.

Ersten Eintrag der ersten Zeile bis Trennzeichen lesen

Den ersten Eintrag lesen

```
Sub textdatei_lesen1()
Dim pfad As String
Dim eintrag As String

    pfad = "C:\Pool\"
    Open pfad & "PCnutzung2.dat" For Input As #1
        'liest ersten Eintrag bis Trennzeichen
        Input #1, eintrag
    Close #1
    Debug.Print eintrag

End Sub
```

Zwei Einträge lesen

Um die ersten zwei Einträge der ersten Zeile zu lesen, benötigt man zwei Input-Anweisungen.

Liest die ersten beiden Einträge in der ersten Zeile

```
Sub textdatei_lesen2()
Dim pfad As String
Dim eintrag(1 To 2) As String

    pfad = "C:\Pool\"
    Open pfad & "PCnutzung2.dat" For Input As #1
        'liest ersten Eintrag bis Trennzeichen
        Input #1, eintrag(1)
        'liest zweiten Eintrag bis Trennzeichen
        Input #1, eintrag(2)
    Close #1
    Debug.Print eintrag(1)
    Debug.Print eintrag(2)

End Sub
```

Ganze Zeile lesen

Wenn eine ganze Zeile aus einer Datei sequentiell eingelesen werden soll, muss die Anweisung *Line Input* verwendet werden.

Liest die ersten zwei Zeilen komplett

```
Sub textdatei_lesen3()
Dim pfad As String
Dim zeile(1 To 2) As String
    pfad = "C:\Pool\"
    Open pfad & "PCnutzung2.dat" For Input As #1
        'liest erste Zeile der Datei
        Line Input #1, zeile(1)
        'liest zweite Zeile der Datei
        Line Input #1, zeile(2)
    Close #1
    Debug.Print zeile(1)
    Debug.Print zeile(2)
End Sub
```

Alle Zeilen lesen

Das Einlesen aller Zeilen der sequentiellen Datei kann man über eine Bedingungsschleife erfolgen, die so lange Zeilen übernimmt, bis das Ende der Datei, *EOF = True* (End Of File) erreicht ist.

Alle Zeilen einer Datei lesen

```
Sub textdatei_lesen4()
Dim pfad As String
Dim zeile As String
    pfad = "C:\Pool\"
    Open pfad & "PCnutzung2.dat" For Input As #1
    While Not EOF(1)
        'liest alle Zeilen der Datei
        Line Input #1, zeile
        Debug.Print zeile
    Wend
    Close #1
End Sub
```

Ausgabe in eine Excel-Tabelle

Natürlich lassen sich die Zeilen auch in eine Tabelle übertragen. Im unten abgebildeten Beispiel erfolgt allerdings keine Aufteilung der Einträge in Spalten.

Alle Zeilen einer Datei in eine Tabelle schreiben

```
Sub textdatei_lesen5()
Dim pfad As String
Dim zeile As String
Dim i As Integer

    Worksheets("Textdateien").Activate
    pfad = "C:\Pool\"
    Open pfad & "PCnutzung2.dat" For Input As #1
    i = 1
    While Not EOF(1)
        'liest alle Zeilen der Datei in Tabelle
        Line Input #1, zeile
        Range("A" & i).Value = zeile
        i = i + 1
    Wend
    Close #1
End Sub
```

Einträge in Spalten aufteilen

Die nachfolgende Prozedur liest alle Zeilen einer sequentiellen Datei ein und legt die beiden Einträge je Zeile getrennt in Spalte A und B ab.

Beide Einträge in einer Zeile einlesen und getrennt in Spalten ablegen

```
Sub textdatei_lesen6()
Dim pfad As String
Dim eintrag(1 To 2) As String
Dim i As Integer

    Worksheets("Textdateien").Activate
    pfad = "C:\Pool\"
    Open pfad & "PCnutzung2.dat" For Input As #1
    i = 1
    While Not EOF(1)
        'liest jeweils zwei Werte in Tabelle
        Input #1, eintrag(1)
        Input #1, eintrag(2)
        Range("A" & i).Value = eintrag(1)
        Range("B" & i).Value = eintrag(2)
        i = i + 1
    Wend
    Close #1
End Sub
```

Hinweis zum Import aus Textdateien in Tabelle

- Zum Durchsuchen von Dateien bieten sich noch reichlich Variationen an, so gibt es noch die *Seek*-Funktion und die Möglichkeit, byteweise oder blockweise auf Dateiinhalte zuzugreifen.
- Excel kann die meisten Textdateitypen automatisch importieren, daher wird es nur in selten Fällen notwendig werden, mit VBA auf Dateien zuzugreifen. So bietet beispielsweise seit Excel 2013 das Tool *Power Query*, ab der Version 2016 als *Abrufen und transformieren* bezeichnet, einen äußerst komfortablen Zugriff auf Textdateien das auch in puncto Datenkonvertierung (fast) keine Wünsche mehr offen lässt. Die Daten lassen sich später per Mausklick schnell aktualisieren.

Zugriff auf Arbeitsmappe dokumentieren

Als Beispiel soll der Zugriff auf eine Arbeitsmappe dokumentiert werden. Beim Öffnen der Mappe sollen Datum mit Zeit und Benutzername in eine Textdatei geschrieben werden. Beim Schließen sollen Datum und Zeit in derselben Zeile hinzugefügt werden, so dass für jede Nutzung der Arbeitsmappe eine Zeile erstellt wird.

Die Prozedur, die beim Öffnen der Mappe ausgeführt wird, trägt den Zeitpunkt und den Benutzernamen ein und lässt die Zeile offen (Komma am Ende).

Beim Öffnen der Mappe werden Zeitpunkt und Benutzer registriert

```
Sub textdatei_erweitern_beim_Oeffnen()
Dim pfad As String

    pfad = "C:\Pool\"
    Open pfad & "PCnutzung3.dat" For Append As #1
```

```
        'Zeile schreiben ohne Zeilenrücklauf
        Write #1, Now, Environ("Username"),
    Close #1

End Sub
```

Beim Schließen der Arbeitsmappe wird der Zeitpunkt an das Ende der letzten Zeile geschrieben.

Beim Schließen wird der Zeitpunkt an die letzte Zeile angehängt

```
Sub textdatei_erweitern_beim_Schliessen()
Dim pfad As String

    pfad = "C:\Pool\"
    Open pfad & "PCnutzung3.dat" For Append As #1
        'Eintrag am Ende der Zeile
        Write #1, Now
    Close #1

End Sub
```

Die beiden Prozeduren werden den Ereignissen *Workbook_open* bzw. *Workbook_BevoreClose* der Arbeitsmappe zugewiesen.

Die Dokumentation erhalten Sie mit der sequentiellen Datei *PCnutzung3.dat*, in der zeilenweise Beginn, Nutzer und Ende registriert sind. Die Übernahme in eine Tabelle erledigt die folgende Prozedur.

Einlesen der Nutzungsdaten in eine Tabelle

```
Sub textdatei_lesen7()
Dim pfad As String
Dim eintrag(1 To 3) As String
Dim i As Integer

    Worksheets("Textdateien").Activate
    pfad = "C:\Pool\"
    Open pfad & "PCnutzung3.dat" For Input As #1
    i = 1
    While Not EOF(1)
        'liest jeweils zwei Werte in Tabelle
        Input #1, eintrag(1)
        Input #1, eintrag(2)
        Input #1, eintrag(3)
        Range("A" & i).Value = eintrag(1)
        Range("B" & i).Value = eintrag(2)
        Range("C" & i).Value = eintrag(3)
        i = i + 1
    Wend
    Close #1

End Sub
```

Tabelle mit den Zugriffen auf eine Arbeitsmappe

```
*PCnutzung3.dat - Editor
Datei  Bearbeiten  Format  Ansicht  Hilfe
#2020-09-21 11:41:08#,"Franz Müller",#2020-09-21 11:42:50#
#2020-09-21 11:50:11#,"Franz Müller",#2020-09-21 11:52:18#
#2020-10-01 08:23:33#,"Klara Muster",#2020-10-01 10:17:54#
```

12 Diagramme

Diagramme sind ein wesentlicher Bestandteil von Excel. Wie jeder Anwender aus Erfahrung weiß, bieten Excel-Diagramme nahezu unüberschaubar viele veränderbare Eigenschaften. Komplette Diagramme in Excel-VBA zu programmieren, ist mühsam und zeitaufwendig und dürfte sich nur in den seltensten Fällen lohnen oder gar rechnen. Werden häufiger Diagramme des gleichen Typs mit identischen Formatierungen benötigt, ist das Anlegen von benutzerdefinierten Vorlagen zu empfehlen und oft auch der schnellere Weg zum Ziel. Wenn dagegen aus Tabellen, die Untergliederungen oder Zusammenfassungen enthalten, bestimmte Bereiche als Diagramme dargestellt werden sollen, kann der gezielte Einsatz von VBA hilfreich sein.

In den meisten Fällen dürfte sich die VBA-Unterstützung bei Diagrammen auf den individuellen Feinschliff, das Anpassen von Diagrammtitel, Achsenbeschriftungen, Skalierungen, Markierungen, usw. oder das schnelle Ein- und Ausblenden von Daten beschränken. Der Makrorecorder wird hierbei zu einem wichtigen Hilfsmittel ebenso wie die Online-Hilfe (F1) und der Objektkatalog (F2).

Hinweis: Seit Excel 2013 wurden neue diagrammbezogene Eigenschaften und Methoden eingeführt, die nicht abwärtskompatibel sind. Die alten Varianten funktionieren zwar weiterhin, bieten aber weniger Komfort bei der Anwendung.

12.1 Mehrere gleichartige Diagramme automatisch erstellen

Beispiel_Aktivitätsmessung.xlsm

Hier ein Beispiel, das Messergebnisse zu Vergleichszwecken zusammenfasst und in Tabellen darstellt. Ausgangspunkt ist eine umfangreiche Tabelle mit Messergebnissen zur täglichen Bewegungsaktivität: Im Minutentakt wurden die Schritte über mehrere Tage und Wochen erfasst. Jede Spalte repräsentiert einen 24-stündigen Aufzeichnungstag. Diese Werte sollen in Stunden zusammengefasst und für jeden Tag als Diagramm dargestellt werden.

Das Blatt *Tabelle1* enthält die registrierten Schritte über 1440 Minuten (24 Stunden) und über insgesamt 45 Tage.

Die Ausgangstabelle

	A	B	C	D	E	F	G	H	I	J	K
1	Dates:	04.09.2020	05.09.2020	06.09.2020	07.09.2020	08.09.2020	09.09.2020	10.09.2020	11.09.2020	12.09.2020	13.09.2020
2	0:01:00 Uhr	0	0	0	0	0	0	3	0	22	0
3	0:02:00 Uhr	0	0	0	0	2	0	10	0	14	0
4	0:03:00 Uhr	0	0	0	0	0	0	5	0	13	0
5	0:04:00 Uhr	0	0	0	12	4	0	0	0	1	0
6	0:05:00 Uhr	0	0	0	8	4	0	0	0	0	0
7	0:06:00 Uhr	0	0	0	2	10	0	0	0	0	0
8	0:07:00 Uhr	0	0	0	3	0	0	0	0	0	0
9	0:08:00 Uhr	0	0	0	8	0	0	0	0	0	0
10	0:09:00 Uhr	0	0	0	3	0	0	0	0	0	0
11	0:10:00 Uhr	0	0	0	6	0	0	0	0	0	0
12	0:11:00 Uhr	0	0	0	0	0	1	0	0	0	0
13	0:12:00 Uhr	0	0	0	0	0	0	0	0	0	0
14	0:13:00 Uhr	0	0	18	0	0	0	0	0	0	0
15	0:14:00 Uhr	0	0	5	0	0	0	0	0	0	0
16	0:15:00 Uhr	0	0	1	0	0	0	0	0	0	0

Teil 1: Werte in Stunden zusammenfassen

Im ersten Schritt werden der Werte der Minutenintervalle in *Tabelle1* zu Stundenaktivitäten bzw. Schritte pro Stunde zusammengefasst und im Blatt *Tabelle2* abgelegt.

Als Ergebnis enthält *Tabelle2* somit die Tagesaktivität über 24 Stunden. In der ersten Spalte sollen die Stunden 1 bis 24 aufgleistet werden. Das Datum in den Spaltenüberschriften soll bestehen bleiben und kann aus *Tabelle1* übernommen werden.

Zusammenfassen in Stundenintervallen

```
Sub stundenaktivitaet()
Dim zeile As Integer
Dim spalte As Integer
Dim letztespalte As Integer
Dim zeileTab2 As Integer
Dim summe As Integer
Dim bereich As Range

    Worksheets("Tabelle1").Activate

    'Anzahl der Spalten ermitteln
    letztespalte = Cells(1, Columns.Count).End(xlToLeft).Column

    'Ab Spalte 2 Messwerte über Stunden summiert eintragen
    For spalte = 2 To letztespalte
        Worksheets("Tabelle2").Cells(1, spalte).Value = _
              Cells(1, spalte).Value
        zeileTab2 = 2
        For zeile = 2 To 1441 Step 60
            Set bereich = Range(Cells(zeile, spalte), _
                  Cells(zeile + 60, spalte))
            summe = Application.WorksheetFunction.Sum(bereich)
            'Debug.Print zeile; summe
            Worksheets("Tabelle2").Cells(zeileTab2, spalte).Value = summe
            zeileTab2 = zeileTab2 + 1
        Next zeile
    Next spalte

    'Stundeneinteilung in Spalte A
    For zeile = 1 To 24
        Worksheets("Tabelle2").Range("A" & zeile + 1).Value = zeile
    Next zeile

End Sub
```

Die Schritte im Einzelnen:

1. *Tabelle1* wird als Quelle festgelegt
2. Anzahl der Spalten ermitteln (*letztespalte*)
3. Die äußere Zählerschleife ab Spalte 2 überträgt...
   - die Spaltenüberschrift und danach
   - in der inneren Schleife
   - nach Festlegen eines Bereichs von jeweils 60 Minuten (Step 60)
   - die Summe über den jeweiligen Bereich (*WorksheetFunction*)

- ablegen in *Tabelle2*
- und den Zeilenzähler für Tabelle2 (zeileTab2) inkrementieren

4 Stundeneinteilung in Spalte A durch einfache Zählerschleife hinzufügen

Im Bild unten das Resultat in *Tabelle2*.

Tabelle2 mit der Anzahl der Schritte in Stundenintervallen

	A	B	C	D	E	F	G	H	I	J	K
1		04.09.2020	05.09.2020	06.09.2020	07.09.2020	08.09.2020	09.09.2020	10.09.2020	11.09.2020	12.09.2020	13.09.2020
2	1	0	0	50	42	20	39	18	0	50	105
3	2	0	0	0	0	28	41	0	0	0	0
4	3	0	0	0	0	0	0	0	0	0	0
5	4	0	0	0	0	0	0	0	0	0	0
6	5	0	0	0	0	0	0	0	0	0	0
7	6	0	0	0	0	0	0	0	0	0	0
8	7	0	0	0	0	0	0	114	63	200	0
9	8	0	0	0	0	0	0	276	326	352	0
10	9	0	0	0	0	0	0	201	201	201	0
11	10	0	0	0	0	0	0	59	115	266	0
12	11	0	0	0	0	0	0	62	341	57	128
13	12	0	69	0	45	0	0	114	34	23	72
14	13	0	132	0	105	0	133	18	454	38	102
15	14	0	268	0	165	110	374	343	872	849	96
16	15	1	124	0	216	254	479	22	7	127	95
17	16	0	410	0	65	7	248	263	43	128	2
18	17	0	49	0	21	0	0	4	262	160	17
19	18	0	0	0	38	1	0	260	706	139	229
20	19	0	41	33	54	108	0	263	5	63	46
21	20	68	0	374	0	0	0	10	734	1	70
22	21	32	0	73	143	0	71	131	440	114	34
23	22	0	2	73	68	52	7	73	209	0	131
24	23	0	0	356	152	1	1	25	0	0	0
25	24	36	2	0	18	5	242	211	82	0	0
26											

Teil 2: Das erste Diagramm als Vorlage erstellen

Anschließend werden die Schritte pro Stunde für den ersten Tag als Säulendiagramm mit 24 Säulen dargestellt. Die hierzu notwendigen Schritte hierzu zeichnen Sie mit dem Makrorecorder auf.

Manuell erstelltes Diagramm aus Spalten A und B (Tabelle2)

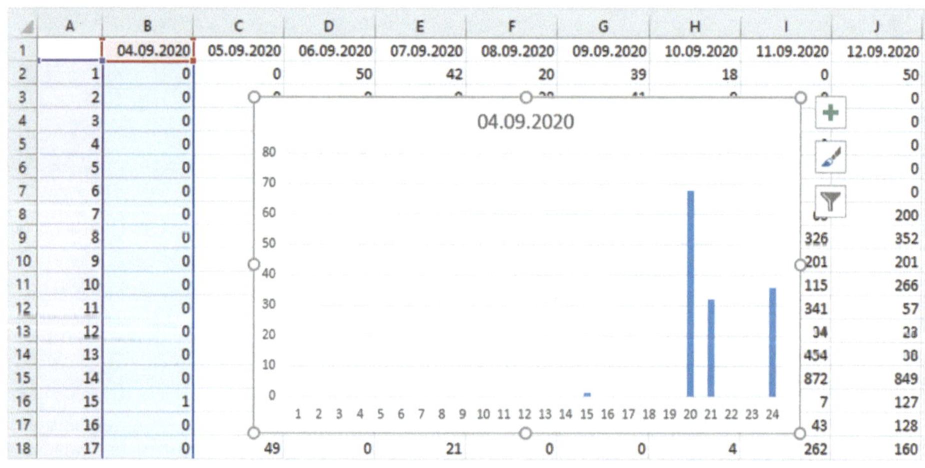

Der Code des aufgezeichneten Makros:

```
Sub Makro1()
'
' Makro1 = Makro-Rekorder-Aufzeichnung
'
    ActiveSheet.Shapes.AddChart2(201, xlColumnClustered).Select
    ActiveChart.SetSourceData Source:=Range("Tabelle2!$A$1:$B$25")
End Sub
```

Die Makrorecorder-Aufzeichnung bei der Diagrammerstellung

Da die Diagramme in einem neuen Tabellenblatt angeordnet werden sollen, fügen Sie ein neues Tabellenblatt (*Tabelle3*) hinzu. Passen Sie dann das aufgezeichnete Makro so an, dass das Blatt *Tabelle3* das Ziel ist.

```
Sub Makro1_mod()
'
' Makro1 für Tabelle3 anpassen
'
    Worksheets("Tabelle3").Activate
    ActiveSheet.Shapes.AddChart2(201, xlColumnClustered).Select
    ActiveChart.SetSourceData Source:=Range("Tabelle2!$A$1:$B$25")
End Sub
```

Anpassen der Aufzeichnung für Tabelle3 als Ziel

Das angepasste Makro fügt beim Ausführen das Säulendiagramm in das Blatt *Tabelle3* ein und richtet es zunächst mittig aus.

Teil 3: Für jeden Tag ein Diagramm aus der Vorlage erstellen

Die Tagesaktivitäten sollen nun für jeden Tag einzeln als Diagramm dargestellt werden. Diese sollen im Blatt *Tabelle3* untereinander angeordnet werden; in unserem Beispiel sind es insgesamt 45 Diagramme.

- Um die weiteren Spalten als Diagramm darzustellen, muss die Quelladresse der Datenreihe (*Source*) für eine Zählerschleife vorbereitet werden. Das betrifft den String:

  ```
  Range("Tabelle2!$A$1:$B$25")
  ```

- Der Adressbereich der Quelldaten wird aus mehreren Angaben zusammengesetzt: Die Zeilen sind vorgegeben, die Spaltennummer (*spalte*) wird angepasst.

  ```
  Range("Tabelle2!" & _Cells(1, spalte).Address & ":" & _
      Cells(25, spalte).Address & "")
  ```

```
Sub diagramm_erstellen()
'Anpassung für ein Diagramm und Vorbereitung für weitere Diagramme
Dim spalte As Integer

    Worksheets("Tabelle3").Activate
    For spalte = 2 To 2
        ActiveSheet.Shapes.AddChart2(201, xlColumnClustered).Select
        With ActiveChart
            '.SetSourceData Source:=Range("Tabelle2!$A$1:$B$25")
            .SetSourceData Source:=Range("Tabelle2!" & _
              Cells(1, spalte).Address & ":" & _
              Cells(25, spalte).Address & "")
        End With
    Next spalte
End Sub
```

Vorbereitungen zur Vervielfältigung des Diagramms

Hinweis: Da im nächsten Schritt zwei Diagramme mit bestimmten Größenvorgaben angelegt werden, löschen Sie das erste Diagramm wieder. Es sollte nur zeigen, dass das Makro seine Aufgabe erfüllt. In nächsten Schritt werden vorhandene Diagramme automatisch gelöscht, bevor neue angelegt werden.

Teil 4: Das zweite Diagramm erstellen und unterhalb anordnen

Im nächsten Schritt wollen wir die Größe und Position des Diagramms anpassen. Außerdem sollen über einen Versatz die Diagramme, zu Testzwecken vorerst nur zwei, untereinander angeordnet werden. Die Eigenschaften *Height*, *Width*, *Left* und *Top* bestimmen Größe und Position des Diagramms. Der Versatz in Bildpunkten (Pixel) sorgt für den nötigen Abstand zwischen den Diagrammen.

Größenanpassung und vertikaler Versatz der Diagramme

```
Sub zwei_diagramme_erstellen()
'Anpassung für zwei Diagramme aus zwei Spalten
Dim spalte As Integer
Dim versatz As Integer

    Worksheets("Tabelle3").Activate
    versatz = 0

    For spalte = 2 To 3
        ActiveSheet.Shapes.AddChart2(201, xlColumnClustered).Select
        With ActiveChart
            .SetSourceData Source:=Range("Tabelle2!" & _
              Cells(1, spalte).Address & ":" & _
              Cells(25, spalte).Address & "")
        End With
        'Diagrammgröße festlegen und versetzen
        With ActiveSheet.ChartObjects(spalte - 1)
            .Height = 100
            .Width = 600
            .Left = 10
            .Top = 10 + versatz
            versatz = versatz + 110
        End With
    Next spalte

End Sub
```

Alle Diagramme erzeugen

Alle erstellten Diagramme werden intern durchnummeriert, denn sie werden in der Auflistung *ChartObjects* registriert. Da das erste Diagramm die Werte der Spalte 2 wiedergibt, kann über die Variable *spalte* -1 die Diagrammnummer aufgerufen werden.

In Verbindung mit der Abfrage nach der Anzahl der Spalten im Blatt *Tabelle2* (*letzte_Spalte*) kann die Schleife in vollem Umfang alle Tagesaktivitäten darstellen – auf Knopfdruck 45 Diagramme! Das Bild auf der nächsten Seite zeigt einen Ausschnitt.

Alle Diagramme erstellen

```
Sub mehrere_diagramme_erstellen()
'Anpassung für Diagramme aus allen Spalten
Dim spalte As Integer
```

```
Dim versatz As Integer
Dim letzte_spalte As Integer
   'Vorhandene Diagramme löschen
    On Error Resume Next     'falls kein Diagramm vorhanden sein sollte
    Worksheets("Tabelle3").Activate
    ActiveSheet.ChartObjects.Delete

    versatz = 0
    letzte_spalte = Worksheets("Tabelle2"). _
      Cells(1, Columns.Count).End(xlToLeft).Column

    For spalte = 2 To letzte_spalte
        ActiveSheet.Shapes.AddChart2(201, xlColumnClustered).Select
        With ActiveChart
            .SetSourceData Source:=Range("Tabelle2!" & _
              Cells(1, spalte).Address & ":" & _
              Cells(25, spalte).Address & "")
        End With
        'Diagrammgröße festlegen und versetzen
        With ActiveSheet.ChartObjects(spalte - 1)
            .Height = 100
            .Width = 600
            .Left = 10
            .Top = 10 + versatz
            versatz = versatz + 110
        End With
    Next spalte

End Sub
```

Tabelle3 mit allen Diagrammen (Ausschnitt)

Beispiel_Aktivitätsmessung.xlsm

Dieses Beispiel gibt gleichzeitig einen Einblick, wie man mittels VBA-Code Diagramme erstellen und bearbeiten kann – zu einem ganz kleinen Teil zumindest.

12.2 Diagrammobjekte per VBA bearbeiten

In der Praxis wird man dem Makrorecorder immer dann besondere Aufmerksamkeit schenken, wenn es darum geht, per VBA bestimmte Diagrammeigenschaften anzupassen. Seit Excel 2007 wird nicht mehr das gesamte Diagramm mit einem Assistenten erstellt, sondern die einzelnen Elemente werden über das Menüband und die Register *Entwurf* und *Format* bzw. über Kontextmenüs hinzugefügt und bearbeitet. Eine bewährte Praxis ist es, einzelne Formatierungen mit dem Makrorecorder aufzuzeichnen und dann in eine bestehende Prozedur einzufügen.

Chart und ChartObject

Ein Diagramm kann entweder als eigenständiges Diagrammblatt (*Charts*) abgelegt werden oder als Objekt in ein Tabellenblatt eingebettet werden (*ChartObjects*).

Diagrammblatt adressieren

Siehe auch Kapitel „6.2 Arbeitsblätter adressieren" auf Seite 119 ff.

Die Adressierung von Diagrammblättern erfolgt analog zu Arbeitsblättern: Die Auflistung *Charts* umfasst alle Diagrammblätter der Mappe. Ein bestimmtes Diagrammblatt wird über *Charts(Index)* adressiert, wobei Index die Indexnummer oder der Name des Diagrammblatts ist. Folgende Anweisung verschiebt beispielsweise das Diagrammblatt *Beispieldiagramm* ans Ende der Arbeitsmappe.

```
Charts("Beispieldiagramm").Move after:=Sheets(Sheets.Count)
```

Hinweis: Ein *Chart*-Objekt ist gleichzeitig auch Element der Auflistung *Sheets*. Diese umfasst Tabellenblätter und Diagrammblätter und kann also ebenfalls zur Adressierung verwendet werden.

Aktuelles Diagrammblatt

Das aktuelle Diagrammblatt wird über *ActiveChart* oder *ActiveSheet* angesprochen. Die nachfolgende Anweisung aktiviert das Diagrammblatt *Beispieldiagramm* und ändert den Blattnamen (*Name*) in *Testdiagramm*.

```
Sub diagramm_adressieren()
    Charts("beispieldiagramm").Activate
    ActiveChart.Name = "Testdiagramm"
End Sub
```

Diagramm adressieren

Das Diagramm selbst oder in ein Tabellenblatt eingebettete Diagramme werden über die Auflistung *ChartObjects* und ihren Index oder ihren Namen angesprochen. Für das aktive Diagramm kann wieder *ActiveChart* verwendet werden, wie im Beispiel unten.

```
Sub eingebettetes_diagramm()
    Worksheets("Tabelle1").ChartObjects(1).Activate
    ActiveChart.ChartTitle.Text = "Erster Test"
End Sub
```

Ein ChartObject kann u. a. folgende Eigenschaften und Methoden haben:

.Name	.Select
.Height	.Activate
.Width	.Delete
.Left	.Copy
.Top	.Cut
.Shadow	.Duplicate
.RoundCorners	…

Namen des Diagramms ermitteln

Die Adressierung eines *ChartObjects* setzt voraus, dass Sie dessen Index oder Namen kennen. Dieser wird automatisch beim Erstellen eines Diagramms vergeben, ist aber durch Löschen und Verschieben nicht immer eindeutig nachvollziehbar. Um den Namen des aktuellen Diagramms zu erfahren, klicken Sie in das Diagramm und werfen einen Blick auf das Namenfeld der Bearbeitungsleiste ❶. Oder öffnen Sie den Auswahlbereich ❸, entweder mit Alt+F10 oder Klick auf *Format* ▶ *Auswahlbereich* ❷. Hier werden alle, im Arbeitsblatt vorhandenen Diagramme aufgelistet.

Namenfeld und Auswahlbereich mit Diagrammname

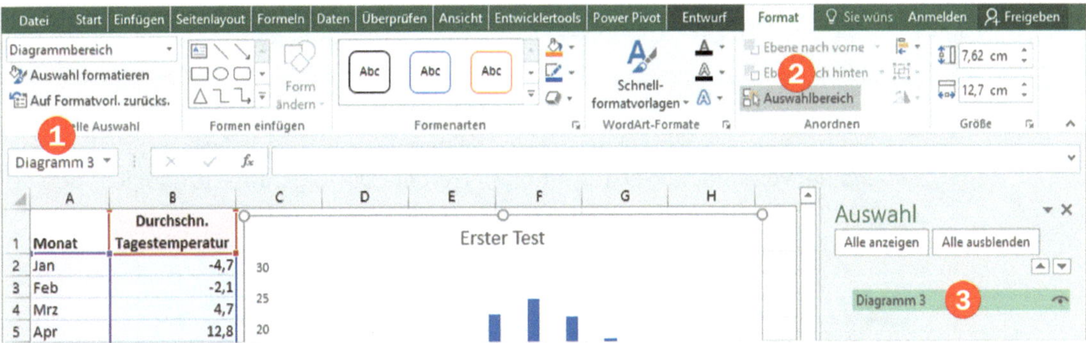

Tipp: Diagramm umbenennen

In vielen Fällen ist es nützlich, wenn Sie dem Diagramm statt des Standardnamens einen aussagefähigeren Namen geben. Klicken Sie zum Umbenennen im Auswahlbereich, siehe oben, auf den Namen und geben Sie den neuen Namen ein.

Diagrammtitel

Als Beispiel soll sich der Titel des unten abgebildeten Diagramms aus den Inhalt aus A1 (Verkaufszahlen) und der Überschrift der Spalte in B3 zusammensetzen.

Diagrammtitel zusammensetzen und formatieren

```
Sub diagramm_titel()
'Diagrammtitel hinzufügen und formatieren

    Worksheets("Tabelle1").ChartObjects("Diagramm 1").Activate
    With ActiveChart
        .HasTitle = True
        With .ChartTitle
```

```
            .Text = Range("A1").Value & vbLf & Range("B3").Value
            .Font.Name = "Arial"
            .Font.Size = 10
            .Font.Bold = True
        End With
    End With
End Sub
```

Das Ergebnis

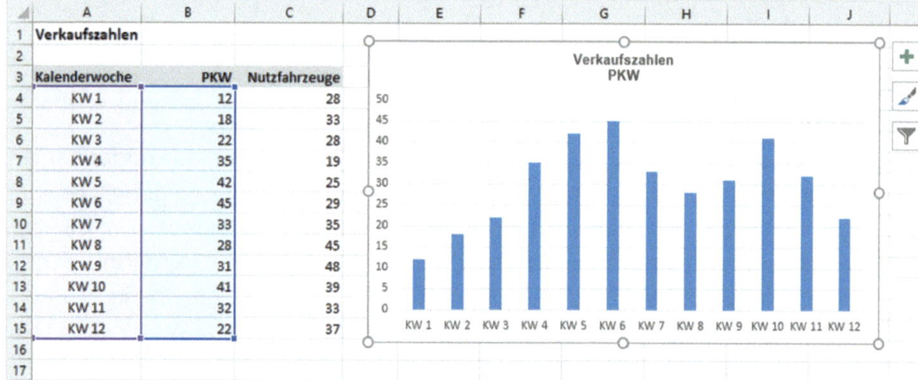

	A	B	C
1	**Verkaufszahlen**		
2			
3	**Kalenderwoche**	**PKW**	**Nutzfahrzeuge**
4	KW 1	12	28
5	KW 2	18	33
6	KW 3	22	28
7	KW 4	35	19
8	KW 5	42	25
9	KW 6	45	29
10	KW 7	33	35
11	KW 8	28	45
12	KW 9	31	48
13	KW 10	41	39
14	KW 11	32	33
15	KW 12	22	37
16			
17			

Diagramme_Beispiele.xlsm

Datenbereich anpassen

Diagramme_Beispiele.xlsm

Modul:Datenbereich

Der Datenbereich, in diesem Beispiel die Kalenderwochen, kann fest vorgegeben oder anhand der vorhandenen Daten ermittelt werden. Die folgende Prozedur legt den Bereich A4:A15,C4:C15 als Datenbereich fest, der Titel muss natürlich ebenso angepasst werden. **Achtung:** Die Achsenbeschriftung in A4:A15 muss mit angegeben werden

Datenbereich fest vorgeben

```
Sub datenbereich_fest()
'Datenbereich für Datenreihe festlegen
'feste Vorgabe
    Worksheets("Tabelle1").ChartObjects("Diagramm 2").Activate
    With ActiveChart
        .SetSourceData Source:=Range("A4:A15,C4:C15")
        .ChartTitle.Text = Range("A1").Value & vbLf & Range("C3").Value
    End With
End Sub
```

Wertebereich dynamisch festlegen

Soll der Wertebereich dynamisch an die Anzahl der Kalenderwochen angepasst werden, dann muss die Prozedur wie folgt geändert werden.

Datenbereich dynamisch anpassen

```
Sub datenbereich_dyamisch()
'Datenbereich dynamisch an Tabelle anpassen
Dim letzteZeile As Integer

    Worksheets("Tabelle1").Activate
    letzteZeile = ActiveSheet.UsedRange.Rows.Count
    ActiveSheet.ChartObjects("Diagramm 2").Activate
```

```
    With ActiveChart
        .SetSourceData Source:=Range("A4:A" & letzteZeile & _
             ",C4:C" & letzteZeile & "")
        .ChartTitle.Text = Range("A1").Value & vbLf & Range("C3").Value
    End With

End Sub
```

Achsenoptionen

Mit der Veränderung der Diagrammachsen durch VBA beginnen wahrscheinlich auch die ersten Probleme in der Gesamtdarstellung, da man die Grundeinstellungen verlässt. Jeder Eingriff hat Konsequenzen, die sich manchmal nur schwer oder auch gar nicht rückgängig machen lassen. Speichern Sie ihre Arbeit, bevor Sie weitere Anpassungen vornehmen!

Hinweis: Fertigen Sie eine Diagrammvorlage auf herkömmliche Art an – also manuell – und nehmen Sie dabei soweit wie möglich die gewünschten Anpassungen vor. Veränderungen mittels VBA sollten sich auf flexible Beschriftungen (Titel, Achsen) und Achsenbereiche oder farbliche Gestaltung beschränken.

Achsenbeschriftung

Bei der Beschriftung und Aufteilung der Achsen leistet der Makrorecorder gute Dienste, die einzelnen Eigenschaften können aber auch der Online-Hilfe (F1) entnommen werden. Hier ein Beispiel, das die Achsenbeschriftung (*TickLabels*) formatiert und der X-Achse (*xlCategory*) und der Y- bzw. Größenachse (*xlValue*) einen Titel hinzufügt.

Formatierung der Achsenbeschriftung

Modul Achsenoptionen

```
Sub Achsenoptionen()
'Achsenbeschriftung formatieren
    Worksheets("Tabelle1").Activate
    ActiveSheet.ChartObjects("Diagramm 2").Activate

    'Schriftart und -größe X-Achse
    With ActiveChart.Axes(xlCategory)
        .TickLabels.Font.Name = "Arial"
        .TickLabels.Font.Size = 8
        .HasTitle = True
        .AxisTitle.Caption = "Kalenderwoche"
        .AxisTitle.Font.Size = 10
    End With

    'Schriftart und -größe Y-Achse
    With ActiveChart.Axes(xlValue)
        .TickLabels.Font.Name = "Arial"
        .TickLabels.Font.Size = 8
        .HasTitle = True
        .AxisTitle.Caption = "Anzahl"
        .AxisTitle.Font.Size = 10
        .AxisTitle.Orientation = xlVertical
    End With
End Sub
```

Zahlenformate

Zahlenformate werden mit der Eigenschaft *NumberFormat* festgelegt. Wenn beispielsweise die Größenachse (*xlValue*) abweichend vom Zahlenformat in der Tabelle mit einer Stelle hinter dem Komma formatiert werden soll, so lautet die Anweisung dazu.

```
ActiveChart.Axes(xlValue).TickLabels.NumberFormat = "0,0"
```

Fester Wertebereich der Größenachse

Der Wertebereich der Größenachse wird automatisch entsprechend der Ausgangsdaten angepasst. Falls Sie den Wertebereich fest vorgeben möchten, geben Sie die obere (*MaximumScale*) und untere (*MinimumScale*) Begrenzung der *xlValue*-Achse an.

Wertebereich der Y-Achse vorgeben

```
Sub wertebereich_achse()
'Wertebereich der Größenachse vorgeben
    Worksheets("Tabelle1").ChartObjects("Diagramm 2").Activate
    With ActiveChart.Axes(xlValue)
        .MinimumScale = 0
        .MaximumScale = 100
    End With

End Sub
```

Gitternetzlinien

Gitternetzlinien lassen sich auch nachträglich per VBA-Anweisungen hinzufügen oder ändern. Die nachfolgende Prozedur bezieht sich auf die Y-Achse (*xlValue*).

Gitternetzlinien anzeigen

```
Sub hilfslinien()
'Gitternetzlinien zur Größenachse anzeigen
    Worksheets("Tabelle1").ChartObjects("Diagramm 2").Activate
    With ActiveChart.Axes(xlValue)
        .MajorUnit = 10      'Hauptintervall
        .MinorUnit = 5       'Hilfsintervall
        .HasMajorGridlines = True
        .HasMinorGridlines = False
        .MajorGridlines.Border.LineStyle = xlDash       'Gestrichelt
    End With

End Sub
```

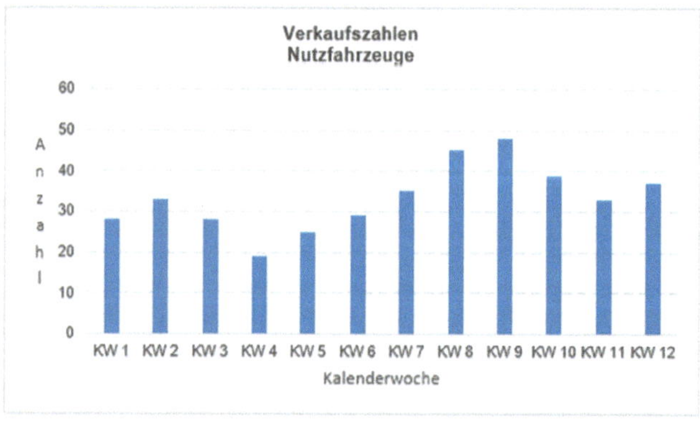

12.3 Datenreihen und Datenpunkte

Farben zuweisen

Ein häufiges Einsatzgebiet von Makros in Diagrammen ist das Hervorheben von Datenreihen und/oder Datenpunkten, meist durch Farben.

- **Datenreihen** sind Elemente der Auflistung *SeriesCollection* und werden über ihren Indexwert angesprochen. Dieser richtet sich nach der Reihenfolge von links nach rechts.
- **Datenpunkte** (*Points*) wiederum sind Elemente der Auflistung *Points* einer Datenreihe. Auch die Datenpunkte werden von links nach rechts durchnummeriert.

Der Index von Datenreihen und Datenpunkten beginnt mit 1 und richtet sich nach der Anordnung im Diagramm von links nach rechts. Die Reihenfolge in der Tabelle spielt keine Rolle.

Beispiel Datenreihe: Die erste Datenreihe *SeriesCollection(1)* erhält grüne Farbe, die zweite Datenreihe gelb.

Farbe ändern: Datenreihe

```
Sub datenreihe_formatieren()
'formatiert die 1. Datenreihe in grüner Farbe
'die 2. Datenreihe in gelber Farbe

    Worksheets("Tabelle2").ChartObjects("Diagramm 2").Activate
    ActiveChart.SeriesCollection(1).Format.Fill.ForeColor.RGB = _
         RGB(20, 170, 30)
    ActiveChart.SeriesCollection(2).Format.Fill.ForeColor.RGB = _
         RGB(255, 192, 0)
End Sub
```

Diagramme_Beispiele.xlsm

Modul: Datenreihen

Beispiel Datenpunkt: Der dritte Datenpunkt der Datenreihe 1 wird mit roter Farbe hervorgehoben.

Farbe ändern: Datenpunkt

```
Sub datenpunkt_formatieren()
'Formatiert den dritten Datenpunkt von links

    Worksheets("Tabelle2").ChartObjects("Diagramm 2").Activate
    ActiveChart.SeriesCollection(1).Points(3).Select
    With Selection
        .Format.Fill.ForeColor.RGB = RGB(255, 0, 0)
    End With
End Sub
```

Mehr zum Thema Farben finden Sie in Kapitel 13.

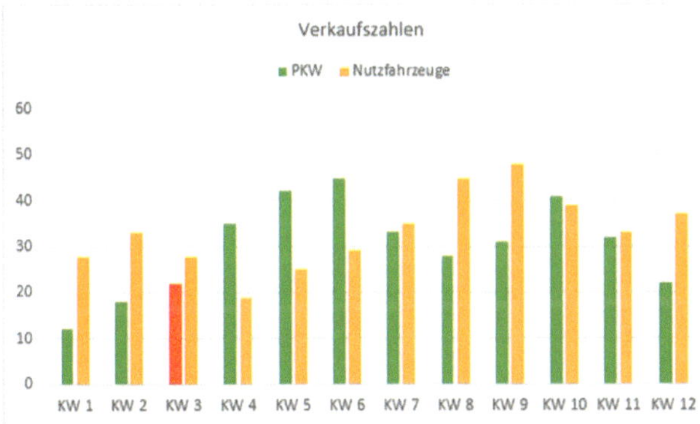

Farbe eines Datenpunkts wieder zurücksetzen

Wenn Sie mit einem weiteren Makro die Farbe eines hervorgehobenen Datenpunkts wieder zurücksetzen möchten, dann weisen Sie einfach der gesamten Datenreihe die ursprüngliche Farbe erneut zu.

Farbe Datenpunkt zurücksetzen

```
Sub farbe_zuruecksetzen2()
'Hervorgehobene Datenpunkte wieder auf Farbe der Datenreihe zurücksetzen

    Worksheets("Tabelle2").ChartObjects("Diagramm 2").Activate
    ActiveChart.SeriesCollection(1).Format.Fill.ForeColor.RGB = _
        ActiveChart.SeriesCollection(1).Format.Fill.ForeColor.RGB

End Sub
```

Maximal- und Minimalwert hervorheben

Modul: Min_Max

Die folgende Prozedur hebt den Minimalwert der Datenreihe in roter Farbe und den Maximalwert in grüner Farbe hervor, die übrigen Datenpunkt erhalten graue Farbe.

1. Schritt: Maximal- und Minimalwert aus Tabelle ermitteln

Das Ermitteln von Maximal- und Minimalwert, genauer gesagt der Position dieser Werte in Spalte 2 der Tabelle, erledigen die Funktionen *max_pos* und *min_pos*.

Minimum ermitteln

```
Function min_pos() As Integer
'liefert Position des kleinsten Werts in Spalte B
'Achtung: Tabelle beginnt in Zeile 4 (Zeile + 3)
Dim min_wert As Integer
Dim bereich As Range
Dim zeile As Integer

    Worksheets("Tabelle3").Activate
    Set bereich = ActiveSheet.Columns(2).Cells
    min_wert = WorksheetFunction.Min(bereich)
    For zeile = 1 To ActiveSheet.UsedRange.Rows.Count
        If Cells(zeile + 3, 2).Value = min_wert Then min_pos = zeile
    Next zeile
End Function
```

Maximum ermitteln

```
Function max_pos() As Integer
'liefert Position des größten Werts in Spalte B
'Achtung: Tabelle beginnt in Zeile 4 (Zeile + 3)
Dim max_wert As Integer
Dim bereich As Range
Dim zeile As Integer

    Worksheets("Tabelle3").Activate
    Set bereich = ActiveSheet.Columns(2).Cells
    min_wert = WorksheetFunction.Min(bereich)
    For zeile = 1 To ActiveSheet.UsedRange.Rows.Count
        If Cells(zeile + 3, 2).Value = min_wert Then max_pos = zeile
    Next zeile
End Function
```

2. Datenreihe und Datenpunkte formatieren

Das Formatieren der gesamten Datenreihe und Hervorheben der Datenpunkte erledigt die folgende Prozedur:

Datenpunkte formatieren

```
Sub min_max_hervorheben()
'Datenreihe formatieren (grau)
'Datenpunkte Min und Max hervorheben

    Worksheets("Tabelle3").ChartObjects("Diagramm 1").Activate
    With ActiveChart.SeriesCollection(1)
         'Datenreihe grau
        .Format.Fill.ForeColor.RGB = RGB(178, 178, 178)
         'Min wert rot
        .Points(min_pos).Format.Fill.ForeColor.RGB = RGB(255, 0, 0)
         'Max wert grün
        .Points(max_pos).Format.Fill.ForeColor.RGB = RGB(20, 170, 30)
    End With

End Sub
```

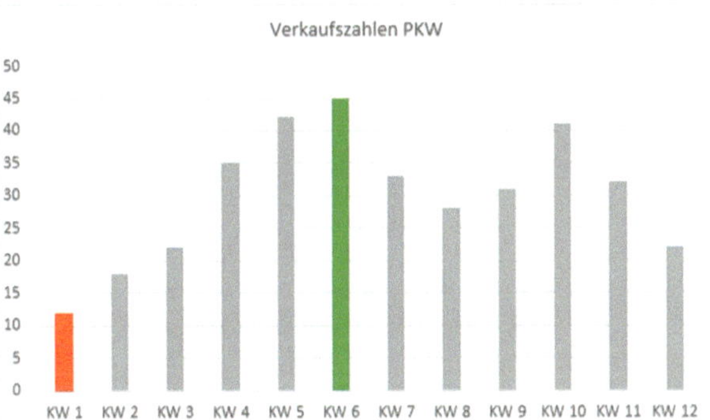

Min und Max farbig hervorheben

Mittelwert als Linie einfügen

Häufig wird in Diagrammen zusätzlich der Mittelwert als Linie benötigt. Da diese Aufgabe im Arbeitsblatt nur in mehreren Schritten zu bewältigen ist, kann ein Makro bzw. eine Lösung mit VBA eine Arbeitserleichterung sein. Als Beispiel wird dem einfachen Säulendiagramm im Bild unten der Mittelwert als horizontale Linie hinzugefügt.

Modul: Mittelwert_Linie

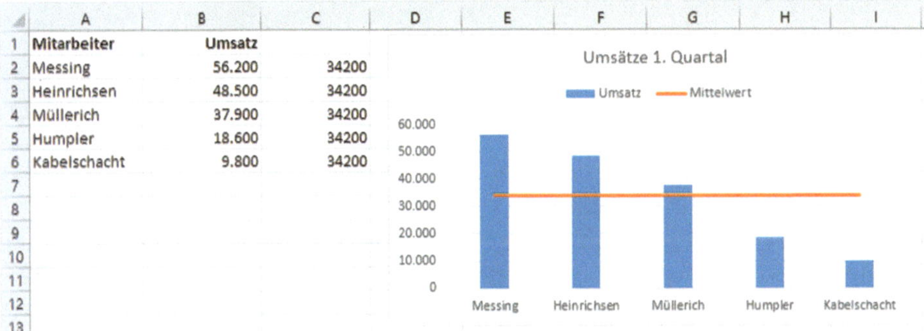

	A	B	C
1	Mitarbeiter	Umsatz	
2	Messing	56.200	34200
3	Heinrichsen	48.500	34200
4	Müllerich	37.900	34200
5	Humpler	18.600	34200
6	Kabelschacht	9.800	34200

Säulendiagramm mit Mittelwert als Linie

Dazu wird zunächst der Mittelwert berechnet und für jede Zeile in Spalte C geschrieben. Anschließend wird eine neue Datenreihe hinzugefügt mit den Mittelwerten als Datenquelle und diese Datenreihe in ein Liniendiagramm umgewandelt.

Mittelwert berechnen und als Linie hinzufügen

```
Sub Mittelwert_linie()
Dim zeile As Long
Dim mittel As Double
Dim letzte_zeile As Integer
Dim wertebereich As Range
Dim neuer_bereich As Range

    With Worksheets("Mittelwert")
        .Activate
        letzte_zeile = .UsedRange.Rows.Count
        'Datenbereiche vorgeben
        Set wertebereich = .Columns(2).Cells  'für Berechnung Mittelwert
        'Mittelwert berechnen und in Spalte C schreiben
        mittel = WorksheetFunction.Average(wertebereich)
        For zeile = 2 To letzte_zeile
            Range("C" & zeile).Value = mittel
        Next zeile

        Set neuer_bereich = Range(Cells(2, 3), Cells(letzte_zeile, 3))
        'Datenreihe hinzufügen
        .ChartObjects("Diagramm 1").Activate
        With ActiveChart
            .SeriesCollection.Add Source:=neuer_bereich
            .SeriesCollection(2).Name = "Mittelwert"
            .SeriesCollection(2).ChartType = xlLine
        End With
    End With
End Sub
```

Mittelwert entfernen

Mit folgender Prozedur wird die Mittelwert-Linie wieder aus dem Diagramm entfernt.

```
Sub mittelwert_entfernen()
'Mittelwert als Linie aus Diagramm entfernen

    Worksheets("Mittelwert").ChartObjects("Diagramm 1").Activate
    With ActiveChart
        .SeriesCollection(2).Delete
    End With
End Sub
```

Datenpunkte mit Wert beschriften

Mit dem *DataLabel*-Objekt wird eine Datenbeschriftung hinzugefügt und formatiert. Als Beispiel soll im oben abgebildeten Diagramm der Datenpunkt mit dem Maximalwert diesen oberhalb als Beschriftung erhalten. Gleichzeitig wird die Datenbeschriftung formatiert. Sicherheitshalber werden zuvor alle, eventuell vorhandenen Datenbeschriftungen der Datenreihe entfernt.

Maximalwert mit Datenbeschriftung

```
Sub min_max_hervorheben2()
'Datenreihe formatieren (grau)
'Datenpunkte Min und Max hervorheben
'und Datenbeschriftung hinzufügen

    Worksheets("Tabelle3").ChartObjects("Diagramm 1").Activate

    'eventuell vorhandene Datenbeschriftungen entfernen
    ActiveChart.SetElement (msoElementDataLabelNone)

    With ActiveChart.SeriesCollection(1)
        .Format.Fill.ForeColor.RGB = RGB(178, 178, 178) 'Datenreihe grau
        With .Points(max_pos)
            .Format.Fill.ForeColor.RGB = RGB(255, 0, 0) 'Min = rot
            .Format.Fill.ForeColor.RGB = RGB(20, 170, 30)   'Max = grün
            .HasDataLabel = True
            .ApplyDataLabels Type:=xlValue
            With .DataLabel
                .Font.Name = "Arial"
                .Font.Size = 8
                .Font.ColorIndex = 3
                .Position = xlLabelPositionOutsideEnd
            End With
        End With
    End With

End Sub
```

Modul: Min_Max

Datenpunkte in Linien- und Punktdiagrammen

Anders als in Säulendiagrammen erfolgt in Linien- und Punktdiagrammen das Hervorheben von Datenpunkten und Datenreihen über Markierungspunkte bzw. die *Point.MarkerStyle*-Eigenschaft.

```
ActiveChart.SeriesCollection(1).Points(3).MarkerStyle = xlDiamond
```

Mögliche Stilarten zeigt die Tabelle (*xlMarkerStyle* Enumeration):

xlMarkerStyleAutomatic	Automatic markers
xlMarkerStyleCircle	Circular markers
xlMarkerStyleDash	Long bar markers
xlMarkerStyleDiamond	Diamond-shaped markers
xlMarkerStyleDot	Short bar markers
xlMarkerStyleNone	No markers
xlMarkerStylePicture	Picture markers
xlMarkerStylePlus	Square markers with a plus sign
xlMarkerStyleSquare	Square markers

xlMarkerStyleStar	Square markers with an asterisk
xlMarkerStyleTriangle	Triangular markers
xlMarkerStyleX	Square markers with an X

Auch Größe, Farbe und Erscheinungsbild (z. B. schattiert) lassen sich mit einer Anweisung auf den Weg geben. Im Bild unten haben alle Datenpunkte der Datenreihe eine Raute (*xlDiamond*) in roter Farbe als Markierungspunkte erhalten, die dazugehörige Prozedur sehen Sie unterhalb.

Markierungspunkte in Liniendiagrammen formatieren

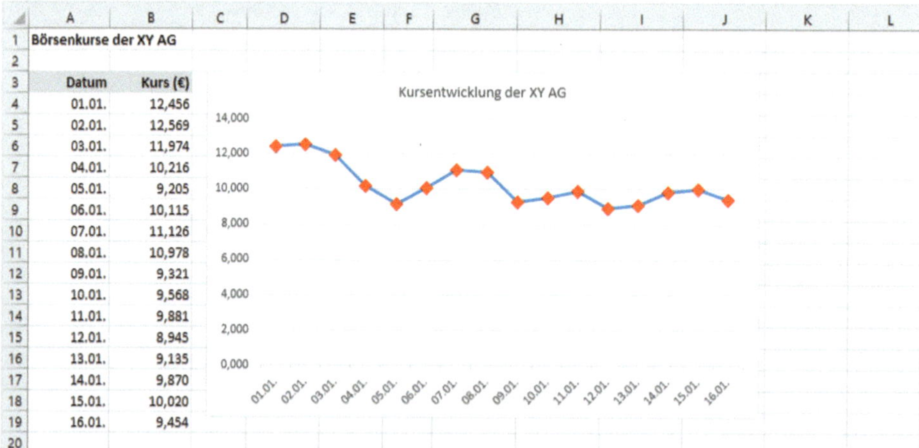

Modul: Boersenkurs

```
Sub boersenkurs_formatieren()
'Liniendiagramm im Blatt Börsenkurs formatieren
    Worksheets("Börsenkurs").ChartObjects("Diagramm 1").Activate

    With ActiveChart.SeriesCollection(1)
        .MarkerStyle = xlDiamond
        .MarkerSize = 10
        .Shadow = False
        .MarkerBackgroundColorIndex = 3 'Hintergrund/Füllung
        .MarkerForegroundColorIndex = 3 'Rahmenfarbe
    End With
End Sub
```

Markierungspunkte entfernen

Wenn Sie die Markierungspunkte entfernen möchten, erledigt dies folgende Prozedur:

```
Sub markierungen_loeschen()
'Markierungspunkte entfernen

    Worksheets("Börsenkurs").ChartObjects("Diagramm 1").Activate
    With ActiveChart.SeriesCollection(1)
        .MarkerStyle = xlNone
    End With
End Sub
```

Das Hervorheben einzelner Datenpunkte, z. B. Minimal- und Maximalwert, unterscheidet sich nicht von Säulendiagrammen, siehe Seite 254.

Mehrere Datenpunkte hervorheben

Wenn gleich mehrere Datenpunkte hervorgehoben werden sollen, erfolgt das Einlesen der Werte in ein dynamisches Datenfeld (Array). Hier als Beispiel ein Liniendiagramm mit dem Kursverlauf einer Aktie, in dem die jeweils neuen Höchstwerte markiert werden. Zusätzlich sollen diese zusammen mit dem Datum in eine gesonderte Liste geschrieben werden. Die Beispieldaten zum Kursverlauf lassen aus dem Internet importieren. Im ersten Schritt wird aus Datum und Schlusskurs manuell ein Diagramm erstellt und im selben Arbeitsblatt eingefügt.

Neue Höchstwerte markieren

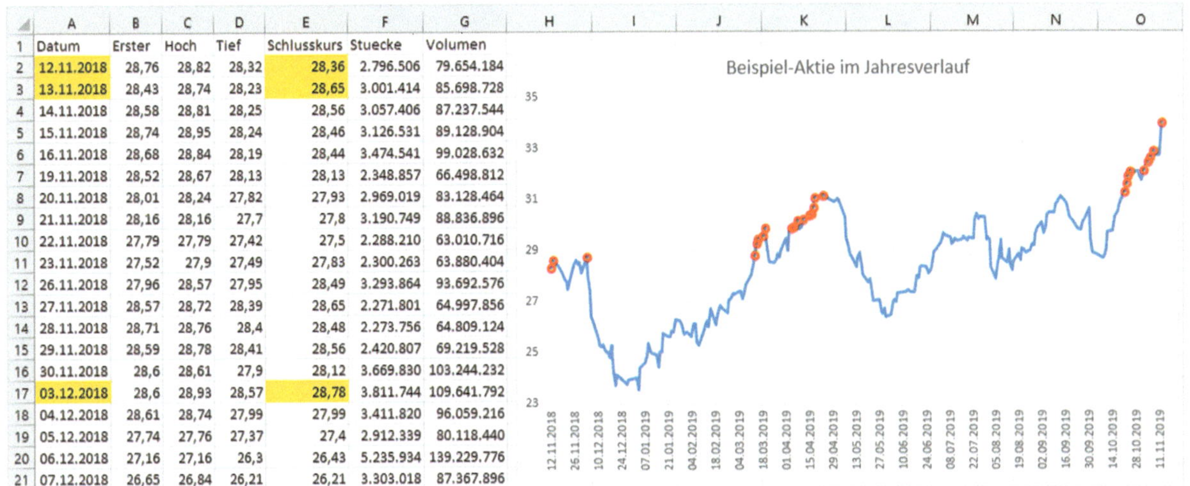

	A	B	C	D	E	F	G
1	Datum	Erster	Hoch	Tief	Schlusskurs	Stuecke	Volumen
2	12.11.2018	28,76	28,82	28,32	28,36	2.796.506	79.654.184
3	13.11.2018	28,43	28,74	28,23	28,65	3.001.414	85.698.728
4	14.11.2018	28,58	28,81	28,25	28,56	3.057.406	87.237.544
5	15.11.2018	28,74	28,95	28,24	28,46	3.126.531	89.128.904
6	16.11.2018	28,68	28,84	28,19	28,44	3.474.541	99.028.632
7	19.11.2018	28,52	28,67	28,13	28,13	2.348.857	66.498.812
8	20.11.2018	28,01	28,24	27,82	27,93	2.969.019	83.128.464
9	21.11.2018	28,16	28,16	27,7	27,8	3.190.749	88.836.896
10	22.11.2018	27,79	27,79	27,42	27,5	2.288.210	63.010.716
11	23.11.2018	27,52	27,9	27,49	27,83	2.300.263	63.880.404
12	26.11.2018	27,96	28,57	27,95	28,49	3.293.864	93.692.576
13	27.11.2018	28,57	28,72	28,39	28,65	2.271.801	64.997.856
14	28.11.2018	28,71	28,76	28,4	28,48	2.273.756	64.809.124
15	29.11.2018	28,59	28,78	28,41	28,56	2.420.807	69.219.528
16	30.11.2018	28,6	28,61	27,9	28,12	3.669.830	103.244.232
17	03.12.2018	28,6	28,93	28,57	28,78	3.811.744	109.641.792
18	04.12.2018	28,61	28,74	27,99	27,99	3.411.820	96.059.216
19	05.12.2018	27,74	27,76	27,37	27,4	2.912.339	80.118.440
20	06.12.2018	27,16	27,16	26,3	26,43	5.235.934	139.229.776
21	07.12.2018	26,65	26,84	26,21	26,21	3.303.018	87.367.896

Im ersten Schritt werden die neuen Höchststände und das Datum in einem dynamischen Datenfeld gesammelt. Der Umfang der Feldvariablen wird während der Abfrage, zur Laufzeit, festgelegt (*ReDim*).

Beispielaktie_Jahresverlauf.xlsm

Einlesen in Datenfeld und Werte in Tabelle markieren

```
Sub maximum()
Dim bereich As Range
Dim maxwert As Double
Dim maxdatum As Date
Dim vergleichswert As Double
Dim wert() As Double
Dim datum() As Date
Dim i As Integer     'Laufvariable
Dim j As Integer     'Feldindex

    Worksheets("Tabelle1").Activate

    Set bereich = Worksheets("Tabelle1").Range("E2:E253")
```

```
    'Neuer Höchststand seit Beginn
    ReDim wert(0)
    wert(0) = 0
    j = 1
    ReDim Preserve wert(j)
    ReDim Preserve datum(j)
    For i = 2 To 253
        vergleichswert = Range("E" & i).Value
        If vergleichswert > wert(j - 1) Then
            wert(j) = vergleichswert
            datum(j) = Range("A" & i).Value
            'Zellen in der Tabelle einfärben
            Range("A" & i).Interior.ColorIndex = 6
            Range("E" & i).Interior.ColorIndex = 6
            'Punkt im Diagramm markieren (nullbasiert)
            Call Punkt_markieren(i - 1)        'Aufruf Unterprozedur
            j = j + 1
            ReDim Preserve wert(j)
            ReDim Preserve datum(j)
        End If
    Next i
```

Die ermittelte Position wird an die unten abgebildete Unterprozedur *Punkt_markieren* übergeben. Diese wird über *Call* aufgerufen und hebt den jeweiligen Spitzenwert im Diagramm durch eine rote Kreismarkierung hervor.

Spitzenwerte im Diagramm hervorheben

```
Sub Punkt_markieren(pos As Integer)

    Worksheets("Tabelle1").ChartObjects(1).Select
    ActiveChart.SeriesCollection(1).Points(pos).Select
    With Selection
        .MarkerBackgroundColorIndex = xlNone
        .MarkerForegroundColorIndex = 3          'Rot
        .MarkerStyle = xlCircle
        .MarkerSize = 5
    End With

End Sub
```

Im weiteren Verlauf der Prozedur *maximum* wird die Ausgabe des Datenfelds (Array) in das Blatt *Tabelle2* veranlasst.

Teil 2 der Prozedur Maximum

```
   'Datenfeld in Tabelle2 ausgeben
    With Worksheets("Tabelle2")
        .Cells.Clear
        .Range("A1").Value = "Index"
        .Range("B1").Value = "Wert"
        .Range("C1").Value = "Datum"
        For i = 1 To UBound(wert) - 1
            .Range("A" & i + 1).Value = i
            .Range("B" & i + 1).Value = wert(i)
            .Range("C" & i + 1).Value = datum(i)
        Next i
    End With
End Sub
```

Markierungen entfernen

Um die Markierungen in Tabelle und Diagramm zu löschen, kann das folgende Makro verwendet werden.

Markierungen entfernen

```
Sub Markierungen_loeschen()
Dim i As Integer

    Application.ScreenUpdating = False
    Worksheets("Tabelle1").ChartObjects(1).Select
    For i = 1 To 253
        With ActiveChart.SeriesCollection(1).Points(i)
            .MarkerForegroundColorIndex = 0
        End With
        'Zellen in der Tabelle entfärben
        Range("A" & i).Interior.ColorIndex = 0
        Range("E" & i).Interior.ColorIndex = 0
    Next i
    Application.ScreenUpdating = True

End Sub
```

12.4 Spezialfälle

Als Beispiel für besondere Anforderungen sollen beim unten abgebildeten Liniendiagramm einige Anpassungen per VBA vorgenommen werden. Als Diagrammtitel wurde die Formel in D1 eingefügt, siehe Prozedur auf Seite 249.

Tabellenausschnitt und Liniendiagramm

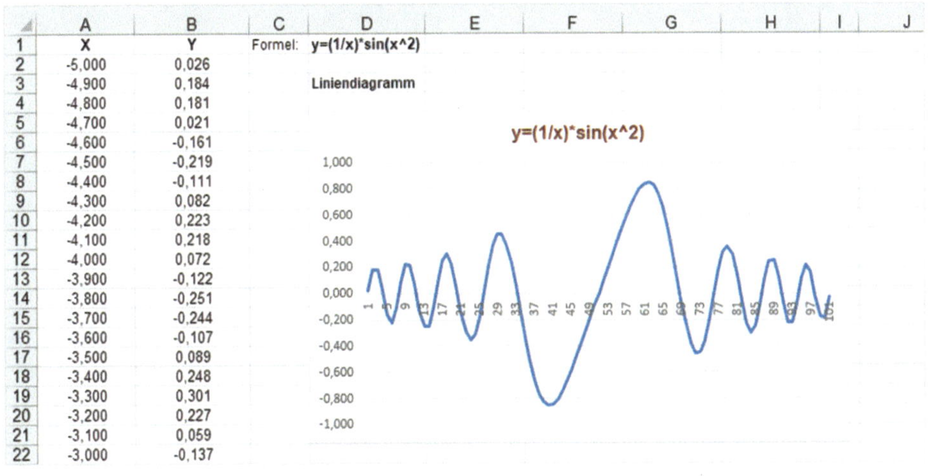

	A	B	C	D
1	X	Y	Formel:	y=(1/x)*sin(x^2)
2	-5,000	0,026		
3	-4,900	0,184		Liniendiagramm
4	-4,800	0,181		
5	-4,700	0,021		
6	-4,600	-0,161		
7	-4,500	-0,219		
8	-4,400	-0,111		
9	-4,300	0,082		
10	-4,200	0,223		
11	-4,100	0,218		
12	-4,000	0,072		
13	-3,900	-0,122		
14	-3,800	-0,251		
15	-3,700	-0,244		
16	-3,600	-0,107		
17	-3,500	0,089		
18	-3,400	0,248		
19	-3,300	0,301		
20	-3,200	0,227		
21	-3,100	0,059		
22	-3,000	-0,137		

VBA_Diagrammentwicklung_01.xlsm

Zahlen als Achsenbeschriftung hinzufügen

Das Liniendiagramm enthält zunächst nur die Werte aus Spalte B. Die Beschriftung der horizontalen Achse (Abszisse) besteht aus einer fortlaufenden Nummerierung wie im Bild oben, wenn kein Bereich festgelegt wurde. Um die Werte aus Spalte A als Achsenbeschriftung zu erhalten, müssen Sie der X-Achse (*xlCategory*) über die Eigenschaft *CategoryNames* diesen Bereich als Beschriftung zuweisen.

Werte aus Spalte A als Achsenbeschriftung

```
Sub x_achse_beschriften()
'Liniendiagramm
'fügt die Werte aus Spalte A als Beschriftung der X-Achse ein
Dim datenbereich As Range
Dim beschriftung As Range

  Worksheets("Tabelle1").Activate
  Set datenbereich = Range("B2:B" & ActiveSheet.UsedRange.Rows.Count & "")
  Set beschriftung = Range("A2:A" & ActiveSheet.UsedRange.Rows.Count & "")
  ActiveSheet.ChartObjects("Diagramm 1").Activate
  ActiveChart.Axes(xlCategory).CategoryNames = beschriftung

End Sub
```

Modul: Diagramm_Achsen

Min/Max und Intervalle der Y-Achse

Falls Sie auf die Ordinate Einfluss nehmen wollen, geben Sie die obere und untere Begrenzung der *xlValue*-Achse sowie Haupt- und Teilintervall vor.

Min, Max und Itervalle der Ordinate (Y-Achse) vorgeben

```
Sub Y_Achse_Bereich_vorgeben()
'Linien-Diagramm: Ordinate

    Worksheets("Tabelle1").Activate
    ActiveSheet.ChartObjects("Diagramm 1").Activate
    With ActiveChart.Axes(xlValue)
        .MinimumScale = -1
        .MaximumScale = 1
        .TickLabels.NumberFormat = "0,0"
        'Hauptintervall
        .MajorUnit = 0.5
        'Hilfsintervall
        .MinorUnit = 0.25
    End With

End Sub
```

Liniendiagramm mit Achsenbeschriftung und formatierter Y-Achse

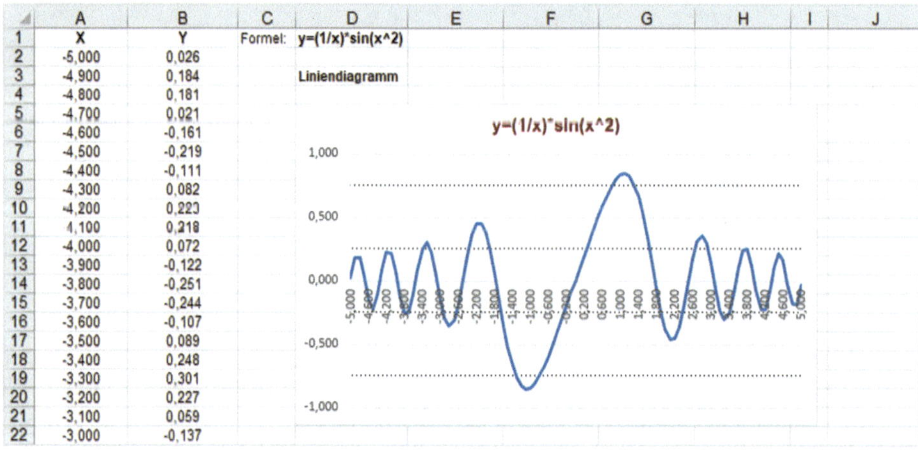

	A	B	C	D
1	X	Y	Formel:	y=(1/x)*sin(x^2)
2	-5,000	0,026		
3	-4,900	0,184		Liniendiagramm
4	-4,800	0,181		
5	-4,700	0,021		
6	-4,600	-0,161		
7	-4,500	-0,219		
8	-4,400	-0,111		
9	-4,300	0,082		
10	-4,200	0,223		
11	4,100	0,218		
12	-4,000	0,072		
13	-3,900	-0,122		
14	-3,800	-0,251		
15	-3,700	-0,244		
16	-3,600	-0,107		
17	-3,500	0,089		
18	-3,400	0,248		
19	-3,300	0,301		
20	-3,200	0,227		
21	-3,100	0,059		
22	-3,000	-0,137		

Achsenformatierung XY-Diagramm

Falls das Diagramm als XY-Diagramm bzw. Punktdiagramm mit interpolierten Linien erstellt wurde, nimmt die nachfolgende Prozedur die Achsenformatierungen vor.

Achsenformatierung XY-Diagramm

```
Sub Achsenoptionen()
'XY-Diagramm: Achsen formatieren
    Worksheets("Tabelle1").Activate
    ActiveSheet.ChartObjects("Diagramm 2").Activate

    'Nachkommastellen
    With ActiveChart
        .Axes(xlValue).TickLabels.NumberFormat = "0,0"
        .Axes(xlCategory).TickLabels.NumberFormat = "0"
    End With

    'Schriftart und -größe X-Achse
    With ActiveChart.Axes(xlCategory)
        .TickLabels.Font.Name = "Arial"
        .TickLabels.Font.Size = 8
        'Anz. Rubriken zw. Teilstrichbeschriftungen
        .TickLabelSpacing = 10
        'Anz. Rubriken zw. Teilstrichen
        .TickMarkSpacing = 5
        .HasTitle = True
        .AxisTitle.Caption = "x"
        .AxisTitle.Font.Size = 12
    End With

    'Schriftart und -größe Y-Achse
    With ActiveChart.Axes(xlValue)
        .TickLabels.Font.Name = "Arial"
        .TickLabels.Font.Size = 8
        .HasTitle = True
        .AxisTitle.Caption = "y"
        .AxisTitle.Font.Size = 12
        .AxisTitle.Orientation = xlVertical
    End With

End Sub
```

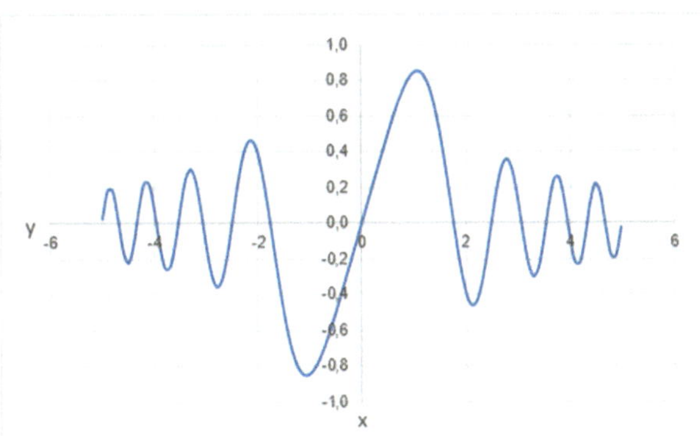

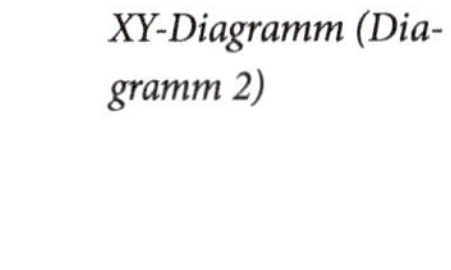
XY-Diagramm (Diagramm 2)

Skalierung der X-Achse auf 100 Prozent (XY-Diagramm)

In einigen Fällen kann es notwendig sein, die X-Achse auf 100 % zu skalieren, wenn die Anzahl der Werte von 100 abweicht. Dazu müssen die X-Achsenwerte neu berechnet werden aus 100/Anzahl. Im XY-Diagramm sind dann die Bereiche der X- und Y-Achsenwerte entsprechend anzupassen.

100 % Skalierung der Diagrammachsen

```
Sub Achse_skalieren_100_Prozent()
'Die Gesamtzahl der vorliegenden Y-Achsenwerte sei 100%
'Die X-Achsenwerte werden neu berechnet aus 100/Anzahl
'Im XY-Diagramm sind Abszisse und Ordinate anzupassen

Dim anzahl_Werte As Long
Dim differenz As Double
Dim i As Long

    Worksheets("Tabelle2").Activate
    anzahl_Werte = ActiveSheet.UsedRange.Rows.Count
    differenz = 100 / anzahl_Werte

    'neue Spalte für X-Achsenwerte
    Range("C:C").ClearContents
    For i = 1 To anzahl_Werte
        Range("C" & i).Value = differenz * i
    Next i
    'Y-Werte in Spalte D (Kopie Spalte B)

End Sub
```

Die Ergebnisse für Linien- und Punktdiagramm (unten)

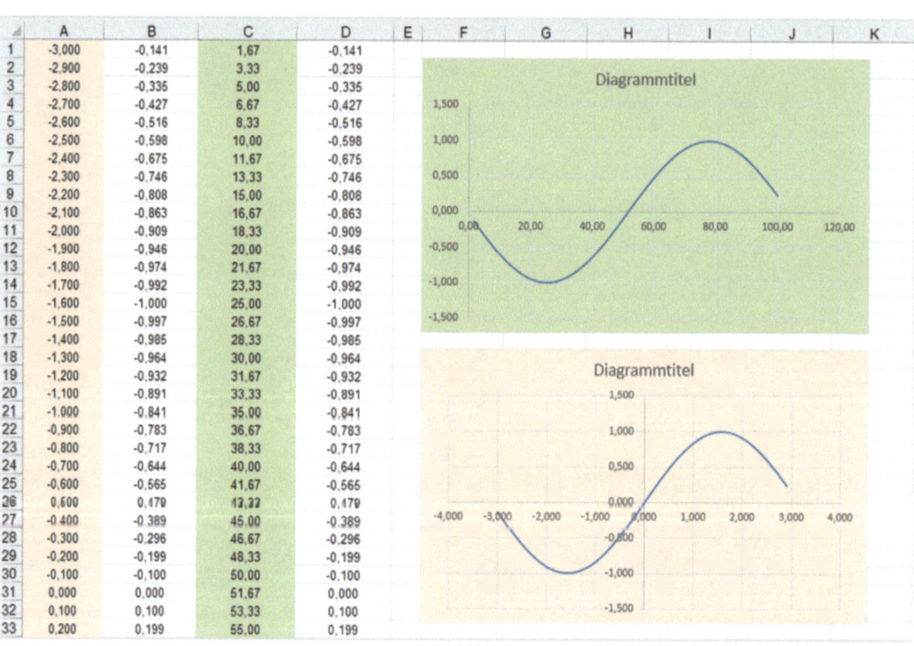

	A	B	C	D
1	-3,000	-0,141	1,67	-0,141
2	-2,900	-0,239	3,33	-0,239
3	-2,800	-0,335	5,00	-0,335
4	-2,700	-0,427	6,67	-0,427
5	-2,600	-0,516	8,33	-0,516
6	-2,500	-0,598	10,00	-0,598
7	-2,400	-0,675	11,67	-0,675
8	-2,300	-0,746	13,33	-0,746
9	-2,200	-0,808	15,00	-0,808
10	-2,100	-0,863	16,67	-0,863
11	-2,000	-0,909	18,33	-0,909
12	-1,900	-0,946	20,00	-0,946
13	-1,800	-0,974	21,67	-0,974
14	-1,700	-0,992	23,33	-0,992
15	-1,600	-1,000	25,00	-1,000
16	-1,500	-0,997	26,67	-0,997
17	-1,400	-0,985	28,33	-0,985
18	-1,300	-0,964	30,00	-0,964
19	-1,200	-0,932	31,67	-0,932
20	-1,100	-0,891	33,33	-0,891
21	-1,000	-0,841	35,00	-0,841
22	-0,900	-0,783	36,67	-0,783
23	-0,800	-0,717	38,33	-0,717
24	-0,700	-0,644	40,00	-0,644
25	-0,600	-0,565	41,67	-0,565
26	0,600	0,479	[illegible]	0,479
27	-0,400	-0,389	45,00	-0,389
28	-0,300	-0,296	46,67	-0,296
29	-0,200	-0,199	48,33	-0,199
30	-0,100	-0,100	50,00	-0,100
31	0,000	0,000	51,67	0,000
32	0,100	0,100	53,33	0,100
33	0,200	0,199	55,00	0,199

Vertikale Linien einfügen (Zeitintervalle)

Wenn der zeitliche Verlauf einer Datenreihe in bestimmte Zeitintervalle unterteilt werden soll, können senkrechte Linien (ähnlich wie Hilfslinien) in das Diagramm eingetragen werden. Auf einer Zeitachse ist jedoch theoretisch keine senkrechte Linie möglich, da zum gleichen Zeitpunkt nicht zwei unterschiedliche Zustände (hoch und niedrig) eintreten können. Somit müssten die Trennlinien als Linien bzw. Formen hinzugefügt werden.

Allerdings kann man auch zu einem Trick greifen, der nahezu senkrechte Linien in einem Diagramm darstellt, diese bleiben mit der Diagrammfläche fest verbunden. Dazu erstellen Sie bei den entsprechenden X-Achsenwerten eine zweite Kurve als Sprungfunktion (Rechteckverlauf) mit quasi senkrechten Linien, indem Sie...

1. mit weit negativen Werten (z. B. -100.000) beginnen und diese
2. bis zum 1. Kriterium (Zeitpunkt einer Intervalländerung) beibehalten,
3. dann einen Wechsel in den weit positiven Bereich (z. B. +100.000) herbeiführen
4. bis zum 2. Kriterium, dann erfolgt wieder ein Wechsel in den weit negativen Bereich.

Hier ein Beispiel mit den Details
Die unten abgebildete Tabelle enthält in Spalte B die Werte aus der Funktion $y = \sin(x)^3$. Aus beiden Spalten wurde ein XY-Diagramm mit interpolierten Linien erstellt.

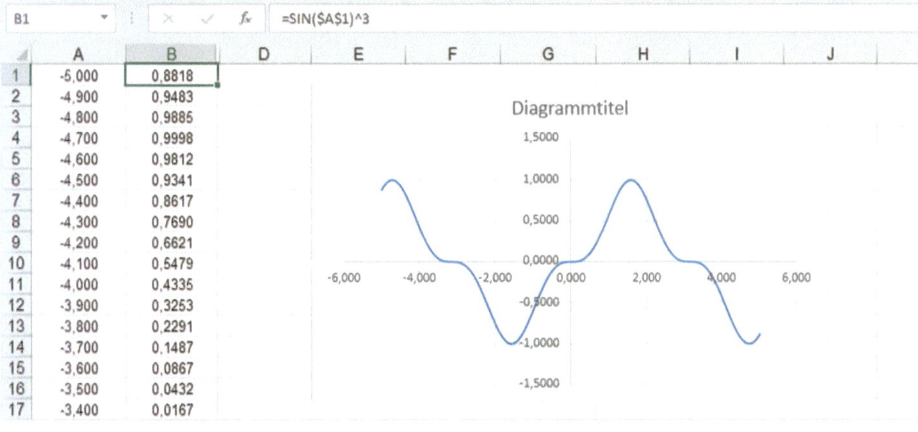

	A	B
1	-5,000	0,8818
2	-4,900	0,9483
3	-4,800	0,9885
4	-4,700	0,9998
5	-4,600	0,9812
6	-4,500	0,9341
7	-4,400	0,8617
8	-4,300	0,7690
9	-4,200	0,6621
10	-4,100	0,5479
11	-4,000	0,4335
12	-3,900	0,3253
13	-3,800	0,2291
14	-3,700	0,1487
15	-3,600	0,0867
16	-3,500	0,0432
17	-3,400	0,0167

XY-Diagramm für $y = \sin(x)^3$, Ausschnitt aus der Tabelle

In Spalte C werden die extremen Werte für die Sprungfunktion in Spalte C erzeugt, beginnend mit den extrem niedrigen Werten (-100.000) und anschließendem Wechsel auf hohe Werte (100.000) beim Maximum. Bei Vorzeichenwechsel in Spalte B sowie bei den weiteren Kriterien Minimum und Null erfolgt jeweils ein Wechsel zwischen den Extremwerten entweder manuell oder über VBA-Abfragen.

Abfragen zum Erzeugen der Sprünge

Modul: Diagramm_Markierungen

```
Sub Intervalle_einteilen()
'Tabelle3 Spalte B nach Kriterien durchsuchen
'Grobe Lösung durch Größenvergleich
Dim zeile As Integer

    Worksheets("Tabelle3").Activate
    Range("C1").Value = -100000
    Range("C1").Interior.ColorIndex = 22
    For zeile = 2 To 101
        If Abs(Range("B" & zeile).Value) > _
          Abs(Range("B" & zeile - 1).Value) Then
              Range("C" & zeile).Value = -100000
              Range("C" & zeile).Interior.ColorIndex = 22
        Else
              Range("C" & zeile).Value = 100000
              Range("C" & zeile).Interior.ColorIndex = 50
        End If
    Next zeile

End Sub
```

Dann wird Spalte C dem Diagramm als weitere Datenreihe hinzugefügt, entweder manuell oder ebenfalls per VBA. Außerdem werden Maximum und Minimum der Y-Achse auf -1,5 und 1,5 begrenzt und Linienfarbe, Linientyp und Strichstärke festgelegt.

Visualisierung von Bereichen durch Sprungfunktion

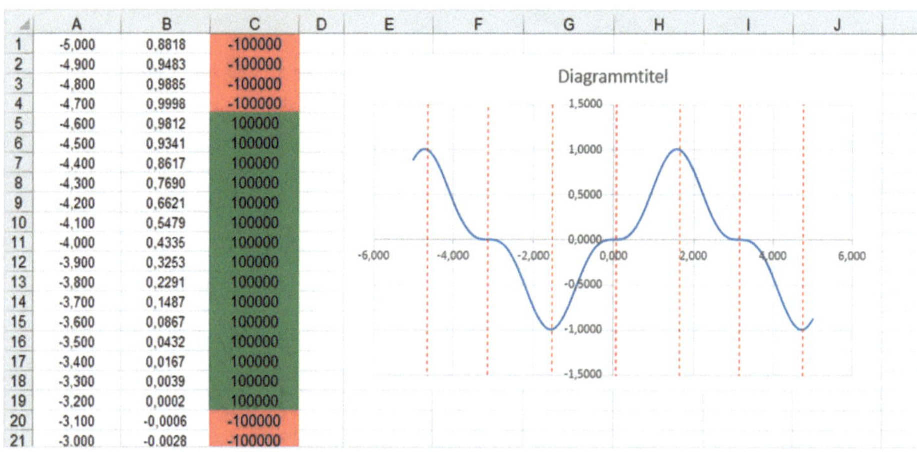

	A	B	C
1	-5,000	0,8818	-100000
2	-4,900	0,9483	-100000
3	-4,800	0,9885	-100000
4	-4,700	0,9998	-100000
5	-4,600	0,9812	100000
6	-4,500	0,9341	100000
7	-4,400	0,8617	100000
8	-4,300	0,7690	100000
9	-4,200	0,6621	100000
10	-4,100	0,5479	100000
11	-4,000	0,4335	100000
12	-3,900	0,3253	100000
13	-3,800	0,2291	100000
14	-3,700	0,1487	100000
15	-3,600	0,0867	100000
16	-3,500	0,0432	100000
17	-3,400	0,0167	100000
18	-3,300	0,0039	100000
19	-3,200	0,0002	100000
20	-3,100	-0,0006	-100000
21	-3,000	-0,0028	-100000

Datenreihe hinzufügen und formatieren

```
Sub Datenreihe_hinzufügen()
'Fügt Sprungwerte als Datenreihe hinzu
'und formatiert die Datenreihe
Dim neuer_bereich As Range
Dim letzte_zeile As Integer

Worksheets("Tabelle3").Activate
letzte_zeile = ActiveSheet.UsedRange.Rows.Count
Set neuer_bereich = Range("A1:A" & letzte_zeile)
        ActiveSheet.ChartObjects("Diagramm 4").Activate
        With ActiveChart
            .SeriesCollection.Add Source:=neuer_bereich
            .SeriesCollection(2).Name = "Hilfslinie"
            .SeriesCollection(2).XValues = Range("A1:A" & letzte_zeile)
```

```
        .SeriesCollection(2).Values = Range("C1:C" & letzte_zeile)
        'Punktdiagramm mit interpolierten Linien
        .SeriesCollection(2).ChartType = xlXYScatterSmooth
        .Axes(xlValue).MinimumScale = -1.5
        .Axes(xlValue).MaximumScale = 1.5
    End With
    With ActiveChart.SeriesCollection(2).Format.Line
        .ForeColor.RGB = RGB(255, 0, 0)
        .Weight = 0.5
        .DashStyle = msoLineDash
    End With

End Sub
```

Horizontale Linien

Horizontale Markierungslinien in einem Diagramm können wichtige Informationen zu Definitions- oder Gültigkeitsbereichen sowie Grenz- oder Erwartungswerten deutlich machen und zur Veranschaulichung beitragen, z. B. Soll-/Istwerte, Percentile usw.. Wie beim Mittelwert im Säulendiagramm, siehe Seite 255, müssen auch hier die dazugehörigen Werte in eine gesonderte Spalte eingetragen und anschließend als Datenreihe hinzugefügt werden.

Beispiel Effektivwerte kennzeichnen

Die Effektivwerte einer sinusförmigen Spannung sollen in ein Diagramm eingetragen werden. Die Werte für die Markierungslinien ergeben sich aus 70% der Spitzenwerte in positiver als auch negativer Richtung. Im Bild unten ein Ausschnitt aus der Tabelle mit dem fertigen Diagramm.

$$Ueff = Uss * \frac{1}{\sqrt{2}}$$

1 Die Markierungswerte (0,7 * Maximalwert) und (0,7 * Minimalwert) in Spalte C und D wurden mit der nachfolgenden Prozedur berechnet und eingetragen.

2 Anschließend wird der ursprüngliche Diagrammbereich, bestehend aus den Spalten A und B erweitert auf die Spalten A bis D und die neu hinzugefügten Datenreihen werden formatiert.

Beispiel Horizontale Markierungslinien für Effektivwerte

	A	B	C	D
1	-3,0	-0,141120008	0,699701522	-0,699701522
2	-2,9	-0,239249329	0,699701522	-0,699701522
3	-2,8	-0,33498815	0,699701522	-0,699701522
4	-2,7	-0,42737988	0,699701522	-0,699701522
5	-2,6	-0,515501372	0,699701522	-0,699701522
6	-2,5	-0,598472144	0,699701522	-0,699701522
7	-2,4	-0,675463181	0,699701522	-0,699701522
8	-2,3	-0,745705212	0,699701522	-0,699701522
9	-2,2	-0,808496404	0,699701522	-0,699701522
10	-2,1	-0,863209367	0,699701522	-0,699701522
11	-2,0	-0,909297427	0,699701522	-0,699701522
12	-1,9	-0,946300088	0,699701522	-0,699701522
13	-1,8	-0,973847631	0,699701522	-0,699701522
14	-1,7	-0,99166481	0,699701522	-0,699701522
15	-1,6	-0,999573603	0,699701522	-0,699701522
16	-1,5	-0,997494987	0,699701522	-0,699701522
17	-1,4	-0,98544973	0,699701522	-0,699701522

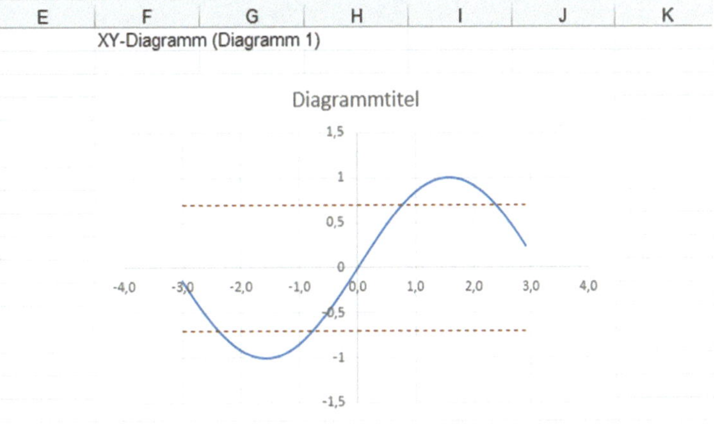

Horizontale Markierungen für Effektivwerte darstellen

Modul: Diagramm_Markierungslinien

```
Sub horizontale_markierungen_XYdiagramm()
Dim zeile As Long
Dim markierungswert_max As Double
Dim markierungswert_min As Double
Dim wertebereich As Range
Dim diagrammbereich As Range

    With Worksheets("Tabelle7")
        .Activate
        'Datenbereiche vorgeben
        Set wertebereich = .Columns(2).Cells  'für Kriterium Min, Max
        Set diagrammbereich = .Range("A:D")   'für 3 Kurven im Diagramm
        'Markierungslinie_max hier: Effektivwert zu Maximum = min/sqr(2)
        markierungswert_max = WorksheetFunction.Max(wertebereich) * 0.7
        For zeile = 1 To .UsedRange.Rows.Count
            Range("C" & zeile).Value = markierungswert_max
        Next zeile
        'Markierungslinie_min hier: Effektivwert zu Minimum = max/sqr(2)
        markierungswert_min = WorksheetFunction.Min(wertebereich) * 0.7
        For zeile = 1 To .UsedRange.Rows.Count
            Range("D" & zeile).Value = markierungswert_min
        Next zeile
        'Diagramm wählen
        .ChartObjects("Diagramm 1").Activate
    End With
    'Datenquellen für Diagrammkurven
    ActiveChart.SetSourceData Source:=diagrammbereich
    With ActiveChart.SeriesCollection(2)
        .Name = "Markierung_max"
        With .Format.Line
            .Visible = msoTrue
            .DashStyle = msoLineDash
            .Weight = 1
            .ForeColor.RGB = RGB(128, 0, 0)
        End With
    End With
    With ActiveChart.SeriesCollection(3)
        .Name = "Markierung_min"
        With .Format.Line
            .Visible = msoTrue
            .DashStyle = msoLineDash
            .Weight = 1
            .ForeColor.RGB = RGB(128, 0, 0)
        End With
    End With

End Sub
```

12.5 Diagrammgröße anpassen

Für Ergebnisberichte und wissenschaftliche Arbeiten müssen häufig Diagramme aufbereitet und in andere Anwendungen, z. B. Word-Dokumente eingebettet werden. Das Verfahren *Copy & Paste* über die Zwischenablage ist sicherlich die gebräuchlichste Methode. Über die Register *Start* ▶ *Kopieren* haben Sie die Möglichkeit, den markierten Bereich als Bild oder Bitmap zu kopieren.

Soll das Dokument jedoch publiziert werden, reicht die Qualität eines eingebetteten Excel-Diagramms meist nicht für die professionelle Druckausgabe aus. Daher fordern Redaktionen oder Druckereien separate Bilddateien mit einer Auflösung von mindestens 300 dpi (dots per inch).

Diagramme können als *ChartObject* in Tabellenblättern angeordnet oder als einzelne Diagrammblätter *Charts* angelegt werden. Wenn Sie hochauflösende Diagrammbilder benötigen, sollten Sie ein Diagramm möglichst groß anlegen bevor es exportiert wird. Notfalls können Sie auch über die Zoom-Funktion (Tabellenansicht unten rechts) die Tabellenansicht auf 50% oder 25% verkleinern, damit Sie ein großes Diagramm aufziehen und beschriften können. Die Schriftgrößen müssen der Größe angepasst werden; sie werden nicht automatisch mitskaliert.

Diagramm skalieren

Eine VBA-Lösung zum Vergrößern oder Verkleinern von allen Diagrammen in einem Arbeitsblatt könnte beispielsweise wie folgt programmiert werden:

Relative Größenänderung aller vorhandenen Diagramme eines Arbeitsblatts

```
Sub Diagramm_vergroessern()
'alle Diagramme
Dim element As ChartObject

    For Each element In Worksheets("Tabelle5").ChartObjects
        element.Width = element.Width * 2
        element.Height = element.Height * 2
    Next

End Sub
```

```
Sub Diagramm_verkleinern()
'alle Diagramme
Dim element As ChartObject

    For Each element In Worksheets("Tabelle5").ChartObjects
        element.Width = element.Width * 0.5
        element.Height = element.Height * 0.5
    Next

End Sub
```

Genaue Diagrammgröße und -position

Wenn Sie die Maße eines Diagramms genau festlegen oder mehrere Diagramme auf einem Arbeitsblatt gezielt anordnen wollen, wie beispielsweise zu Beginn des Kapitels beschrieben (siehe Seite 247), können Sie die einzelnen Parameter vorgeben.

Bild 12.1 Größe und Position eines Diagramms

```
Sub Diagramm_Anpassen()

    With Worksheets("Tabelle5").ChartObjects(1)
        .Width = 400
        .Height = 300
        .Top = 10
        .Left = 10
    End With

End Sub
```

Die Angaben müssen in Pixel erfolgen – entweder direkt als Zahl oder über die Eigenschaften der Zellen bzw. des Zellbereichs.

```
    With ActiveSheet.ChartObjects(1)
         .Width = Range("C3:H20").Width
         .Height = Range("C3:H20").Height
         .Top = Range("C3").Top
         .Left = Range("C3").Left
    End With
```

Anheften an Zellbegrenzung

Die Methode *AddChart2* erlaubt es, beim Erstellen eines Diagramms neben den Formaten (*style*) und der Angabe des Diagrammtyps (*xlChartType*) auch gleich die Position und Größe durch Anheften an Zellbegrenzungen vorzugeben, wie Sie es vom Verschieben mit gedrückter Alt-Taste kennen. Die Syntax:

Ausdruck.`AddChart2(Style, XlChartType, Left, Top, Width, Height, NewLayout)`

Im folgenden Beispiel werden die Werte aus Spalte A als Balkendiagramm dargestellt und an der Zelle C3 bzw. über den Bereich C3:H15 ausgerichtet werden.

AddChart2: Ausrichten an Zellenbegrenzungen

Positionieren_mit_AddChart2.xlsm

```
Sub Diagramm_positionieren()
' Parameter aus Makrorecorderaufzeichnung
' übernommen und durch Zellengrenzen ergänzt

    Range("A1:A15").Select
    ActiveSheet.Shapes.AddChart2( _
        Style:=201, _
        XlChartType:=xlColumnClustered, _
        Left:=Range("C3").Left, _
        Top:=Range("C3").Top, _
        Width:=Range("C3:H15").Width, _
        Height:=Range("C3:H15").Height, _
        NewLayout:=True).Select

    ActiveChart.SetSourceData Source:=Range("Tabelle1!$A$1:$A$15")

End Sub
```

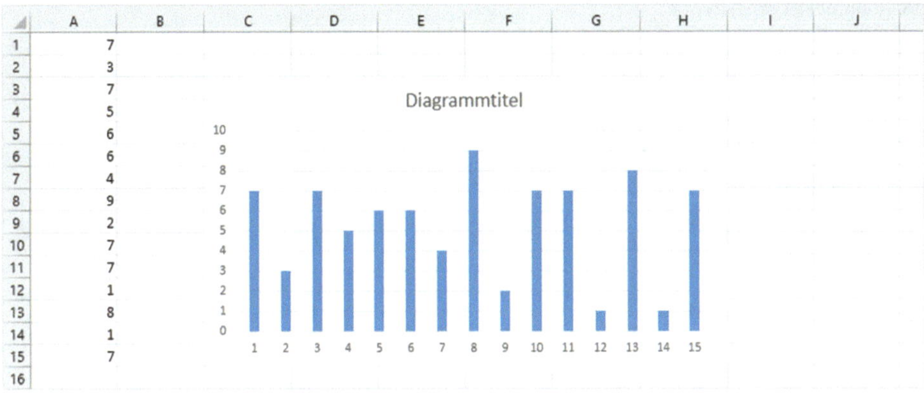

12.6 Diagramme als Bilder exportieren

Excel bietet die Möglichkeit, Diagramme über verschiedene Grafikfilter als Bilddatei zu exportieren. Diese Grafikdateien lassen sich in andere Programme einbinden oder versenden. Ein, in eine Grafik umgewandeltes Diagramm kann allerdings nicht mehr aktualisiert werden, sondern muss bei nachträglichen Änderungen aufs Neue exportiert werden.

Der Export erfolgt über die *Export*-Methode, diese kann sowohl auf Diagrammobjekte als auch auf Diagrammblätter angewendet werden. Das Grafikformat wird über Filter festgelegt, unterstützt werden unter anderem GIF-, PNG-, BMP- oder JPG. Wenn weitere Filter in Excel integriert sind, werden auch noch andere Grafikformate unterstützt. Nachfolgend einige Beispiele:

Diagrammexport über Grafikfilter

VBA_Diagrammentwicklung_Export.xlsm, Modul Diagramm_exportieren

```
Sub Export_Grafik_Objekt()
    With Worksheets("Tabelle5").ChartObjects("Diagramm 1")
        .Chart.Export Filename:="C:\Pool\Grafik.gif", Filtername:="GIF"
        .Chart.Export Filename:="C:\Pool\Grafik.png", Filtername:="PNG"
        .Chart.Export Filename:="C:\Pool\Grafik.jpg", Filtername:="JPG"
        .Chart.Export Filename:="C:\Pool\Grafik.bmp", Filtername:="BMP"
        '.Chart.Export Filename:="C:\Pool\Grafik.emf", Filtername:="EMF"
        '.Chart.Export Filename:="C:\Pool\Grafik.wmf", Filtername:="WMF"
    End With
End Sub
```

Einzelne Diagramme exportieren

Diagrammobjekt exportieren

Zum Export eines Diagrammobjekts wird die *Chart.Export*-Methode angewendet, siehe Prozedur oben.

```
ActiveChart.Export Filename:="C:\Pool\Grafik.gif", _
    Filtername:="GIF"
```

Diagrammblatt exportieren

Ein Diagrammblatt kann ebenfalls über die *Export*-Methode in eine Bilddatei exportiert werden, dann lautet die Anweisung:

Export Diagrammblatt

```
Sub Export_Grafik_Diagrammblatt()
    Sheets("Diagramm1").Export _
      Filename:="C:\Pool\Grafik_Blatt.gif", _
      Filtername:="GIF"
End Sub
```

Diagramme als PDF speichern

Mit der Methode *Chart.ExportAsFixedFormat* wird ein Diagrammobjekt oder ein Diagrammblatt im PDF-Format ausgegeben.

Export im PDF-Format

```
Sub Export_Grafik_Objekt_PDF()
    Worksheets("Tabelle5").ChartObjects("Diagramm 1"). _
      Chart.ExportAsFixedFormat Type:=xlTypePDF, _
      Filename:="C:\Pool\Grafik_PDF"
End Sub
```

```
Sub Export_Grafik_Diagrammblatt_PDF()
    Sheets("Diagramm1").ExportAsFixedFormat Type:=xlTypePDF, _
      Filename:="C:\Pool\Grafik_Blatt_PDF"
End Sub
```

Export mehrerer Diagramme

Alle Diagrammobjekte eines Arbeitsblattes exportieren

Mit der folgenden Prozedur werden alle, im Arbeitsblatt *Tabelle2* befindlichen, Diagramme (*ChartObjects*) im angegebenen Ordner unter ihrem Namen gespeichert.

Alle eingebetteten Diagramme eines Arbeitsblattes exportieren

```
Sub alle_Diagrammobjekte_exportieren()
'alle Diagramme in einem Arbeitsblatt
Dim diagramm As ChartObject

    For Each diagramm In Worksheets("Tabelle2").ChartObjects
        diagramm.Chart.Export Filename:="C:\Pool\Tabelle2_" & _
          diagramm.Name & ".gif", Filtername:="GIF"
    Next diagramm

End Sub
```

Alle Diagrammblätter einer Arbeitsmappe exportieren

Alle in der aktuellen Arbeitsmappe (*ThisWorkbook*) vorhandenen Diagrammblätter (*Charts*) werden unter dem Namen der Mappe und ihrem Namen im angegebenen Ordner gespeichert.

Alle Diagrammblätter exportieren

```
Sub alle_Diagrammblaetter_exportieren()
'alle Diagrammblätter einer Arbeitsmappe
Dim diagramm As Chart
```

```
        For Each diagramm In ThisWorkbook.Charts
        diagramm.Export Filename:="C:\Pool\" & _
          ThisWorkbook.Name & "_Blatt_" & _
          diagramm.Name & ".gif", Filtername:="GIF"
    Next diagramm

End Sub
```

Alle Diagrammobjekte einer Arbeitsmappe

Alle in der Arbeitsmappe (*Workbook*) vorhandenen Diagrammobjekte (*ChartObjects*) werden in den angegebenen Ordner exportiert. Die Dateinamen setzen sich zusammen aus Tabellennummer, Tabellenbezeichnung und Diagrammname.

Alle eingebetteten Diagramme einer Arbeitsmappe mit Namen exportieren

```
Sub alle_Diagrammobjekte_der_Arbeitsmappe_exportieren()
'alle Diagramm-Objekte einer Arbeitsmappe
Dim diagramm As ChartObject
Dim i As Integer

    For i = 1 To ThisWorkbook.Worksheets.Count
    Worksheets(i).Activate
        'Debug.Print i, Worksheets(i).Name
        For Each diagramm In ActiveSheet.ChartObjects
            diagramm.Chart.Export _
              Filename:="C:\Pool\" & i & "_" & _
              Worksheets(i).Name & "_" & diagramm.Name & _
              ".gif", Filtername:="GIF"
        Next diagramm

    Next i

End Sub
```

Diagramm als Bildschirmkopie (Screenshot) speichern

Wenn Sie einen bestimmten Bereich eines Arbeitsblatts, beispielsweise ein Diagramm samt Tabelle im Hintergrund, zur Weiterverwendung als Bildschirmkopie per VBA in die Zwischenablage kopieren wollen, verwenden Sie die Methode *CopyPicture*.

Falls aus dem Ausschnitt eine Grafikdatei erstellt werden soll, macht dies den Umweg über ein Diagrammobjekt erforderlich, denn nur ein solches kann als Grafik exportiert werden.

Beispiel: Um aus dem Blatt *Tabelle1* einen fest vorgegebenen Bereich (A1:I22), hier Diagramm mit Quelldaten, als Grafikdatei zu speichern, wird der Bildschirmausschnitt zunächst mit *CopyPicture* in die Zwischenablage kopiert und anschließend in ein leeres Diagramm (im Arbeitsblatt *Tabelle6*) eingefügt. Anschließend wird dieses Diagramm im angegebenen Ordner im GIF-Format gespeichert.

Alternativ könnte auch ein beliebiger Ausschnitt markiert werden und mit *Selection.CopyPicture* usw. übergeben werden.

Bildschirmausschnitt als Grafik über den Umweg Diagramm-Export

```
Sub Bereich_als_Grafik_exportieren()

    'Bereich oder Selection.CopyPicture in die Zwischenablage
    Worksheets("Tabelle1").Range("A1:I22").CopyPicture _
      Appearance:=xlScreen, Format:=xlBitmap
    'in das leere Diagramm auf Tabelle6 einfügen
    Worksheets("Tabelle6").ChartObjects("Diagramm 1").Activate
    'evtl. vorhandenes Bild löschen
    On Error Resume Next
    ActiveChart.Pictures(1).Delete
    'aus Zwischenablage einfügen
    ActiveChart.Paste
    'Export im Grafik-Format
    ActiveChart.Export Filename:="C:\Pool\TabellenBereich.gif", _
      Filtername:="GIF"

End Sub
```

Hinweis: Das Diagramm mit dem Bildschirmausschnitt sollte vor dem Export noch in der Darstellung angepasst werden.

Der eingefügte Bildschirmausschnitt

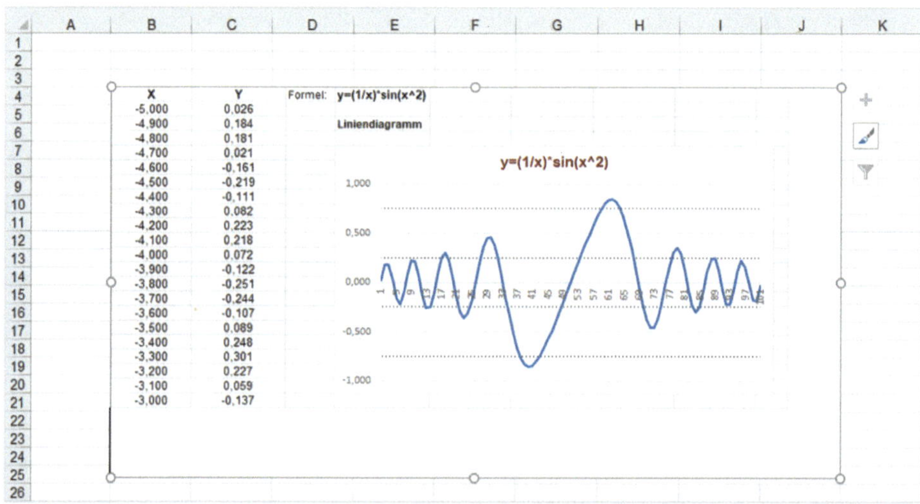

Modul Diagramm_exportieren in VBA_Diagrammentwicklung_Export.xlsm

Diagramm in ein Formular (UserForm) übertragen

VBA_Diagrammentwicklung_02.xlsm

Wenn ein Diagramm in einem Formular (*UserForm*) angezeigt werden soll, muss dies auf dem Umweg über den Export als Grafikdatei (siehe oben) erfolgen, da man Diagramme nicht direkt in Formulare hineinkopieren kann. Hier als Beispiel eine Gewinnschwellenanalyse (Break-even-Analyse) mit einem Eingabeformular. Das daraus erzeugte Diagramm erscheint daneben.

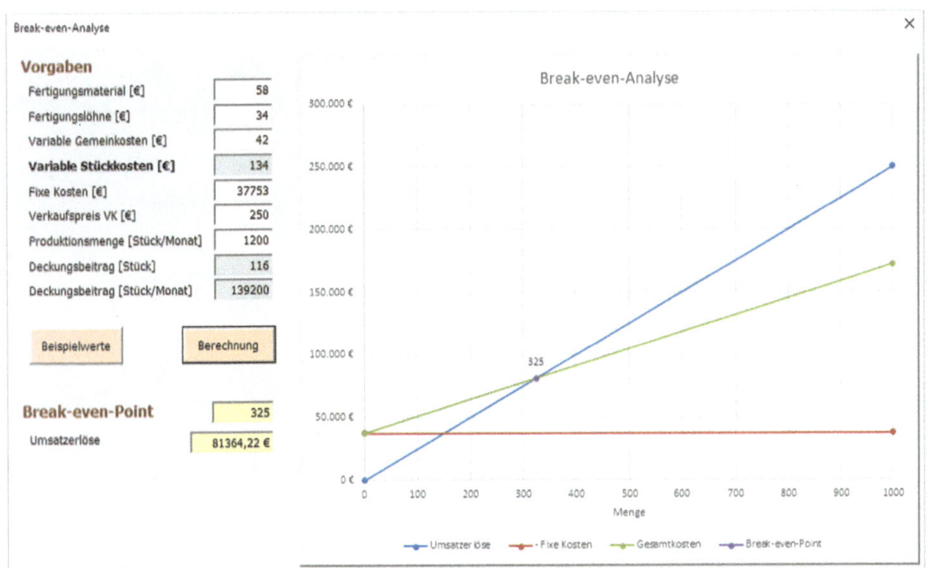

Eingabemaske und Diagramm für Beispielwerte

Das Diagramm wird zunächst im Tabellenblatt erzeugt und anschließend als Grafikdatei (GIF) gespeichert.

```
ActiveChart.Export _
    Filename:="C:\Pool\Diagramm.gif", Filtername:="GIF"
```

Zur Anzeige des Diagramms wurde im Formular das Steuerelement *Anzeige* bzw. Bild eingefügt und mit *Diagramm* benannt. Die zuvor exportierte und gespeicherte Grafikdatei wird dann über die Eigenschaft *Picture* und die Funktion *LoadPicture* eingefügt.

```
Eingabemaske.Diagramm.Picture = _
    LoadPicture("C:\Pool\Diagramm.gif")
```

Vorgehensweise

Wir wollen uns an dieser Stelle nicht mit den zugrundeliegenden Berechnungen der Analyse beschäftigen. Schwerpunkt ist es, das komplette Diagramm aus den berechneten Werten anzulegen und den Break-even-Point einzuzeichnen.

Das Formular startet ohne Diagrammanzeige (*Visible* = False).

```
Sub starte_eingabemaske()
    'Tabellenblatt festlegen
    Worksheets("Break-even-Analyse (VBA)").Activate
    'Eingabemaske aufrufen
    Eingabemaske.Diagramm.Visible = False
    Eingabemaske.Show vbModeless
End Sub
```

Die benötigten Werte können entweder eingegeben oder über die Schaltfläche *Beispielwerte* aus dem Arbeitsblatt übernommen werden. Die Schaltfläche *Berechnung* erfüllt mehrere Aufgaben:

1 Werte berechnen und in eine Tabelle im Arbeitsblatt schreiben.

2 Aus diesen Werten wird ein Diagramm mit Größenvorgaben und Beschriftungen erzeugt.

3 Break-even-Point mit Datenbeschriftung hinzufügen.

4 Export und Speichern des Diagramms im Ordner *C:\Pool\Diagramm.gif*, Dateiname: *Diagramm.gif*

5 Laden der Grafikdatei in das Formular *Eingabemaske*.

Gestaltung und Export des gesamten Diagramms

```
Sub diagramm_anlegen()
Dim Diagramm As ChartObject

    'vorhandene Diagramme löschen
    For Each Diagramm In _
            Worksheets("Break-even-Analyse (VBA)").ChartObjects
        Diagramm.Delete
    Next

    'neues Diagramm anlegen
    ActiveSheet.Shapes.AddChart2(240, xlXYScatterLines).Select
    'Tabellenbereich mit Werte als Diagrammwwerten definieren
    ActiveChart.SetSourceData _
       Source:=Range("'Break-even'!$A$28:$C$29,'Break-even'!$A$32:$C$33")
    ActiveChart.PlotBy = xlRows

    'Diagramm gestalten
    With ActiveChart
        .HasTitle = True
        .ChartTitle.Characters.Text = "Break-even-Analyse"
        .Axes(xlCategory, xlPrimary).HasTitle = True
        .Axes(xlCategory, xlPrimary).AxisTitle.Characters.Text = "Menge"
        .Axes(xlValue, xlPrimary).HasTitle = False
'        .Axes(xlValue, xlPrimary).AxisTitle.Characters.Text = "EUR"
        .HasLegend = True
        .Legend.Position = xlLegendPositionBottom    'xlBottom
        .ChartArea.Height = 400                      'Größe / Höhe
        .ChartArea.Width = 500                       'Größe / Breite
        .ChartArea.Top = 20                          'Position v. oben
        .ChartArea.Left = 400                        'Position v. links
        .Axes(xlValue).TickLabels.NumberFormat = "#.##0 €"
        .Axes(xlCategory).MaximumScale = 1000        'ev. Menge_max verw.
        .Axes(xlCategory).MinimumScale = 0           'ggf Menge_min verw.
        .Axes(xlCategory).MajorUnit = 100
    End With

    'Break-even-Point hinzufügen
    With ActiveChart
        .SeriesCollection.NewSeries
        .FullSeriesCollection(4).Name = "=""Break-even-Point"""
        .FullSeriesCollection(4).XValues = "='Break-even'!$B$23"
        .FullSeriesCollection(4).Values = "='Break-even'!$B$24"
        .FullSeriesCollection(4).ApplyDataLabels
        .FullSeriesCollection(4).DataLabels.Position = _
             xlLabelPositionAbove
```

```
        .FullSeriesCollection(4).DataLabels.ShowCategoryName = True
        .FullSeriesCollection(4).DataLabels.ShowValue = False
        .FullSeriesCollection(4).DataLabels.NumberFormat = "#.#"
    End With

    'Diagramm exportieren
    ActiveChart.Export _
      Filename:="C:\Pool\Diagramm.gif", Filtername:="GIF"

End Sub
```

Das exportierte Diagramm wird in einer weiteren Prozedur über die Schaltfläche *Berechnen* aufgerufen und in das Formular *Eingabemaske* geladen.

Das Diagramm in Formular zur Anzeige bringen

```
Sub diagramm_in_UserForm_anzeigen()

    Eingabemaske.Diagramm.Picture = LoadPicture("C:\Pool\Diagramm.gif")
    Eingabemaske.Diagramm.Visible = True

End Sub
```

Tabelle mit Analysewerten und (Ur-)Diagramm

Die Tabelle mit den Analysewerten und dem Diagramm.

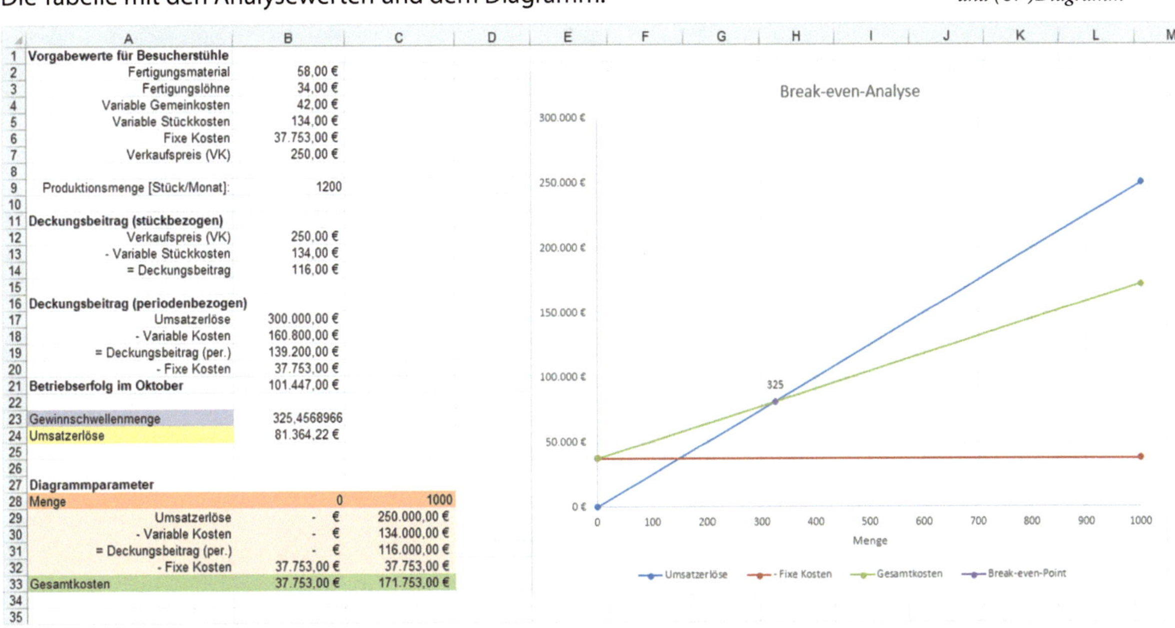

	A	B	C
1	**Vorgabewerte für Besucherstühle**		
2	Fertigungsmaterial	58,00 €	
3	Fertigungslöhne	34,00 €	
4	Variable Gemeinkosten	42,00 €	
5	Variable Stückkosten	134,00 €	
6	Fixe Kosten	37.753,00 €	
7	Verkaufspreis (VK)	250,00 €	
8			
9	Produktionsmenge [Stück/Monat]:	1200	
10			
11	**Deckungsbeitrag (stückbezogen)**		
12	Verkaufspreis (VK)	250,00 €	
13	- Variable Stückkosten	134,00 €	
14	= Deckungsbeitrag	116,00 €	
15			
16	**Deckungsbeitrag (periodenbezogen)**		
17	Umsatzerlöse	300.000,00 €	
18	- Variable Kosten	160.800,00 €	
19	= Deckungsbeitrag (per.)	139.200,00 €	
20	- Fixe Kosten	37.753,00 €	
21	**Betriebserfolg im Oktober**	101.447,00 €	
22			
23	Gewinnschwellenmenge	325,4568966	
24	Umsatzerlöse	81.364,22 €	
25			
26			
27	**Diagrammparameter**		
28	Menge	0	1000
29	Umsatzerlöse	- €	250.000,00 €
30	- Variable Kosten	- €	134.000,00 €
31	= Deckungsbeitrag (per.)	- €	116.000,00 €
32	- Fixe Kosten	37.753,00 €	37.753,00 €
33	Gesamtkosten	37.753,00 €	171.753,00 €
34			
35			

13 Farben mit VBA anwenden

13.1 Farben und Farbpaletten

Die nachfolgenden Beispiele finden Sie in der Arbeitsmappe: Farben_mit_VBA.xlsm

Es gibt viele Gründe, Farben in Excel gezielt einzusetzen, ein guter Grund, um uns mit diesem Thema näher auseinanderzusetzen. Die Farbzuweisung per VBA kann auf verschiedenen Wegen erfolgen, je nach gewünschter Bandbreite der Farbpalette.

- Farbkonstanten
- Farbcode
- ColorIndex
- xlRgbColor
- RGB-Farbwerte

Der Color Farbcode

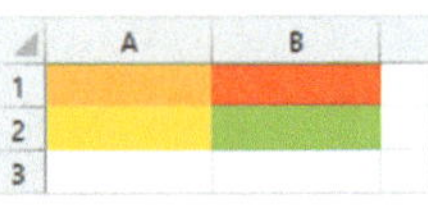

In VBA ist jede Farbe definiert über einen Farbcode, d. h. eine Zahl, mit der Sie beispielsweise die Schrift- und Rahmenfarbe sowie die Füllfarbe bzw. Hintergrundfarbe zuweisen können, vorausgesetzt Ihnen ist der Farbcode bekannt. Hier ein Beispiel, das die Zelle A1 mit grüner Füllfarbe versieht.

Zelle A1 mit grüner Füllfarbe versehen

```
Sub zelle_einfaerben()

    Worksheets("Farbcode").Activate
    Range("A1").Interior.Color = 32768  'Grün

End Sub
```

Modul: mdl_ColorCode

Doch woher kennt man diese Zahlen oder kann diese ableiten und wer kann sich die Zahlen merken? Eine Lösung wäre die Verwendung des Makrorecorders beim Formatieren einer Zelle oder die direkte Abfrage der Zellfarbe wie im Code unten. Für eine bunte Excel-Umgebung eine mühsame Methode.

Abfrage des Farbcodes in einer Zelle

```
Sub farbe_entschluesseln()

    Worksheets("Farbcode").Activate
    Debug.Print Range("A1").Interior.Color

End Sub
```

Die Excel-Farbkonstanten

Für einfache Farben, z. B. rot, blau, grün stellt VBA in der Klasse *ColorConstants* acht vordefinierte Farbwerte als Konstanten zur Verfügung. Die Namen können leicht in der Objektbibliothek über die Klasse ermittelt werden. Die Zuweisung zu einer Zelle erfolgt über die Eigenschaft *Interior.Color*. Als Beispiel färben wir Zellen im Arbeitsblatt mit den Farbkonstanten ein:

Verwendung der Farbkonstanten

```
Sub Excel_Farbkonstanten()

    Worksheets("ColorConstants").Activate
    Range("A2").Value = "vbBlack"
    Range("B2").Interior.Color = vbBlack
    Range("A3").Value = "vbBlue"
    Range("B3").Interior.Color = vbBlue
    Range("A4").Value = "vbCyan"
    Range("B4").Interior.Color = vbCyan
    Range("A5").Value = "vbGreen"
    Range("B5").Interior.Color = vbGreen
    Range("A6").Value = "vbMagenta"
    Range("B6").Interior.Color = vbMagenta
    Range("A7").Value = "vbRed"
    Range("B7").Interior.Color = vbRed
    Range("A8").Value = "vbWhite"
    Range("B8").Interior.Color = vbWhite
    Range("A9").Value = "vbYellow"
    Range("B9").Interior.Color = vbYellow

End Sub
```

Modul: mdl_ColorConstants

Anschließend wird der Farbcode mit folgender Prozedur ausgelesen und in Spalte C geschrieben.

Makro zum Auslesen des Farbcodes

```
Sub Farbkonstanten_code()
Dim i As Integer

    Worksheets("ColorConstants").Activate
    For i = 2 To 9
        Range("C" & i).Value = Range("B" & i).Interior.Color
    Next i

End Sub
```

Das Ergebnis sehen Sie im Bild unten rechts.

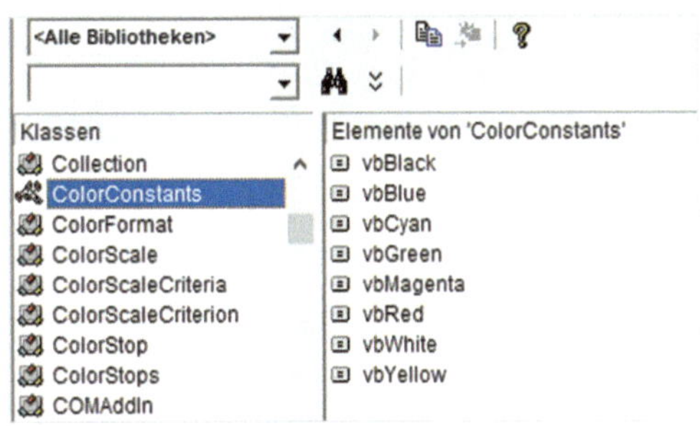

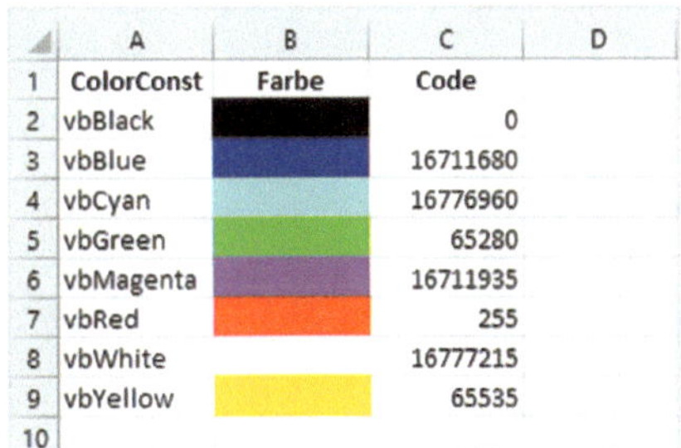

	A	B	C	D
1	ColorConst	Farbe	Code	
2	vbBlack		0	
3	vbBlue		16711680	
4	vbCyan		16776960	
5	vbGreen		65280	
6	vbMagenta		16711935	
7	vbRed		255	
8	vbWhite		16777215	
9	vbYellow		65535	
10				

Farbkonstanten in Excel

Die Farben im Tabellenblatt mit dem dazugehörigen Farbcode

Die ColorIndex-Farbpalette

Eine etwas breitere Farbpalette erhalten Sie, wenn Sie statt der Farbkonstanten die Eigenschaft *ColorIndex* verwenden. Hierbei wird die Farbe als Indexwert im Bereich von 1 bis 56 angegeben. Soll eine Füllfarbe entfernt werden (*Keine Füllung*), kann der Index auf *xlColorIndexNone* gesetzt werden; *0* oder *xlNone* tun's auch.

Farben und Indexwerte in eine Tabelle ausgeben

Die Farben und Indexwerte der Eigenschaft *ColorIndex* lassen sich in einer kleinen Hilfstabelle wie im Bild unten darstellen, die man sich auch ausdrucken kann, um die Auswahl bei Bedarf zu erleichtern. Dies erledigt die nachfolgende Prozedur, sie färbt die Zellen in Spalte A in der jeweiligen Farbe ein und schreibt den dazugehörigen Indexwert in Spalte B.

Verwendung des ColorIndex

Modul: mdl_ColorIndex

```
Sub ColorIndex_Farben()
Dim i As Integer

    Worksheets("ColorIndex").Activate
    For i = 1 To 56
        Range("A" & i).Interior.ColorIndex = i
        Range("B" & i).Value = i
    Next i

End Sub
```

Zellen entfärben

Diese Prozedur entfernt Füllfarbe und Indexwert wieder.

Füllung entfernen

```
Sub zellen_entfaerben()
Dim i As Integer

    Worksheets("ColorIndex").Activate
    For i = 1 To 56
        Range("A" & i).Interior.ColorIndex = xlColorIndexNone
        Range("B" & i).Value = ""
    Next i

End Sub
```

Hilfstabelle mit den 56 Farben des ColorIndex

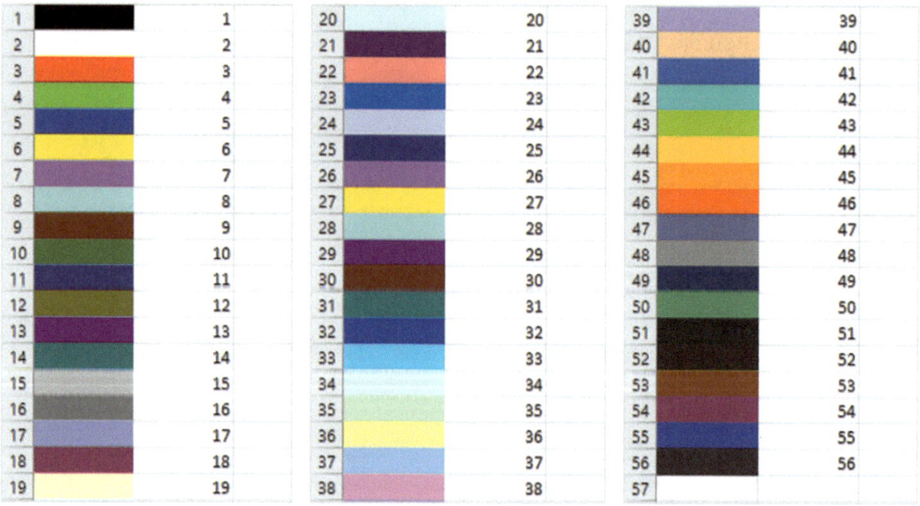

Zeile	B	Zeile	B	Zeile	B
1	1	20	20	39	39
2	2	21	21	40	40
3	3	22	22	41	41
4	4	23	23	42	42
5	5	24	24	43	43
6	6	25	25	44	44
7	7	26	26	45	45
8	8	27	27	46	46
9	9	28	28	47	47
10	10	29	29	48	48
11	11	30	30	49	49
12	12	31	31	50	50
13	13	32	32	51	51
14	14	33	33	52	52
15	15	34	34	53	53
16	16	35	35	54	54
17	17	36	36	55	55
18	18	37	37	56	56
19	19	38	38	57	

Hinweis: Wie Sie die Standardfarben der *ColorIndex*-Farbpalette individuell verändern können, lesen Sie am Ende dieses Kapitels ab Seite 297.

Buchstaben unterschiedlich einfärben

Falls Sie die Buchstaben (keine Zahlen) eines Zellbereichs nacheinander in einer bestimmten Farbabfolge einfärben möchten (siehe Bild rechts), dann setzen Sie die nachfolgende Prozedur ein:

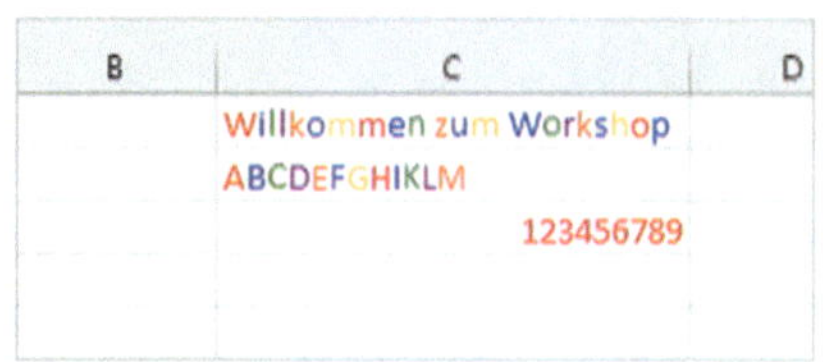

Buchstaben werden bunt gefärbt, Zahlen nicht

1. In einem Datenfeld werden 7 Farben des *ColorIndex* vorgegeben.
2. In den Bereich C1:C2 wird Text geschrieben, in C3 eine Zahl.
3. Anschließend werden in jeder Zelle in einer Zählerschleife die Buchstaben - vom ersten bis zum letzten (*Len*) - eingefärbt, und zwar in der Reihenfolge der Datenfeldvariablen.
4. Der *Mod*-Operator (Modulo) liefert den Rest einer Ganzzahldivision. Die Zeichenkette wird in 7er Sequenzen zerlegt (=Farbwerte) und nachfolgend werden die Farbwerte aus den Datenfeld von 0 bis 6 dem Rest zugeteilt.

Hinweis: Der Inhalt von C3 wurde als Zahl übergeben, besteht also nicht aus Buchstaben (*Characters*). Zum Testen der Prozedur können Sie die Zahlenkolonne auch als String (in Anführungszeichen) übergeben.

Einzelne Buchstaben einfärben

```
Sub Schrift_in_RegenbogenFarben()
Dim Farbe(7) As Integer
Dim Zelle As Range
Dim i As Integer

    Worksheets("Farbcode").Activate

    Farbe(0) = 44 'gelb
    Farbe(1) = 3  'rot
    Farbe(2) = 5  'blau
    Farbe(3) = 10 'grün
    Farbe(4) = 13 'violett
    Farbe(5) = 46 'orange
    Farbe(6) = 55 'Blau

    Range("C1").Value = "Willkommen zum Workshop"
    Range("C2").Value = "ABCDEFGHIKLM"
    Range("C3").Value = 123456789
    Range("C1:C3").Select

    For Each Zelle In Selection.Cells
      For i = 1 To Len(Zelle.Value)
        Zelle.Characters(Start:=i, Length:=1) _
             .Font.ColorIndex = Farbe(i Mod 7)
        Debug.Print Farbe(i Mod 7)
      Next i
    Next Zelle

End Sub
```

Modul: mdl_ColorIndex

Die Farbpalette der XlRgbColor-Enumeration

Farbwerte der Konstanten werden im Objektkatalog angezeigt

Weitere Farbkonstanten hält die Enumeration *xlRgbColor* vor. Sie umfasst eine Liste von über 140 festgelegten Farbwerten. Einige Farben kommen doppelt vor, nur ihre Bezeichnung ist unterschiedlich, andere unterscheiden sich nur gering voneinander. Insgesamt bietet sich jedoch ein weiteres Spektrum an Farben. Der Objektkatalog (F2) gibt Auskunft über die Bezeichnungen und die Farbwerte in Dezimal- und Hex-Code.

Farbpalette ausgeben

Mit dieser Prozedur können Sie aus den (vorgegebenen) Farbwerten in Spalte B den Zellhintergrund in Spalte D einfärben.

Farbwerte der XlRgb-Color-Enumeration im Tabellenblatt ausgeben

```
Sub xlRGBColor_Farben()
Dim i As Integer

    Worksheets("RGBColorEnum").Activate
    For i = 3 To 144
        Range("D" & i).Interior.Color = Range("B" & i).Value
    Next i

End Sub
```

Ausschnitt aus der Tabelle RGBColorEnum

	A	B	C	D
1	**XlRgbColor Enumeration**			
2	**Name**	**Value**	**Description**	**Color**
3	rgbAliceBlue	16775408	Alice Blue	
4	rgbAntiqueWhite	14150650	Antique White	
5	rgbAqua	16776960	Aqua	
6	rgbAquamarine	13959039	Aquamarine	
7	rgbAzure	16777200	Azure	
8	rgbBeige	14480885	Beige	
9	rgbBisque	12903679	Bisque	
10	rgbBlack	0	Black	
11	rgbBlanchedAlmond	13495295	Blanched Almond	
12	rgbBlue	16711680	Blue	
13	rgbBlueViolet	14822282	Blue Violet	
14	rgbBrown	2763429	Brown	
15	rgbBurlyWood	8894686	Burly Wood	
16	rgbCadetBlue	10526303	Cadet Blue	
17	rgbChartreuse	65407	Chartreuse	
18	rgbCoral	5275647	Coral	
19	rgbCornflowerBlue	15570276	Cornflower Blue	
20	rgbCornsilk	14481663	Cornsilk	
21	rgbCrimson	3937500	Crimson	

Die vollständige Liste befindet sich in der Tabelle RGBColorEnum (Datei: Farben_mit_VBA.xlsm)

Quelle: Microsoft Online-Hilfe

Zelle einfärben

Um den Hintergrund einer Zelle, hier E2 mit einer bestimmten Farbe einzufärben, wird folgende Anweisung verwendet.

Zellhintergrund einer Zelle einfärben

```
Sub xlRGBcolor_Anweisung()
    Range("E2").Interior.Color = XlRgbColor.rgbYellowGreen
End Sub
```

Beispiel: Farbausgabe über ein Formular (UserForm)

Ein spielerisches Beispiel mit Hilfe eines Formulars (UserForm) macht die Auswahl der Farben möglicherweise leichter.

In einer Arbeitsmappe (*Farben_mit_VBA.xlsm*) wurde das Formular *frm_RGB_Demo* erstellt. Die Prozedur *xlRGBcolor_Formularfarben* startet dieses Formular und im Wechsel mit einem Meldungsfenster (*MsgBox*) werden die Farbwerte aus Zeile 3 bis 144 (Blatt *RGBColorEnum*) mit ihren Bezeichnungen angezeigt.

Beispiel zur Farbwiedergabe der Konstanten der rgbColorEnumeration

```
Sub xlRGBcolor_Formularfarben()
Dim i As Integer

    Worksheets("RGBColorEnum").Select
    frm_RGB_Demo.Show vbModeless
    For i = 3 To 144
        frm_RGB_Demo.ListBox1.BackColor = Range("B" & i).Value
        If MsgBox(Range("A" & i).Value, vbOKCancel, _
            "Enumeration Code") = vbCancel Then Exit Sub
    Next i

End Sub
```

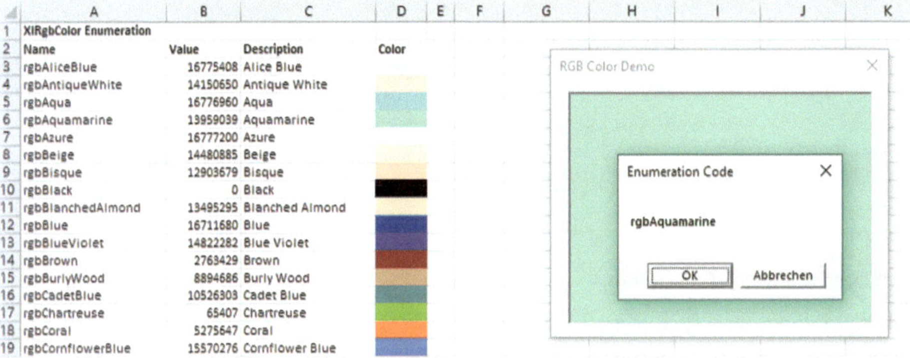

	A	B	C	D
1	XlRgbColor Enumeration			
2	Name	Value	Description	Color
3	rgbAliceBlue	16775408	Alice Blue	
4	rgbAntiqueWhite	14150650	Antique White	
5	rgbAqua	16776960	Aqua	
6	rgbAquamarine	13959039	Aquamarine	
7	rgbAzure	16777200	Azure	
8	rgbBeige	14480885	Beige	
9	rgbBisque	12903679	Bisque	
10	rgbBlack	0	Black	
11	rgbBlanchedAlmond	13495295	Blanched Almond	
12	rgbBlue	16711680	Blue	
13	rgbBlueViolet	14822282	Blue Violet	
14	rgbBrown	2763429	Brown	
15	rgbBurlyWood	8894686	Burly Wood	
16	rgbCadetBlue	10526303	Cadet Blue	
17	rgbChartreuse	65407	Chartreuse	
18	rgbCoral	5275647	Coral	
19	rgbCornflowerBlue	15570276	Cornflower Blue	

Formular mit MsgBox (überlagert)

Modul: mdl_RGBColor-Enum

Die RGB-Funktion

Eine sehr viel feinere Methode der Farbgestaltung bietet die *RGB*-Funktion. Sie basiert auf dem RGB-Farbmodell und definiert die Farbe über drei Werte von Typ Integer, jeweils zwischen 0 bis 255 in der Reihenfolge Rot, Grün, Blau. Hier ein Beispiel, das der Zelle B2 rote Füllfarbe zuweist.

```
Range("B2").Interior.Color = RGB(255, 0, 0)
```

Beispiel RGB-Farben

Das folgende Beispiel verdeutlicht die Wirkungsweise der RGB-Funktion. Im Tabellenblatt *Tabelle1* sind in den Spalten A bis C Werte für die Farbkomponenten eingetragen. Mit diesen werden die Zellen in Spalte D eingefärbt.

Die Spalten A bis C enthalten die RGB-Werte für Spalte D

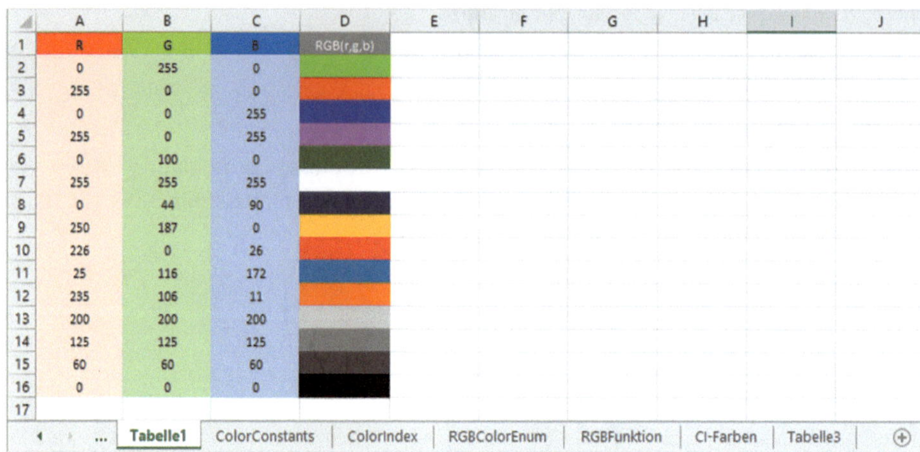

	A	B	C	D
1	R	G	B	RGB(r,g,b)
2	0	255	0	
3	255	0	0	
4	0	0	255	
5	255	0	255	
6	0	100	0	
7	255	255	255	
8	0	44	90	
9	250	187	0	
10	226	0	26	
11	25	116	172	
12	235	106	11	
13	200	200	200	
14	125	125	125	
15	60	60	60	
16	0	0	0	

Einfärben der Zellhintergründe durch RGB-Funktion

```
Sub farbige_zellen_rgb()
'Zellen in Spalte D mittels RGB-Wert aus Spalten A-C einfärben

Dim i As Integer
Dim hexwert As String

    With Worksheets("Tabelle1")
        For i = 2 To 16
            .Range("D" & i).Interior.Color = _
             RGB(.Range("A" & i), .Range("B" & i), .Range("C" & i))
        Next i
    End With
End Sub
```

Hexadezimalwert statt Zahlen

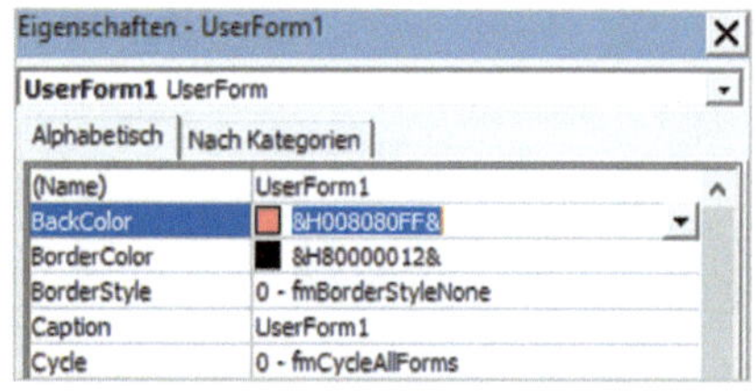

Statt der einzelnen RGB-Werte kann auch der Hexadezimalwert einer RGB-Farbe verwendet werden. Die Hexadezimalwerte einer Farbe tauchen beispielsweise im Objektkatalog der Farbkonstanten oder in den Eigenschaften eines Formulars auf, wie im Bild.

Der Hexadezimalwert ist übersetztes RGB: Er setzt sich zusammen aus drei Werten zwischen 0 und 255, allerdings in umgekehrter Reihenfolge, also BGR. Zum besseren Verständnis ein einfaches Beispiel:

In der nachfolgenden Tabelle wurden in den Spalten E bis G mit der Excel-Funktion DEZINHEX() die Farbwerte aus den Spalten A bis C in Hexadezimalwerte umgerechnet und zwar in vertauschter Reihenfolge, also BGR. In Spalte H wurden diese Werte verkettet mit der Formel =E2&F2&G2.

Hexadezimalwerte aus RGB-Farbwerten

E2 | =DEZINHEX(C2;2)

	A	B	C	D	E	F	G	H	I	J
1	R	G	B	RGB(r,g,b)	B	G	R	B&G&R	&H...	
2	0	255	0		00	FF	00	00FF00		
3	255	0	0		00	00	FF	0000FF		
4	0	0	255		FF	00	00	FF0000		
5	255	0	255		FF	00	FF	FF00FF		
6	0	100	0		00	64	00	006400		
7	255	255	255		FF	FF	FF	FFFFFF		
8	0	44	90		5A	2C	00	5A2C00		
9	250	187	0		00	BB	FA	00BBFA		
10	226	0	26		1A	00	E2	1A00E2		
11	25	116	172		AC	74	19	AC7419		
12	235	106	11		0B	6A	EB	0B6AEB		
13	200	200	200		C8	C8	C8	C8C8C8		
14	125	125	125		7D	7D	7D	7D7D7D		
15	60	60	60		3C	3C	3C	3C3C3C		
16	0	0	0		00	00	00	000000		
17										

Das Einfärben der Zellen in Spalte D und I übernimmt folgende Prozedur. **Achtung**: Hexadezimalwerten muss *&H* vorangestellt werden!

Einfärben anhand von Hexadezimalwerten

```
Sub farbige_zellen()
'Zellen in Spalte I mittels Hexwert aus Spalte H einfärben
'Zellen in Spalte D mittels RGB-Wert aus Spalten A-C einfärben

Dim i As Integer
Dim hexwert As String

    With Worksheets("RGBFunktion")
        For i = 2 To 16
            hexwert = "&H" & .Range("H" & i).Value
            .Range("I" & i).Interior.Color = hexwert
            .Range("D" & i).Interior.Color = _
                  RGB(.Range("A" & i), .Range("B" & i), .Range("C" & i))
        Next i
    End With
End Sub
```

Hinweis: Vor dem Testen der Prozedur sollten Sie eventuell vorhandene Füllfarben entfernen (Tabellenblatt *RGBFunktion*).

Zellen entfärben

```
Sub farbige_zellen_entfaerben()
Dim i As Integer

    With Worksheets("RGBFunktion")
        For i = 2 To 16
            .Range("I" & i).Interior.Color = xlNone
            .Range("D" & i).Interior.Color = xlNone
        Next i
        For i = 20 To 28
            .Range("J" & i).Interior.Color = xlNone
            .Range("D" & i).Interior.Color = xlNone
        Next i
    End With
End Sub
```

Farbverläufe programmieren

Beispiel: Eine Zelle im Tabellenblatt *Farbcode* soll mit einem diagonalen Farbverlauf von Grün nach Rot gefüllt werden.

Farbverlauf als Zellhintergrund

```
Sub FarbverlaufZelle()
'Eine Zelle auf Tabelle "Farbcode" soll mit einem
'schrägen Farbverlauf von Grün nach Rot gefüllt werden

    With Worksheets("Farbcode").Cells(5, 1).Interior
        .Pattern = xlPatternLinearGradient
        With .Gradient
            .Degree = 45                    'Drehwinkel
            With .ColorStops
                .Clear
                With .Add(0)
                    .Color = RGB(0, 255, 0) 'Grün
                    .TintAndShade = 0
                End With
                With .Add(1)
                    .Color = RGB(255, 0, 0) 'Rot
                    .TintAndShade = 0
                End With
            End With
        End With
    End With

End Sub
```

Modul: mdl_RGBFunktion

13.2 Farbwerte ermitteln

RGB-Farbwert aus ColorIndex berechnen

Im Grunde ist es nicht notwendig, die Farbwerte des *ColorIndex* in RGB-Werte umzusetzen. Dieses Beispiel soll daher nur den Zusammenhang – genauer gesagt die Wertigkeit der Komponenten Rot, Grün und Blau – verdeutlichen, die letztlich zu einer Gesamtzahl zusammengefügt werden.

RGB-Farbwerte aus ColorIndex ermitteln

```
Sub Colorindex_in_RGBwerte()
Dim i As Integer
Dim Rot As Long
Dim Gruen As Long
Dim Blau As Long
Dim Farbwert As Long

    Worksheets("ColorIndex").Activate

    For i = 1 To 56
        'Farbwert der Zelle auslesen
        Farbwert = Range("A" & i).Interior.Color
```

```
        'RGB-Farbanteile berechnen durch bitweisen Vergleich
        Rot = Farbwert And vbRed                   '255
        Gruen = (Farbwert And vbGreen) \ &H100     '65280
        Blau = (Farbwert And vbBlue) \ &H10000     '16711680
        Range("C" & i).Value = Rot
        Range("D" & i).Value = Gruen
        Range("E" & i).Value = Blau
        Range("F" & i).Interior.Color = RGB(Rot, Gruen, Blau)
    Next i
End Sub
```

Modul: mdl_ColorIndex

Der *ColorIndex*-Wert wird durch bitweisen Vergleich in die Farbkomponenten RGB zerlegt und in den Spalten C, D und E angezeigt. Zur Überprüfung wird über die *Color*-Eigenschaft der Zellhintergrund in Spalte F gefärbt.

RGB-Farbwerte aus Bildvorlagen

Wenn spezielle Farbtöne benötigt werden, die exakt zu einer Bildvorlage oder einem Logo passen sollen, kann man mit Hilfe von Bildbearbeitungsprogrammen wie beispielsweise Adobe Photoshop die Farbwerte ermitteln. Das Instrument zur Farbaufnahme bzw. Farbanalyse wird meist als Pipette bezeichnet. Auch Microsoft PowerPoint verfügt über eine solche Pipette, die Sie wie folgt nutzen:

1 Starten Sie *PowerPoint* mit einer leeren Präsentation und fügen Sie in die erste Folie an beliebiger Stelle ein Bild oder Logo ein.

2 Klicken Sie auf einen beliebigen Folienplatzhalter (oder fügen Sie eine Form ein und markieren Sie diese) und klicken Sie im Register *Start* ▶ *Schriftfarbe* ❶ oder *Fülleffekt* ❷ auf den Pfeil und auf *Pipette* ❸.

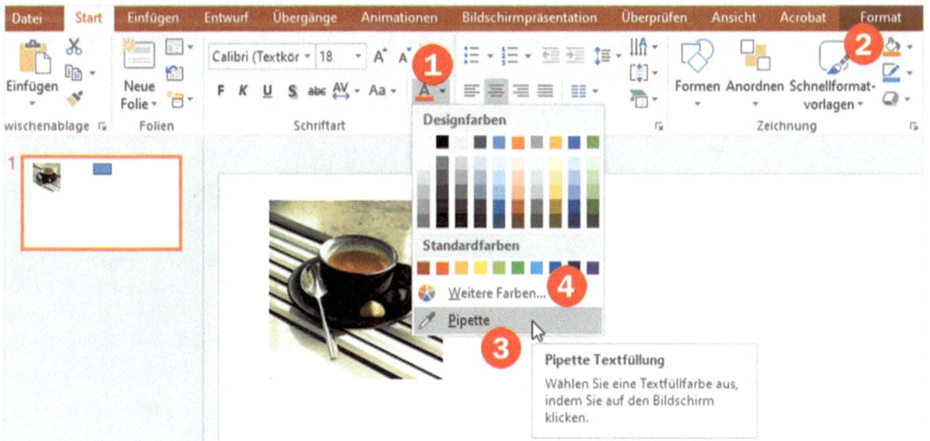

Verwendung der Pipette in PowerPoint

3 Zeigen Sie dann im Bild auf die gewünschte Farbe. Es erscheinen die RGB-Werte der Farbe, und Sie brauchen diese nur notieren und in Excel weiterverwenden. Oder klicken Sie zum Anzeigen der RGB-Farbwerte auf die Stelle im Bild und anschließend auf *Weitere Farben* ❹.

Anzeige der RGB-Werte durch das Pipetten-Werkzeug...

...oder über Weitere Farben

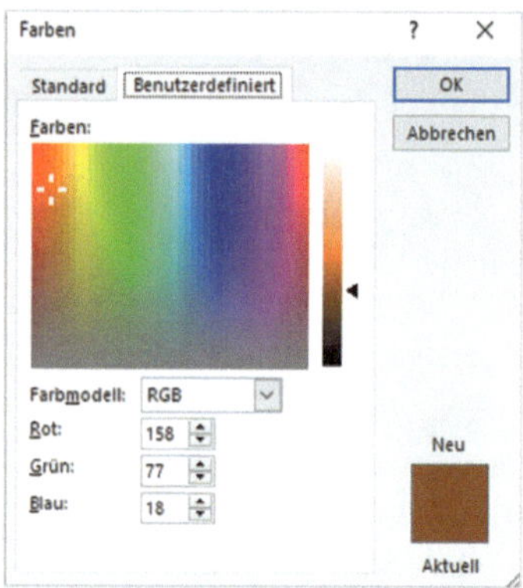

13.3 Designfarben und individuelle Farben

Zur Wahrung der Corporate Identity (CI) existieren in vielen Fällen bestimmte Farbvorgaben. Um diese Farben vorzugeben und zu nutzen, gibt es mehrere Möglichkeiten.

Designfarben mit VBA nutzen

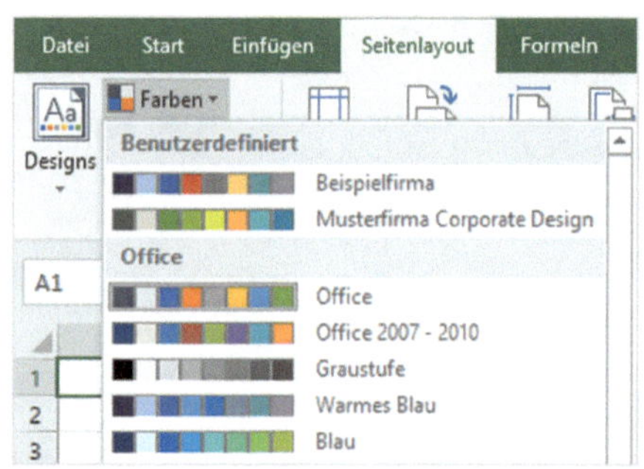

Am einfachsten lassen sich Farbvorgaben in Microsoft Office und damit auch in Excel mit benutzerdefinierten Designfarben realisieren (Register *Seitenlayout* ▶ *Designs* ▶ Schaltfläche *Farben*). Mit VBA können Sie über die *Workbook*-Eigenschaft *Theme* und die Aufzählung (Enumeration) *ThemeColorScheme* auf die Designfarben entweder über den Index oder ihren Namen zugreifen. Der Vorteil der Designfarben: Im Gegensatz zur Verwendung fest definierter Farben passen sich diese flexibel an die aktuellen Designfarben der Arbeitsmappe an und liefern immer die Akzentfarbe des jeweiligen Designs.

Die beiden folgenden Anweisungen verwenden einmal den Index und einmal den Namen, liefern aber dasselbe Ergebnis, nämlich dem Hintergrund der Zelle B3 die Akzentfarbe 4 des aktuellen Farbschemas (hier *Office*) zuweisen (siehe Bild unten).

```
Range("B3").Interior.Color = _
    ActiveWorkbook.Theme.ThemeColorScheme(8).RGB

Range("B3").Interior.Color = _
    ActiveWorkbook.Theme.ThemeColorScheme(msoThemeAccent4)
```

Der Indexwert entspricht der Anordnung der Farben im Fenster *Neue Designfarben erstellen* bzw. *Designfarben bearbeiten*. Eine Übersicht der Indexwerte und Namen erhalten Sie in der Objektbibliothek unter *MsoThemeColorSchemeIndex*. Die nachfolgende Prozedur färbt die Zellen in Spalte A nacheinander in den aktuellen Designfarben (*Office*) ein und schreibt den dazugehörigen Farbwert in Spalte B.

```
Sub designfarben_ermitteln()
Dim i As Integer

    With Worksheets("Tabelle1")
    For i = 1 To 12
        Range("A" & i).Interior.Color = _
            ActiveWorkbook.Theme.ThemeColorScheme(i).RGB
        Range("B" & i).Value = Range("A" & i).Interior.Color
    Next i

    End With
End Sub
```

Verwendung der Designfarben

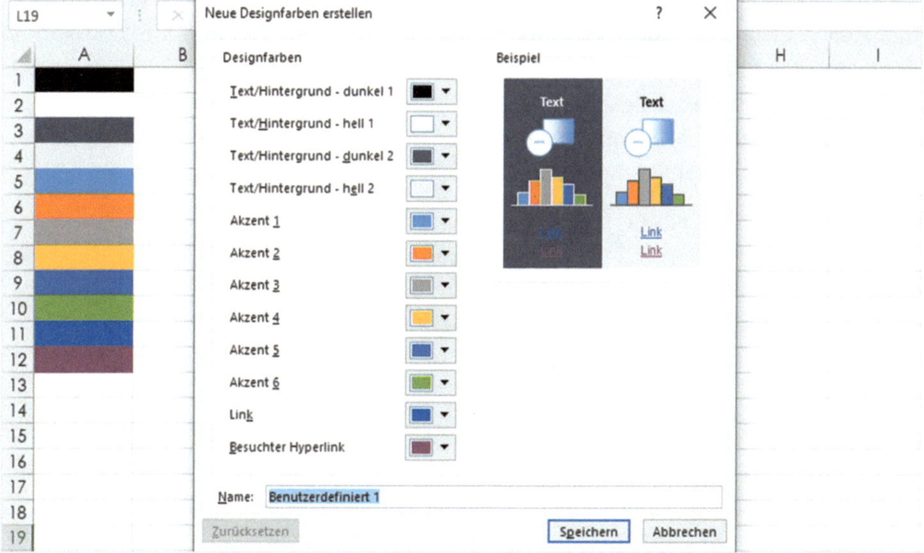

Der Index der Designfarben entspricht der Reihenfolge im Fenster Neue Designfarben

Designfarben.xlsm

Designfarben per VBA definieren

Über die Eigenschaft *ThemeColorScheme* können Sie natürlich auch die Designfarben per VBA ändern. Die Änderung wirkt sich allerdings nur auf die aktuelle Arbeitsmappe aus. Liegt die neue Farbe als RGB-Farbwert vor, brauchen Sie diese nur der Eigenschaft *ThemeColorScheme* als neue Farbe zuweisen. Die folgende Anweisung ändert beispielsweise die Akzentfarbe 5 in ein helles Grün.

```
ActiveWorkbook.Theme.ThemeColorScheme(msoThemeAccent5) = _
    RGB(34, 222, 38)
```

Designfarben in die Arbeitsmappe laden

Eine benutzerdefinierte Zusammenstellung von Designfarben wird in der Regel unter einem Namen gespeichert (siehe Bild oben) und steht dann in allen Office-Anwendungen zur Verfügung. Falls statt der aktuellen Farben andere, bereits vorhandene Designfarben benötigt werden, müssen diese in die aktuelle Arbeitsmappe geladen werden, dies geschieht mit der folgenden Anweisung. Bei der Suche nach dem Speicherort hilft der Makrorecorder weiter.

Mit dieser Vorgehensweise können auch integrierte Designfarben geladen werden.

Benutzerdefinierte Designfarben laden

```
Sub Designfarben_laden()
'Benutzerdefinierte Designfarben laden

    ActiveWorkbook.Theme.ThemeColorScheme.Load _
        ("C:\Users\ib\AppData\Roaming\Microsoft\Templates\" _
         & "Document Themes\Theme Colors\Musterfirma GmbH.xml")

End Sub
```

Eigene Farbzusammenstellungen

Sie können natürlich auch eigene Farben unabhängig von den Designfarben zusammenstellen und verwenden. Wenn diese häufiger benötigt werden, z. B. im Rahmen der Corporate Identity (CI), dann ist es äußerst umständlich, wenn Sie diese mittels der RGB-Funktion den Zellen direkt zuweisen. Als einfache Lösung bietet sich an, die benutzerdefinierten Farben als Variablen von Typ *Variant* festzulegen. **Nachteil**: Sie müssen die Farben in jeder Prozedur erneut definieren.

Farbwerte als Variablen anlegen

Datei: Farben_mit_VBA.xlsm, Modul: mdl_CI-Farben

```
Sub CI_farben_anwenden3()
Dim Blau, gelb, Rot, hellblau, orange, grau     'Typ Variant'

Blau = RGB(0, 44, 90)
gelb = RGB(250, 187, 0)
Rot = RGB(226, 0, 26)
hellblau = RGB(25, 116, 172)
orange = RGB(235, 106, 11)
grau = RGB(125, 125, 125)

    Cells(1, 5).Interior.Color = Blau
    Cells(2, 5).Interior.Color = gelb
    Cells(3, 5).Interior.Color = Rot
    Cells(4, 5).Interior.Color = hellblau
    Cells(5, 5).Interior.Color = orange
    Cells(6, 5).Interior.Color = grau

End Sub
```

Farbwerte als Konstanten festlegen

Sinnvoller ist es, die Farbwerte als Konstanten festzulegen, hierzu werden bei RGB-Farben die Hexadezimalwerte der Farben benötigt.

Benutzerdefinierte Farbkonstanten benötigen den Hex Code

```
Sub CI_farben_anwenden4()

Const Blau As Variant = &H5A2C00          'RGB(0, 44, 90)
Const gelb As Variant = &HBBFA&           'RGB(250, 187, 0)
Const Rot As Variant = &H1A00E2           'RGB(226, 0, 26)
Const hellblau As Variant = &HAC7419      'RGB(25, 116, 172)
Const orange As Variant = &HB6AEB         'RGB(235, 106, 11)
Const grau As Variant = &H7D7D7D          'RGB(125,125,125)

    Cells(1, 7).Interior.Color = Blau
    Cells(2, 7).Interior.Color = gelb
```

```
    Cells(3, 7).Interior.Color = Rot
    Cells(4, 7).Interior.Color = hellblau
    Cells(5, 7).Interior.Color = orange
    Cells(6, 7).Interior.Color = grau

End Sub
```

Eigene Farben als Enumeration

Wie bei den Designfarben bietet als professionelle Variante der Aufzählungstyp *Enum* eine optimale Lösung an. Eine Enumeration besteht aus einer Liste benannter Konstanten und deren Werten (Datentyp Long). Wird kein Wert explizit vorgegeben, startet die Zuweisung bei 0 und erhöht sich je Element um 1. In unserem Fall weisen wir den Farbbezeichnungen die Hexadezimalwerte der Farben zu.

Achtung: Die Deklaration muss am Anfang eines Moduls oder besser noch in einem separaten Modul abgelegt werden.

Enumeration im Modul Farben_vorgeben

```
Public Enum CI_farben
    Blau = &H5A2C00          'RGB(0, 44, 90)
    gelb = &HBBFA&           'RGB(250, 187, 0)
    Rot = &H1A00E2           'RGB(226, 0, 26)
    hellblau = &HAC7419      'RGB(25, 116, 172)
    orange = &HB6AEB         'RGB(235, 106, 11)
    grau = &H7D7D7D          'RGB(125,125,125)
End Enum
```

Der Aufruf erfolgt über den Namen der Enumeration, hier *CI_farben* gefolgt von der Elementbezeichnung (Farbe).

Zuweisung von Farbwerten aus der Enumeration

```
Sub CI_farben_anwenden5()

    With Worksheets("Tabelle4")
        .Range("A1").Interior.Color = CI_farben.Blau
        .Range("A2").Interior.Color = CI_farben.gelb
        .Range("A3").Interior.Color = CI_farben.Rot
        .Range("A4").Interior.Color = CI_farben.hellblau
        .Range("A5").Interior.Color = CI_farben.orange
        .Range("A6").Interior.Color = CI_farben.grau
    End With

End Sub
```

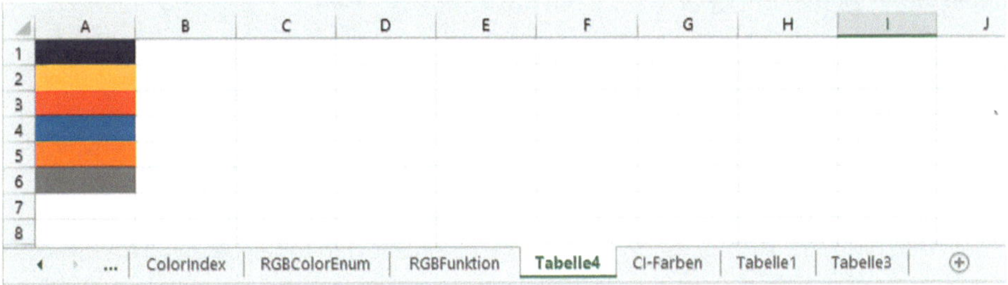

Ergebnis in Tabelle4

	A	B	C	D	E	F	G	H	I	J
1										
2										
3										
4										
5										
6										
7										
8										

... | ColorIndex | RGBColorEnum | RGBFunktion | Tabelle4 | CI-Farben | Tabelle1 | Tabelle3 | ⊕

Farben_mit_VBA.xlsm, Modul: mdl_CIFarben

Diagrammfarben zusammenstellen

Hier ein praktisches Beispiel der Diagrammformatierung, das es dem Nutzer erlaubt, zehn Farben zur Diagrammgestaltung auszuwählen. Ausgangsbasis für dieses Beispiel ist eine vorgegebene Farbtabelle mit 32 Farben in Form einer Regenbogenskala. Diese Farbtabelle kann natürlich beliebig variiert werden.

Die vorgegebene Farbskala als Ausgangsbasis

Farbwerte in einer Tabelle auflisten, siehe Punkt "„13.1 Farben und Farbpaletten" auf Seite 280 ff.

Diagrammfarben.xlsm

	A	B	C	D	E	F	G	H	I
1	Akzent	Farbe			Farbe	Rot	Grün	Blau	
2	Farbe 1				Grau 10%	236	235	235	
3	Farbe 2				Grau 20 %	216	215	214	
4	Farbe 3				Grau 40 %	177	175	173	
5	Farbe 4				Grau 60 %	138	135	132	
6	Farbe 5				Grau 80 %	99	95	91	
7	Farbe 6				Grau 1	60	55	50	
8	Farbe 7				Grau 2	30	30	25	
9	Farbe 8				Schwarz	0	0	0	
10	Farbe 9				Blau dunkel	20	60	140	
11	Farbe 10				Blau marine	20	100	200	
12					Blau	0	120	250	
13					Blau hell	0	170	225	
14					Türkis hell	0	200	200	
15					Türkis	0	155	165	
16					Türkis dunkel	0	95	105	
17					Grün Dunkel	0	135	90	
18					Grün 1	60	180	45	
19					Grün 2	30	200	30	
20					Grün 3	0	255	0	
21					Gelb hell	250	250	0	
22					Gelb	250	200	30	
23					Gelb Orange	245	155	0	
24					Braun	200	100	0	
25					Orange Rot	240	80	0	
26					Rot Dunkel	200	40	10	
27					Fuchsia Dunkel	165	0	50	
28					Rosa	255	80	100	
29					Rot	250	0	0	
30					Fuchsia	230	0	85	
31					Hell lila	200	30	130	
32					Lila	120	10	95	
33					Weiß	255	255	255	
34									

Farbauswahl

Farben per Dropdown-Liste zusammenstellen

Farbpalette zusammenstellen

Die kleine Tabelle links im Bereich A1:B11 dient zur Auswahl der 10 Farben. Damit die Farben hier nicht über umständliches Kopieren zusammengestellt werden müssen, erfolgt die Auswahl benutzerfreundlich über eine Dropdown-Liste. Dazu markieren Sie B2:B11 ❶ und klicken im Menüband, Register *Daten* ▶ *Datentools* auf *Datenüberprüfung*.

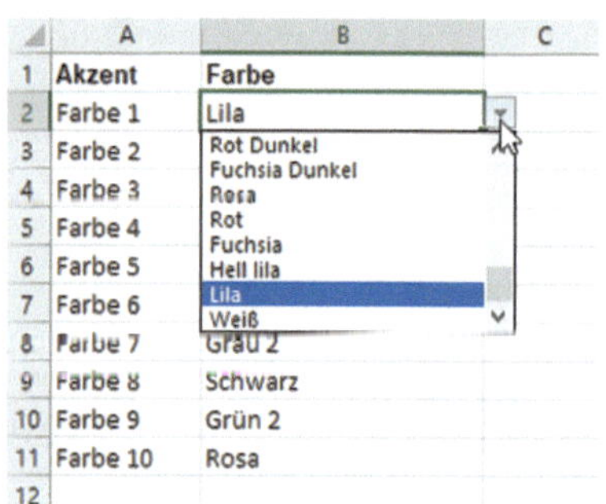

Wählen Sie im Register *Einstellungen* im Feld *Zulassen* den Eintrag *Liste* aus ❷ und geben Sie als *Quelle* den Bereich E2:E33 an ❸. Zellbezüge oder Bereichsnamen müssen mit Gleichheitszeichen (=) eingetragen werden.

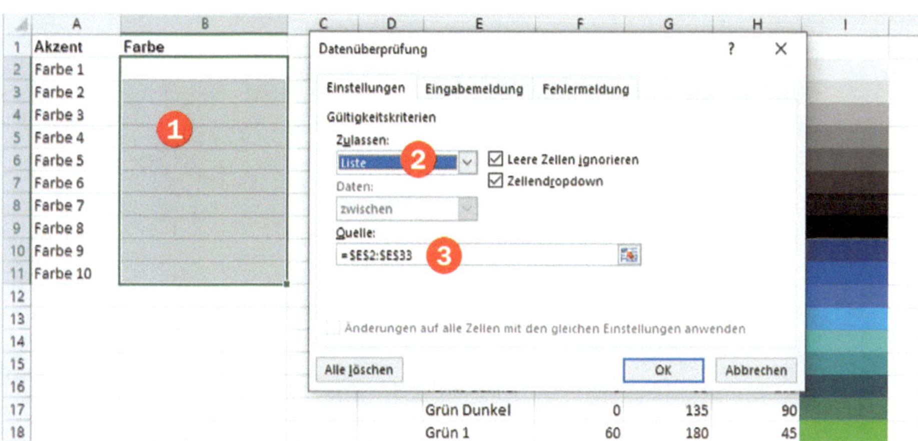

Auswahlliste für einen Bereich festlegen

Diagrammfarben ändern

Das Tabellenblatt *Umsätze* enthält Umsatzzahlen und ein, daraus erstelltes Säulendiagramm in den aktuellen Designfarben (hier das Design *Office*). Verschiedene Varianten dieser Farbzusammenstellung stehen im Menüband, Register *Diagrammtools* ▶ *Entwurf* ▶ *Farben ändern* zur Verfügung. Auf diesem Weg können Sie nach Farbexperimenten auch schnell die ursprünglichen Farben wiederherstellen.

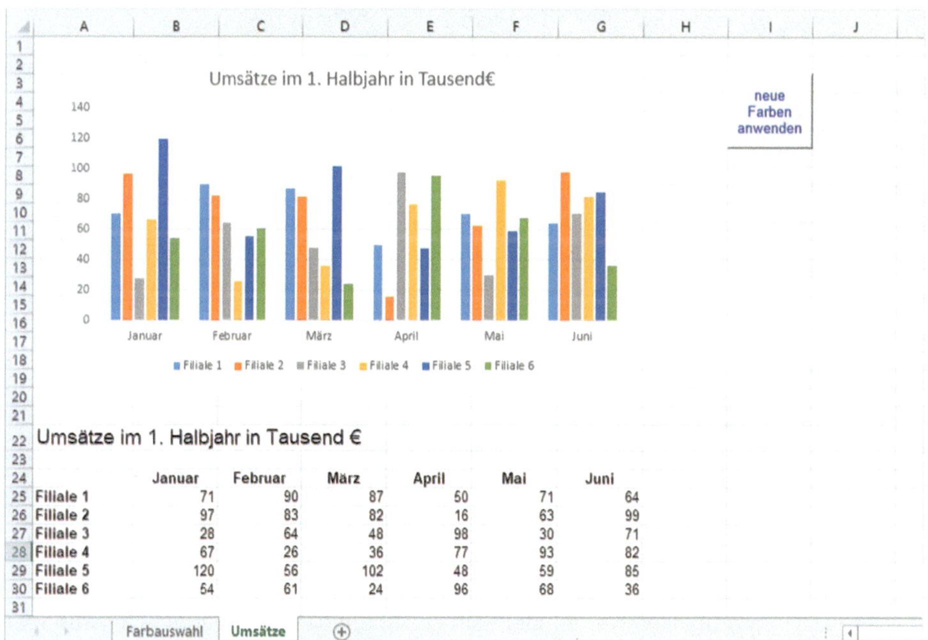

Umsätze im 1. Halbjahr in Tausend €

	Januar	Februar	März	April	Mai	Juni
Filiale 1	71	90	87	50	71	64
Filiale 2	97	83	82	16	63	99
Filiale 3	28	64	48	98	30	71
Filiale 4	67	26	36	77	93	82
Filiale 5	120	56	102	48	59	85
Filiale 6	54	61	24	96	68	36

Diagramm mit den Designfarben Office

Die Datenreihen bzw. Säulen dieses Diagramms sollen nun mit den ausgewählten Akzentfarben (Tabellenblatt *Farbauswahl*) eingefärbt werden. Dies erfolgt über die Schaltfläche *neue Farben verwenden* und die Prozedur *FarbenAnwenden*.

Farbenauswahl im Diagramm anwenden

```
Sub FarbenAnwenden()
Dim diagramm As ChartObject
Dim bereich As Range
Dim zelle As Range
Dim zeile As Integer
Dim i As Integer

    With Worksheets("Farbauswahl")

        Set diagramm = Worksheets("Umsätze").ChartObjects(1)
        Set bereich = .Range("E2:E33")

        For i = 1 To diagramm.Chart.SeriesCollection.Count
            For Each zelle In bereich
                If zelle.Value = .Range("B" & i + 1).Value Then
                    zeile = zelle.Row
                    diagramm.Chart.SeriesCollection(i).Format.Fill _
                        .ForeColor.RGB = RGB(.Range("F" & zeile).Value, _
                        .Range("G" & zeile).Value, _
                        .Range("H" & zeile).Value)
                End If
            Next zelle
        Next i
    End With

End Sub
```

Die Einzelschritte

- Die Variable *diagramm* wird als Objektvariable vom Typ *ChartObject* deklariert. Ihr wird anschließend das Diagramm im Blatt *Umsätze* zugewiesen (*Set*).
- Die Variable *bereich* legt fest, welcher Bereich im Blatt *Farbauswahl* nach dem Farbbegriff durchsucht wird (Spalte E mit den Farbbezeichnungen).
- Die Variable *zelle* ist Teil von *bereich* und die Variable *zeile* liest die Zeile der Fundstelle des Farbbegriffs aus.
- Die Variable *i* steht für die einzelnen Säulen des Diagramms.
- Auswahl des Arbeitsblatts *Farbauswahl.*
- In einer Zählerschleife werden alle vorhandenen Datenreihen (Säulen), von der ersten bis zur letzten (*Count*-Eigenschaft) durchlaufen.
- In der inneren Schleife werden alle Zellen mit dem Vorgabewert aus Spalte B verglichen: Wenn die Farbbezeichnung aus Spalte B in Spalte E gefunden wurde, übernimmt die Variable *zelle* die Zeilennummer.
- Die Diagrammbalken werden der Reihe nach mit dem RGB-Farbwerten aus Spalte E, F und G eingefärbt.

Die ColorIndex-Farbpalette anpassen

Falls Sie die Standardfarben der *ColorIndex*-Farbpalette verändern wollen, erfolgt dies über die *Workbook.Colors*-Eigenschaft. Um beispielsweise dem *ColorIndex* 3 statt rot eine andere Farbe, hier blau zuzuweisen, genügt folgende Prozedur:

Eine einzelne Farbe ändern

```
Sub farbe_andern()

    ActiveWorkbook.Colors(3) = RGB(0, 120, 250)

End Sub
```

ColorIndex zurücksetzen

Das Zurücksetzen des ColorIndex auf die ursprünglichen Farben erledigt diese Prozedur:

ColorIndex zurücksetzen

```
Sub ColorIndex_zurücksetzen()
'Standard herstellen: Schwarz als erste Farbe

    ActiveWorkbook.ResetColors

End Sub
```

Eine individuelle Farbpalette einrichten

Im abschließenden Beispiel werden die ersten 32 Farben der Standard *ColorIndex*-Farbpalette durch eigene Vorgaben, hier im Blatt *Farbtabelle* (s. Bild unten) ersetzt. Diese Palette ließe sich ohne Weiteres auf 56 Farbnuancen erweitern. Für unser Beispiel reichen jedoch auch diese 32 Farben aus.

Die ersten 32 Farben des ColorIndex neu definieren

ColorIndex_Neu.xlsm

```
Sub neue_farbpalette_setzen3()
'ColorIndex von 1 bis 32 mit Farben
'aus Tabelle "Farbtabelle" H2:H33
Dim zeile As Integer

    Worksheets("ColorIndex_individuell").Activate
    With Worksheets("Farbtabelle")
        For zeile = 2 To 33
            ActiveWorkbook.Colors(zeile - 1) = _
              RGB(.Range("B" & zeile).Value, _
              .Range("C" & zeile).Value, _
              .Range("D" & zeile).Value)
        Next zeile
    End With

    'alle Farben und Farbwerte anzeigen
    For zeile = 1 To 56
        Range("A" & zeile).Interior.ColorIndex = zeile
        Range("B" & zeile).Value = ActiveWorkbook.Colors(zeile)
    Next zeile

End Sub
```

Die verwendete Farbtabelle und das Ergebnis sehen Sie im Bild unten.

Ausschnitt aus der Farbtabelle

	A	B	C	D	E	F
1	Farbe	Rot	Grün	Blau		
2	Grau 10%	236	235	235		
3	Grau 20 %	216	215	214		
4	Grau 40 %	177	175	173		
5	Grau 60 %	138	135	132		
6	Grau 80 %	99	95	91		
7	Grau 1	60	55	50		
8	Grau 2	30	30	25		
9	Schwarz	0	0	0		
10	Blau dunkel	20	60	140		
11	Blau marine	20	100	200		
12	Blau	0	120	250		
13	Blau hell	0	170	225		
14	Türkis hell	0	200	200		
15	Türkis	0	155	165		
16	Türkis dunkel	0	95	105		
17	Grün Dunkel	0	135	90		
18	Grün 1	60	180	45		
19	Grün 2	30	200	30		
20	Grün 3	0	255	0		
21	Gelb hell	250	250	0		
22	Gelb	250	200	30		
23	Gelb Orange	245	155	0		
24	Braun	200	100	0		
25	Orange Rot	240	80	0		
26	Rot Dunkel	200	40	10		
27	Fuchsia Dunkel	165	0	50		
28	Rosa	255	80	100		
29	Rot	250	0	0		
30	Fuchsia	230	0	85		

Farbtabelle | ColorIndex_individuell

Das Ergebnis

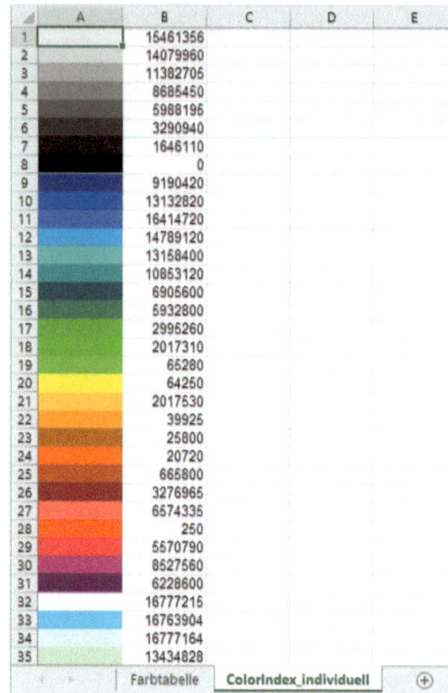

	A	B	C	D	E
1		15461356			
2		14079960			
3		11382705			
4		8685450			
5		5988195			
6		3290940			
7		1646110			
8		0			
9		9190420			
10		13132820			
11		16414720			
12		14789120			
13		13158400			
14		10853120			
15		6905600			
16		5932800			
17		2995260			
18		2017310			
19		65280			
20		64250			
21		2017530			
22		39925			
23		25800			
24		20720			
25		665800			
26		3276965			
27		6574335			
28		250			
29		5570790			
30		8527560			
31		6228600			
32		16777215			
33		16763904			
34		16777164			
35		13434828			

Farbtabelle | ColorIndex_individuell

14 Performance

14.1 Makros beschleunigen - Performance steigern

Wie Sie vielleicht bereits bemerkt haben, dauern Zugriffe auf Dateien recht lange. Excel-VBA ist im Allgemeinen nicht besonders schnell. Während des Wechsels zwischen Tabellen und Einträgen in Tabellen laufen im Hintergrund Prozesse ab, die Neuberechnungen oder Aktualisierungen anstoßen. Nicht selten sind aber auch umständliche Anweisungen oder zu aufwendig gestaltete Prozeduren mit überflüssigen Variablen und Zuweisungen Schuld an langsamen Programmen. Auch in diesem VBA-Kochbuch ist die eine oder andere Anweisung nicht optimal im Sinne der Performance, wurde aber aus Gründen der besseren Nachvollziehbarkeit bewusst gewählt.

Für fortgeschrittene VBA-Entwickler und komplexere Aufgaben haben wir in diesem Kapitel einige Optimierungsmöglichkeiten zusammengestellt.

Nicht benötigte Voreinstellungen vorübergehend deaktivieren

Mit den folgenden einfachen Maßnahmen können Sie durchaus spürbar Ihre Programme beschleunigen. Wie eindeutig dieser Effekt ist, hängt natürlich von Arbeitsaufwand der Anweisungen ab.

Bildschirmaktualisierung

Die Bildschirmaktualisierung beim wechselnden Zugriff auf Dateien kann ein Flackern des Bildschirms verursachen und sollte in diesen Fällen temporär, d. h. zur Laufzeit deaktiviert und anschließend wieder aktiviert werden.

```
'Bildschirmauffrischung ausschalten
Application.ScreenUpdating = False

'Bildschirmauffrischung einschalten
Application.ScreenUpdating = True
```

Neuberechnung

Auch die Neuberechnung von Arbeitsblattfunktionen, z. B. SVERWEIS verlangsamt Prozeduren. Nimmt man mit VBA in Arbeitsblättern Änderungen in Zellen mit Arbeitsblattfunktionen vor, erfolgt mit jeder Aktion eine Neuberechnung und während der Berechnungen ist der Programmablauf unterbrochen oder entsprechend dem Rechenaufwand langsamer. Insbesondere bei der Arbeit mit Matrixfunktionen macht sich das Abschalten der Neuberechnung bemerkbar und bringt etwas mehr Speed in den Programmablauf.

```
'Neuberechnung ausschalten
Application.Calculation = xlCalculationManual

'Neuberechnung einschalten
Application.Calculation = xlCalculationAutomatic
```

Statusanzeige

Ein weiterer Zeitfresser kann die Aktualisierung der Statusanzeige (*StatusBar*) sein. Sie zeigt den Fortschritt von Aktionen an, beispielsweise beim Kopieren und Einfügen. Oft ist der Fortschrittsbalken kaum zu sehen, belegt aber trotzdem Ressourcen. Wenn schon nicht sichtbar oder zum Bewerten des Geschehens notwendig, schalten Sie die Aktualisierung während des Programmablaufs aus und anschließend wieder ein.

```
'Statusleiste ausschalten
Application.DisplayStatusBar = False

'Statusleiste einschalten
Application.DisplayStatusBar = True
```

Ereignisse in Tabellenblättern

Wenn Sie es so eingerichtet haben, dass Ihre Tabellenblätter auf Ereignisse reagieren, beispielsweise auf *Worksheet_Change* oder *Worksheet_SelectionChange* (im Codefenster der Tabelle), dann wird bei jeder Veränderung in der Tabelle die damit verbundene Prozedur abgearbeitet. Wenn Sie darauf verzichten können oder wollen, deaktivieren Sie die Einstellung.

```
'Ereignisse beachten (Veränderungen in Tabellen)
Application.EnableEvents = False

'Ereignisse beachten (Veränderungen in Tabellen)
Application.EnableEvents = True
```

Pivot-Tabellen

Wenn Sie per Makro in Pivot-Tabellen arbeiten, kann es ebenfalls von Vorteil sein, die jeweilige Neuberechnung bei jeder Veränderung in der Tabellenstruktur zu unterdrücken bis die Pivot-Tabelle fertiggestellt ist.

```
ActiveSheet.PivotTables("PivotTable1").ManualUpdate = True
```

Nach Beendigung des Makros setzen Sie die Eigenschaft *ManualUpdate=False*, um die Neuberechnung wieder anzustoßen.

```
ActiveSheet.PivotTables("PivotTable1").ManualUpdate = False
```

Achtung: Voreinstellungen wieder aktivieren

Wichtig bei allen genannten Beschleunigungsverfahren ist, dass diese vor Programmende wieder aktiviert werden.

Optimierungen im Programmcode

Eine klar durchdachte und übersichtliche Programmstruktur ist schon mal ein guter Ausgangspunkt, das Aufräumen und Optimieren innerhalb der Prozeduren eine Fortsetzung auf dem Weg zum schnelleren Programmablauf. Im Folgenden möchten wir Ihnen nützliche Tipps geben, wie Sie Ihren Programmcode beschleunigen können.

Kopieren

Beim Kopieren von Zellbereichen ist das direkte Kopieren - d. h. ohne Umweg über die Zwischenablage - schneller ist als die Methode *Copy/Paste*.

```
Range("A1").Copy Destination:=Range("C10")
```

Vermeiden Sie außerdem den Luxus der *Select*-Methode, den sich z. B. der Makrorecorder beim Aufzeichnen von Abläufen erlaubt.

Beispiel für überflüssige Select Anweisungen

```
For i = 1 To 1000
     Range("A1").Select
     Selection.Copy
     Range("B1").Select
     ActiveSheet.Paste
Next i
```

Die unterschiedlichen Kopierverfahren werden wir in Verbindung mit Geschwindigkeitsmessungen anhand einiger Beispiele am Ende dieses Kapitels noch näher untersuchen.

Eigenschaften ändern

Häufig werden Eigenschaften von Objekten, z. B. des *Range*-Objekts in Einzelschritten zugewiesen oder geändert. Abgesehen von der Mehrarbeit beim Schreiben des Codes ist diese Methode auch langsamer. Auch hier glänzt der Makrorecorder als schlechtes Beispiel.

Umständliches Zuweisen von Eigenschaften

```
Range("A3").Font.Name = "Arial"
Range("A3").Font.Size = 10
Range("A3").Font.Bold = True
Range("A3").Font.Color = vbRed
```

Wenn Sie stattdessen die *With*-Anweisung auf das Objekt anwenden, werden alle Eigenschaften sozusagen im Paket geändert. Zudem ist diese Schreibweise wesentlich übersichtlicher.

Die übersichtlichere Variante

```
With Range("B3").Font
     .Name = "Arial"
     .Size = 10
     .Bold = True
     .Color = vbRed
End With
```

Variablendeklaration

Schließlich sei noch auf die eindeutige Deklaration von Variablen hingewiesen. Meiden Sie, wenn möglich die Deklaration von Variablen mit dem Typ *Variant*. Keine Angabe bei der Deklaration ergibt automatisch den Typ *Variant*, das kostet Speicherplatz und Zeit für Berechnungen.

`Dim zeile, spalte`	beide vom Typ Variant
`Dim zeile, spalte As Integer`	zeile ist Typ Variant
`Dim zeile As Long, spalte As Integer`	beide mit Typ deklariert

Abfragereihenfolge

Auch bei Abfragen können Sie die Performance steigern, wenn Sie in die Bedingungen in absteigender Reihenfolge prüfen lassen. Sobald eine Abfrage den Wahrheitswert *True* zurückgibt, wird der Zyklus verlassen.

Bedingungen absteigend prüfen

```
Select Case variable
     Case 1
     Case 2
     …
     Case n
End Select
```

Filtermethoden anstelle von Abfrageschleifen

Die Benutzeroberfläche bzw. das Menüband stellt im Register *Daten* die beiden Filtermöglichkeiten AutoFilter (*Filtern*) und Spezialfilter (*Erweitert* bzw. *AdvancedFilter*) zur Verfügung. Im Vergleich zum AutoFilter ist der Spezialfilter (*Erweitert*) im Arbeitsblatt etwas umständlicher anzuwenden und wird daher seltener genutzt.

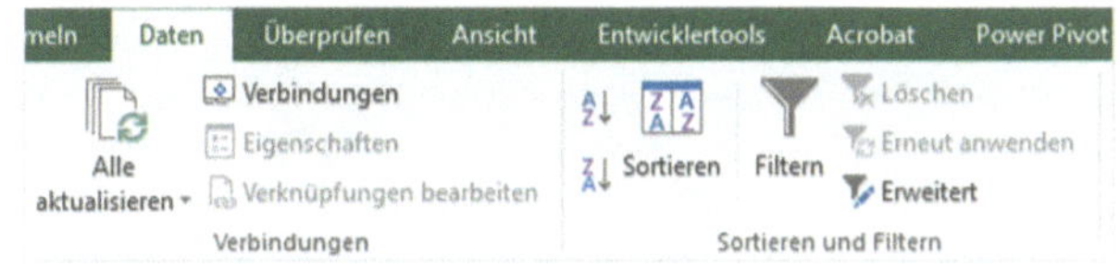

Filtermethoden im Register Daten

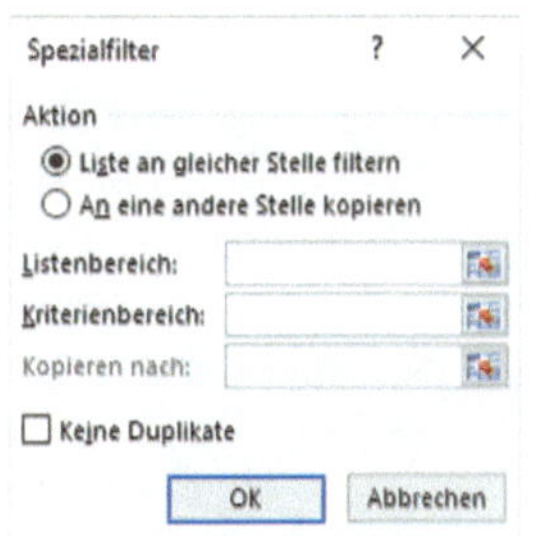

Spezialfilter

In VBA können Sie über die *Range.AdvancedFilter*-Methode mit wenigen Codezeilen einfacher und vor allem schneller Teilmengen aus großen Datenbeständen herausfiltern oder herauskopieren. Die Auswahl der Daten erfolgt aufgrund eines Kriterienbereichs, die Syntax:

`RangeObjekt.AdvancedFilter(Action, CriteriaRange, CopyToRange, Unique)`

- Mit den *Action*-Konstanten *xlFilterCopy* bzw. *xlFilterInPlace* wird festgelegt, ob die Daten kopiert oder während des Filterns beibehalten werden sollen.
- Optional lässt sich ein Kriterienbereich (*CriteriaRange*) festlegen.
- Der Zielbereich (*CopyToRange*) wird nur benötigt, wenn in Verbindung mit *xlFilterCopy* ein Zielbereich bestimmt werden soll.
- Über die Eindeutigkeit der gefilterten Daten (*Keine Duplikate*) entscheidet der Parameter *Unique:=True*. Der Standardwert ist *False* und bezieht alle Datensätze in den Filterprozess mit ein.

Aus ca. 10.000 Zeilen alle Werte >1 filtern

Im Arbeitsblatt *Tabelle1* wurden über einen Tag bestimmte Ereignisse in Minutenintervallen registriert. Aus diesen ca. 10.000 Zeilen sollen diejenigen in das Arbeitsblatt *Tabelle2* kopiert werden, deren Wert in der Spalte *Ereignisse* >1 ist (Bild unten).

Ereignisse in Minutenintervallen und Kriterienbereich

Ereignisse_pro_Minute_1Spalte.xlsm

	A	B	C	D	E	F	G	H	I
1	Datum	Zeit	Ereignisse		Ereignisse				
2	06.11.2014	0:01:00 Uhr	0		>1				
3	06.11.2014	0:02:00 Uhr	0						
4	06.11.2014	0:03:00 Uhr	0		1568				
5	06.11.2014	0:04:00 Uhr	0						
6	06.11.2014	0:05:00 Uhr	0						
7	06.11.2014	0:06:00 Uhr	0						
8	06.11.2014	0:07:00 Uhr	0						
9	06.11.2014	0:08:00 Uhr	0						

Die Lösung mittels einer klassischen Abfrageschleife, siehe weiter unten, dauert auf einem Notebook beispielsweise 0,4 Sekunden, bei Verwendung des Spezialfilters dagegen 0,03 Sekunden (s. Beispiel unten).

Filtern und kopieren mit AdvancedFilter

```
Sub filtern()
Dim anfang As Date
Dim ende As Date

    Worksheets("Tabelle2").Cells.Clear
    anfang = Timer

    With Worksheets("Tabelle1")

        .Range("A1").CurrentRegion.AdvancedFilter Action:=xlFilterCopy, _
           CriteriaRange:=.Range("E1:E2"), _
           CopyToRange:=Worksheets("Tabelle2").Range("A1"), _
           Unique:=True

        .Range("E4").Value = Application.WorksheetFunction. _
           CountA(Worksheets("Tabelle2").Columns(3))

    End With

    ende = Timer
    Debug.Print ende - anfang       'ca. 0,03 Sekunden !!

End Sub
```

Die Filterkriterien werden dem Bereich E1:E2 entnommen. Die Anzahl der gefilterten Zellen lässt sich über *WorksheetFunction.CountA()* in Zelle E4 darstellen. Da ein Datum mit Uhrzeit jeweils nur einmal vorkommt, hat der Parameter *Unique* keinen Einfluss auf das Ergebnis.

Zum Vergleich ein Beispiel für die Lösung mit einer Abfrageschleife

Kopieren mittels Abfrageschleife

```
Sub abfrageschleife1()
Dim anfang As Date
Dim ende As Date
```

```
Dim i As Long
Dim zeile As Long

    Worksheets("Tabelle2").Cells.Clear
    anfang = Timer

    zeile = 1
    With Worksheets("Tabelle1")
    For i = 2 To .UsedRange.Rows.Count
        If .Range("C" & i).Value > 1 Then
            Worksheets("Tabelle2").Range("A" & zeile).Value = _
              .Range("A" & i).Value
            Worksheets("Tabelle2").Range("B" & zeile).Value = _
              .Range("B" & i).Value
            Worksheets("Tabelle2").Range("C" & zeile).Value = _
              .Range("C" & i).Value
            zeile = zeile + 1
        End If
    Next i
    End With

    ende = Timer
    Debug.Print ende - anfang        'ca. 0,4 Sekunden

End Sub
```

Weitere Beispiele zu Abfrageschleifen in der Datei Ereignisse_pro_Minute_1Spalte.xlsm.

Zeilen filtern und in neues Arbeitsblatt kopieren

In einer anderen Arbeitsmappe und einem ähnlichen Arbeitsblatt (*Tabelle1*) wurden ebenfalls Ereignisse in Minutenintervallen registriert, außerdem in Spalten über die Dauer von 72 Tagen, siehe Bild unten. Aus jeder Spalte bzw. für jeden Tag soll die Anzahl in ein neues Arbeitsblatt (*Tabelle2*) kopiert werden, wenn diese dem Kriterium >1 entspricht. Der Kriterienbereich befindet sich im Blatt *Tabelle3* in A1:A2.

	A	B	C	D	E	F	G	H	I	J
1	Dates:	06.11.2014	07.11.2014	08.11.2014	09.11.2014	10.11.2014	11.11.2014	12.11.2014	13.11.2014	14.11.2014
2	0:01:00 Uhr	0	0	0	0	0	0	0	0	0
3	0:02:00 Uhr	0	0	0	0	0	0	0	0	0
4	0:03:00 Uhr	0	0	0	0	0	0	0	0	0
5	0:04:00 Uhr	0	0	0	0	0	0	0	0	0
6	0:05:00 Uhr	0	0	0	0	0	0	0	0	0
7	0:06:00 Uhr	0	0	0	0	0	0	0	0	0
8	0:07:00 Uhr	0	0	0	0	0	0	0	0	0
9	0:08:00 Uhr	0	0	0	0	0	0	0	0	0
10	0:09:00 Uhr	0	0	0	0	0	0	0	0	0
11	0:10:00 Uhr	0	0	0	0	0	0	0	0	0

Ausgangstabelle: Die Ereignisse in Tabelle1

Ereignisse_pro_Minute_72Spalte.xlsm

Die Filtermethode liefert das Ergebnis in 0,3 Sekunden, einem Drittel der Zeit gegenüber der schnellsten Abfrageschleife.

Zeilenweise filtern und kopieren

```
Sub filtern()
Dim anfang As Date
Dim ende As Date
Dim i As Integer          'Spaltennummer

    Worksheets("Tabelle2").Cells.Clear
    anfang = Timer
```

```
    With Worksheets("Tabelle1")
        For i = 2 To .UsedRange.Columns.Count
            'jeweilige Spaltenüberschrift in Kriterium-Bereich kopieren
            Worksheets("Tabelle3").Range("A1").Value = .Cells(1, i).Value
            'Spalten filtern und neue Tabelle anlegen
            .Columns(i).AdvancedFilter Action:=xlFilterCopy, _
              CriteriaRange:=Worksheets("Tabelle3").Range("A1:A2"), _
              CopyToRange:=Worksheets("Tabelle2").Cells(1, i), _
              Unique:=False
        Next i
    End With

    ende = Timer
    Debug.Print ende - anfang        'ca. 0,3 Sekunden !!

End Sub
```

Die Zählervariable i steht für die Spalten 2 bis zur letzten Spalte. In *Tabelle3* wird der Kriterienbereich bei jedem Schleifendurchlauf neu festgelegt, so dass nacheinander alle Spalten (Spaltenbeschriftung und Vorgabewert >1) gefiltert werden. Die gefilterten Tageswerte werden in das Arbeitsblatt *Tabelle2* kopiert.

Bearbeitung großer Datenmengen

Ein praktisches Beispiel finden Sie im Buch Daten importieren und organisieren mit Excel-VBA, BILDNER-Verlag.

Arrays beschleunigen die Bearbeitung großer Datenmengen! Wenn Sie in einer umfangreichen Tabelle Abfragen oder Änderungen von Eigenschaften vornehmen wollen, empfiehlt es sich, diese im Arbeitsspeicher statt im Arbeitsblatt zu erledigen.

Dazu weisen Sie den gesamten zu bearbeitenden Datenbereich (Tabellenbereich) einer Feldvariablen (Array) zu. Dadurch verbleibt die Feldvariable mit allen Daten im Arbeitsspeicher und die Bearbeitung erfolgt quasi auf sich selbst. Erst danach werden die Ergebnisse in ein anderes Arbeitsblatt eingefügt.

```
Dim Daten As Variant
Daten = Worksheets("Datenquelle").UsedRange
```

14.2 Laufzeitmessung

In der Arbeitsmappe Performance.xlsm finden Sie Beispiele, mit denen Sie unterschiedliche Programmiertechniken auf Ausführungsgeschwindigkeit in Ihrem System testen können.

Eine Laufzeitmessung, d. h. wie lange dauert die Ausführung einer Prozedur, hilft dabei, den Programmablauf zu beschleunigen. Das Prinzip: Der Start-Zeitpunkt wird einer Variablen, hier *anfang* zugewiesen, das Programmende der Variablen *ende*. Beide Variablen sind von Type *Date*. Aus der Differenz ergibt sich die Dauer der Ausführung, die dann im Direktbereich angezeigt werden kann, siehe auch die Beispiele oben.

Vergleich unterschiedlicher Kopiermethoden

Um Kopiervorgänge zu beschleunigen suchen wir nach der Prozedur mit der geringsten Laufzeit. Je mehr Kopierzyklen durchlaufen werden, desto exakter lassen sich Laufzeitunterschiede messen. Wir haben die Zählerschleifen für die ersten Beispiele auf 2.000 Durchläufe gesetzt. Gerne können Sie die Laufzeitmessung präzisieren.

Kopieren über die Zwischenablage mit der Select-Methode

Das Ergebnis wird mit #01 gekennzeichnet und gleich 100 Prozent angenommen.

Laufzeitmessung bei Verwendung der Select-Methode

```
Sub Kopieren1()
'über Zwischenablage
Dim anfang As Date
Dim ende As Date
Dim i As Long

    anfang = Time
    For i = 1 To 2000
        Range("A1").Select
        Selection.Copy
        Range("B1").Select
        ActiveSheet.Paste
    Next i
    ende = Time
    Debug.Print "#01: " & Format(ende - anfang, "hh:mm:ss")  '34 Sekunden

End Sub
```

Performance.xlsm

Kopieren über die Zwischenablage ohne Select-Methode

Das Ergebnis wird mit #02 gekennzeichnet und ist nicht erkennbar schneller als #01.

Laufzeitmessung ohne Verwendung der Select-Methode

```
Sub Kopieren2()
'über Zwischenablage - ohne select
Dim anfang As Date
Dim ende As Date
Dim i As Long

    anfang = Time
    For i = 1 To 2000
        Range("A1").Copy
        Range("B1").PasteSpecial
    Next i
    ende = Time
    Debug.Print "#02: " & Format(ende - anfang, "hh:mm:ss")  '34 Sekunden

End Sub
```

Kopieren ohne Zwischenablage

Ohne Umweg über die Zwischenablage benötigt das Kopieren nur 25 % der Laufzeit verglichen mit den ersten beiden Tests und ist somit 4 mal schneller.

Laufzeitmessung bei direkter Kopie

```
Sub Kopieren3()
'ohne Zwischenablage
Dim anfang As Date
Dim ende As Date
Dim i As Long

    anfang = Time
    For i = 1 To 2000
        Range("A1").Copy Destination:=Range("B1")
    Next i
    ende = Time
    Debug.Print "#03: " & Format(ende - anfang, "hh:mm:ss")  '2 Sekunden

End Sub
```

Direktes Zuweisen

Um mit der folgenden Methode überhaupt eine ablesbare Laufzeitangabe zu erhalten, wurde die Zählerschleife auf 200.000 erhöht. Das Ergebnis zeigt die Hälfte der Laufzeit trotz 100-facher Aufgabe.

Wird anstelle eines Wertes eine Formel kopiert, benötigt das Programm etwa die dreifache Zeit.

Laufzeitmessung bei direktem Zuweisen

```
Sub Kopieren4()
'ohne Zwischenablage 100-fache Anzahl
Dim anfang As Date
Dim ende As Date
Dim i As Long

    anfang = Time
    For i = 1 To 200000
        Range("B1").Value = Range("A1").Value
    Next i
    ende = Time
    Debug.Print "#04: " & Format(ende - anfang, "hh:mm:ss")  '2 Sekunden

End Sub
```

```
Sub Kopieren5()
'ohne Zwischenablage 100-fache Anzahl
Dim anfang As Date
Dim ende As Date
Dim i As Long

    anfang = Time
    For i = 1 To 200000
        Range("B2").Formula = Range("A2").Formula
    Next i
    ende = Time
    Debug.Print "#05: " & Format(ende - anfang, "hh:mm:ss")  '8 Sekunden

End Sub
```

Verwenden der With-Anweisung

Beim Ändern von Objekteigenschaften erreichen Sie mit der *With*-Anweisung eine etwa 10 %ige Geschwindigkeitssteigerung im Vergleich zu separaten Anweisungen. Die *Select*-Methode, siehe unterhalb, beansprucht sogar 4 bis 5 Mal so viel Zeit.

Laufzeitmessung bei Verwendung der With-Anweisung

```
Sub Eigenschaften3()
Dim anfang As Date
Dim ende As Date
Dim i As Long

    anfang = Time
    For i = 1 To 10000
        With Range("C" & i).Font
            .Bold = True
            .Italic = True
            .Underline = xlUnderlineStyleSingle
        End With
    Next i
    ende = Time
    Debug.Print "#E3: " & Format(ende - anfang, "hh:mm:ss")  '4 Sekunden

End Sub
```

Die Select-Methode

```
    anfang = Time
    For i = 1 To 10000
        Range("C" & i).Select
        Selection.Font.Bold = True
        Selection.Font.Italic = True
        Selection.Font.Underline = xlUnderlineStyleSingle
    Next i
    ende = Time
    Debug.Print "#E1: " & Format(ende - anfang, "hh:mm:ss")  '18 Sekunden
```

Die Verwendung der Timer-Funktion

Zeitdifferenzen lassen sich noch präziser mit der *Timer*-Funktion berechnen. Der Rückgabewert ist vom Typ *Single* und gibt die seit 0:00 Uhr vergangenen Sekunden mit Dezimalstellen an.

Siehe auch Kapitel 9.4, Zeitdifferenzen berechnen, Seite 191.

(Time) 11:41:45 (Timer) 42105,37
(Time) 11:41:46 (Timer) 42106,37

Zur Präzisierung Ihrer Zeitmessung können Sie Prozeduren mehrfach hintereinander aufrufen und die Ergebnisse mitteln.

```
Sub Laufzeitmessung()
'Über die Timer-Funktion: 1/100 Sekunden
Dim zeit As Single
Dim AnzWiederholungen As Long
Dim i As Long

    zeit = Timer
    AnzWiederholungen = 10
```

Laufzeitmessung.xlsm

```
    For i = 1 To AnzWiederholungen
        'Makro hier einbinden
    Next
    Debug.Print Timer - zeit

End Sub
```

Verzögerungen im Programmablauf

Verzögerungen lassen sich mit Hilfe der *Timer*- Funktion im Programmablauf verwirklichen. Das Beispiel führt zu einer 5-Sekunden-Pause.

5-Sekunden Pause

```
Sub verzoegerung()
'Verwendung der Funktion Timer -> Single
Dim zeit As Single

    zeit = Timer
    Debug.Print zeit
    While Timer < zeit + 5
        DoEvents
    Wend
    Debug.Print Timer

End Sub
```

Mit der Funktion *DoEvents* wird während des Schleifendurchlaufs die Kontrolle wieder an das Betriebssystem zurückgegeben. Mit der folgenden Prozedur lässt sich leicht das automatische Speichern oder Schließen einer Arbeitsmappe nach einer gewissen Vorgabezeit veranlassen, wenn sie beim Öffnen der Mappe gestartet wird.

Regelmäßiges Speichern oder Schließen

```
Sub abschaltung()
'Verwendung der Funktion Timer
Dim zeit As Single
Dim dauer As Single

    dauer = 30    'Sekunden
    zeit = Timer

    While Timer < zeit + dauer
        DoEvents
    Wend

    ThisWorkbook.Close SaveChanges:=True

End Sub
```

15 Datenaustausch mit Office-Anwendungen

15.1 Die Objektbibliotheken

Die Office-Anwendungen Word, Excel, PowerPoint und Outlook verwenden in VBA unterschiedliche Objekte. Damit beispielsweise mit VBA aus Excel heraus der Zugriff auf Word-Dokumente erfolgen kann, ist ein Verweis auf die Word-Objektbibliothek der jeweils aktuellen Version erforderlich, dasselbe gilt auch für PowerPoint und Outlook. Sie haben dazu zwei Möglichkeiten, beide haben ihre Vor- und Nachteile.

Verweise in der Entwicklungsumgebung setzen

Um einen Verweis auf eine Objektbibliothek zu setzen, klicken Sie in der VBA-Entwicklungsumgebung auf *Extras* ▶ *Verweise....* Aktivieren Sie dann die benötigte Bibliothek, im Bild unten als Beispiel *Microsoft Word 16.0 Object Library* und übernehmen Sie diese mit der Schaltfläche *OK*.

Extras - Verweise

Word Objektbibliothek aktivieren

Hinweis: Die Nummer der Objektbibliothek ist abhängig von der installierten Word-Version und kann auf Ihrem Rechner von der Abbildung abweichen.

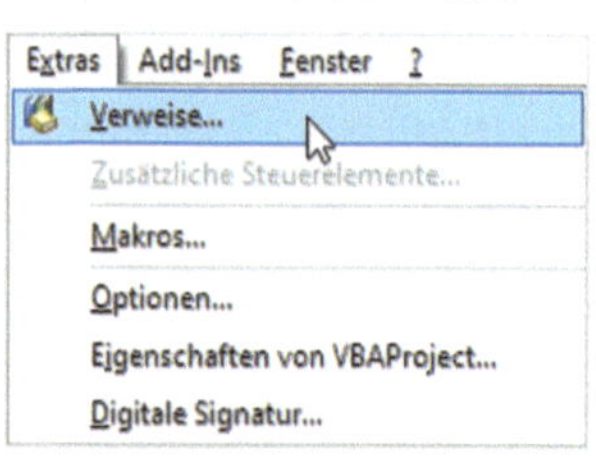

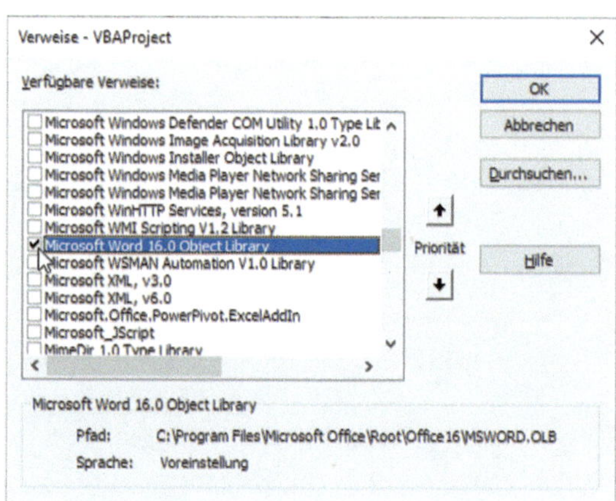

Diese Methode wird auch als **Early Binding** bezeichnet. Sie hat den Vorteil, dass Ihnen in der Entwicklungsumgebung nun auch alle Programmierhilfen (IntelliSense) und die Syntaxüberprüfung zu den Objekten dieser Anwendung, z. B. Word zur Verfügung stehen. Außerdem können Sie die eingebauten Konstanten verwenden. Darüber hinaus wirkt sich diese Vorgehensweise positiv auf die Performance aus, da alle Objekte bekannt sind. Hier als Beispiel das Öffnen und Anzeigen eines Word-Dokuments.

Word-Dokument öffnen und anzeigen

```
Dim objWord As Word.Application
    Set objWord = New Word.Application
    With objWord
         .Visible = True
         .Activate
         .WindowState = wdWindowStateMaximize
         .Documents.Open ("D:\Beispiele\Test.doc")
    End With
```

Der Nachteil: Wenn die Arbeitsmappe an einen anderen Rechner, auf dem eine ältere Version von Word installiert ist weitergegeben wird, muss der Verweis neu gesetzt werden. Keine Probleme sind dagegen zu erwarten, wenn es sich um dieselbe oder eine neuere Word-Version handelt.

Verweis zur Laufzeit setzen

Als Alternative können Sie einen Verweis zur Laufzeit setzen, diese Methode wird auch als **Late Binding** bezeichnet, ein zusätzlicher Verweis wie oben ist nicht nötig.

Verweis zur Laufzeit

```
Dim objWord As Object
    Set objWord = CreateObject ("Word.Application")
    With objWord
         .Visible = True
         .Activate
         .WindowState = 1
         .Documents.Open ("D:\Beispiele\Test.doc")
    End With
```

Die Nachteile: Statt eingebauter Konstanten muss deren Wert verwendet werden und Sie erhalten keinerlei Unterstützung bei der Programmierung und eine schlechtere Performance, da die zu verwendende Objektbibliothek erst zur Laufzeit ermittelt wird.

15.2 Microsoft Word

Adresse aus Excel-Tabelle in einen Brief einfügen

Das Erstellen von Serienbriefen aus Word heraus dürfte allgemein bekannt sein. Hier eine andere Ausgangssituation: Sie haben eine Excel-Tabelle mit Adressen vor sich und möchten einen Brief an eine bestimmte Adresse erstellen, diese soll per VBA auf Knopfdruck in einen Brief eingefügt werden.

Dies setzt voraus, dass bereits eine Word-Briefvorlage vorhanden ist und die Stellen, an denen die Anschrift eingefügt werden soll, durch Textmarken gekennzeichnet sind.

1. Das Word-Dokument vorbereiten

Öffnen Sie das Word-Dokument bzw. die Briefvorlage, in diesem Beispiel *Anschreiben.docx*. Das Adressfeld sowie die Grußzeile im Brief sollten mit Platzhaltern ausgefüllt werden, wie in der unten abgebildeten Vorlage. Die Bezeichnungen können beliebig gewählt und eventuell auch durch Symbole, im unten abgebildeten Beispiel durch < > gekennzeichnet werden. Diese dienen nur der optischen Kennzeichnung, sind aber nicht notwendig.

Briefvorlage mit Stellvertretern für die Textmarken

Anschreiben.docx

<Anrede1>
<Vorname> <Nachname>
<Straße>
<PLZ> <Wohnort>

Anschreiben

<Anrede2>,

Diese Platzhalter (einschließlich der Symbole) müssen durch Textmarken ersetzt werden, da nur diese per VBA angesprungen werden können.

Tipp: Am besten zeichenweise mit Umschalt+Pfeiltaste markieren

1 Dazu markieren Sie den ersten Platzhalter einschließlich eventuell verwendeter Symbole ❶, aber ohne Absatzende und klicken Sie im Menüband, Register *Einfügen* auf *Textmarke* ❷.

2 Geben Sie als Name der Textmarke die Bezeichnung des Platzhalters ein ❸ und klicken Sie auf *Hinzufügen* ❹.

Textmarken im Dokument einrichten

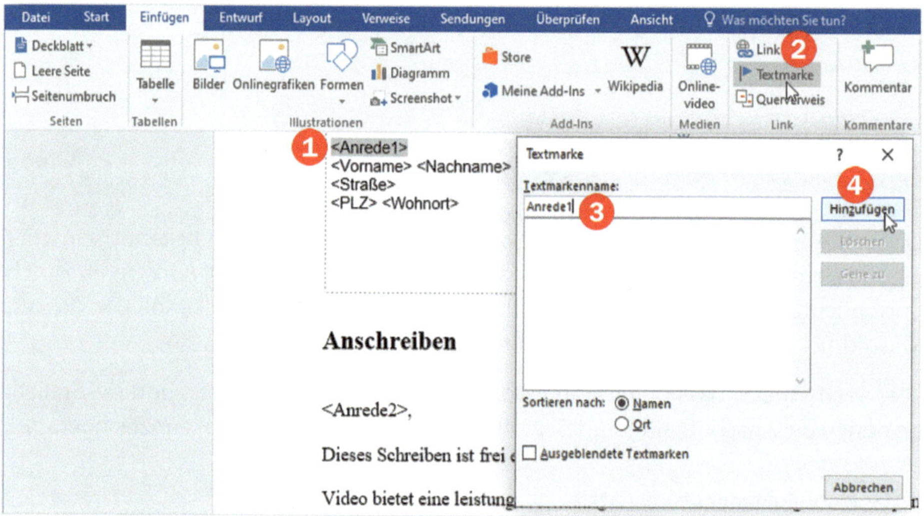

3 Wiederholen Sie diese Schritte für alle übrigen Platzhalter.

Textmarken sind durch eckige Klammern gekennzeichnet

Bei Bedarf können die Textmarken im Dokument sichtbar gemacht werden über *Datei* ▶ *Optionen* ▶ *Erweitert* ▶ *Textmarken anzeigen*. Diese erscheinen dann in eckigen Klammern.

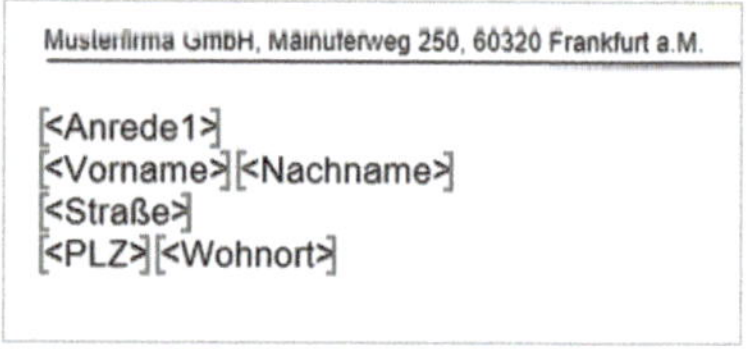

Musterfirma GmbH, Mainuferweg 250, 60320 Frankfurt a.M.

[<Anrede1>]
[<Vorname>][<Nachname>]
[<Straße>]
[<PLZ>][<Wohnort>]

4 Danach können Sie das Dokument als *Anschreiben.docx* speichern und schließen.

2. Verweis auf Word-Objektbibliothek

Öffnen Sie die Excel-Arbeitsmappe mit den Adressen und wechseln Sie in den VBA-Editor. Klicken Sie auf *Extras* ▶ *Verweise* und aktivieren Sie die *Microsoft Word 16.0 Object Library*, siehe Seite 312.

3. Adresse per VBA in den Brief einfügen

MeinAdressbuch_1.xlsm

Fügen Sie in der Adressdatei ein Modul, hier mit dem Namen *Brief_erstellen* ein, darin wird nun die folgende Prozedur *Brief_adressieren* erstellt. Stellen Sie außerdem sicher, dass sich die Briefvorlage in anzugebenden Ordner, hier C:\Pool\, befindet und dass es darin einen Ausgabe-Ordner *Dokumente* gibt. Die weiteren Schritte:

- Für Microsoft Word deklarieren wir folgende drei Variablen:

```
Dim wrd As Object                 'Word-Application
Dim wrdDoc As Object              'Word-Dokument
Dim wrdDocTitel As String         'Dokument-Titel
```

- Für die Textmarken werden 7 Variablen von Typ String benötigt. Die Variablennamen entsprechen den Namen der Textmarken, dies ist allerdings nicht zwingend notwendig.
- Die Variable *adresszeile* (Integer) liefert den Zeilenindex ausgewählten Adresse und ergibt sich aus *ActiveCell.Row*.
- Der Pfad für die Briefvorlage wird als Konstante vorgegeben, hier: *C:\Pool*. Der Dateiname wird zusammen mit der Pfadangabe übergeben.

```
wrdDocTitel = pfad & "Anschreiben.docx"
```

- Wir verwenden die Funktion *CreateObject*, um einen Verweis auf Microsoft Word festzulegen und um auf die Eigenschaft *Visible* von Word zugreifen zu können.
- Ein weiterer Verweis erfolgt auf das zu öffnende Dokument *wrdDocTitel*.
- Im nächsten Abschnitt des Quellcodes müssen den 7 Variablen die Werte aus *Tabelle1* für die Textmarken übergeben werden. Als Referenz dient die Zeilennummer der gerade aktiven Zelle. Eine direkte Zuweisung wäre ebenfalls möglich, aber der Weg über Variablen macht die Zuweisung an die Textmarken besser nachvollziehbar.

```
With Worksheets("Tabelle1")
    Nachname = Range("A" & adresszeile).Value
    Vorname = Range("B" & adresszeile).Value
     ...
End With
```

- Nun kann den Textmarken im Dokument der Inhalt der Variablen zugewiesen werden. Der Name der Textmarke in Anführungszeichen ist hier identisch mit der Bezeichnung der String-Variablen, die als Text übergeben wird.

```
wrd.Selection.Goto What:=wdGoToBookmark, Name:="Anrede1"
wrd.Selection.TypeText Text:=Anrede1
```

- Danach kann der Brief als Word-Dokument oder/und als PDF-Datei gespeichert werden. Als Zielordner haben wir zuvor *C:\Pool\Dokumente* angelegt. Als Dateiname wurde der Zusatz "Brief_" mit dem Nachnamen des Empfängers verkettet.

```
wrd.ActiveDocument.SaveAs2 Filename:= _
    "C:\Pool\Dokumente\Brief_" & Nachname & ".docx", _
    FileFormat:=wdFormatXMLDocument
```

als PDF-Datei:

```
wrd.ActiveDocument.ExportAsFixedFormat OutputFileName:= _
    "C:\Pool\Dokumente\Brief_" & Nachname, _
    ExportFormat:=wdExportFormatPDF
```

- Abschließend wird das Word-Dokument geschlossen und die Anwendung Word verlassen. Wenn Sie mehrere Dokumente adressieren wollen, deaktivieren Sie die Anweisung *wrd.quit*.

```
wrd.Documents.Close
wrd.Quit
```

Als Ergebnis erhalten Sie ein ausgefülltes Word-Dokument. Hier die gesamte Prozedur:

Brief_adressieren

MeinAdressbuch_1.xlsm

```
Sub Brief_adressieren()

Dim wrd As Object                   'Word-Application
Dim wrdDoc As Object                'Word-Document
Dim wrdDocTitel As String           'Dokument-Titel
'Variablen für Textmarken
Dim Anrede1 As String
Dim Vorname As String
Dim Nachname As String
Dim Strasse As String
Dim PLZ As String
Dim Wohnort As String
Dim Anrede2 As String

Dim adresszeile As Integer                  'Adresszeile

Const pfad As String = "C:\Pool\"

    wrdDocTitel = pfad & "Anschreiben.docx"

    'Word starten und auf ein Dokument zugreifen
    Set wrd = CreateObject("Word.Application")
    Set wrdDoc = wrd.Documents.Open(wrdDocTitel)
    'Word-Fenster anzeigen
    wrd.Visible = True

    adresszeile = ActiveCell.Row

    'Den Variablen für die Textmarken Werte zuweisen
    With Worksheets("Tabelle1")
        Nachname = Range("A" & adresszeile).Value
        Vorname = Range("B" & adresszeile).Value
        Strasse = Range("D" & adresszeile).Value
        PLZ = Range("E" & adresszeile).Value
        Wohnort = Range("F" & adresszeile).Value
```

```
        Anrede1 = Range("H" & adresszeile).Value
        Anrede2 = Range("I" & adresszeile).Value
    End With

    'Den Textmarken den Inhalt der Variablen zuweisen
    wrd.Selection.Goto What:=wdGoToBookmark, Name:="Anrede1"
    wrd.Selection.TypeText Text:=Anrede1
    wrd.Selection.Goto What:=wdGoToBookmark, Name:="Vorname"
    wrd.Selection.TypeText Text:=Vorname
    wrd.Selection.Goto What:=wdGoToBookmark, Name:="Nachname"
    wrd.Selection.TypeText Text:=Nachname
    wrd.Selection.Goto What:=wdGoToBookmark, Name:="Strasse"
    wrd.Selection.TypeText Text:=Strasse
    wrd.Selection.Goto What:=wdGoToBookmark, Name:="PLZ"
    wrd.Selection.TypeText Text:=PLZ
    wrd.Selection.Goto What:=wdGoToBookmark, Name:="Wohnort"
    wrd.Selection.TypeText Text:=Wohnort
    wrd.Selection.Goto What:=wdGoToBookmark, Name:="Anrede2"
    wrd.Selection.TypeText Text:=Anrede2

    'Brief als Word-Dokument speichern
    wrd.ActiveDocument.SaveAs2 Filename:= _
      "C:\Pool\Dokumente\Brief_" & Nachname & ".docx", _
      FileFormat:=wdFormatXMLDocument
    'Brief als PDF-Dokument speichern
    wrd.ActiveDocument.ExportAsFixedFormat OutputFileName:= _
      "C:\Pool\Dokumente\Brief_" & Nachname, _
      ExportFormat:=wdExportFormatPDF

    'Dokument schließen
    wrd.Documents.Close
    'Word verlassen
    wrd.Quit

    Set wrd = Nothing
    Set wrdDoc = Nothing

End Sub
```

Hinweise: Damit Sie das Adressierungs-Makro nicht aus der Entwicklungsumgebung heraus starten müssen, können Sie es über eine Tastenkombination (beispielsweise Strg + m) oder noch besser über eine Schaltfläche im Tabellenblatt aufrufen. So können Sie in der Tabelle nacheinander mehrere Briefe ausgeben lassen.

Des Weiteren ist ein Hinweis in Form einer *MsgBox* beim Öffnen der Adressen-Datei empfehlenswert. So kann auf die Möglichkeit der Makroausführung durch die Tastenkombination und auf das Vorhandensein der Briefvorlage im vorgegebenen Ordner verwiesen werden.

Aus mehreren Briefvorlagen auswählen

Formular mit Befehlsschaltflächen für unterschiedliche Briefvorlagen

Falls mehrere Briefvorlagen existieren und Sie zunächst eine Vorlage auswählen möchten, auch hierzu ein Beispiel. Nehmen wir an, Sie haben drei Formbriefe erstellt und diese befinden sich im angegebenen Verzeichnis. Über eine Schaltfläche im Tabellenblatt oder die Tastenkombination Strg + m öffnet sich ein Formular (*UserForm*) zur Auswahl der Vorlage, wie im Bild unten.

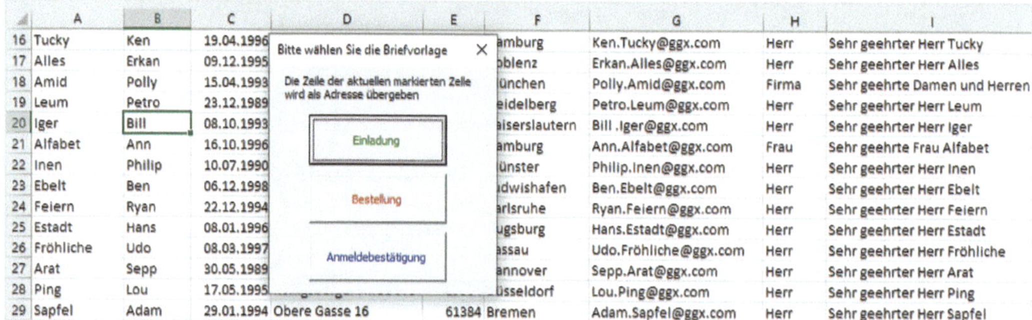

MeinAdressbuch_2.xlsm

1 Im ersten Schritt tragen Sie die Dateinamen der Vorlagen samt Bezeichnung in ein gesondertes Tabellenblatt ein, hier in das Arbeitsblatt *Briefvorlagen*.

Dateinamen der Vorlagen

	A	B	C	D	E	F	G
1	***Briefvorlagen***	***Datei***					
2	Einladung	Einladung.docx					
3	Bestellung	Bestellung.docx					
4	Anmeldung	Anmeldung.docx					
5							

2 Erstellen Sie ein Formular mit dem Namen *Auswahlfenster* und fügen Sie hier drei Befehlsschaltflächen und ein Beschriftungsfeld ein, siehe Bild oben. Die Schaltflächen erhalten die Namen *cmd_Einladung*, *cmd_Bestellung* und *cmd_Anmeldung*.

3 Im Codefenster des Formulars sorgt das Ereignis *Initialize* automatisch beim Aufruf für die Überschrift des Formulars und den Hinweis im Beschriftungsfeld.

Bei der Initialisierung des Formulars wird die Überschrift angelegt

```
Private Sub UserForm_Initialize()
   Me.Caption = "Bitte wählen Sie die Briefvorlage"
   Me.lbl_Hinweis.Caption = "Die Zeile der aktuellen markierten Zelle" _
     & vbLf & "wird als Adresse übergeben"
End Sub
```

4 Die *Click*-Ereignisse der drei Befehlsschaltflächen rufen das Makro *Brief_adressieren_2* auf und übergeben die Bezeichnung der gewählten Dokumentvorlage aus der Tabelle *Briefvorlagen* sowie den Zusatz, der zusammen mit dem Nachnamen des Adressaten als Dateiname des Word- oder PDF-Dokuments verwendet wird.

Die Click-Ereignisse der Befehlsschaltflächen starten die Briefadressierung

```
Private Sub cmd_Anmeldung_Click()
    Brief_adressieren_2 Worksheets("Briefvorlagen").Range("B4").Value, _
         "Anmeldung"
End Sub
```

```
Private Sub cmd_Bestellung_Click()
    Brief_adressieren_2 Worksheets("Briefvorlagen").Range("B3").Value, _
        "Bestellung"
End Sub
```

```
Private Sub cmd_Einladung_Click()
    Brief_adressieren_2 Worksheets("Briefvorlagen").Range("B2").Value, _
        "Einladung"
End Sub
```

Die Prozedur *Brief_adressieren_2* erfordert nur wenige Änderungen gegenüber *Brief_adressieren*, siehe Seite 316.

1 Da die Vorlage aus dem Formular übergeben wird, müssen die Übergabeparameter festgelegt werden:

```
Brief_adressieren_2(briefvorlage As String, brieftyp As String)
```

2 Statt des festen Dateinamens der Vorlage wird der übergebene Dateiname verwendet:

```
wrdDocTitel = pfad & briefvorlage
```

3 Das Speichern erfolgt mit der Anweisung:

```
wrd.ActiveDocument.SaveAs2 Filename:= _
    "C:\Pool\Dokumente\" & brieftyp & "_" _
    & Nachname & ".docx", _
    FileFormat:=wdFormatXMLDocument
```

4 Ein Hinweis beim Öffnen des Arbeitsblatts auf die Tastenkombination und den Programmablauf sollte nicht fehlen.

Hinweis auf die Tastenkombination beim Öffnen der Arbeitsmappe

```
Private Sub Workbook_Open()
    MsgBox "Mit STRG + m" & vbLf & _
      "rufen Sie ein Auswahlformular auf." & vbLf & vbLf & _
      "Aus der markierten Zeile wird die Adresse" & vbLf & _
      "an das ausgewälte Dokument übergeben.", _
      vbInformation, "Hinweis"
End Sub
```

Brief_adressieren_2: Die Vorlage wird durch das Formular übergeben

```
Sub Brief_adressieren_2(briefvorlage As String, brieftyp As String)

Dim wrd As Object                'Word-Application
Dim wrdDoc As Object             'Word-Document
Dim wrdDocTitel As String        'Dokument-Titel
'Variablen für Textmarken
Dim Anrede1 As String
Dim Vorname As String
Dim Nachname As String
Dim Strasse As String
Dim PLZ As String
Dim Wohnort As String
Dim Anrede2 As String

Dim adresszeile As Integer               'Adresszeile
```

```
Const pfad As String = "C:\Pool\"
        wrdDocTitel = pfad & briefvorlage

    'Word starten und auf ein Dokument zugreifen
    Set wrd = CreateObject("Word.Application")
    Set wrdDoc = wrd.Documents.Open(wrdDocTitel)
    'Word-Fenster anzeigen
    wrd.Visible = True
    adresszeile = ActiveCell.Row

    'Den Variablen für die Textmarken Werte zuweisen
    With Worksheets("Tabelle1")
        Nachname = Range("A" & adresszeile).Value
        Vorname = Range("B" & adresszeile).Value
        Strasse = Range("D" & adresszeile).Value
        PLZ = Range("E" & adresszeile).Value
        Wohnort = Range("F" & adresszeile).Value
        Anrede1 = Range("H" & adresszeile).Value
        Anrede2 = Range("I" & adresszeile).Value
    End With

    'Den Textmarken den Inhalt der Variablen zuweisen
    wrd.Selection.Goto What:=wdGoToBookmark, Name:="Anrede1"
    wrd.Selection.TypeText Text:=Anrede1
    wrd.Selection.Goto What:=wdGoToBookmark, Name:="Vorname"
    wrd.Selection.TypeText Text:=Vorname
    wrd.Selection.Goto What:=wdGoToBookmark, Name:="Nachname"
    wrd.Selection.TypeText Text:=Nachname
    wrd.Selection.Goto What:=wdGoToBookmark, Name:="Strasse"
    wrd.Selection.TypeText Text:=Strasse
    wrd.Selection.Goto What:=wdGoToBookmark, Name:="PLZ"
    wrd.Selection.TypeText Text:=PLZ
    wrd.Selection.Goto What:=wdGoToBookmark, Name:="Wohnort"
    wrd.Selection.TypeText Text:=Wohnort
    wrd.Selection.Goto What:=wdGoToBookmark, Name:="Anrede2"
    wrd.Selection.TypeText Text:=Anrede2

    'Brief als Word-Dokument speichern
    wrd.ActiveDocument.SaveAs2 Filename:= _
      "C:\Pool\Dokumente\" & brieftyp & "_" & Nachname & ".docx", _
      FileFormat:=wdFormatXMLDocument
    'Brief als PDF-Dokument speichern
    wrd.ActiveDocument.ExportAsFixedFormat OutputFileName:= _
      "C:\Pool\Dokumente\" & brieftyp & "_" & Nachname, _
      ExportFormat:=wdExportFormatPDF

    'Dokument schließen
    wrd.Documents.Close
    'Word verlassen
    wrd.Quit

    Set wrd = Nothing
    Set wrdDoc = Nothing

End Sub
```

Excel-Tabelle in ein Word-Dokument einfügen

Wenn in vorbereitete Dokumente ausgewählte Excel-Tabellen übertragen werden sollen, bieten sich zwei Möglichkeiten besonders an: Die Tabelle oder den Tabellenbereich direkt oder als Bild an einer Textmarke in das Dokument einfügen. Letztlich wäre es auch noch möglich, die Zellinhalte aus dem Excel-Arbeitsblatt in eine Word-Tabelle zu übertragen. Folgende Voraussetzungen müssen erfüllt sein:

- Die Einfügestelle im Word-Dokument muss durch eine Textmarke gekennzeichnet sein.
- In Excel muss die Word-Objekt-Library eingebunden werden, siehe Seite 312.

Tabellenbereich als Bild einfügen

Wenn eine Tabelle oder ein bestimmter Zellbereich als Bild in ein Dokument eingefügt wird, hat dies den Vorteil, dass die Tabelle im Dokument vor etwaigen Änderungen geschützt ist. Zudem lässt sich bei großen Tabellen die Größe leicht an das Dokument anpassen.

Beispiel Teilnehmerlisten aus Excel übergeben

Als Beispiel sollen aus einer Excel-Arbeitsmappe (*Tabelle_nach_Word.xlsm*) drei Teilnehmerlisten in den Tabellenblättern *Kurs1*, *Kurs2*, *Kurs3* an die Word-Dokumentvorlage *Info_Kursbelegung.docx* übergeben werden. Beide Dateien befinden sich im selben Ordner. Im Bild unten ein Ausschnitt aus dem Blatt *Kurs1*, aus dieser Tabelle werden die Spalten A bis I übergeben, in den übrigen Blättern die Inhalte der Spalten A bis D.

	A	B	C	D	E	F	G	H	I	J
1	Nachname	Vorname	GebDat	Alter	Größe [cm]	Gewicht [kg]	BMI	Gender	VBA	Status
2	Box	Fritz	01.01.1997	20,9	178	82	25,88	m	ja	I
3	Mone	Anne	02.02.1982	35,9	168	86	30,47	w	ja	I
4	Tor	Moni	07.08.1992	25,3	182	82	24,76	w	ja	I
5	Nesau	Kai	09.01.1994	23,9	195	58	15,25	m	ja	I
6	Tucky	Ken	19.04.1996	21,6	178	77	24,30	m	ja	I
7	Alles	Erkan	09.12.1995	22,0	172	69	23,32	m	ja	I
8	Amid	Polly	15.04.1993	24,7	186	90	26,01	w	ja	I
9	Leum	Petro	23.12.1989	28,0	197	73	18,81	m	nein	I
10	Iger	Bill	08.10.1993	24,2	183	91	27,17	m	ja	I
11	Ebelt	Ben	06.12.1998	19,0	197	63	16,23	m	ja	I
12	Estadt	Hans	08.01.1996	21,9	194	90	23,91	m	ja	I

Kurs1 | Kurs2 | Kurs3

Tabellenblatt kurs1, Ausschnitt

Tabelle_nach_Word.xlsm

In der Dokumentvorlage sind die jeweiligen Einfügestellen durch Textmarken mit den Namen *Liste1*, *Liste2* und *Liste3* gekennzeichnet. Das Ergebnis wird in einem separaten Ordner, (hier: C:\Pool) gespeichert. Der Ablauf:

Aktuelle Teilnehmerliste

An alle Kursleiter/-innen zur Information

Es haben sich folgende Teilnehmer für Kurs1 angemeldet:
<Liste1>
Der Kurs findet im EDV-Kursraum 101 statt.

1. Nach dem Aufruf des Word-Dokuments werden nacheinander die gewünschten Tabellenbereiche als Bilder in die Zwischenablage kopiert (*CopyPicture*) und an den Textmarken in das Dokument eingefügt.

2 Das Dokument wird als neues Word-Dokument und als PDF-Datei im vorgegebenen Ordner gespeichert.

3 Die Dokumentvorlage und Word werden geschlossen.

Hinweis: Die Übergabe an eine Textmarke kann auch ohne einen Verweis direkt erfolgen, wie bei der Übergabe der Tabelle aus *Kurs3* gezeigt.

```
    Worksheets("Kurs3").Range("A1:D16").CopyPicture _
         Appearance:=xlScreen, Format:=xlPicture
    'Textmarke3 auswählen, Bild einfügen - ohne Verweis
    wrdDoc.Bookmarks("Liste3").Range.Paste
```

Die gesamte Prozedur:

Makro zum Übergeben von Tabellen als Bilder

```
Sub Tabelle_als_Bild_nach_Word()
Dim wrd As Object
Dim wrdDoc As Object
Dim wrdDocTitel As String
Dim TabBereich1 As Word.Range
Dim TabBereich2 As Word.Range

    wrdDocTitel = ThisWorkbook.Path & "\Info_Kursbelegung.docx"
    'Word starten und auf ein Dokument zugreifen
    Set wrd = CreateObject("Word.Application")
    Set wrdDoc = wrd.Documents.Open(wrdDocTitel)
    'Word-Fenster anzeigen
    wrd.Visible = True

    'Tabellenausschnitt1 als Bild in Zwischenablage kopieren
    Worksheets("Kurs1").Range("A1:D21").CopyPicture _
      Appearance:=xlScreen, Format:=xlPicture
    'Textmarke1 auswählen, Bild einfügen
    Set TabBereich1 = wrdDoc.Bookmarks("Liste1").Range
    TabBereich1.Paste
    'Tabellenausschnitt2 als Bild in Zwischenablage kopieren
    Worksheets("Kurs2").Range("A1:D15").CopyPicture _
      Appearance:=xlScreen, Format:=xlPicture
    'Textmarke2 auswählen, Bild einfügen
    Set TabBereich2 = wrdDoc.Bookmarks("Liste2").Range
    TabBereich2.Paste
    'Tabellenausschnitt3 als Bild in Zwischenablage kopieren
    Worksheets("Kurs3").Range("A1:D16").CopyPicture _
      Appearance:=xlScreen, Format:=xlPicture
    'Textmarke3 auswählen, Bild einfügen - ohne Verweis
    wrdDoc.Bookmarks("Liste3").Range.Paste

    'Ergebnis als Word-Dokument speichern
    wrd.ActiveDocument.SaveAs2 Filename:= _
      "C:\Pool\Dokumente\Kursbelegung.docx", _
      FileFormat:=wdFormatXMLDocument
    'Brief als PDF-Dokument speichern
    wrd.ActiveDocument.ExportAsFixedFormat OutputFileName:= _
      "C:\Pool\Dokumente\Kursbelegung.pdf", _
      ExportFormat:=wdExportFormatPDF
```

```
        'Dokument schließen
    wrd.Documents.Close
    'Word verlassen
    wrd.Quit
    Set wrd = Nothing
    Set wrdDoc = Nothing
End Sub
```

Aktuelle Teilnehmerliste

An alle Kursleiter/-innen zur Information

Es haben sich folgende Teilnehmer für Kurs1 angemeldet:

Nachname	Vorname	GebDat	Alter	Größe [cm]	Gewicht [kg]	BMI	Gender	VBA
Box	Fritz	01.01.1997	20,9	178	82	25,88	m	ja
Mone	Anne	02.02.1982	35,9	168	86	30,47	w	ja
Tor	Moni	07.08.1992	25,3	182	82	24,76	w	ja
Nesau	Kai	09.01.1994	23,9	195	58	15,25	m	ja
Tucky	Ken	19.04.1996	21,6	178	77	24,30	m	ja
Alles	Erkan	09.12.1995	22,0	172	69	23,32	m	ja
Amid	Polly	15.04.1993	24,7	186	90	26,01	w	ja
Leum	Petro	23.12.1989	28,0	197	73	18,81	m	nein

Im erstellten Dokument ist die Excel-Tabellen als Bild eingefügt (Ausschnitt)

Tabellenbereich als Tabelle übergeben

Selbstverständlich kann ein Tabellenbereich auch als Tabelle in ein Word-Dokument eingefügt werden. Allerdings mit dem Nachteil, dass (ohne weitere Maßnahmen) die Seitenränder des Dokuments die Größe der Tabelle bestimmen. Die Anweisungen dazu lauten (Tabellenblatt *Kurs1*):

```
    'Tabellenausschnitt1 in Zwischenablage kopieren
    Worksheets("Kurs1").Range("A1:D21").Copy
    'Tabellenausschnitt1 an Textmarke einfügen
    wrdDoc.Bookmarks("Liste1").Range.Paste
```

Es haben sich folgende Teilnehmer für Kurs1 angemeldet:

Nachname	Vorname	GebDat	Alter
Box	Fritz	01.01.1997	20,9
Mone	Anne	02.02.1982	35,9
Tor	Moni	07.08.1992	25,3
Nesau	Kai	09.01.1994	23,9
Tucky	Ken	19.04.1996	21,6
Alles	Erkan	09.12.1995	22,0

Im erstellten Dokument sind die Excel-Tabellen an den Textmarken eingefügt (Ausschnitt)

Tabelle_nach_Word.xlsm:

Modul: mdl_Tabelle_nach_Word

Makro: Tabellenbereich_nach_Word

Tabelle formatiert einfügen

Formatierungen festlegen

Beim Einfügen lassen sich einige Anpassungen vornehmen, wie beispielsweise Schriftart, -größe, Rahmen und automatische Spaltenbreite.

Formatanpassungen an der Textmarke

```
    'Textmarke1 auswählen, Tabellenbereich1 einfügen
    Set TabBereich1 = wrdDoc.Bookmarks("Liste1").Range
    With TabBereich1
```

```
        'Formatiert die Textmarke
        .Paste
        .Font.Name = "Arial"
        .Font.Size = 6
        .Borders.Enable = True  'Rahmen und horizontale Linien
        .Columns.AutoFit        'automatische Spaltenbreite
    End With
```

Das Ergebnis in Word

Makro: Tabellenbereich_nach_Word2 (Modul: mdl_Tabelle_nach_Word)

Es haben sich folgende Teilnehmer für Kurs1 angemeldet:

Nachname	Vorname	GebDat	Alter	Größe [cm]	Gewicht [kg]	BMI	Gender	VBA	Status	Word	Access	PPT	Outlook	Bundesland	Kurse	Faktor
Box	Fritz	01.01.1997	20.9	178	82	25.88	m	ja	I			x		Nordrhein-Westfalen	2	0
Mone	Anne	02.02.1982	35.9	168	86	30.47	w	ja	I				x	Rheinland-Pfalz	1	0
Tor	Moni	07.08.1992	25.3	182	82	24.76	w	ja	I	x		x	x	Sachsen	9	0
Nesau	Kai	09.01.1994	23.9	195	58	15.25	m	ja	I	x	x	x	x	Bremen	9	0.8
Tucky	Ken	19.04.1996	21.6	178	77	24.30	m	ja	I	x	x	x		Bayern	6	0.9

Tabelle mit Word formatieren und einfügen

Beim Einfügen einer Excel-Tabelle in ein Worddokument bzw. an einer Textmarke, kann alternativ auch auf die *Range.PasteExcelTable*-Methode von Word zurückgegriffen werden. Die Syntax:

Ausdruck.`PasteExcelTable(LinkedToExcel, WordFormatting, RTF)`

Als Ausdruck ist ein Range-Objekt erforderlich. Die Parameter sind von Typ *Boolean* und bestimmen:

LinkedToExcel	*True* verknüpft die eingefügte Tabelle mit der ursprünglichen Arbeitsmappe, so dass nachträgliche Änderungen nach Word übernommen werden. *False* bettet dagegen eine Kopie ein.
WordFormatting	*True* bedeutet, dass die eingefügte Tabelle über das Word-Dokument formatiert wird. *False* legt fest, dass die Tabelle entsprechend der ursprünglichen Excel-Datei formatiert übergeben wird.
RTF	*True* fügt die Excel-Tabelle im Rich Text Format ein. Mit *False* wird sie im HTML-Format eingefügt.

Hier als Beispiel das Einfügen einer Excel-Tabelle bei der Word die Formatierung übernimmt und unterhalb das Ergebnis im Word-Dokument.

Excel-Tabelle durch Word formatiert einfügen

```
    'Excel-Tabelle an Textmarke1 einfügen
    Set TabBereich1 = wrdDoc.Bookmarks("Liste1").Range
    TabBereich1.PasteExcelTable linkedtoExcel:=False, _
        wordformatting:=True, RTF:=True
```

Makro: Tabellenbereich_nach_Word3 (Modul: mdl_Tabelle_nach_Word)

Es haben sich folgende Teilnehmer für Kurs1 angemeldet:

Nachname	Vorname	GebDat	Alter	Größe [cm]	Gewicht [kg]	BMI
Box	Fritz	01.01.1997	20,9	178	82	25,88
Mone	Anne	02.02.1982	35,9	168	86	30,47
Tor	Moni	07.08.1992	25,3	182	82	24,76
Nesau	Kai	09.01.1994	23,9	195	58	15,25
Tucky	Ken	19.04.1996	21,6	178	77	24,30
Alles	Erkan	09.12.1995	22,0	172	69	23,32

Excel-Diagramm nach Word übergeben

Soll ein Diagramm in ein Word-Dokument eingebettet werden, erfolgt dies auf ähnliche Weise, es müssen lediglich geringe Änderungen am bisherigen Programmcode vorgenommen werden. Als Beispiel wurde in der Excel-Arbeitsmappe im Blatt *Kurs1* ein Diagramm zu den Kursanmeldungen erstellt. Dieses Diagramm wird mit folgender Anweisung an der Textmarke *Liste1* in die Word-Dokumentvorlage eingefügt

Diagramm an Textmarke im Dokument einbetten

```
'Diagramm in Zwischenablage kopieren
Worksheets("Kurs1").ChartObjects("Cht_Vorkenntnisse").Activate
ActiveChart.ChartArea.Copy
'Textmarke1 auswählen, Diagramm einfügen
wrdDoc.Bookmarks("Liste1").Range.Paste
```

Tipp: Der Name eines Diagramms kann im Excel-Arbeitsblatt über Alt+F10 angezeigt und ggf. geändert werden, siehe auch Kapitel 12.

Makro: Diagramm_nach_Word (Modul: mdl_Diagramm_nach_Word)

15.3 Excel und PowerPoint

In eine PowerPoint-Präsentation müssen oftmals Diagramme aus Excel-Arbeitsmappen in Folien eingebettet werden. In Einzelfall hilft Copy & Paste. Wenn jedoch mehrere Diagramme übertragen werden sollen oder Präsentationen häufig aktualisiert werden müssen, können VBA-Prozeduren die Arbeit vereinfachen.

Achtung: Bevor Sie aus Excel heraus auf PowerPoint-Objekte zugreifen können, muss die aktuelle *Microsoft PowerPoint Object Library* eingebunden werden, siehe Seite 312.

Excel-Diagramme nach PowerPoint exportieren

Diagrammblatt in eine bestehende Präsentation einfügen

Das Diagramm für das erste Beispiel befindet sich in einem gesonderten Diagrammblatt mit dem Namen *Diagramm1*.

Das einzufügende Diagramm

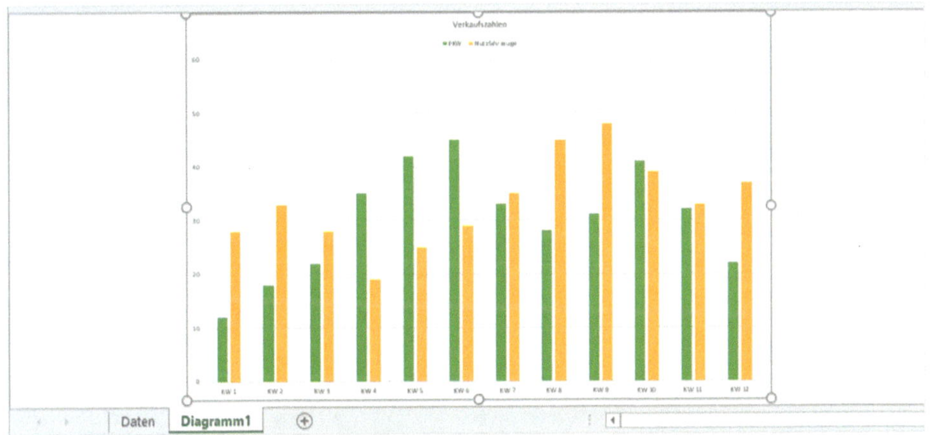

Hier wurde als Beispieldiagramm ein Diagramm aus Kapitel 12 verwendet:

Diagrammexport_PP.xlsm

Das Diagramm soll zwei Mal in die Präsentation *DiagrammDemo.pptx* eingefügt werden: Als einfache Kopie in Folie 2 und in der Größe verändert mit Positionierung in Folie 3. Beiden Folien wurde das Folienlayout *Leer* zugewiesen.

- Die Präsentation *DiagrammDemo.pptx* muss im angegebenen Ordner, hier C:\Pool vorhanden sein.
- Das Diagrammblatt *Diagramm1* wird in die Zwischenablage kopiert mit `ThisWorkbook.Charts(1).ChartArea.Copy`
- Die PowerPoint-Präsentation wird in normaler Ansicht (*WindowState = ppWindowNormal*) geöffnet. Andere Ansichten sind über die Konstanten *ppWindowMaximized* oder *ppWindowMinimized* möglich.
- In Folie 2 aus der Auflistung *Slides* wird der Inhalt aus der Zwischenablage eingefügt: `PPTpres.slides(2).Shapes.Paste`
- In Folie 3 werden beim Einfügen Position und Größe des Diagramms angepasst.
- Letztlich wird der Arbeitsspeicher wieder freigegeben: `Set PPT = Nothing`

Diagrammblatt (Chart) in eine bestehende Präsentation einfügen

```
Sub Diagrammblatt_nach_PPT()
'Chart in  eine bestehenden PowerPoint-Präsentation übergeben
'als einfache Kopie in Folie 2, mit Positionierung in Folie 3
Dim PPT As Object
Dim PPTpres As Object

    'Diagrammblatt in Zwischenablage
    ThisWorkbook.Charts(1).ChartArea.Copy

    'PPT-Präsentation einrichten und öffnen
    Set PPT = CreateObject("Powerpoint.Application")
    With PPT
        .Visible = True
        .WindowState = ppWindowNormal
        .presentations.Open Filename:="C:\Pool\DiagrammDemo.pptx"
    End With

    Set PPTpres = PPT.ActivePresentation
    'einfache Übergabe in Folie 2
    PPTpres.slides(2).Shapes.Paste
    'Übergabe mit Positionierung in Folie 3
    With PPTpres.slides(3).Shapes.Paste
        .Left = 100
        .Top = 100
        .Width = 400
        .Height = 300
    End With

    Set PPT = Nothing
    Set PPTpres = Nothing

 End Sub
```

Eingebettetes Diagramm in eine bestehende Präsentation einfügen

Beim zweiten Beispiel ist das Diagramm in das Arbeitsblatt mit den Daten eingebettet, hier im Blatt *Tabelle2*. In diesem Fall wird das Diagramm mit folgender Anweisung in die Zwischenablage kopiert:

Adressierung von Diagrammen, siehe Kapitel 12.

```
Worksheets("Tabelle2").ChartObjects(1).CopyPicture
```

Das Einfügen erfolgt in Folie 4 der Präsentation *DiagrammDemo.pptx*.

Eingebettetes Diagramm kopieren und in Folie einfügen

DiagrammDemo.pptx

```
Sub Diagramm_nach_PPT()
'Chartobject in Folie 4 einer bestehenden Präsentation übergeben
Dim PPT As Object
Dim PPTpres As Object

    'eingebettetes Diagramm in Zwischenablage
    ThisWorkbook.Worksheets("Tabelle2").ChartObjects(1).CopyPicture

    Set PPT = CreateObject("Powerpoint.Application")
    With PPT
        .Visible = True
        .WindowState = ppWindowMaximized    'Vollbild
        .presentations.Open Filename:="C:\Pool\DiagrammDemo.pptx"
    End With

    Set PPTpres = PPT.ActivePresentation
    'Übergabe mit Positionierung in Folie 4
    With PPTpres.slides(4).Shapes.Paste
        .Left = 100
        .Top = 100
        .Width = 400
        .Height = 300
    End With

    Set PPT = Nothing
    Set PPTpres = Nothing

 End Sub
```

Eingebettetes Diagramm in eine neue Präsentation einfügen

Wenn noch keine Präsentation vorliegt, können Diagramme auch direkt in eine neue Präsentation eingefügt werden. Zu diesem Zweck wird mit der Methode *Add* eine neue Präsentation angelegt. Diese würde mit dem Hinweis starten: Erste Folie durch Klicken hinzufügen. Das erledigt dann die Anweisung

```
Set PPTslide = PPTpres.slides.Add(Index:=1, Layout:=12).
```

Der *Index* legt die Position der Folie in der Auflistung fest und über *Layout* wird der Folientyp vorgegeben. Eine Folie von Typ *Leer* entspricht dem Layout 12 oder der Konstanten *ppLayoutBlank* aus dem großen Fundus der *PpSlideLayout* Konstanten (s. Online-Hilfe).

Diagramm in neue Präsentation kopieren

```
Sub Diagramm_nach_PPT_2()
'Ein eingebettetes Diagramm in eine NEUE Präsentation
'übergeben und positionieren.
```

```
Dim PPT As Object
Dim PPTpres As Object
Dim PPTslide As Object

    Tabelle2.ChartObjects(1).CopyPicture

    Set PPT = CreateObject("PowerPoint.Application")
    Set PPTpres = PPT.presentations.Add
    PPT.Visible = True

    'neue Folie anlegen Index=Position, Layout Typ(12) "Leer"
    'Set PPTslide = PPTpres.slides.Add(Index:=1, Layout:=12)
    Set PPTslide = PPTpres.slides.Add(1, ppLayoutBlank)
    With PPTslide.Shapes.Paste
     .Left = 200
     .Top = 100
     .Width = 500
     .Height = 300
    End With

 End Sub
```

Alternativ kann folgende (schlankere) Lösung eingesetzt werden.

Diagramm in neue Präsentation (Option)

```
Sub Diagramm_nach_PPT_3()
'Ein eingebettetes Diagrammobjekt in eine NEUE
'PowerPoint-Präsentation exportieren.
Dim PPT As Object

    Set PPT = CreateObject("Powerpoint.Application")

    Tabelle3.ChartObjects(1).Copy

    PPT.Visible = msoTrue
    PPT.presentations.Add
    PPT.ActivePresentation.slides.Add 1, ppLayoutBlank
    PPT.ActiveWindow.View.Paste

End Sub
```

Einen Zellbereich als Bild in eine neue Präsentation einfügen

Hin und wieder kommt es vor, dass man ein Diagramm zusammen mit den Quelldaten in eine Präsentationsfolie einfügen möchte. Dazu legt man den interessierenden Bereich (Ausschnitt) einer Excel-Tabelle fest und kopiert ihn wie ein Diagramm über die Zwischenablage in eine Folie.

Tabellenbereich als Bild übergeben

```
Sub Tabellenbereich_nach_PPT()
'Einen Bereich/Ausschnitt einer Excel-Tabelle als Bild
'in eine neue PowerPoint-Präsentation einfügen.
Dim PPT As Object
Dim PPTpres As Object
Dim PPTslide As Object
Dim PPTshape As Object

    Worksheets("Tabelle2").Range("A1:K18").CopyPicture
```

```
    Set PPT = CreateObject("PowerPoint.Application")
    PPT.Visible = True
    Set PPTpres = PPT.presentations.Add
    Set PPTslide = PPTpres.slides.Add(1, ppLayoutBlank)
    Set PPTshape = PPTslide.Shapes.Paste
    With PPTshape
        .Top = 50
        .Left = 50
        .Width = 500
        .Height = 300
    End With

    Set PPT = Nothing
    Set PPTpres = Nothing
    Set PPTslide = Nothing
    Set PPTshape = Nothing

End Sub
```

Tabellenbereich als Bild auf einer Folie

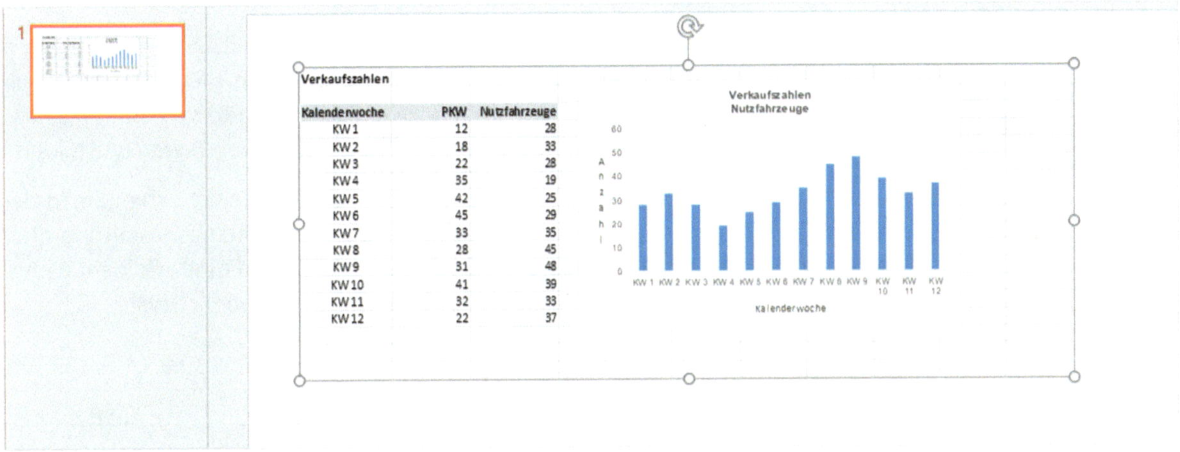

Alle Diagramme eines Arbeitsblatts als Präsentationsfolien anlegen

Befinden sich gleich mehrere Diagrammobjekte in einem Arbeitsblatt (hier Tabelle3), dann können diese mit der folgenden Prozedur jeweils in eine gesonderte PowerPoint-Folie eingefügt werden.

Alle Diagramme in eine neue Powerpoint-Präsentation

```
Sub alle_Diagramme_Nach_PPT()
Dim PPT As Object
Dim PPTpres As Object
Dim PPTslide As Object
Dim i As Integer
Dim anzFolien As Integer

    Set PPT = CreateObject("PowerPoint.Application")
    Set PPTpres = PPT.presentations.Add
    PPT.Visible = True

    Worksheets("Tabelle3").Activate
```

```
    'alle vorhandenen eingebetteten Diagramme
    For i = 1 To ActiveSheet.ChartObjects.Count
        ActiveSheet.ChartObjects(i).Chart.CopyPicture
        'Anzahl Folien bestimmen
        anzFolien = PPTpres.slides.Count
        'Verweis auf nächste Folie vom Typ Leer
        Set PPTslide = PPTpres.slides.Add(anzFolien + 1, ppLayoutBlank)
        'Bild einfügen
        PPTslide.Shapes.Paste
    Next i

    Set PPT = Nothing
    Set PPTpres = Nothing
    Set PPTslide = Nothing

End Sub
```

Präsentation aus Excel-Tabelle erstellen

Wenn die Folien einer Präsentation identisch aufgebaut sind, z. B. Folientitel, Text und ein Bild und diese Informationen in einer Excel-Tabelle vorliegen, dann können Sie mit wenigen VBA-Befehlen sozusagen auf "Knopfdruck" daraus eine PowerPoint-Präsentation erstellen. Dies erspart das aufwändige manuelle Kopieren von Texten und Bildern.

Die Prozedur zum Erstellen der neuen PowerPoint-Präsentation schreiben Sie in der Arbeitsmappe in der sich auch die Informationen befinden. Die Ausgestaltung oder Anpassung der Folien sollte dagegen nach wie vor in PowerPoint erfolgen, wenngleich auch die Bearbeitung der Masterfolien über Excel-VBA möglich wäre.

Die Excel-Tabelle mit den Ausgangsinformationen

https://www.vdh.de/ueber-den-vdh/welpen-statistik/

Quelle für die Kurzbeschreibungen: Wikipedia.de

Das Thema dieser Beispiel-Präsentation soll lauten *Beliebte Hunderassen*. Auf der Internetseite des Verbands für das Deutsche Hundewesen (VDH) findet man ca. 300 Hunderassen gelistet. Zu jeder Rasse eine Kurzbeschreibung und ein Bild in einer Folie wiederzugeben, das wäre eine umfangreiche Aufgabe für unser Beispielprojekt. Hier beschränken wir uns auf zehn Hunderassen, zu denen auch Fotos existieren. Die Fotos befinden sich im selben Ordner wie die Arbeitsmappe. Hier ein Auszug aus der Arbeitsmappe *Beliebte_Hunderassen.xlsm*.

Excel-Tabelle mit Inhalten für die Präsentation

Beliebte_Hunderassen.xlsm

	A	B	C	D	E
1	Hunderassen	Beschreibung	Bild		
2	Deutscher Schäferhund	Der Deutsche Schäferhund ist eine Ende des 19. Jahrhunderts entstandene, von der FCI anerkannte deutsche Hunderasse (FCI-Gruppe 1, Sektion 1, Standard Nr. 166).	Schäferhund.jpg		
3	Deutsch Drahthaar	Der Deutsch Drahthaar (auch Deutsch-Drahthaar) ist eine von der FCI anerkannte deutsche Hunderasse (FCI-Gruppe 7, Sektion 1.1, Standard Nr. 98)	DD.jpg		
4	Labrador Retriever	Der Labrador Retriever ist eine von der FCI anerkannte britische Hunderasse (FCI-Gruppe 8, Sektion 1, Standard Nr. 122).	Labrador.jpg		
5	Deutsch Kurzhaar	Der Deutsch Kurzhaar (auch Deutsch-Kurzhaar) ist eine von der FCI anerkannte deutsche Hunderasse (FCI-Gruppe 7, Sektion 1.1, Standard Nr. 119).	DK.jpg		
6	Kleiner Münsterländer	Der Kleine Münsterländer ist eine von der FCI (102, Gr. 7, Sek. 1.2) anerkannte deutsche Hunderasse. Zu unterscheiden ist er vom Großen Münsterländer, der züchterisch einer ganz anderen Linie entstammt.	KLM.jpg		
7	Beagle	Der Beagle ist eine von der FCI anerkannte britische Hunderasse (FCI-Gruppe 6, Sektion 1.3, Standard Nr. 161).	Beagle.jpg		

Hinweis: Wenn Sie dieses Beispiel nachvollziehen möchten, dann legen Sie eigene Fotos im selben Ordner wie das Beispiel ab und ändern die Dateinamen in Spalte C der Excel-Tabelle entsprechend.

Die Vorgehensweise im Einzelnen

Hier die einzelnen Bearbeitungsschritte der dazugehörigen Prozedur in der Arbeitsmappe Beliebte_Hunderassen.xlsm.

- Die Objektvariable *ppt* übernimmt das von der Funktion *CreateObject* zurückgegeben Objekt PowerPoint-Application.
- Die Anwendung Powerpoint wird maximiert gestartet (3 oder *ppWindowMaximized*).
- Die Objektvariable *pptPres* verweist auf eine neue Präsentationsmappe. Diese könnte sofort unter dem Dateinamen *Beliebte Hunderassen* im aktuellen Ordner gespeichert werden. Im Experimentierstadium ist dieser Schritt jedoch vorerst auskommentiert.

PowerPoint öffnen und neue Präsentation erstellen

```
Sub PPT_Starten()
Dim ppt As Object
Dim pptPres As Object
Dim i As Integer
Dim Anzahl As Integer

    Set ppt = CreateObject("PowerPoint.application")
    ppt.Visible = True
    ppt.WindowState = 3   'Vollbildschirm

    Set pptPres = ppt.Presentations.Add
    'pptPres.SaveAs Filename:=ThisWorkbook.Path & "\" & _
      "Beliebte Hunderassen.pptx"
```

Die Hierarchie der PowerPoint-Objekte

Die aktuell geöffnete Präsentation (*ActivePresentation*) umfasst mehrere Folien (*Slides*). Die Anzahl der Folien lässt sich ermitteln mit

```
pptPres.Slides.Count
```

In jede Folie befinden sich verschiedene Elemente bzw. Platzhalter (*Shapes*) für Texte, Bilder, Tabellen etc. Deren Anzahl lässt sich mit *Shapes.Count* ermitteln.

```
pptPres.Slides(i).Shapes.Count
```

Neben der Eigenschaft *Count* hat jedes Shape einen Titel (*Title*), der aus einem Platzhalterrahmen (*TextFrame*) mit Inhalt (*TextRange*) besteht.

```
pptPres.Slides(i).Shapes.Title.TextFrame.TextRange
```

oder

```
pptPres.Slides(i).Shapes(1).TextFrame.TextRange
```

Die letzte Codezeile lässt erahnen, dass mit *Shapes(2)* das zweite Element bzw. Textfeld der Folie angesprochen wird, das den beschreibenden Inhalt erhalten wird.

Die Einzelfolien

Eine Folie wird *Slide* (Dia) genannt. Alle Folien werden in der Auflistung *Slides* verwaltet. Über die Methode *Add* kann eine neue Folie hinzugefügt werden. Dabei können die Position in der Auflistung und das Layout der Folie festgelegt werden. Die Syntax:

```
pptPres.slides.Add (Index, Layout).
```

Der Index bestimmt die Folienposition in der Auflistung (*Slides*). Das Layout der Folie wird über einen Zahlenwert oder eine Konstante vorgegeben.

```
pptPres.Slides.Add 1, 3
```

Eine Übersicht finden Sie in der Mappe PPT_Slide_Layout_Konstanten.xlsx.

Der Wert 3 oder die Konstante *ppLayoutTwoColumnText* geben das Folienlayout *Folie mit Titel und zwei Textfeldern* vor.

Hinweis: In diesem Beispiel erfolgt das Einfügen der einzelnen Folien in umgekehrter Reihenfolge, da eine neu hinzugefügte Folie automatisch **vor** der zuletzt erstellten eingefügt wird (*Add Index:=1*). Auf diese Weise wird das Verschieben der neu hinzugefügten Folie ans Ende der Auflistung (*After:=...*) eingespart und jede neue Folie hat immer den Indexwert 1: *pptPres.Slides(1)*

Einzelfolien werden eingefügt

```
'Einzelfolien anlegen in umgekehrter Reihenfolge
    With Worksheets("Tabelle1")
        Anzahl = 11
        For i = Anzahl To 2 Step -1
            pptPres.Slides.Add 1, 3     'Titel + 2x Textfeld
            pptPres.Slides(1).Shapes(1).TextFrame.TextRange.Text = _
              .Range("A" & i).Value
            pptPres.Slides(1).Shapes(2).TextFrame.TextRange.Text = _
              .Range("B" & i).Value
            pptPres.Slides(1).Shapes(3).TextFrame.TextRange.Text = _
              .Range("C" & i).Value
            'Bild platzieren im Format 4 x 3
            pptPres.Slides(1).Shapes.AddPicture _
              Filename:=ThisWorkbook.Path & "\" & _
              .Range("C" & i).Value, _
              LinkToFile:=msoTrue, SaveWithDocument:=msoTrue, _
              Left:=500, Top:=190, Width:=400, Height:=300
        Next i
    End With
```

- Die Anzahl der Einzelfolien wird auf 10 festgesetzt. Da die Tabelle Spaltenüberschriften enthält, muss die Variable für die Zählerschleife um 1 erhöht werden.
- Die Zählerschleife fügt die Informationen in die neue Folie *Slide(1)* in Rückwärtsschritten (Step -1) ein.
- *Shapes(1)* entspricht dem Folientitel. Er erhält den Inhalt aus Spalte A der Tabelle.
- *Shapes(2)* ist das linke Textfeld der Folie und erhält die Beschreibung aus Spalte B.
- *Shapes(3)* ist der rechte Platzhalter, dieser erhält den Dateinamen für das jeweilige Bild aus Spalte C.

- Über die Methode *AddPicture* wird das Foto, dessen Dateiname aus Spalte C übernommen wurde, in die Folie eingebunden und unterhalb des Dateinamens positioniert.

  Bilder lassen sich in den Folien platzieren, wenn man den Bezug zur Datei herstellt (*Filename*:=) und die Koordinatenpunkte der linken oberen Ecke des Bildes (*Left*:=, *Top*:=) auf der Folie zuweist. Auf die Größenangabe (*Width*:=, *Height*:=) kann in unserem Beispiel verzichtet werden. Die Parameter *LinkToFile* und *SaveWithDocument* müssen angegeben werden.

Die Titelfolie

Zuletzt wird der Präsentation (*pptPres*) eine Titelfolie hinzugefügt. Das Layout *Titel mit Untertitel* wird über den Wert 1 oder die Konstante *ppLayoutTitle* festgelegt.

Den beiden Textfeldern werden Titel- und Untertiteltext übergeben. Die Titelzeile wird in Fettschrift, blau und mit der Größe 64 formatiert. Dies könnte aber auch dem Folienmaster überlassen werden.

Titelfolie hinzufügen

```
'Titelfolie anlegen zuletzt
pptPres.Slides.Add 1, 1
With pptPres.Slides(1)
    .Shapes(1).TextFrame.TextRange.Text = "Beliebte Hunderassen"
    .Shapes(2).TextFrame.TextRange.Text = "eine Auswahl"
    'Text-Formatierung
    .Shapes(1).TextFrame.TextRange.Font.Bold = True
    .Shapes(1).TextFrame.TextRange.Font.Color = vbBlue
    .Shapes(1).TextFrame.TextRange.Font.Size = 64
End With
```

Als Ergebnis die neue Präsentation mit Titelfolie und 10 Themenfolien.

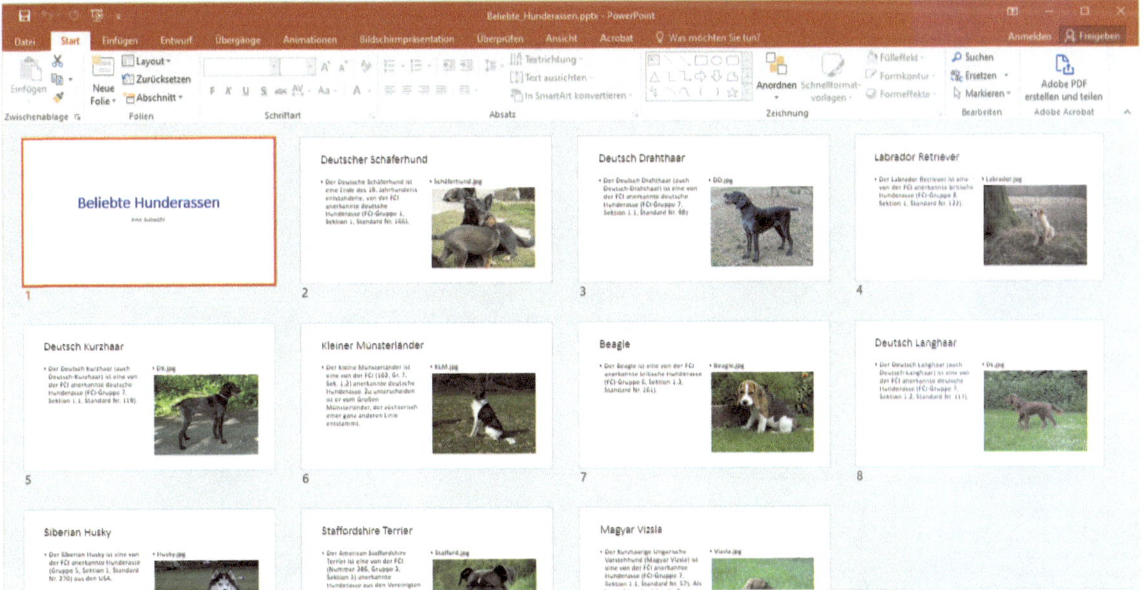

Die neue Präsentation (Beliebte_Hunderassen.pptx)

Automatisches Anzeigen der Präsentation

Wenn alle Folien gefüllt wurden, kann die Präsentation automatisch gestartet werden. Soll die Präsentation zuvor noch gespeichert werden, muss der entsprechende Befehl eingefügt bzw. die Kennzeichnung als Kommentar entfernt werden. Die Anzahl der vorhandenen Folien wird über die Eigenschaft *Count* abgefragt und als Ende der Präsentation übergeben.

Automatisches Starten der Präsentation

```
    'Slideshow starten
    Anzahl = pptPres.Slides.Count
    With pptPres.SlideShowSettings
         .StartingSlide = 1
         .EndingSlide = Anzahl
         .Run
    End With
```

Anpassung der Folien

Alle weiteren Einstellungen zur Aufbereitung der Folien nach individuellen Vorstellungen können im Folienmaster von Powerpoint durch Auswahl eines geeigneten Designs, der Schriftgrößen, Farben, Rahmengrößen, Ausrichtungen usw. erfolgen.

Hier das komplette Makro.

Makro zum Erstellen einer Präsentation aus Excel-Tabelleninformationen

```
Sub PPT_Starten()
Dim ppt As Object
Dim pptPres As Object
Dim i As Integer
Dim Anzahl As Integer

    Set ppt = CreateObject("PowerPoint.application")
    ppt.Visible = True
    ppt.WindowState = 3   'Vollbildschirm
    Set pptPres = ppt.Presentations.Add

    'Präsentation speichern
    pptPres.SaveAs Filename:=ThisWorkbook.Path & "\" & _
      "Beliebte Hunderassen.pptx"

    'Einzelfolien anlegen in umgekehrter Reihenfolge
    With Worksheets("Tabelle1")
        Anzahl = 11
        For i = Anzahl To 2 Step -1
            pptPres.Slides.Add 1, 3          'Titel + 2x Textfeld
            pptPres.Slides(1).Shapes(1).TextFrame.TextRange.Text = _
              .Range("A" & i).Value
            pptPres.Slides(1).Shapes(2).TextFrame.TextRange.Text = _
              .Range("B" & i).Value
            pptPres.Slides(1).Shapes(3).TextFrame.TextRange.Text = _
              .Range("C" & i).Value
```

```
            'Bild platzieren im Format 4 x 3
            pptPres.Slides(1).Shapes.AddPicture _
              Filename:=ThisWorkbook.Path & "\" & _
              .Range("C" & i).Value, _
              LinkToFile:=msoTrue, SaveWithDocument:=msoTrue, _
              Left:=500, Top:=190, Width:=400, Height:=300
        Next i
    End With
    'Titelfolie anlegen zuletzt
    pptPres.Slides.Add 1, 1
    With pptPres.Slides(1)
        .Shapes(1).TextFrame.TextRange.Text = "Beliebte Hunderassen"
        .Shapes(2).TextFrame.TextRange.Text = "eine Auswahl"
        'Text-Formatierung
        .Shapes(1).TextFrame.TextRange.Font.Bold = True
        .Shapes(1).TextFrame.TextRange.Font.Color = vbBlue
        .Shapes(1).TextFrame.TextRange.Font.Size = 64
    End With

    'Präsentation nach Einfügungen speichern
    pptPres.Save

    'Slideshow starten
    Anzahl = pptPres.Slides.Count
    With pptPres.SlideShowSettings
        .StartingSlide = 1
        .EndingSlide = Anzahl
        .Run
    End With

End Sub
```

Beliebte_Hunderassen.xlsm

15.4 Excel und Outlook

Das Versenden von Daten aus Excel-Arbeitsblättern oder aus Formularen zur Datenerfassung kann im direkten Zusammenspiel mit Microsoft Outlook erfolgen, und zwar aus einer Arbeitsmappe heraus.

Achtung: Dazu ist ein Verweis auf die aktuelle Microsoft Outlook Object Library erforderlich (siehe Seite 312).

Formularinhalt versenden

In ersten Beispiel sollen in Excel über ein Formular erfasste Evaluationsdaten zu einem VBA-Kurs unmittelbar an eine E-Mail-Adresse geschickt werden. Dazu wurde ein einfaches Formular erstellt, siehe Bild unten.

Es enthält zwei Reihen mit Optionsfeldern, von denen jeweils das letzte Feld verdeckt und voreingestellt wurde. Die Felder der Altersgruppe haben den Gruppennamen (*GroupName*) *Alter* erhalten und weisen die Felder als zusammengehörig aus. Die beiden Kombinationsfelder werden bei der Initialisierung des Formulars mit den Zahlen 1 bis 6 gefüllt. Die Titelzeile (*Caption*) des Formulars wird zusammen mit der Kursnummer, einer Konstanten (siehe *Modul1* weiter unten), generiert.

Erfassungsformular in der Entwicklungsumgebung

Kursbewertung_1.xlsm

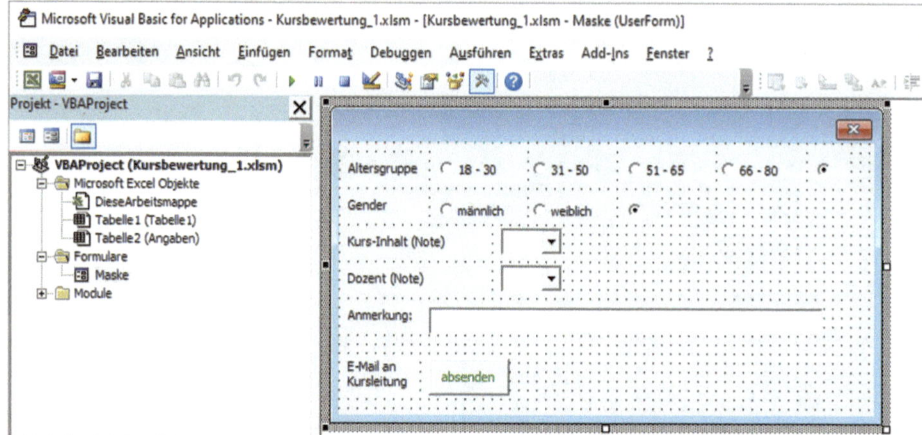

Grundeinstellungen beim Initialisieren des Formulars

```
Private Sub UserForm_Initialize()
Dim i As Integer

    Me.Caption = "Evaluation zu Kurs: " & kursnummer
    Me.opt_alter0 = True
    Me.opt_0 = True
    For i = 1 To 6
        Me.cmb_kurs.AddItem i
        Me.cmb_dozent.AddItem i
    Next i
    Me.txt_anmerkung.Value = ""

End Sub
```

Im *Modul1* werden die Kursnummer sowie die E-Mail-Adresse als Konstanten festgelegt. Als E-Mail-Adresse muss natürlich eine reell existierende angegeben werden.

Konstanten vorgeben und Makro zum Aufruf des Eingabeformulars

```
Option Explicit

Public Const kursnummer As String = "VBAII"
Const mailadresse As String = "kursleitung@beispielinstitut.com"

Sub maske_starten()
    Maske.Show
End Sub
```

Ausgefülltes Eingabeformular

Die Prozedur *maske_starten* öffnet das Formular *Maske*. Alle Formularfelder müssen ausgefüllt werden; das Anmerkungsfeld ist optional. Bleibt es leer, erfolgt vor dem Versenden eine Rückfrage.

Evaluation zu Kurs: VBAII
Altersgruppe 18 - 30 31 - 50 51 - 65 66 - 80
Gender männlich weiblich
Kurs-Inhalt (Note) 1
Dozent (Note) 2
Anmerkung: Interessante Beispiele, Klimaanlage zu kalt
E-Mail an Kursleitung absenden

Nach dem Ausfüllen der Formularfelder wird über die Schaltfläche *absenden* der Direktversand per E-Mail veranlasst und die Arbeitsmappe geschlossen.

Anstelle des direkten Absendens kann zur Kontrolle auch die Nachricht in Outlook angezeigt werden, das Senden wird in diesem Fall manuell angestoßen (siehe Kommentar im Programmcode).

Über die Display-Eigenschaft wird die Nachricht im Outlook-Fenster angezeigt

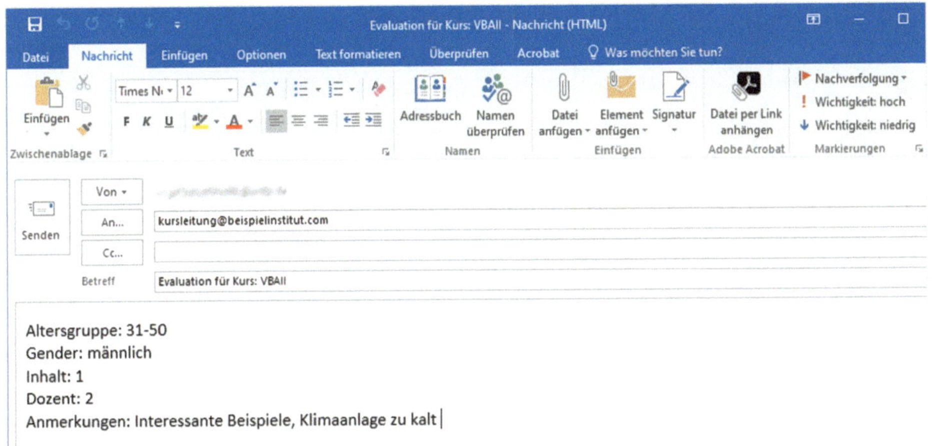

Eingaben prüfen und versenden

Nach dem Betätigen der Befehlsschaltfläche *absenden* werden die Einträge im Formular auf Vollständigkeit geprüft. Ein Versand ohne Anmerkung ist möglich, es erscheint aber eine Rückfrage.

Vor dem Absenden werden die Eingaben überprüft und Hinweise ausgegeben

```
Private Sub cmd_absenden_Click()

    If Me.opt_alter0 Or Me.opt_0 Then
        MsgBox "nicht alle Optionsfelder ausgefüllt"
        Exit Sub
    End If
    If Me.cmb_kurs.Value = "" Or Me.cmb_dozent.Value = "" Then
        MsgBox "nicht alle Noten vergeben"
        Exit Sub
    End If
    If Me.txt_anmerkung.Value = "" Then
        If MsgBox("ohne Anmerkung absenden?", vbYesNo) = vbYes Then
            MsgBox "wird ohne Anmerkung gesendet"
            angaben_speichern_senden
            'senden an Email-Adresse
        Else
            MsgBox "Abbruch - nicht gesendet"
            Exit Sub
        End If
    Else
        angaben_speichern_senden
    End If

End Sub
```

Die Eingaben aus dem Formular werden in der versteckten (*xlSheetVeryHidden*) Tabelle *Angaben* in Spalte B zwischengespeichert: die aktivierten Optionsfelder, die Bewertungsnoten sowie die Anmerkungen. In Spalte A stehen die Zuordnungsbegriffe für die spätere Tabelle zum Versand.

Formulareinträge werden in einer Tabelle zwischengespeichert bevor die Sendeprozedur aufgerufen wird.

```
Sub angaben_speichern_senden()

    'Eingaben in Tabelle "Angaben" (versteckt) ablegen
    'Eigenschaft: Visible = VeryHidden!
    Worksheets("Angaben").Activate

    'Altersgruppe
    If Maske.opt_alter1 Then Range("B1").Value = "18-30"
    If Maske.opt_alter2 Then Range("B1").Value = "31-50"
    If Maske.opt_alter3 Then Range("B1").Value = "51-65"
    If Maske.opt_alter4 Then Range("B1").Value = "66-80"
    'Gender
    If Maske.opt_m Then Range("B2").Value = "männlich"
    If Maske.opt_w Then Range("B2").Value = "weiblich"
    'Kursnote
    Range("B3").Value = Maske.cmb_kurs.Value
    'Dozentennote
    Range("B4").Value = Maske.cmb_dozent.Value
    'Anmerkung
    Range("B5").Value = Maske.txt_anmerkung.Value

    'Angaben senden
    Call email_versenden

    'gespeicherte Angaben in Spalte B löschen
    Worksheets("Angaben").Range("B1:B5").Clear

    'Arbeitsmappe schließen ohne Speichern
    ThisWorkbook.Close savechanges:=False

    'Excel verlassen
    Application.Quit

End Sub
```

Zum Versenden der Daten wird das Makro *email_versenden* aufgerufen (*Call* ist optional). In diesem Fall erfolgt die Anzeige der Nachricht mit Outlook (*Display*) und die Anweisung *Send* (sofortiges Senden) ist auskommentiert.

Die zwischengespeicherten Daten werden als Nachrichtenzeilen zusammen gesetzt.

```
Sub email_versenden()
Dim OutlAppl As Outlook.Application
Dim Outlmail As Object
Dim nachricht As String

    'OutLook öffnen
    Set OutlAppl = New Outlook.Application
    'OutLook-Mailobjekt erstellen
    Set Outlmail = OutlAppl.CreateItem(olMailItem)
    OutlAppl.Session.Logon
```

```
    'Mitteilungstext formulieren
    With Worksheets("Angaben")      'Visible = VeryHidden!
        nachricht = _
          "Altersgruppe: " & .Range("B1").Value & vbLf & _
          "Gender: " & .Range("B2").Value & vbLf & _
          "Inhalt: " & .Range("B3").Value & vbLf & _
          "Dozent: " & .Range("B4").Value & vbLf & _
          "Anmerkungen: " & .Range("B5").Value
    End With

    'Eigenschaften des Mailobjekts zusammenstellen
    With Outlmail
        .To = mailadresse
        .CC = ""
        .BCC = ""
        .Subject = "Evaluation für Kurs: " & kursnummer
        .Body = nachricht
        '.Attachments.Add        'ev. Anlagen anfügen
        '.Send    'direkt ohne vorheriges Anzeigen senden
        .Display  'Nachricht mit Outlook anzeigen
    End With

    'Arbeitsspeicher freigeben
    Set Outlmail = Nothing
    Set OutlAppl = Nothing

End Sub
```

Die E-Mail Adresse ist durch die Konstante *mailadresse* vorgegeben, siehe „Konstanten vorgeben und Makro zum Aufruf des Eingabeformulars" auf Seite 336.

Arbeitsblatt als E-Mail Anhang versenden

Kursbewertung_2.xlsm

Im Unterschied zum ersten Beispiel auf Seite 335 werden im folgenden Beispiel die Formulareingaben in das Tabellenblatt *Angaben* geschrieben und dieses Tabellenblatt als E-Mail-Anhang verschickt. Da dieses Blatt als separate Arbeitsmappe temporär gespeichert wird, darf es in diesem Fall nicht versteckt sein (*xlSheetVeryHidden*). Außerdem muss im Makro *angaben_speichern_senden* die folgende Prozedur zum Senden aufgerufen werden

```
    'Angaben senden
        Call email_mit_Anhang_versenden
```

Im Makro *email_mit_Anhang_versenden* wird zunächst die Nachrichtenzeile (*Body*) zusammengestellt. Das Arbeitsblatt *Angaben* wird in die Zwischenablage kopiert und als neue Arbeitsmappe *Anhang.xlsx* im aktuellen Pfad gespeichert. Diese Arbeitsmappe wird unter *Attachments.Add* dem Mailobjekt zugewiesen.

Die zwischengespeicherten Daten werden als neue Arbeitsmappe gespeichert

```
Sub email_mit_Anhang_versenden()
Dim OutlAppl As Outlook.Application
Dim Outlmail As Object
Dim nachricht As String

    'OutLook öffnen
    Set OutlAppl = New Outlook.Application
```

```
    'OutLook-Mailobjekt erstellen
    Set Outlmail = OutlAppl.CreateItem(olMailItem)
    OutlAppl.Session.Logon

    'Arbeitsblatt "Angaben" kopieren und
    'als neue Arbeitsmappe speichern (temporär)
    Worksheets("Angaben").Copy
    ActiveWorkbook.SaveAs ThisWorkbook.Path & "\Anhang.xlsx"
    ActiveWorkbook.Close savechanges:=False

    'Nachricht verfassen
    nachricht = "Als Anlage erhalten Sie die aktuelle Tabelle." _
      & vbLf & "mfg" & vbLf & "Absender"

    'Eigenschaften des Mailobjekts zusammenstellen
    With Outlmail
        .To = mailadresse
        .CC = ""
        .BCC = ""
        .Subject = "Evaluation für Kurs: " & kursnummer
        .Body = nachricht
        .Attachments.Add (ThisWorkbook.Path & "\Anhang.xlsx")
        '.Send    'direkt ohne vorheriges Anzeigen senden
        .Display  'Nachricht mit Outlook anzeigen
    End With

    'Arbeitsspeicher freigeben
    Set Outlmail = Nothing
    Set OutlAppl = Nothing

End Sub
```

Die E-Mail Adresse ist durch die Konstante *mailadresse* vorgegeben, siehe „Konstanten vorgeben und Makro zum Aufruf des Eingabeformulars“ auf Seite 336.

Der Direktversand ohne vorherige Anzeige ist hier auskommentiert. Die Anzeige im Outlook-Fenster wird über *Display* erreicht. Danach kann das Senden abgebrochen werden.

Ansicht des Outlook-Fensters vor dem Absenden

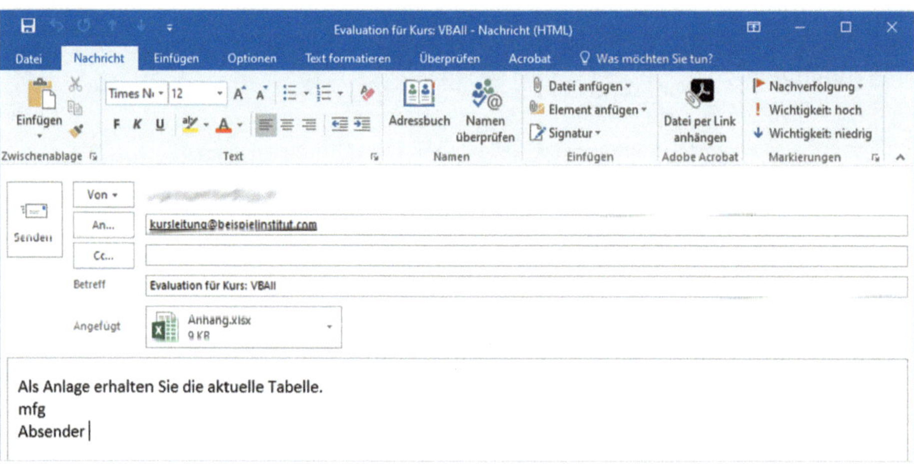

Stichwortverzeichnis

Symbole

A

B

C

D

E

F

G

H

I

J

K

L

M

S

T

U